傅璇琮先生纪念集

中华书局编辑部 编

中华书局

图书在版编目(CIP)数据

傅璇琮先生纪念集/中华书局编辑部编. —北京:中华书局,
2017.3
ISBN 978-7-101-12482-8

Ⅰ.傅⋯ Ⅱ.中⋯ Ⅲ.傅璇琮(1933~2016)-纪念文集
Ⅳ.K825.42-53

中国版本图书馆 CIP 数据核字(2017)第 042256 号

书　　名	傅璇琮先生纪念集	
编　　者	中华书局编辑部	
责任编辑	俞国林　朱兆虎　刘　明　李碧玉　许庆江	
出版发行	中华书局	
	(北京市丰台区太平桥西里 38 号　100073)	
	http://www.zhbc.com.cn	
	E-mail:zhbc@ zhbc.com.cn	
印　　刷	北京市白帆印务有限公司	
版　　次	2017 年 3 月北京第 1 版	
	2017 年 3 月北京第 1 次印刷	
规　　格	开本/710×1000 毫米　1/16	
	印张 23¼　插页 4　字数 360 千字	
印　　数	1-1000 册	
国际书号	ISBN 978-7-101-12482-8	
定　　价	98.00 元	

傅璇琮先生（2011年8月）

傅璇琮先生（2012年11月在家乡南塘河畔）

出版说明

　　著名学者、出版家、中华书局原总编辑傅璇琮先生逝世一年来,社会各界对他卓越的学术成就和崇高的人格风范给予了高度评价。傅璇琮先生的同道好友、后学门生陆续发表追怀之作,阐述他的学术贡献,回忆他的为人为学,表彰他为推动当代中国学术作出的众多建树。文章渐多,遂成此集,以为傅先生逝世周年之纪念。

　　此集编纂由清华大学中文系刘石教授提议,中国唐代文学学会会长、复旦大学中文系陈尚君教授初编,会同中华书局徐俊总经理协商并增补名单,分头组约,南开大学文学院卢燕新教授参与了文章汇集。编纂过程中,得到学术界和所收文章作者的大力支持,谨致谢忱!

中华书局编辑部

2017 年 2 月

目　录

仆仆风尘携手行进在崎岖的唐诗路上

周勋初

璇琮兄之殁，距今已有年把了，往事历历，不时闪现心头。

我因薄有著述，与国内各出版社多有联系，与中华书局早就结缘，自上世纪七十年代始就有往来。局内人员，上一代人，如赵守俨先生，同辈的人，如程毅中先生，年轻一辈，如徐俊、俞国林等先生，都有来往。然因唐代文学相关的多方原因，与璇琮兄交往尤多。自他编《文史》、《学林漫录》始，到最后共同谋划《全唐五代诗》的出版，中如唐代文学学会工作的开展，历次会议的筹划，都各尽所能，共襄盛举。计算起来，前后已有二三十年之久，自改革开放之后一直延续到今年。人生苦短，这段历史至堪珍惜。

在他生命的最后几年，到我任职的南京大学次数尤多，主要目的之一，就是通力合作完成《全唐五代诗》的出版事宜。

此事困难重重。由于参与的单位多，加入的人也多，容有不同看法，不同考虑。历经波折，迟迟无法推出，以至被古籍整理规划领导小组两次从立项名单中除名。然自 2010 年古委会提出由南京大学古籍所接手完成全书，除陈尚君正式宣布退出外，其他五位主编一致拥护古委会的建议。我作为第一主编，由是连续召集了多次会议，逐步修订旧稿并布置下一阶段的工作。这样，璇琮兄每次都要来此开会，很多重大的决定，都是在主编会上作出的。

关于此事的一些轮廓，我在复旦大学出版社今年出版的《锺山愚公拾金行踪》的《学术年表》上有所介绍，凤凰出版社出版的拙著《艰辛与欢乐相随》中的《治学经验谈》十九、二十中也有说明。其中应该特别提到的是璇琮兄在 2013

年到南京的一次会议。

2013 年 10 月 12 日,南京大学文学院举办"程千帆先生诞辰百年纪念会",璇琮兄对程先生感情深厚,千里迢迢赶来与会。当日上午,纪念会在仙林校区召开,诸多学者发表了感情真挚的讲话,下午则在鼓楼校区旁的晶丽宾馆内举行了一次小型的《全唐五代诗》主编会议,参加者为我、傅璇琮和郁贤皓三人。大家对即将出版的《全唐五代诗》的总体格局与各种重要环节作了回顾与商讨,重要内容之一就是对《全唐五代诗》的《编纂说明》加工定稿。此书《引言》中说:"全书首列《御定〈全唐五代诗〉的疏误与〈全唐五代诗〉的编纂》一文,从学术史的角度介绍二十世纪中国学术界在此领域内进行的探讨和积累。""《编纂说明》对成书的缘起和最终完成作了说明,此文由周勋初、傅璇琮、郁贤皓三人讨论后写定。"实则此事酝酿已久,此前已经讨论过多次。2011 年主编会议时,我、傅璇琮、郁贤皓、吴企明、吴河清、刘学锴等人开了半天会议,讨论今后工作的开展,以及当时面临的种种困难。2013 年 6 月的主编会议上,我与璇琮、贤皓二兄决定写作一篇介绍全书编纂过程的说明,考虑如何将这段历史进行概括,确定应该着重提到的内容。随后我就开始拟写草稿,与傅、郁等人反复商讨。2013 年 10 月在晶丽的这次聚会讨论时大局已定,但在细节与用词上还是作了反复推敲。可以说,自始至终,璇琮兄一直关心此事的完成,来来去去跑了不少路,用上了大量时间。

早在上世纪九十年代初,苏州大学唐诗研究室在常熟召开了一次唐诗会议。主任吴企明先生在一封有关此事的公开信中说到:会议"邀约了后来成为主编、常务编委的一些先生在苏州常熟开过一次筹备会议,会议的宗旨,要搞一部能反映我国唐诗研究新水平的《全唐诗》。约请的作者必须是研究某位诗人的专家,如李白集,就请郁贤皓先生;杜甫集,请山东大学;王维集请陈铁民;李商隐集,请刘学锴先生等。讨论主编、常务编委名单时,我清楚记得,傅璇琮先生恳切表示,我已担任《全宋诗》第一主编,因此《全唐诗》的第一主编请周勋初先生担任,无论从学术地位,与古委会领导的关系熟悉等方面考虑,都较合适,将来申请经费、联系工作比较方便。大家一致同意"。从此之后,我就按照主编会议的决议,承担起了应尽的责任。二十多年来,大家均无异议,璇琮兄也自始至终与此间合作,一直到初盛唐部分完成。

2014年10月,陕西人民出版社将《全唐五代诗》的初盛唐部分印出后,我立即让人寄给了他一部,他收到后很高兴,认为印制精美,实现了大家的初衷。那时他已有病,还是躺在床上翻阅。他的听力已经不好,还是多次来电话交流看法。

书出来后,陕西人民出版社与此间工作委员会即着手筹办新闻发布会的工作,我想应该全始全终,发布会上五位主编再次相聚共庆大功告成,可此时璇琮兄因病长期卧床不起,很难行动。我曾建议,这里可派两位年轻教师护驾,请他前来,他说已经无此可能,然他定要写一篇书面发言,在会上宣读。事后他就用邮局快递寄来了发言稿,还打电话嘱我定要见报。2015年1月28日的《全唐五代诗》初盛唐部分新闻发布会上,主编、编委、代表发言踊跃,无法将多人的发言刊出,但在2015年4月1日,陕西人民出版社和南京大学《全唐五代诗》工作委员会在《中华读书报》第四版的《文史》栏内推出了整版的报导,在杨军的《根之茂者其实遂》中摘引了璇琮兄书面发言中的重要一段,内云:"经过二十多年的时间,初盛唐部分的成果终于面世,这期间经受了很多困难,全靠学术界众多朋友的支持和帮助才能顺利完成。特别是南京大学文学院古代文学和文献学两个专业的许多同志,在这一项目重新启动之后,立即投入书稿的重新撰写工作,保证了书的及时出版,这种奉献精神是非常可贵的。"从中可见他对南京大学古典文学队伍中的团队精神和专业水平的评价之高。这对我们来说,也是很大的鼓励。

屈指算来,我自1977年起与他结交,至今已有四十年之久,一直在为唐诗的整理研究和发扬光大而携手行进。今他驾鹤西去,令人不胜伤感。人生不过百年,他已留下不少可贵的业绩,《全唐五代诗》的完成,也耗去了他不少心血。清华大学中国古典文献研究中心为他编纂纪念文集,意义重大。我忝为他的老友,应邀撰写这篇纪念文字,寄托我的哀思,也可让学界朋友能了解这段情缘。

饮水不忘掘井人

——怀念傅璇琮先生为台州郑虔研究破冰开路

王晚霞

2016 年新年的钟声在极度的严寒中缓缓敲响,像是为中国古典文学研究界大师、尊敬的师长傅璇琮先生走完 83 岁人生历程而送行。噩耗传来,我们禁不住悲从中来,更为未能去最后送一送先生而深感愧疚不安。

傅璇琮先生对当代古典文学研究的贡献具有里程碑的意义。他长期担任国家古籍整理出版规划领导小组秘书长、副组长,胸怀全局,统筹有力;兼任中央文史馆馆员时,担任了多达 37 种学术著作的主编,其精深的学识,堪称 20 世纪一面旗帜;任中国唐代文学学会会长期间,领导了古典文学研究领域由过去的空泛、浮夸到求实、严密考证学风的转型,从而出版了一批像《唐才子传校笺》等堪称经典的著作,为后代留下一笔丰厚的、有科学辩证性的作品,使唐代文学研究在古典文学研究领域成为一枝独秀。傅先生还团结培养了一大批年富力强的中青年学者,发掘了地域文化,为古典文学领域输入鲜活的血液。台州的郑虔研究与郑广文纪念馆的重建,就是在这个历史大背景的阳光雨露下成长的一朵小花,从而使台州地域文化的优秀代表——郑虔研究融入高层次的全国唐代文学研究平台。

坐落在千年台州府——临海古城北固山八仙岩畔、末修于清光绪十四年的郑广文祠,在 1988 年由原址北移 50 米重扩建,全国政协副主席赵朴初先生题匾并改额"郑广文纪念馆"。郑广文纪念馆经过 26 年的艰难历程,从原来公私瓜分、像联全无、石碑倒地的"三不像"祠堂,成为书画溢香、古樟郁郁,飞檐高耸、粉墙黛瓦的著名古迹,是唯一纪念郑虔开创台州一代文风、展示"杜甫、郑广文友谊"、标志唐代中原文化传播浙江、台州的重要古迹,位跻杜甫草堂、李白纪念馆之后,享誉海内外。馆藏郑虔撰的唐开元、天宝年间四方墓志铭拓本,及敦煌书札、《大人赋》草书长卷、《峻岭溪桥图》摹本等影印件,现代沙孟海、启功、王伯敏、程千帆、孙望、任政等数十位海内外名家墨宝,令游人流连忘返。郑广文纪念馆目前占地约 2500 平方米,出版百万余字郑虔研究专著,获国家级、地区级社科奖四次,这一切,均凝聚着中国唐代文学学会领导及诸多专家的心血,尤其在初创三年,全仗傅璇琮先生勇于担当,步步筹划。

时值 1988 年晚春,上距浙江美术学院博导王伯敏教授首倡保护郑广文祠已七年,经各界人士与台州、临海二级党委、政府多次酝酿、筹划,郑广文纪念馆工程已于 1987 年 8 月清基动工。唯工地建设又出现了两道门槛,工程出现僵局:一是,有些人受"左"的思想影响,谓祠堂乃"四旧"东西,只破不能立;公祭"台州文教之祖"的"祭"字能否可用?需请××市长定夺。二是,馆大门通道缺少半边地皮,约二三十平方,被台州地委党校干部家属种了菜,不肯退让。

当时我虽是 7 个发起人之领头,但位轻言微,权威不足,就像航道上堵着坚冰,没有权威与权力的利剑,坚冰是不会消融的。无奈之下,我只好求助北京的傅璇琮先生,先后两次去函。当时我并不认识傅先生,是前年求教南京师大郁贤皓教授时才知道的。信虽发了,但心里惶惶不安。约莫两个月后,忽然收到傅先生给我的回信,签署的日期是 1988 年 7 月 2 日:"王晚霞同志:来信及《郑虔》稿均已拜读。前信资料甚为丰富,《年谱》既充分吸收已有学术成果,另有新发现,甚为饮佩。同时有两点谨请考虑……(下略)"信如阳光一样温暖,我高兴极了,体会到傅先生是个重学不重人,俨然有蔼然师长风范的学者。隔了 20 天,傅先生来了第二封信,是为临海市政府计划邀请中国唐代文学学会专家来临海考察之事。签署的日期是 1988 年 7 月 21 日:"唐代文学年会原定 1989 年 10 月(以后延至 1990 年 11 月开)。是一次国际学术讨论会,有日本、美国、香港等地区专家,约有 100 来人。将由南京大学周勋初教授筹备,我已将你信转寄给他……(下尚有多点准备工作的意见,略)"也正是傅先生促成的这次考察活动,为破除阻挡郑广文纪念馆工程的坚冰起到了关键的作用。

此后两年,傅先生高瞻远瞩的计划逐步得到实现。来自海内外 15 所著名大学的中文系主任、教授于 1990 年 11 月莅临临海进行郑虔史迹学术考察,台州、临海两级党政主要领导均参加会见,气氛相当热烈。随后举行学术报告会,分两部分,一由郁贤皓教授作题为《唐代诗人与浙东》的演讲,一由傅璇琮总编作题为《关于郑虔的研究》的演讲。报告会上,周勋初、兴膳宏、杨承祖、罗宗涛、霍松林、王伯敏、莫砺锋等7位著名学者也做了精彩发言。会内会外,一片生机,台湾汪中教授与唐代文学学会副会长、陕西师大霍松林教授,当场挥毫留书,霍教授又赋长诗一首(已刻在省级文保单位郑虔墓前)。中国唐代文学学会的郑虔学术考察活动是现代台州对外文化交流学术含量最高、范围最广泛的盛会之一。

为客观反映傅先生当年"破冰"之路,兹选录当年的《郑广文纪念馆大事记》7条,以表纪实:

1988年12月下旬,尹云华(时任临海市纪委办主任)受中国唐代文学学会副会长傅璇琮之托,来馆找王晚霞,协助建祠和联系中国唐代文学学会来临海考察诸事。实为幸事!自此,对外事宜概仰仗尹云华联系。

1989年1月8日,2月25日,台州地委书记项秉炎先后两次来信,了解工程用地与台州党校之间协商地基之事。言由行署负责协调。

1989年3月3日,台州行署办公室主任陈善堂召开协调会,共13人参加。商讨结果,台州地委党校愿意让出全部八仙宫山门和二层职工宿舍五间,双方订了协议,分两步走。

1989年5月13日,项秉炎会同临海市长梁毅同志一起察看广文馆与广文公园,同行的有地委办、市府办、城建委、市政协、方志办等有关负责人和临海市委宣传部副部长罗以东和尹云华夫妇,王晚霞、丁式贤、郑文伟等发起人陪同。

1989年10月,台州地区行署、临海市人民政府隆重举行郑广文纪念馆开馆仪式。

1990年1月19日,临海市市长卢武主持市长办公会议,决定发出市人民政府邀请书,由尹云华专程去南京、杭州办理。3月,罗以东建议检查白石郑虔墓文保范围。

1990年11月21—25日,南京中国唐代文学学会五届年会暨国际学术研讨会如期召开。26—28日,应临海市人民政府邀请,由傅璇琮、周勋初、郁贤皓、王伯敏(代表浙江画界)等教授陪同日本5位、台湾6位教授和西安、苏州、复旦等大学学者、教授共 20 余人,经杭州来临海进行郑虔史迹考察。同时,举行学术报告会,一是由郁贤皓教授作《唐代诗人与浙东》主题演讲,一是由傅璇琮总编作《关于郑虔的研究》主题演讲。傅先生说:"这次来临海,看到台州保存的郑虔晚年的材料,在教育启蒙上做了那么多的好事","有文学史客观研究的理论上的意义","地域文化的研究必将丰富我们对整个中华民族文化发展的认识","极大地丰富了我们对这位最终走向人民的诗人和艺术家的认识。"

同时在会上发言的尚有:南京大学周勋初、日本京都大学兴膳宏、台湾东海大学杨承祖、台湾政治大学罗宗涛、陕西师大霍松林、中国美术学院王伯敏、南京大学莫砺锋等 7 位教授。

此后,郑广文纪念馆建设全面推进,成为彰显临海国家历史文化名城的标志性景观。1997 年 7 月,傅璇琮先生将《郑虔研究是中国唐代文学研究的一部分》条幅,赠给纪念馆。

最后,还想提傅先生一笔,就是为《荟蕞》的重现开路。《新唐书》提到的郑虔著作《荟蕞》,乃郑虔供职内庭 20 余年见闻实录编纂而成,初成 80 余卷(篇)。开元中被人诬告"私撰国史"坐罪,由原尚乘直长外贬十年。天宝初始召回仕协律郎,重忆旧稿,犹成 40 余卷,请苏源明命名《荟蕞》。杜甫为其叹息:"《荟蕞》何技痒。"西河太守卢象诗云:"书名会粹(荟蕞)才偏逸,酒号屠苏味更醇。"(《封氏闻见记》)今观其书,篇幅虽"碎小",但均是记载唐时珍稀动植物、药材及周边国家进贡的奇珍异物,涉及大食、乌苌、勃律、都播、南海等国,含金量甚高。此书原本散佚近千年,仅有书名未见内容。1990 年经傅先生在临海郑虔史迹考察会上提出后,复旦大学陈尚君教授从《四库全书·北户录》《尚书故实》等书散见的条目中缀集成 25 条,首先刊入《郑虔研究续集》(浙江古籍出版社 1993 年12 月),使久佚的郑虔著作重现人间。

饮水不忘掘井人,傅璇琮先生对台州地域文化《郑虔研究》的指导和关怀,其三年破冰路,十年教诲情,我们永记心间,亦将永载台州地域文化史册。

2016 年 2 月 4 日

忆傅璇琮先生

罗宗强

我认识傅璇琮先生,是从读他的大作《唐代诗人丛考》开始,在这书里,他考索了部分大历诗人的行踪,同时带出大历诗风。读着这书,心生仰慕,希望能结识傅先生。其时,我刚写完《玄学与魏晋士人心态》。便斗胆地将手稿寄给他,征求他的意见,并求他作序。不久,他读完手稿,而且写了《序》,给了许多的鼓励,从此,我坚定了继续研究士人心态的信心。1997年,我得了一种罕见的疾病重症肌无力。这种病,能治好的极少。在几个医院治了几个月,不仅毫无进展,而且发展到无法进食,无法喝水,全靠输液维持生命。只好转到北京医院治疗。其时,我女儿女婿远在深圳工作,一时回不来。多病的妻子不离不弃,便到北京医院护理我。博士生张峰屹君,知我病重,也到北京医院照顾我。另一学生左东岭君,那时正在首都师范大学工作,每每讲完课就骑自行车从西城到东城的北京医院看我,满头大汗,喘着气。我实在于心不忍。一病给学生和亲人带来这么多麻烦!最难忘的是傅璇琮先生。他每隔几天就来医院一次。他腿脚不好,行走不便。而每次来,都是坐公交车。从丰台到北京医院,中间还要转车,困难可想而知。他每次来,都给我带来新杂志,给我谈论学术界的一些情况。有一次,我见他挤公交车实在不容易,他要回去的时候,我请峰屹送他出医院时,叫一辆出租车送他回去。在医院门口,峰屹叫来出租车,但是他坚决不坐,还是乘公交车走了。多年交往,我知他为人实在,他来看我,是出于真诚的关怀,而非出于礼节。平日交往,书信往来,也都有一说一。互相尊重,互相信任。1990年初,他编集了部分唐诗论文,书名未定。那时我正在上海,与复旦大学的陈允吉教授提及此事。允吉教授说："书名叫《唐诗论学丛稿》似较好。"后来我把这意见告诉傅先生，他接受了。与傅先生交往，无话不谈。关于学术问题，他总能提出许多好意见，让我感到非常受益。学术路上同行，平生风义兼师友。在艰难的学术之旅中，有傅先生同行，是一种莫大的幸福。而傅先生也帮助我，提携我，视我为知己。在1992年7月11日给我的信中，他写下了如下的一段话："对允吉兄的学识与人品，几年来一直倾倒。私意以为少数可深交者之一。因此前几年在结成论文集时，只请兄与允吉兄作序。北罗南陈，是可以托死生的知交。这是弟与内人常讲的话。"今日重读傅先生的信，悲从中来。知音已逝，留下无尽的思念。

罗宗强于津门旅舍

2016年11月

缅怀傅璇琮先生

孙钦善

傅璇琮先生离开我们即将一年了,他的逝世是学术界的一大损失,给我们留下深深的悲痛。但是他好像又没有离开我们,他使人如沐春风的音容笑貌宛在,他沉甸甸丰厚的学术成果和业绩永存!

我和傅先生相识已久,不仅仅因为我们都是北大校友、他是学长、也是师长(我 1955 年考入中文系时他已毕业留系执教),还因为自己跟中华书局有业务联系,加之彼此学术同道,不断与傅先生有交往的机会。更难能可贵的是,我们还有长达十二个春秋合作主编《全宋诗》的经历,其间工作艰苦而愉快,留下美好的回忆。

1984 年 7 月,经校领导报教育部批准,北京大学古文献研究所成立。研究所成立伊始,所里同人就酝酿设计一个颇具规模的科研项目,既出成果,又出人才,全面带动研究所的建设。最后确定编纂《全宋诗》,于是开始筹备工作。经向全国高校古籍整理研究工作委员会申报,1986 年得到批准立项,同时入选国家教委科研"七五规划"重点项目。当时古委会和所里有一个共识,完成这样大的学术工程,仅仅靠一个所的力量是远远不够的,只能以研究所为基地、为依托,广泛团结、依靠学术界的力量共同承担。傅先生得知所里编纂《全宋诗》的动议后,表示乐于参与其事,我们非常高兴,认为他是《全宋诗》编纂工作组织领导班子的难得人选,经请示古委会认同,恳切欢迎他共襄此事。所以在《全宋诗》编委、主编班子确定之前,傅先生就已积极热情地参与筹备工作。例如 1986 年 10 月,北京大学古文献研究所与北京大学出版社在全国高校古籍整理研究工作委员会秘书处见证下签订《全宋诗》编辑出版协议时，傅先生就参加了。又如傅先生和我一起登门拜访请教钱锺书先生，也是由傅先生事先跟钱先生约定的。这次拜访收获很大，虽然钱先生婉拒了我们恳请他出面领导《全宋诗》编纂工作的意愿，但是他对我们编纂《全宋诗》给予热情支持，还用"朴属微至"四个字来鼓励我们。这四个字出自《周礼·考工记序》，上下文是这样说的："察车之道，必自载于地者始也，是故察车自轮始。凡察车之道，欲其朴属而微至，不朴属无以为完久也，不微至无以为戚（疾）速也。""朴属"是附着坚固的意思。"微至"谓车轮正圆，着地面积小。如郑玄注引郑司农云："微至，谓轮至地者少，言其圜甚，著地者微耳，著地者微，则易转。"又如《周礼·考工记·轮人》："进而眡之，欲其微至也。""微至"还有细致、精密之义。由此可见钱先生送我们的这四个字，正是用其概指坚实精细的考据功夫和严谨的学风，希望我们能在编纂《全宋诗》时加以贯彻，真可谓至理名言，使我们深受教益。也是由傅先生约定，我们一起去拜访了启功先生，向他请教编《全宋诗》的事宜。启先生慨允出任《全宋诗》顾问，还欣然同意为《全宋诗》书名题签。在筹组《全宋诗》主编班子之时，傅先生还向古委会和研究所力荐陈新先生，此举意义甚大。陈先生是古籍出版界享有盛名的资深学者型编审，他学问之大，经验之富，工作之严，向为内行所称道，后来陈先生着实对《全宋诗》编纂贡献至伟。

在全国高校古委会指导下最后确定的《全宋诗》主编班子五人中，北大古文献研究所内部占了二人，所外占了三人，充分体现《全宋诗》编纂工作的开放性和对学术界的倚重。《全宋诗》主编班子由所内外人员组成，大家虽然在偶尔调侃中不免有客卿和主方的说法，但在实际工作中不分彼此，志同道合，为了一个共同目标，亲密合作，竭诚尽力。

《全宋诗》编纂要比《全唐诗》复杂、困难得多。《全唐诗》共收作者 2200 余人，全书约 300 万字；《全宋诗》所收诗人 9204 人、诗作 254240 首（据《〈全宋诗〉分析系统》光盘统计），全书近 4000 万字。清康熙年间编纂《全唐诗》，有明代胡震亨的《唐音统签》、清初季振宜的《全唐诗》稿本、明代吴琯《唐诗纪》等大型总集可资借鉴和继承，又有宋代以来的许多文献研究成果可以参考。尽管如此，《全唐诗》漏收和重出误收的错误还是很多，诗人小传也笼统不实并且错误百出。《全宋诗》编纂堪称筚路蓝缕，绝无前人所编有宋一代大型诗歌总集可作凭依(清人所编《宋诗纪事》、《宋诗纪事补遗》等书,虽然提供了有关宋代诗人、诗作的丰富线索,但其规模和价值远远不及清人编《全唐诗》所凭藉的《唐音统签》、《全唐诗》稿本、《唐诗纪》等书),必须依靠对现存的700多种宋人别集的校订整理,并从众多选集、类书、方志、笔记、诗话,以及家乘、族谱、书录等各类图书中,搜集大量散佚的宋诗单篇、零句,既为宋诗"大家"的传世别集补遗,又为众多无集传世的"小家"辑集。因此书籍的查阅,底本的选择,佚诗的辑录,异文的校勘,真伪的甄别,以及作家生平事迹的考订,千头万绪,难度极大。《全宋诗》主编班子借鉴《全唐诗》编纂的经验与教训,针对存世宋诗的实际情况,以超越《全唐诗》为期许,确立高标准,制订出切实可行的《编纂凡例》,要点有几方面:如编纂工作分两步走的科学决策,见凡例二:"宋人诗集,逸佚良多,单篇零句,散见颇广,一时爬罗,实难罄尽。兹以传世诗集及辑佚大宗纂为正编,嗣后续有所得,另纂补编。"至于正编、补编辑佚文献范围的细目,另有具体规定。又如关于收录断限,分别情况具体处理,明确得当,见凡例三。又如关于编次,凡例第五条规定:"本书编次,以作者生年先后为序。生年难以确考者,或参以卒年,或参以登第、仕履之年,或参以其亲属、交游之有关年代,略推其大约生年,据以编次。世次一无可考者,另立专卷,编于书末。"关于诗人小传的撰写,凡例第八条规定:"诗人小传,写明生卒年代、字号、籍里、科第、主要仕履、封赠、著述。凡正史有传者约略言之,无传者依据有关史料撮述其要,注明出处。旧说有误者正之,文献不足者阙之,异说可参者并存之。要必言出有据,无征不信。"关于校勘,凡例第十条规定:"本书重于校勘。凡成集之作,必考察版本源流,选择善本、足本为底本,确定有价值的本子为参校本,比勘对校,并于诗人小传之后专段叙述版本依据。凡辑录之诗,酌情略作他校。出校以校是非为主,酌校异同,务求简明。校语随文夹注当字之下。"这一条很重要,强调所录之诗必有原始版本依据,不选编,不改编,保证文献的切实、可靠。由此可见,这个《凡例》是从实际出发,在科学的古文献学理论指导下拟定的,从而使编纂工作方向明确,路数清晰,方法得体,有章可循。与《凡例》相匹配,傅先生以编委会名义执笔撰写了《编纂说明》,对《全宋诗》的编纂缘起、宗旨、方法和指导理论作了全面、系统的论述。

　　傅先生是中华书局资深的学者型编审,并任领导职务,一直很忙,还有其他学术兼职,但对《全宋诗》编纂工作非常重视,尽心尽责,不仅将书稿带回家审改,还经常利用周末休息时间来校研究工作、处理问题。当时《全宋诗》编纂工作的客观物质条件很差,有很长一段时间编纂室安排在北大老第四教学楼四楼顶层,楼层高,楼梯陡,无电梯,傅先生有腿疾,也只得跟大家一起爬上爬下。来校工作时需要安排食宿,条件也很简陋,由于经费所限,包不起宾馆、招待所,所里只能在勺园留学生宿舍临时租一间房子,安排傅、陈二位先生合住,至于膳食,也只能安排在员工食堂用便餐。对此我们始终于心不安,而两位先生充分理解,毫不介意,一心投入工作。

傅先生对研究所参加《全宋诗》编纂的青年教师和研究生的教诲和帮助很大。他博学多闻,又平易近人,成为所里年轻人不可多得的良师,忘年之交的益友。年轻人学习、工作中的成长,职务上的升迁,处处时时受到傅先生的关怀、帮助。许多人对此有深切的体会,兹以王岚(《全宋诗》责任编委、现为北大中文系教授)在一次接受《北大青年》采访时所谈内容为例,以作见证,她说:"傅先生给我的印象是那种'望之俨然,即之也温'的谦谦君子,他总是静静地坐在书堆里,一坐就是半天。我们有时遇到疑难请教,他就会慢条斯理地讲解,一点架子也没有,而且几句话即切中肯綮。他渊博的学识令人钦佩,《全宋诗》卷首的编纂说明即出自其如椽大笔。"王岚博士的学位论文《宋人文集编刻流传丛考》,正是在《全宋诗》编纂工作中衍生的选题,写成后深受傅先生赞许,后由江苏古籍出版社出版,而且获奖,并非偶然。其他两位外请主编陈新先生、许逸民先生,也像傅先生一样,对研究所参加《全宋诗》编纂的年轻人言传身教,助推研究所结合编纂《全宋诗》实践培养人才的初衷得以完满实现。

《全宋诗》的编纂成功,不是一件孤立的事件,在学术界影响颇大,引起广泛效应:一是大家都在用《全宋诗》,《全宋诗》站住了;一是大家都在订补《全宋诗》,形成学术讨论的热潮,将促使《全宋诗》不断完善。这两方面都使我们甚感欣慰。出于公心,视学术为公器,作为《全宋诗》的编纂者,我们欢迎别人对《全宋诗》订正、补遗,也不回避对别人订补文章中的失误进行商榷、讨论。总之,坚持真理,修正错误,勇于争鸣。在这方面傅先生作出了表率。例如傅先生十分感激《全宋诗》顾问邓广铭先生对编纂工作失误的指瑕,深刻进行反思(见其《独立不阿的人品、沉潜考索的学风——纪念邓广铭先生》一文)。又如傅先生对张如安教授关于《全宋诗》的订补工作大力支持,鼓励他发表文章,出版书稿。还和他联名撰文,对其他一些订补文章的失误加以揭示,进行讨论,总结教训。如《求真务实、严于律己——从关于〈全宋诗〉的订补谈起》就是一篇开诚布公的好文,其前言开宗明义说:"《全宋诗》于上一世纪80、90年代陆续编纂、出版,其所取得的成就,应该说是得到学术界广泛认可的。……但这样一部诗歌总集,由于规模大,历时久,又出于众手,缺乏细心考订,不免有所失误,出版以后,不断有批评的文章出现,主要是订正其讹误,补辑其缺佚。应该说这是我们文学研究和古籍整理的好现象,不仅对《全宋诗》今后的补订提供众多有用的资料信息,而且对学风建设也极为有利。我们确实需有一种严谨求实的治学精神,不崇虚誉、敢于纠误的正派作风。也正因此,我们特为撰写此文。因为我们对《全宋诗》订补的文章,曾作过一定的复核,发现其中不少自身有误,特别是所谓补《全宋诗》之缺,其辑佚之作,有些是出于宋以前唐、五代时人,有些出于宋以后的金元、明时人,有些则是《全宋诗》已加辑录的。应当说,由此正可认识到宋诗资料工作的复杂性和艰巨性,以及在学术评议中,注意到资料的细心核实和立论的认真审订。我们希望通过学界友人的磋商、交流,凝聚求真务实的精神,建树严格自律的学风。"接着对已发表的宋诗订补文章存在的问题,分"订正的失误"、"校订的失误"、"辑佚的失误"三方面,揭示具体事例,分析原因教训,总结正确方法。真可谓学术大家,风范可鉴。

2016年12月6日

痛失傅璇琮先生

袁行霈

去年春天以来，傅先生的身体迅速衰萎，就像一根残烛，在风中摇曳着仅剩的光芒，朋友们担心他将不久于人世。但他逝世的噩耗传来，我还是不免一怔。他在古典文学研究界的分量实在是太重了，一旦失去了他，这条航船便有点晃动的感觉。

傅先生在北大是高我两届的学长，毕业后曾短期留校任教，反右运动后调到商务印书馆工作，不久调入中华书局任编辑。我不曾听他说起是怎样度过"文革"那十年时光的，等改革开放以后我们重逢，他已是崭露头角的中年学者了。那时我们都抱着决心，补回那段失去的大好光阴，努力向前赶路，他便是跑在前列的一位，身后跟着一批精力充沛的年轻学者。每当他赐我新著，我在钦佩敬慕之余，总为有这样一位学长而高兴。

我钦佩他以坚实的资料考证弥补了"文革"前文学史研究的空泛，从而推动了文学史研究和书写的转型。他的《唐代诗人丛考》、《唐代科举与文学》、《李德裕年谱》、《唐翰林学士传论》，都以翔实的资料、严密的考证给学术界带来一阵阵惊喜。他主编的《唐才子传校笺》成为我案头常备的参考书；《唐五代文学编年史》出版后，带动了编年文学史的编写工作。我的学生们每每赞叹"学问还可以这样做啊"！我的导师林庚先生听说北大将成立唐诗研究中心，便写信给他"望共襄盛事，同骋齐足"。可惜这中心一直没有成立，我也就没有机会跟他朝夕相处，随时请教了。

傅先生曾任国家古籍整理出版规划领导小组秘书长、副组长，在这期间领导小组组织编纂了《续修四库全书》和《中国古籍总目》。他还参加了北大中文系编纂《全宋诗》的领导工作。作为 20 世纪 90 年代古籍整理的组织者之一,他的组织才能,以及他所付出的辛劳赢得了学术界的敬佩。

　　傅先生于 2007 年被聘为中央文史研究馆馆员,他积极参加文史研究馆组织的活动,特别是担任了多达 37 卷的学术著作《中国地域文化通览》副主编,并亲自指导了《陕西卷》、《河南卷》的编撰工作。他的逝世不仅是中华书局的损失,也是中央文史研究馆的损失,更是中国学术界的巨大损失!

　　傅先生是一位以学术为生命、以治学为乐趣的人,他的勤奋,他的认真,他的洞察力,他的细心,都堪称我们这一代学者的模范。直到他住院不能行走,我去探望时,他竟然还在看稿子。他这一辈子,就是在看书、写书、审阅书稿中度过的。就这样,他走完了八十三年的人生之路。我为他的逝世感到心痛!

"对床夜话"约未践　至今思之一泫然

——怀念傅璇琮先生

顾志兴

2016 年 1 月 23 日晚间,从在京的友人微信中获知傅先生逝世的噩耗,甚是惊疑。前不久曾和他通过电话,说是身体尚可,只是腿疾不良于行,很想来杭州,但不能成行,要我向有关邀请单位代为请假并表示谢意。怎么忽而驾鹤西去? 不愿相信这是真的,但这毕竟是事实。当晚夜不成寐。

璇琮先生的主要学术活动和成就是在唐代文学研究和中华古籍整理方面,可以称得上其功也伟。我想说的是他在中国藏书史研究、著述方面的开拓和践行。我国第一部《中国藏书通史》就是在先生主持下于 2001 年完成的,填补了这一领域的空白。自上世纪八十年代起,随着读书活动的兴起,传统的藏书研究也在复苏,其间的盟主是宁波的天一阁。记得 1996 年 12 月在宁波召开的"天一阁与中国藏书文化研讨会",会议期间就有人倡议编纂中国藏书通史,在小范围内酝酿过,正式启动是在 1999 年 4 月。记不清这是一次编委会议,还是作者会议,地点是在宁波的联谊宾馆,距天一阁不远,处在闹市而又安静。这次会议由傅璇琮先生主持,他谦虚地谈了对编中国藏书通史的想法,开会前将他的一部著作《濡沫集》题写了"志兴先生惠正,傅璇琮谨奉,一九九九,四,宁波"赠我。以前虽曾和他多次见面,但这次是近距离的接触,我谈了对先生的仰慕之情,他也夸奖了我对浙江藏书的研究,但多属礼节性的话题。

我和先生真正相知相亲,是在《中国藏书通史》的撰写过程中。这次会议决定由我负责撰写这部书的明代编。我写书有个习惯,即征引文献,家中有文人别集的就按专集上的文字引用,但因撰写涉及的范围很广,又怕忘记,如果是没有的,就先用各种选本上的文字,待得定稿前再集中去浙图古籍部找出有关文集一一核对,加以订正,并注明所引用版本及卷数等。我印象很深的是,他这个主编并非是挂名的,而是每章每节必细看,并与作者当面讨论,提出修改意见。他事先读了我的初稿,见我引用宋濂的《送东阳马生序》写的标注是《浦江县志》某卷,就提出了疑问,我向先生说明我的写作习惯,他笑笑说:这也是个办法,家里哪能什么书都有呀。

我在写"明代宫廷藏书的影响"一节时,初稿比较单薄,曾向傅先生请教。他建议不妨从《四库全书总目》检索一下有关资料。我一拍头说:怎么没有想到呢! 在先生的启发与指点下,我查阅了有关史料,并细读了《总目》中有关从《永乐大典》中辑出的书目,撰写了"南宋后不传之宋人文集,赖明宫廷藏书保存而得传世"和"清修《四库全书》所收宋人佚失别集多赖《永乐大典》辑出得以传世"两个子目,使这部分书稿内容得到充实,这实赖先生之指点。如今翻检我的这部《总目》,看到有关部分的多种记号,如闻先生謦欬。在宁波联谊宾馆里修改书稿,与傅先生倾心交谈先后至少有三四次。有次谈到夜深了,第二天他回北京,我回杭州,互道晚安,无意中脱口而出:愿他日"对床夜话"。他说:对,异日"对床夜话",再作畅谈。

自那以后的十余年间,我与璇琮先生的联系和文字缘更多了,这是一种缘分。2000 年后宁波天一阁曾组织多次藏书文化讨论会,我都应邀与会,会间多次与先生相会。记得有次穿插了一个小会,就是先生将其部分著作和手稿赠与天一阁收藏,他胸佩绢花作了简短的但热情洋溢的讲话,我对他热爱家乡、热爱天一阁的精神十分钦佩。

宁波是个文化名城,积淀深厚,鄞州区邀同先生任主任的清华大学古典文献研究中心在近年召开了两次学术讨论会,最终目的是整理宋代宁波学者王应麟的全集。会前先生都给我们来信,邀我与会,第一次会还指定我写一篇关于浙东藏书与浙东学术的论文。他邀我与会除了进行学术研究外,有机会见面也是目的之一。每次见面,他很忙,看望的人很多,会间也有闲聊,但"对床夜话"之约终未践。这两次会间,傅先生均与天一阁联系好,让大家去天一阁看看。我和他来天一阁较多,常常乘其他先生参观之际,在这个圣殿的园林里或漫步或小憩,聊聊天南地北。我们虽然分处京、杭,但屈指算来这十来年几乎每年都有一次见面的机会。

我与璇琮先生的多次见面，有好几次是在杭州。记得大约是 2004 年前后，有次我和杭州出版社副总徐吉军先生一起在天一阁开会。那时杭州出版社计划将文澜阁《四库全书》影印出版，傅先生和中国社科院学部委员陈高华先生都是热心这件事的人，我们在天一阁会合，一起到杭州论证这一工程。我们四人同车从宁波联袂到杭，一起在浙江图书馆的善本室浏览文澜阁《四库全书》的原抄本和丁丙抄本，以及民国间钱恂和张宗祥两位先生的补抄本。我记得很清楚，在浙图善本室看书时，我向馆员小苏打了个招呼：只是看书，不要惊动馆领导。结果馆长程小澜和古籍部主任丁红两位女士还是来了。我笑说还是惊动了你们。程馆长说："两位大家来了，我们请也请不到，应该来看望的。傅先生还为我们一本书目作过序，更要当面感谢。"我们一起参与影印《四库全书》的论证，那时我撰著的《文澜阁与四库全书》一书刚好出版，就分赠两位先生求请指正。会间忙里偷闲，我们一起泛舟游览了西湖三潭印月，还合了影。今年得知傅先生仙逝，徐吉军先生和我合撰一则短文发表在《浙江学刊》上，同时刊出这帧照片以作纪念。

我那时已完成《浙江藏书史》的初稿，吉军是本书的审定人。我和他商量拟请璇琮先生赐序。我知道傅先生主要的名山事业和道德文章是唐代文学研究和中华古籍整理。但在上世纪七八十年代他已关注中国藏书史的研究。记得《中国藏书通史》第一次编委和作者会议上，他谈到当年编《学林漫录》就曾想到过这个问题。所以当徐吉军先生代我求序的时候，他慨然答应作序，但要求将全部书稿交他一阅始能动笔，这使我又一次感受到了先生严谨治学的风范。过了一段时间，傅先生寄来了序言的初稿，并附来一信，大意是序已完成，但总觉得收笔匆匆，意犹未尽，请吉军和我看看，似尚可补叙几句话。吉军对我说："顾老师，我看收笔还是你动手吧，傅先生的思路是很清楚的。"既然如此，我就增写了一段民国时期以宁波为例谈浙江藏书的话。稿子重新寄回北京，得到傅先生的首肯。后来我们相遇，他对我说："你补得很好，正是我想说的话。那时事烦，总感到意犹未尽，这层意思你代我表达出来了，我们想到一起了。"我说："哪里，哪里，我是貂尾狗续。"

傅先生对中国藏书史研究的关心，我还可举出一件事来。2004 年，他与南京大学徐雁教授合作为河北教育出版社策划主编《书林清话文库》这套丛书,共收韦力等研究藏书的著作十二种。书前系以先生代序。这套书出版前,先生致我一信,说是有这么一套书,将由出版社直接寄下。阅后希望我撰一文交他,已约四五篇文章,将由《光明日报》发一专版,以推动藏书文化的研究。所以我一直以为,傅先生晚年对藏书史和藏书文化的研究和推动,在这个领域里是有功绩的,是他学术事业的一个重要部分。他逝后我读到的一些纪念文章似未见提及,我要特别说一下。

　　傅先生对杭州的文化建设事业也是十分关心的。应杭州市有关部门的约请,他担任了《西湖通史》、《西湖文献集成》、《西湖全书》的顾问组成员,总顾问是前委员长乔石。2013年《西湖通史》成稿后,有关方面正在考虑请谁作序的问题,这个想法传到我这里,我思考了一下,此序非傅先生莫属。一是傅先生的学界声望很高;二是他主编过《中国藏书通史》和家乡的《宁波通史》,于通史编纂颇富经验;三是傅先生对杭州文化十分热爱和关心。我的这个意见由有关同志转达到市委书记王国平同志那里,得到了首肯。我向傅先生转达了这个意向,得到他的慨诺。于是2013年11月间趁傅先生来杭的时机,杭州国际城市学研究中心副主任阮重晖和副研究馆员王露女士偕同我,到傅先生下榻的常青园拜访了他。阮重晖先生说适逢王国平同志外出开会,他受委托向傅先生请序。我知道傅先生作序的习惯,他要通读全稿而后动笔,就让王露准备有关材料,我则对全书写个提要性的介绍,供先生作序时参考。这样大约过了一个月,年底傅先生已撰好序文寄到王国平先生处。他的序文简明扼要,对通史的定位准确,于《西湖通史》而言不啻是锦上添花。序文先在国务院参事室的一份内刊上刊出,而后在《光明日报》上全文转载,引起了学界对国内首部名湖专史的关注。

　　据我所知,傅先生生前被聘为清华大学中文系的博士生导师,他对年轻人的培养是十分认真的,为他们选择研究的方向,修改论文,并尽可能帮助他们发表研究成果。清华大学与宁波市鄞州区合作的王应麟专题研究,最终成果是整理出版王应麟全集。有些工作就是由他的研究生承担的。我记得2013年第二次王应麟学术讨论会的地点是新恢复的桃源书院,山中辟有傅先生的两间专室,收藏他的学术著作,介绍他的学术道路。会间傅先生送我一本由商务印书馆刚出版的《傅璇琮先生学术研究文集》。先生正要握笔题写赠语时,我说这书具有纪念意义(我计算了一下年份,大概含有纪念先生八十寿诞的意思),我的外孙吴昊今年毕业于国际关系学院,旋即参加国考进入外交部工作,他学国际政治学,但对先生的道德文章十分敬仰,多次要我向先生要本签名本,这书就请赠送于他,请你写几句鼓励他的话吧!傅先生说:真的吗?搞外交很好,而又爱好中国文化更好。略一思索,就在书上题写下了如下一段话:"谨供顾志兴先生参阅,并转呈吴昊同志。欲尽千里目,更上一层楼。互勉。傅璇琮谨奉。二○一三年八月。"回来后我将这部书当作珍贵的礼物转送给我的外孙吴昊,交他珍藏,这是学术前辈对90后年轻一代的期望和鼓励。

　　2014和2015年杭州国际城市学研究中心(杭州研究院)有两项活动都盛情邀请先生与会,但皆因先生病腿不良于行而作罢,留下遗憾。2016年初我致先生信中,还请他身体许可的情况下来杭走走。王露女士写了本《西湖景观题名文化研究》的专著,征得傅先生同意为之作序,先生家人来电嘱我写个此书的提要供先生参考,以便作序。但我写好提要,正拟寄京之际,1月23日晚突然读到北京友人微信说先生已于是日下午3时14分仙逝。我简直懵了,这是真的吗?于是我思绪起伏,写下了"对床夜话约未践,至今思之一泫然"这样一句话,如今成了这篇纪念先生文章的题目了。

2016年5月20日

他的人格堪称学界典范

孙昌武

年纪老大了，经常听到亲朋好友去世的消息。前些年每得到这类信息，难免"访旧半为鬼，惊呼热中肠"的伤感；近年来，这类信息越来越多，心里也有些"麻木"了，只能无可奈何地沉思默悼。可是昨晚，突然得知傅璇琮先生去世，震惊之余，内心更是五味杂陈，无限地痛惜，有不能已于言者。

我和傅先生交往三十多年了。一九七九年，我在好友帮助下，调进南开大学，回到教学、研究队伍，不久就结识了傅先生。这是所谓"改革开放"初期，他也刚刚"改正"，和我有类似的经历，自然有"同病相怜"之感。当时学术研究在多年沉寂之后，刚刚"复兴"；后起之秀还没有培养出来，队伍不大。京津两地相邻，开会、学生论文答辩、工作出差，等等，来往频繁，接膝倾谈，交换著作，交谊渐深。后来他得到"器重"，职位渐高，职责也渐重，我去北京，顺便到中华书局看看他，不便多有打扰。近年来他身体不如从前，出来活动少了。五年前，我的《佛教文化史》出版，开新书发布会，本来没有邀请他，但他听说，赶来参加，并发了言。据主办方说，是他主动要求发言。会上，按他的习惯，说了许多溢美赞扬的好话。再一次，也是几年前，他的故乡浙江萧山请他帮忙组织一个孟浩然的会，他安排我们夫妇参加，说是可以顺便到那里看看。就这样，三十多年的交谊，平平淡淡。但在我内心里，是视他为平生难得的少数"知己"之一的。他只年长我四岁，可我又视这种交谊在师友之间。我早年"运交华盖"，多经坎坷，命运终于改变，重新走上学术研究的道路。自己常常庆幸，生平多亏遇到一些好人，给我帮助，给我机遇。傅先生是给我帮助最多、最大的人之一。

　　傅先生的学术成就，有留下的大量著作在，不烦在这里评说。回想这三十年来的交往，深感他人品的优秀，在当代学人中堪称典范，是更值得珍重的。

　　他心胸宽厚，乐于助人，"平生不解藏人善"，切切实实地帮助有志从事学术研究的人，特别是年轻人。这一点只要看看这些年他给年轻学者著作写的那些序就可以知道。他对这些著作认真研读，其中只要有一点学术成绩必定细心摘出，表扬称赞不遗余力。就这些年古典文学研究领域说，新成长起来、做出成绩的学者大都得到过他的帮助、鼓励。就如我这个年纪的人，和他算是同辈分，他也是支持、激励有加。上世纪八十年代，和他刚刚结交的那些年，我对历史上佛教与文学的关系有兴趣，写了些还很肤浅的文字。他不仅一再对我本人说，给予肯定，还在很多场合加以介绍，指出这个领域研究的价值、意义。如今已经聚集很多人从事这方面的研究，并取得相当的成绩，是和他大力鼓吹、推动分不开的。这几十年来古典文学研究各领域取得的成绩，大都包含他的努力在内。

　　他待人亲切，善于团结人，得人信任，有凝聚力，从而能够集合老、中、青，在官、在学的各色人等共同从事一些学术项目，开展学术活动，取得成就，推进学术事业的发展。在这些年远不够理想的学术环境下，开展大规模的，乃至全国性的学术活动可说是困难重重。傅先生能够组织大量这类活动，当然和他（只是后来）担任领导职务有关系。但这类事能够促成，仅仅靠领导地位远远不够。更重要的是靠组织者的人品、学养和威望。例如做《唐才子传校笺》这样的工作，几乎吸收了全国唐代文学研究者参加，做出了一个有关唐代文人研究的总结性的成绩。作为主编的傅先生付出的辛劳不知凡几，而他能够联系、组织这一大群人共同工作更非易事。他的领导职位只是提供了组织工作的方便，而让人实心实意地追随他工作，还是靠大家对他心悦诚服的敬重、信任。事实上并不是每个身在高位的领导者都能够团结起一个集体来从事学术研究工作的。

　　我身经反右到"文化大革命"这二十多年，"体验"过那个年代作为"另类"生活的艰难，从事学术研究更是难上加难。古典文学本来被认定是"封资修"，你又是"另类"，还想坚持搞下去，图谋何在？但有些人不避艰危，知其不可而为之，在重压之下仍认定一个目标不放松。傅先生当年就是在这样的环境下自觉地进行学术训练，打下了坚实的基础。待环境转变，杰出的学术成果倾泻而出。而可贵的是，他后来担任了领导职务，而且是实实在在的"领导"工作，却仍坚持进行学术研究,不断做出骄人的成绩。这显示作为"学人"的一种境界,也是他倍受人们,特别是年轻人尊敬、钦佩的原因之一。

人们常说,治学首先要做人。在这一点上,傅先生是个典范。这些年学术严重"官僚化",颇有学者主动、被动地去谋取一官半职;学术严重"商业化",又颇有学者想方设法谋取经济利益。学风窳败让人痛心。特别是一些不合理的制度助长学术腐败趋势,实际是逼迫人随着潮流流宕忘反。内心保持强固的定力,坚持操守和理想不变,傅先生无疑是堪称典范的一位。

傅先生离开了,我觉得作为一位学人,他在当今学界是不可替代的。读韩愈的《贞曜先生墓志铭》,开头一段云:"唐元和九年,岁在甲午,八月己亥,贞曜先生孟氏卒。无子,其配郑氏以告。愈走位哭,且召张籍会哭。明日,使以钱如东都,供葬事,诸尝与往来者,咸来哭吊……愈哭曰:'呜呼!吾尚忍铭吾友也夫!'"诗人孟郊死后落寞,留下寡妻,只有韩愈、张籍等友人哭吊,韩愈写得极其痛切。傅先生有幸,事业有成,安然远去。有消息说,将在八宝山开追悼会,会是冠盖云集吧。后来孟郊将葬,友人张籍说,"先生揭德振华,于古有光",因此私谥为"贞曜"。孟郊是杰出诗人,友人没有表扬他的诗,而特别赞扬他的为人;称赞为"贞曜",这是孟郊留下的最为珍贵的遗产。我作为和傅先生交往三十多年的友人,悲悼之余,希望对于死者,不是纪念之后则"亲戚或余悲,他人亦已歌",除了认真地学习、继承他留下的学术遗产,还要让更多的人认识他的人品和精神。敝以为在当今,在这方面加以表彰、发扬是更为重要的。

智者风范　仁者襟怀

——记傅璇琮先生二三事

龚延明

　　在我长途跋涉的治学道路上，曾有幸得到学术界三位名家的指教、奖掖和提携。第一，是著名的宋史专家徐规先生的指教。在杭州大学读书期间，是他指教我做学问要严谨、扎实，切忌急功近利，要有甘于寂寞、坐冷板凳的刻苦精神。徐先生是我学术人生的第一个领路人。第二，是饮誉海内外的宋史权威、北大名教授邓广铭先生的奖掖。邓先生对我那本《宋史职官志补正》的充分肯定，在学术界已传为佳话。众所周知，我的《宋史职官志补正》，是在邓先生上个世纪四十年代完成的、得到陈寅恪先生高度评价的《宋史职官志考正》基础上做成的，可以说，是踩在巨人的肩膀上摘到的果实。想不到，邓先生以大师的豁达胸怀，谦虚地把自己的《考正》比作"椎轮"，而把我的《补正》喻为"大辂"之作。这使我深受感动和鼓舞！感动的是前辈大学问家对后辈如此奖掖，受鼓舞的是邓先生对我这样愿坐冷板凳的后生所寄予了厚望，从而使我坚定了献身于中国古代职官制度研究的决心。邓先生是我学术人生的护法神。第三，是海内外著名的出版家、唐宋文学专家傅璇琮先生的提携。从1979年认识傅先生开始，直到今天，我们的学术交往近三十七年之久！傅先生从中华书局古代史编辑室编辑、主任，到中华书局总编，他数十年如一日地在学术上热情地提携我，使我从开始学术方向不明，走上有明确的学术方向，待我找到学术富矿，又帮助我将开采的学术产品，推向社会。从《宋史职官志补正》、《宋代官制辞典》到《宋登科记考》，我在学术道路上每前进一步，可以说，都离不开傅先生的提携。傅先生既是帮我制订学术人生规划的总工程师，又是良师益友。

一、学术批评与人为善，"不打不相识"——结识缘起

1979 年，我应上海人民出版社之约，撰写《杭州与西湖史话》。在写作过程中，涉及到一首著名的《灵隐寺》诗，其中"楼观沧海日，门听浙江潮"一句，尤为脍炙人口，至今传诵。关于此诗作者，学术界专有争议。我就据唐人孟棨的《本事诗》，提出作者为骆宾王、宋之问二人。其实，我对唐代文学谈不上研究，不知深浅。结果，此文在《杭州大学》1980 年第一期刊出后，该刊第二期就登出了傅璇琮先生的《关于宋之问及其与骆宾王的关系》批评文章，否定了我的骆、宋合作的意见，明确表示"这首《灵隐寺》诗当仍是骆宾王所作"。文中也指出我在运用史料上的失误，将《新唐书·艺文志》，写作《新唐书·文苑志》。拜读之后，深感批评之中肯、立论之可信。其资料运用纵横捭阖，使我折服。回头再看自己所写的文章，实在浅薄，不免汗颜。

当时我并不认识傅璇琮先生，从徐规先生处了解到，傅先生是中华书局编辑，是唐代文学专家。然而，这么一位专家，在批评文章中，言辞婉和，十分诚恳地提出问题，仿佛批评就像讨论一样，完全没有居高临下的架子。这使我感动。傅先生这一批评，对我震动很大，做学问并不那么简单，光凭"小聪明"是不行的，必须要有长期积累，同时运用史料一定要严谨，不能马虎。这是在文章之外，我所受到的教育。

这也许是傅先生所没有想到的。我不仅没有对傅先生的批评感到不高兴，反而被傅先生的深湛学问和与人为善切磋学问的风度所感动。于是我立即给傅先生写了封信，表示接受批评，并希望今后能够得到学术上的指点。傅先生很快就回了封信，说这是我所料想不到的。就这样，一篇批评文章，开启了我们此后长期的学术交往之路。不久，他来信约我写一本《宋太祖》小册子，列入吴晗主编的《中国历史人物小丛书》。我欣然接受，《宋太祖》书稿交稿后，他又对我说："《宋太祖》文章很好，我在编辑部会议上也讲了。我们想约请你再写一本《王安石》。"我很高兴，于是又写了一本小册子《王安石》。《宋太祖》、《王安石》分别在 1982、1989 年由中华书局出版。

有一次聚会,席间有人问起我怎么与傅先生认识的? 傅先生抢先回答:"我们是不打不相识。"指的就是通过学术批评结识的。

我这个并未跨入学术殿堂之门的年轻人,通过接受学术批评而能结识一位大学者——傅璇琮先生,此后并一直得到傅先生学术上的指导,这是我人生的机遇和幸运。

然而并非所有的学术批评,都能有这样的结果。在学术界,我们也见到过有的学术批评,用语尖酸刻薄,结果引起被批评者的不满,最终酿成相互谩骂、相互攻击的局面。不但学术批评目的没有达到,反而造成了学者之间的怨恨,污染了学界的空气,这是不可取的。

傅先生对我的批评,可以说是学术批评的一个范例,这就是抱着开展学术批评的求真的目的,怀着与人为善相互切磋学问的仁心,不但能使被批评者心悦诚服,而且会促使批评者与被批评者之间建立起学术情谊。

二、出版家兼学者的高度——从《宋史职官志补正》说起

1974年,我从部队复员回杭大历史系,重操旧业。当时学校处于"文革"后期,虽已复课闹革命,但仍未走上正轨。我离开学校已十二年,谈不上有什么历史研究。所以直到七十年代末,我也没有明确的学术方向,彷徨在科学殿堂之门外。1979年,我所在的历史系宋史研究室在商议同仁的研究方向时,研究室主任徐规先生建议我研究朱熹。我当时考虑到研究朱熹的人已不少,加之我希望能够科研与教学相结合,所以未能接受。徐先生斟酌后,提出让我在系里开一门选修课《中国古代官制史》,科研方面则侧重宋代官制研究。这样,教学与科研能相辅相成,我欣然同意。不久,以徐规教授为学科带头人申报的《宋史补正》列入浙江省哲学社会科学"七五"规划重点课题。根据研究室学术分工,我理应承担《宋史职官志补正》工作。这可让我犯难了。因为已有邓广铭先生《宋史职官志考正》这一得到陈寅恪先生高度评价的里程碑式作品在前,我这个刚刚涉足宋史领域的无名之辈,去续《宋史职官志考正》之作,能免"狗尾续貂"之讥吗? 正处于进退两难之际,我有机会请教了当时任中华书局中国古代史编辑室主任的傅璇琮先生。傅先生身为编辑,又是通观文史全局的专家,他针对我

的顾虑,坦陈了他的看法:"邓先生是宋史权威,为学术界所公认。他的《宋史职官志考正》是开山之作,但这不等于《宋史职官志》研究工作已经终结。邓先生自己也不这样看。限于抗战时期资料之不足,还有不少遗漏。在 50 年代,他就提出过对《宋史职官志考正》和《宋史刑法志考正》需要重新进行增补。现在你去挑起这副担子,应该说是学术发展的需要。你年轻,精力充沛,研究条件又好,只要能刻苦钻研,在邓先生《考正》的基础上,必有新创获。我与邓先生有学术上的交往,深知邓先生的学术品格。他胸怀豁达,视学术如生命,十分关心宋史研究队伍的壮大。你的研究工作,只要脚踏实地,做好了,会得到他的肯定的。"他又说:"一个人的时间、精力终究有限……有得必有失,从事中国古代官制史教学可以,专门研究则以断代为佳。〔结合科研〕你可以选择《宋史职官志补正》作为苦练基本功的阵地,逐步把握宋代现存的所有官制史料,在此基础上,继续深入,在'深'的方面把根扎得更深,争取站到学科前沿。"傅先生这番推心置腹、语重心长的谈话,犹如在旷野上难以辨别前进方向的时候,在前方亮起的一盏指路灯,一下子驱散了我心头的迷雾和疑虑,使我鼓起勇气,接受了《宋史职官志补正》的科研任务。傅先生不但从学术发展角度肯定了我可以做《宋史职官志补正》,而且还在研究的方法上指导我怎么做,即首先要充分占有材料,"把握宋代现存的所有官制史料"。

　　在傅先生的鼓励和点拨下,我于八十年代初,开始了《宋史职官志补正》工作。头三年,我把精力集中在搜集、阅读、摘抄《宋会要辑稿》、《续资治通鉴长编》、《职官分纪》、《古今合璧事类备要》、《吏部条法》、《庆元条法事类》、《宋朝奏议》、《宋史》等史籍、类书以及宋人文集、笔记、方志等等。按《宋史·职官志》十二卷内容顺序,做了 15 册、上百万字分类笔记。最后,用二年时间,一边参考邓先生《宋史职官志考正》,一边考订《宋史·职官志》,于 1989 年终于完成了近三千条补正条目、50 余万字的《宋史职官志补正》。迟至 1991 年才由浙江古籍出版社出版,离邓先生《宋史职官志考正》1941 年出版之期,将近半个世纪。

　　《宋史职官志补正》出版后,诚如傅璇琮先生所预料的,邓广铭先生"胸怀豁达,视学术如生命",他衡量学术成果,不论资格,不计较对自己的研究的批评,完全以学术上有无贡献为心中的一杆秤。邓先生在审阅了我的《宋史职官志补正》后,作为浙江省社科规划办委任的浙江省哲学社会科学重点课题《宋史职官志补正》的鉴定组组长,组织了中国社科院历史所研究员王曾瑜、陈智超,上海师大古籍所研究员朱瑞熙及中华书局编审汪圣铎,进行了鉴定。邓先生把鉴定组四位成员的意见归纳为二点:"第一,龚延明同志对于《宋史职官志》所作的补正,既极周全详备,也极精审谛当;第二,这一新著的丰富内容,反映出龚延明同志对于宋代职官制度既具备通贯的理解,也具有深厚的基础根底。求之于当今之治宋史者,他的功力之雄厚应是居首选的。"给予拙著《宋史职官志补正》高度评价。而且,邓先生十分谦虚地说:"我那篇文章(按:指《考正》)只能算作开'大辂'之先的'椎轮'。然而'大辂'却一直迟迟没有出现。直到八十年代,国内学者中,才有杭大历史系龚延明同志出而专心致志于宋代职官制度的研究……以五个春秋的时间和精力,完成《宋史职官志补正》这一巨著。"使我心中原来悬着的一块石头掉下了地,同时又使我不安,我感到邓先生对我是鼓励多了,自己实际上做得还很不够,我应把邓先生的鼓励作为继续努力的目标。不过,邓先生对我这一成果的充分肯定,使我深受鼓舞,坚定了我在官制史研究这块园地继续耕耘的决心。

在本文中我转述邓广铭先生对《宋史职官志补正》的评价,恰恰说明了傅璇琮先生的学术眼光是何等深邃!他站在出版家兼学者的高度,看到《宋史职官志》补正仍是一个有很大空间的学术阵地,而且可以作为深入研究宋代官制的基础,点拨我把根扎得更"深",循此走向学术前沿。另一方面,也反映了傅先生在学术界交往之深,他对学术大师邓广铭先生广阔的胸襟十分了解,所以能在我犹豫、彷徨之际,鼓励我走近学术大师、去续《宋史职官志考正》的研究工作,假如没有傅先生的这番点拨和鼓励,我根本不敢去做《宋史职官志补正》。我曾经对一位同事讲过,要不我还是去做一些《宋史列传》补正工作算了,要是真的去做《宋史列传》补正,就不可能有《宋史职官志补正》的出版,也就不可能有数百万字的宋代官制资料积累,说不上继续深入宋代官制研究,当然也就不可能有进一步的《宋代官制辞典》成果了。

说起《宋代官制辞典》,更是离不开傅先生的提携。《宋史职官志补正》出版之后,我对宋代官制资料已有了较充分的积累。下一步该怎么走?这时我又想起了傅先生的话:"从事中国古代官制史教学可以,专门研究则以断代为佳。你可以选择《宋史职官志补正》作为苦练基本功的阵地,逐步把握宋代现存的所有官制史料,在此基础上,继续深入,在'深'的方面把根扎得更深,争取站到学科前沿。不要满足于做一个有些成就的学者,要做一个有较高成就的学者。"在完成《宋史职官志补正》后继续深入,从点到面,横向发展。那么如何继续深入?我提出:可以考虑写《宋代官制史》吗? 傅先生说:"写《宋代官制史》,要驾驭宋代三百年制度演变史和其复杂的内涵,并非易事。"建议我不要急于写官制通史。于是,我联想到在做《宋史职官志补正》过程中,碰到过职官简称别名与职官术语这两个"拦路虎"。这给深入理解宋代官制带来很大困难。宋史界有一个共识,认为宋史研究有两大难题:一是宋代官制,一是宋代儒学①。我就想,如果撰编一部《宋代官制辞典》,在解释宋代正式官称之外,加上宋代职官别名与职官术语的解释,这也许对解决治宋史的难题——宋代官制会有帮助。我把这个想法写信告诉了已任中华书局副总编的傅璇琮先生。傅先生很快就复函,谈了他的看法:"宋代官制的确很复杂,出一部《宋代官制辞典》对治宋代史与宋代文学史,都很有必要。问题是,出版断代官制辞典还没有先例。出版可能有些困难。但是,如果您能做出特色,具备较高学术价值,即使是断代官制辞典,也可以去争取出版。您不必犹豫,先做起来。"

　　傅璇琮先生是唐宋文学史大家,他深知历史制度之于文学史研究的重要性。他在名著《唐代诗人丛考》后记中,对唐朝诗人姚合的仕履所作的考证,就是运用了职官制度史的学识:

　　　　钱起考:姚合《极玄集》卷上载钱起仕履,说是"终尚书郎、太清宫使"。后人因此以太清宫使称他的,如宋人诗话《诗史》谓"唐太清宫使、翰林学士钱起多作佳篇"云云。而按之于唐代官制,钱起是否曾为太清宫使,是颇可疑的,唐太清宫使之称一般是宰相兼的。如《新唐书》卷四十六《职官志》一,谓:"宰相事无不统,故不以一职名官,自开元以后,常以领他职:……至于国史、太清宫之类,其名颇多,皆不足取法,故不著其详。"这里说得很清楚……修国史及太清宫使也是宰相所带的名号。北宋时宋敏求的《春明退朝录》曾说:"唐制,宰相四人,首相为太清宫使。"而我们知道,钱起的官位

---

①　李学勤、王曾瑜《中国古代史研究资料》。

最高不过是考功郎中，就是说，只是尚书省的一个郎官，是不可能为太清官使的，《极玄集》所载当误。

这个例证，已能说明傅先生《唐代诗人丛考》为什么具有很高的学术价值，为学术界所推崇，就是因为他治文学史不离治史，文史紧密结合。唯其如此，他对我做断代官制辞典，不仅仅从出版家市场需要的立场，同时能从专家学者的高度，予以审视，所以他能在出版和学术价值两者之间的平衡上，作出有魄力的决断，毅然支持我去做《宋代官制辞典》。

在《宋史职官志补正》完稿后，1985、1986、1987三年，我做完了《宋代职官别名汇释》、《宋代职官术语汇释》，同时兼做宋代正式官名辞条的搜集与释义。1987年，我感到编撰一部有特色的《宋代官制辞典》，已有较大把握，遂向中华书局编辑部综合室提出了选题申请。此时，傅先生已升任中华书局总编，不便与我直接联系，遂将此事委托综合室，由该室编辑——傅璇琮先生的爱人徐敏霞先生与我直接联系。徐敏霞先生也是北大高材生，有深厚的文献根底，保持了中华书局严谨的编审作风，工作极细致、认真。第一次写的书稿样稿审读意见，就长达十二页，字写得密密，并在上百万字的书稿样稿中，凡需修改处，一一贴上写有批注的书签。在二年审稿时间内，通信十余次，给予了悉心提示。经过两年多作者与编辑的反复讨论、修改，最后，该《辞典》从编写体例、条目释文写作要求、引用书目的学术规范，都达成了一致意见。1989年，中华书局编辑部经过讨论，拍板接受了《宋代官制辞典》的出版。于是，我又用了近三年的时间修改和增补，终于完成了180万字书稿的定稿。1997年，中华书局终于出版了《宋代官制辞典》。

《宋代官制辞典》出版后，受到了学术界、特别是海内外宋史界的欢迎，成为宋史研究生必备的案头书，被誉为"继邓广铭先生《宋史职官志考正》之后，宋史研究又一里程碑式之作"①。并获得浙江省第九届哲学社会科学优秀成果著作一等奖，教育部第三届中国人文社科研究优秀成果历史类三等奖。《宋代官制辞典》能够做成并在中华书局出版，是与学者型出版家傅璇琮先生的支持和帮

---

① 　王曾瑜《宋史研究的回顾与展望》，刊《历史研究》1997年第四期。

助分不开的,可以说,没有傅先生对该《辞典》的学术价值评判,就不会有此书。

《宋代官制辞典》的出版,意味着我进一步深入了官制研究,并在学术上又前进了一步。在学术道路上,能得到傅璇琮先生的提携,这是我的幸运。

三、唐宋文学家兼史家的深邃——从《宋登科记考》谈起

1991 年夏天,我在完成了《宋代官制辞典》后,正在考虑下一步做什么? 傅璇琮先生仿佛了解我心思似的,于是年 6 月 10 日给我来了一封信:"你今后几年,我想,或者仍就官制史的路子走,深入一步写《宋代官制史》。邓先生的评价,我认为是合乎实际的。我对你寄有厚望,我认为你已具有底子与功力,完全能有进一步的成就。但《宋代官制史》是"细活",需慢慢磨。或者即以我们在北京讨论的意见,先搞《宋登科记考》。"

其时,傅璇琮先生在出版了名作《唐代科举与文学》后,正想进一步考察宋代科举。

论及宋代科举制之研究,应该说,海内外学人已取得不少成果,而且还在继续全面开展。遗憾的是,与科举制兴起阶段唐代相比,宋代突现一个很大的缺陷:唐代已有清朝学者徐松编撰的《登科记考》,而宋代则没有,换言之,宋代科举制研究最基础性的工作,尚付阙如。徐松《登科记考》提供了内容丰富的唐五代科举编年史,以及历届登科人及其生平履历,给研究唐代历史、文学和社会文化,提供了切实的基础资料。

傅先生是唐宋文学研究专家,但他兼有史家的史识与史学功底,他的智慧之深邃,正是基于能将文史研究紧密结合。他站在文学家与历史学家的高度,十分重视基础性资料整理与研究。他觉得,宋代科举于宋代文学、历史与社会文化影响十分深远。而迄今研究宋代文学史与社会文化,还不如研究唐代条件好,关于唐五代科举,已有徐松的《登科记考》可资借鉴,而宋代没有《登科记考》,这始终是一个严重缺陷。于是,他下决心要仿徐松编撰《登科记考》体例,撰编一部《宋登科记考》。怎么着手做? 因为宋代科举史料繁多,傅先生感到此"决非一人之力所能胜任"。他想到了此时我正好完成了《宋代官制辞典》,还未确定下一步研究计划。于是在北京一次学术会议上,向我提出了合作做《登科

记考》课题的事。我的第一反应是，研究宋代官制与做《宋登科记考》并不矛盾，科举属官制的范畴；其次，要研究宋代科举制度，如果不能掌握最基础的登科资料，那就像大厦建立在沙滩上，是立不牢的，为此我欣然接受傅先生的提议。

从 1992 年下半年起，在傅先生主持下，我就开始把主要精力投入《宋登科记考》课题的研究工作。傅先生则为筹集经费向高校古委会申请立项，为此他做了大量工作。因为 1992 年，我在杭大历史系任教，与古委会无联系，不能申请项目，他开始想通过杭大古籍所常务副所长崔富章帮忙，让我任古籍所兼职教授，崔富章不同意。后来则通过省教委与高校古委会联系紧急申请，傅先生向古委会解释《宋登科记考》立项的意义，终于在古委会近五十个申请项目激烈竞争中，得到批准立项，获得了宝贵的一万元经费资助。当然，对于《登科记考》这么大的项目，一万元只能作起动经费，是很不够的。于是，傅先生又与美籍华人李珍华教授取得联系，建议他也参加此项目，并希望他能于所在学校也申请立项，李珍华欣然同意并通过傅先生打过来 5000 元。遗憾的是，不久李先生病故，中美学者合作的愿望未能实现。以后，则由傅先生和我共同挑起《宋登科记考》课题的重任。

1993 年 11 月，因工作需要，原杭州大学校长沈善洪教授，将我从历史系调至古籍所，接姜亮夫先生的班，担任杭州大学古籍研究所第二任所长。由于双肩挑，《宋登科记考》课题进展就慢了下来。加上《宋登科记考》之工作量实在太大，要涉及两宋浩繁的史料，所以，前前后后做了近十年之久！光校对样稿就达七次，每校一次就要半年左右时间，在这前后近十年的编撰工作中，我的主要合作者是祖慧博士（现为浙江大学古籍所教授），同时聘请了历史系魏得良教授、图书馆线装部馆员尤钟林等专家学者参与，并组织历史专业的一些本科生帮助做些方志的进士抄录工作。

在《宋登科记考》课题运作过程中，傅先生通过审读书稿，不断提出修改意见。其间来往书信，累年不断，我每次寄去部分样稿，他总是在百忙中尽量首先披阅，有问题则做出眉批。现在我略举傅先生一些修改的眉批：

《宋登科记考·天圣二年》：

1."元绛"条《宋史》本传〔引文〕，可稍简。

2."毛洵"条《宋史》本传，似应在周必大〔文集〕之后，这需有统一体例，是否以时代先后为准，如后之"叶清臣"条。

3.样稿原文："孙锡，字昌龄。真州人。咸平二年登进士第……宋王安石《临川集》卷九七《孙公（锡）墓志铭》：'公讳锡，字昌龄……以天圣二年进士起家。'"

傅先生注："咸平"为"天圣"之误。

4.样稿原文："孙彝甫，一作夷甫常州武进人。"

傅先生注："夷甫"后加逗号。

5."许彦先"条，原文引"宋苏辙《栾城集》卷二八《许彦先知随州》（文略）"。

傅先生批：为何"文略"，应有登第年之记载。

6.样稿原文："张璪……宋王称《东都事略》卷三七《张洎》……孙瑰。"

傅先生批："瑰"应作"璪"。

7.样稿原文："周中和……秦和人。"

傅先生批："秦和"为"泰和"之误。

9."曹平"条，眉批："同三礼出身"，"三礼"漏加书名号，应为同《三礼》出身。

10."孙抃"条，原文："宋王得臣《麈史》卷七。"

傅先生眉批：《麈史》仅三卷。

11."杨正臣"条："察襄，擢天圣八年进士第。"

傅先生眉批："察襄"为"蔡襄"之误。

12."皇甫辽"条："景祐元的甲戌张唐卿榜"。

傅先生眉批："景祐元的"为"景祐元年"之误。

13. P.169"傅仪"。

傅先生眉批：已见前页168"傅仪"条，重。

14."裴煜"条，原文引"清厉鹗《宋诗纪事补遗》卷一《裴煜》"。

傅先生眉批：厉鹗非《宋诗纪事补遗》著者。

以上所举例，并非全部，但即便从上所引眉批，已可窥见傅先生对《宋登科记考》审稿之细致，从体例、简繁体更换、错别字、标点、引书作者等等，都在他严谨的审视之下，一一挑出存在的问题。让我们能及时订正并引以为戒，帮助书稿通过一次次修改、一遍又一遍校对，不断提高质量，直到2004年全部定稿。

《宋登科记考》仿徐松《登科记考》体例，而又有新的改进。

该书包括科举大事记编年（100万字）与历榜登科名录两大部分。总体设计，以编年大事记为纲，登科名录即置于大事记相应年月之下，互相融会而贯通。大事记选取宋代科举方面的诏令、历届科举试之知贡举官与考试官，及各种规定等，资料力求齐全，以帮助读者了解宋代科举制度的全貌与内涵。大事记依据多种宋代典籍搜罗排比、抉择，有较高的学术价值。如传世之《宋大诏令集》，有关科举的诏令全部亡佚，比之《唐大诏令集》，此其为逊色之处。大事记则可补《宋大诏令集》之阙漏。历榜登科人，按统一体例收录与说明。即每一登科人，依其所登科目，或进士，或诸科，或制科，或武举，或童子，或博学鸿词科，或赐第，以名次先后为序（倘不明登第名次，则以姓氏笔划排列），一目了然。

《宋登科记考》特点有二：其一，是书为两宋登科名录之集大成者。两宋共举行过118榜科举试，各种科目登第人共约有十万人。而完整保留下来仅两榜，一榜是《绍兴十八年登科录》，计353人；一榜是《宝祐四年登科录》，计601名。两榜合954人，不到总数的百分之一。其余九百九千多人，或已湮没，或散落在茫茫史籍之中，须从现存宋代典籍及后世相关史料中去寻寻觅觅。经过多年努力，我们已收录了四万余人。迄今为止，没有一种著述或传记资料索引，能达到这个数字。比如前些年出版的以收罗宋代人物最多著称的王德毅先生等等编写的《宋人传记资料索引》，共收二万二千多人，而其中登科人仅为六千多人，只占两宋登科人之十六分之一。以此言之，《宋登科记考》所完成的工作，虽称不上"竭泽而渔，网罗无遗"，其收获亦堪称最巨的了。

其二，凡收录者，都撰有一小传，包括姓名、字号、籍贯、何种科目及第、及第之年、初授何官、最高官或终任官等。小传之下，附有书证。书证通常择要列二条；倘考证之需，或列两条以上。力求做到无证不信，言必有据。

近420万字的《宋登科记考》书稿完成后，还有一个十分重要的出版问题。又是通过傅先生的联系，最后落实在江苏教育出版社出版，使科研成果实现了向推向市场的社会精神产品的转化。从《宋登科记考》的选题之确定到最后出版,傅璇琮先生的智慧之深邃,做事之决断,和善于与人共事,堪称学林中之典范。他是《宋登科记考》的总设计师和监理人。没有傅先生的学术眼光、学术引领和在出版上的帮助,可以说,也不可能有《宋登科记考》的出版。《宋登科记考》出版后,得到学术界高度关注和充分肯定,获得了全国优秀出版图书奖、教育部第六届中国高等学校研究成果历史学类二等奖、浙江省第十六届哲学社会科学优秀成果一等奖。我感恩,是傅先生带我走进了高深的学术殿堂。

我和傅璇琮先生三十七年的学术交往,不说电话联系,光书信就在 300 封以上,来往至密,他长我半辈,其学术成就与学术地位,更是高出我不知多少,但他始终平易近人、不摆架子、和蔼可亲,视我为挚友。这三十多年的学术交往,傅璇琮先生留给我最深刻的印象是:具有出版家兼学者的高度,文学家兼史家的深度,仁者之心的温度,唐宋文学领军人物的全局胸怀,奖掖后进的大师风范,和高明的推动与组织学术研究发展的才干和艺术。

我只是傅先生提携的后进中的一个。傅先生"在古代文史研究领域著述精深宏富,扶持和培养了一大批从事古代文史研究的中青年学者,在海内外学术界、出版界享有崇高的声誉"[①]。

先生已逝,山高水长。先生的精深学问,与他从国家学科建设的全局出发,热诚、专业、不遗余力地奖掖后进、培养中青年学者的崇高境界,已成为一份珍贵的遗产,永远值得我们珍惜和继承。

---

① 见中华书局《书品》2016 年第 1 期"特别关注"专栏编者按语。

厚德高风是我师

——傅璇琮先生逝世周年祭

董乃斌

光阴似箭,不知不觉,傅璇琮先生逝世已经一周年了。他去世时,我正在海南,听到噩耗,愕然不知所措,从不信到不得不信,悲痛不能自已。第二天,我将我的哀思拟成一副挽联,寄往中华书局,请朋友们代为敬献于傅先生灵前。我的挽联:"研唐治宋覃思精考成渊海,导后光前厚德高风是我师。"说的是我当时最想诉说的心里话。

傅先生不但学问堪为我师,更重要的是为人行事的厚德高风足为我师。

他宏远的学术抱负,他巨大的组织才能,他对前辈的尊重、对同侪的友爱、对年轻人的扶掖提携,他那甘为学术鞠躬尽瘁和崇高的奉献谦让精神,都使我由衷敬佩,值得我认真学习。

傅先生一生所做的工作是多方面、多头绪的,他的主职是编辑,但又额外担任了许多社会工作。正是在这些社会工作中,他广泛接触老中青三代学者,在古典文学研究领域起着承续传统、启导后来的作用。他对老一辈学者极为尊重,同时又以他的学识博得前辈们的青睐和器重。他与年龄相仿的同辈,则是惺惺相惜、相互友爱,竭诚推重。而对比他年轻的学人,则通过各种方式热心扶持提携。所以,他是老中青几代人的朋友,自然成为学术界的领袖式人物,他自己则以拥有许多学术知音而欣慰。

我也是受到傅先生扶持提携的后学之一。记得是上世纪九十年代初,傅先生应浙江教育出版社之邀主持编著《中国诗学大辞典》。在这之前,他已经成功地组织过许多大型项目,如他和书局同事许逸民、张忱石二位合作编成《唐五代人物传记资料综合索引》，如他邀约众多古代文学研究者编写《唐才子传校笺》和《中国文学家大辞典》等，都在学术界产生了很大影响。傅先生在学术界的威望和领导地位已经自然形成。这次编著《中国诗学大辞典》，傅先生担任主编，许逸民是他的同事兼得力助手，此外准备吸收我和我们所的王学泰、中国人民大学的吴小林先生早期参加。我们都很痛快而且高兴地答应了。对我而言，刚刚走上学术之路不久，诗学恰是我的研究范围，此时能与傅先生合作，在他的领导下从事一个大项目，正是一次极佳的学习机会。那时，中华书局还没有搬家，还在王府井大街 36 号的大楼里。有一段时间，我和学泰就常常从文学所下了班一起去中华书局，应傅先生之约，去与他和许逸民二位商量《诗学大辞典》的事。傅先生传达了出版社的要求和他的初步想法。然后从设计全书、制订条目开始，我们就参加了讨论，后来组织人手，分配条目，联络作者，阅读稿件，修改定稿，直到正式出版，我们也都参与了。

在这个过程中，傅先生言教身教给我的启益很多。大概想来，就有这么几条。

第一，是倾听合作者意见，善于集中大家的智慧。在《诗学大辞典》之前，浙江教育出版社已出版了词学和曲学两部大辞典，各有自己的体例，《诗学大辞典》怎么搞？我们根据中国诗学的特点和历史，参考前两部辞典的分类方法，各自畅所欲言。傅先生综合大家意见，很快定下"诗学概念"、"诗论著述"、"重要诗人"、"诗风流派"等十大类目，等于为全书立起了清晰的纲领，纲举目张，词条的分设也就好办了。

第二，更重要的是，作为项目负责人，必须要有高于一般成员的业务水平和主见，要事事想在前面，要做更多的调查研究，才能把握全局，汲取良见，起到统率作用。这一点，傅先生给我印象尤深。集体项目，多人合作，讨论时七嘴八舌，不可能没有不同看法。他除了常常能拿出高明的创意外，总能在诸多意见中选出最合理而可行的，或在别人意见基础上加以修订提炼，形成为大家所赞成的结论。在他身上，我既看到了倾听不同意见的雅量，又体会到抉择裁断的高超能力。

第三，要想顺利推动此类集体编著工作，必须有广泛人脉，充分了解学术队伍，这样才能找到最合适的参加者，组织人力，集中攻关。这是《唐才子传校笺》

成功的重要原因。到《诗学大辞典》，傅先生运用此法更加自如。《辞典》的十大类，他针对专家们学有专攻的情况，采用成片包干的办法，如诗法格律大类，请羊春秋先生负责，由他一人承包。傅先生了解羊先生是这方面有数的专家，他与羊先生又有良好的关系，由傅先生出面邀请，羊先生愉快接受。一人操作又可免去多方组稿和审稿的麻烦，结果这一类成为辞典中最早定稿而极具特色的部分，傅先生认为"可以作为一部独立成章的诗学研究著作看待"。其他，如《诗经》研究交由对诗经学史积累深厚的洪湛侯先生承担，许多不经见的诗歌别集词条都交由王学泰兄承担，因为他曾系统地写过诗歌别集的提要。成片承包，实际上成为组织这部辞典撰写的一种重要方法。这种做法很受欢迎，效果也好。但这样做必须有个前提，那就是组织者熟悉、了解、并能够调动相关人员。傅先生既最擅长此道，亦最具备必要的威望和信誉。

第四，作为项目主持人，需能吃苦耐劳，更多地付出。他既要高瞻远瞩，掌控全局，也难免事无巨细，皆躬亲过问。据我观察，在《诗学大辞典》进行的整个过程中，傅先生正是这样做的。辞典作者，从承包整块的专家到所写条目不多的年轻人，他都亲自联系。审稿也是如此。与出版社联系等事就更不用说了。琐琐碎碎，不避麻烦，直到最后分发稿酬。为寻找到某些不甚熟悉的作者，还费了不少功夫，为此他曾多次给我打电话查询，使我深有所感。

第五，在名誉利益上却是谦让的，考虑周到的。作为项目负责人，傅先生担任《诗学大辞典》的主编是众望所归、名副其实。但他却把许逸民、王学泰、吴小林和我都并列为主编，而不是副主编。我觉得这是体现了傅先生的谦让和提携精神的。此外，他还要顾及每一个参与者，尤其是那些本来就写得少、得利不多的人。这也许就是事隔颇久傅先生仍不辞辛劳竭尽全力查找每一个执笔者，一定把要稿酬寄到每个作者手中的原因吧。

榜样的力量是无穷的。《诗学大辞典》的工作集体非常团结和谐，我想，凡傅先生主持的项目一定都会如此。事实上，他领导的唐代文学学会就是这样的典型。我敬佩傅先生，自然也就向他学习，默默地认真地工作，为能够分担一点他的辛劳而感到安慰。在《辞典》编写中，除自己认领一部分辞条，我们每人都还承担一些边边角角的小辞条。最后，却发现全书开宗明义的"诗"和"诗学"两个大条还空白着。傅先生和大家决定由我执笔。我虽觉难度大、时间紧，但为了集体，也就迎难而上了。最后在傅先生指导和大家帮助下，完成了任务。参加《中国诗学大辞典》的工作，我不但在业务方面有所收获，更主要的是体会和学习了傅先生的为人行事，特别是他卓有成效的工作方法。当然，在那段工作中，其他诸位先生也给了我很多帮助和教益，我们以后都成了好朋友。

《诗学大辞典》工作中，傅先生给我最大的教益还是对学术的态度极端认真，工作作风极端细致。这是我最为敬佩的，我认为，傅先生一切学术成就都是由此而来。他不但对自己的著述极端认真细致，就是为别人的书作序或写作评论文章也是如此。以为人作序为例，他的做法是必先读全书，甚至不止一遍，甚至取该作者此前的相关著作比较阅读，然后得出中肯的看法和评价，经再三推敲才落于文字。他的那些序文都是挤占了研究或休息时间写出来的。傅先生极珍惜时间，即使在旅途，也会抓紧时间工作。我曾不止一次与他同乘火车或在一起开会，亲眼看到他利用空隙时间阅读待序的书稿。而他的序文绝无无原则的吹捧，只有恳挚的赞扬和切实的批评。因为他是把为人作序或写评论文章看作寻求学术知音、传承优良学风的大事来做的。站得高，见得深，又肯下苦功，做出来的事自然就不同一般了。2008年，他的序跋文章汇为一集由大象出版社出版，是为《学林清话》，傅先生亲自惠寄给我，并附短信，其中即有"二十余年来，能为学者陆续作序，确有慰勉之情"的肺腑之言。如今捧读此书此信，如闻见傅先生的音容謦欬，眼眶不觉湿润。

也许傅先生对我在《诗学大辞典》中的表现还比较满意。后来，他又建议我为中华书局编一套《中华文学通览》，以十本内容具学术性、写法近似史话的书，分段向读者介绍中国古代文学的精华。我当然欣然从命，在他的指导下拟订了编辑方针和体例要求，在他的帮助下确定了作者人选。我在向各位作者约稿的时候，大都说明了是傅先生的提议，所以，大家很支持，以后的工作进行得很顺利。书稿完成，我并不是通才，主要也是由中华书局的编辑审读的，我只负责为全书写了一个不长的《前言》。所以，我向傅先生提出，请他担任主编，我当副主编比较合适。这既是名副其实，也可提高这套书的声望。我还告诉他，我和北大钱理群合作编写过一本从古代讲到当代的《插图本中国文学史》，工作全部是我们做的，但临到出版却决定找一位名气大的老作家挂名主编，我和钱理群都算是副主编。我们都接受了，甚至觉得这样也很好。但傅先生不同意，一定要让我当主编。我认为,这就是傅先生提携扶持我之一例。

出于由衷的敬佩,我和傅先生的关系渐渐密切起来。在唐代文学学会,他是我们的会长。由于他带头示范,学会风气很正。由于他的努力,学会的刊物《唐代文学研究》和《年鉴》才得以诞生,也是由于他的精神感召和张明非等同志的积极运作,广西师大出版社才能不计盈亏长期出版这两种刊物。我们李商隐学会开会,也常邀请他莅临指导,每次他都对学会的发展提出很好的建议。比如李商隐学会决定把研究的范围扩大到整个中晚唐,就是傅先生在学会的某次年会上提出的。到 2001 年,就在河南沁阳召开了一次"李商隐与中晚唐文学研究"学术研讨会。傅先生的建议已经落实到我们学会的工作中,并已取得了初步成果。

我在 1994 年起曾担任文学所副所长,很快就向所里提议聘请我心仪的叶嘉莹先生和傅璇琮先生做我们所的特聘研究员,是只做工作而并不取报酬的那种特聘研究员。他们俩都愉快地接受了。叶嘉莹先生到所里来讲过课,傅先生参与得更多,我向他请教得更频繁。我们所古典文学的研究课题,有关的学术会议,乃至研究生的毕业答辩,只要有时间,他都参加。其对工作的认真态度,与我所研究人员没有区别。在某种程度上,我把他看成我们所的一员。

傅先生的著作我大部分都读过。早期如《唐代诗人丛考》、《唐代科举与文学》等是我自购的,大概从《李德裕年谱》开始,就多是傅先生题赠的了。《李德裕年谱》出版,我当时正在研究李商隐,牛李党争是个很纠结的问题,得此书不啻如获至宝。我读后写了一篇心得给《读书》杂志,傅先生看后很高兴。后来这本年谱出修订版,他又和周建国同志合作整理了李德裕的文集,都曾题赠给我。我回上海工作后,傅先生凡有著作,只要是和唐代文学研究有关的,也总不忘赠我一册。我对傅先生的学术之路和研究方法感到佩服,或著文评论,或向学生讲介,希望扩大其影响。傅先生赠我他的著作,使我能够及时了解他学术的新进展,更深地领会其学术精神。同时,他以我为学术知音,对我也是很大的激励。我回上海后,与傅先生直接接触的机会少了,但联系还多,我们偶尔通通电话。他到上海开会,我一定要去看望他。我还和他一起到宁波参加研讨他学术贡献的活动,和他一起到浙江萧山渔浦出席寻访唐诗之路的活动等等。

近年我出于对"中国文学就是一个抒情传统"说的质疑,渐渐明晰地提出中国文学应该是抒情传统与叙事传统双线贯穿、比翼齐飞的观点,并以此而申报了国家社科基金的项目。经过几年努力,我带领一批博士生完成了国家课题。在此期间,傅先生来上海时,我曾当面征求他对我们课题的意见,听了我的陈述,他表示理解和支持。课题的最终成果要出版了,我把书稿寄到中华书局,那时傅先生虽已退休,但在中华诸多老朋友的支持关照下,我们的著作《中国文学叙事传统研究》被批准收入 2011 年国家社科基金文库顺利出版,这对我们是多大的鼓舞啊! 傅先生知道后也非常高兴。现在,我们正继续努力,沿着这个课题的方向深入探索,要把对叙事传统的研究推进到诗歌领域,使中国文学由抒情叙事两大传统贯穿融会的认识得到论证和普及,以逐步改变中国文学只有一个抒情传统的片面看法。在这个过程中,我们要自觉发扬傅先生对学术极端认真负责细致的精神。我将更严格地要求自己,我觉得,这样才是我心中对傅先生最好的纪念。

由一次会议到一个项目的完成

——同傅璇琮先生交往琐忆

赵逵夫

第一次见傅璇琮先生是在 1983 年 7 月，我去大连参加全国首届屈原学术研讨会，带了系上老师的一封信给他。我到中华书局去找他，在他的办公室，他问到我们学校的情况和兰州、敦煌的情况，我简单谈了一下。因为他较忙，常有人进来，我们谈的不多。

1984 年 7 月，中国唐代文学学会第二届年会在兰州召开。此前系上领导将同与会代表的联系及处理来函的工作交给我。期间曾收到傅璇琮先生的几封信，傅先生对会议准备工作提出一些具体的意见和建议，也提出了一些必请的专家的名单。对有些问题考虑得十分细致。会议召开地点定在兰州友谊饭店，是"文革"前招待外国专家的地方，在当时算是兰州最高级的两个宾馆之一。那时候学术会议上都是一个房间两个人，甚至还有大房间中安七八张床的。会前分配与会代表住房的工作也是我做的。傅先生提出要同周勋初先生住在一起，借着会下的时间交谈，我便将他们二位安排在一个大些的房间中。会议开始后，我又在秘书组负责简报，当中有些问题也曾向傅先生请教。我觉得傅先生是一位工作热心、对学会事情操心，在学者中很有威望的人。那时全国学术研究之风兴起没有几年，学术交流的机会不是很多，而且那次会又决定组织专家去敦煌，当时去过敦煌的人也不是很多，所以很多学者要求与会。我们这边先同傅先生等学会负责人沟通，大体限制在二百来人。因为还有外国学者、港台学者，故大陆有的从事唐代文学研究的未能邀请到。会议开始前后有个别未收到邀请函的学者闯会，有一位还要求大会发言，要说为什么不邀请他。自然，来了的我们都按正式代表接待。傅先生和学会其他负责同志对这位有火气的学者说明了筹备的情况后，这位学者也没有情绪了，发言中只谈学术问题，未及其他。因为在会议开始之前，我同另外两位老师一起赴敦煌，在敦煌研究院联系了参观事宜，在敦煌几个接待住宿处看了看，确定了住房等，所以会议结束后校、系领导陪代表们去敦煌参观，我在兰州为因故不能去敦煌的先生办返程机票，及代表回兰后的返程票。当时冯其庸先生因单位有事未去敦煌，我们在友谊饭店同住了几天。后来代表从敦煌返兰州时，有的是乘火车，有的是乘飞机。因为那时由敦煌向东的火车只在柳园车站等过路车，每次只留有不多的几个座位，所以有些能报销的便乘了飞机来。但提前到了兰州，兰州的火车票又尚未买到；学校后勤协助办车票的人只是按原来计划办事，对一些代表的回答生硬，所以有的代表有情绪。傅先生也是乘飞机早到的，替我们向一些代表作解释工作，令我们十分感激。那天晚上我们拿到了一些离开兰州的火车票，但走这些路线的代表却因为在柳园未能上车尚未到兰州，我们又要去退票。乘不同车次零星到的代表也时时有。我们两三个人一直忙到凌晨两点还没有吃晚饭，几个人刚到外面各买了一个烤红薯刚吃了一半，饭店打电话，一位东北的代表重病，我们立即打电话到学校车队要车（那时兰州还没有出租车），一面赶快跑回饭店看护病人，车一到即拉往省人民医院。等到将这位代表诊治完，取药拉回饭店安顿好，天边已出现晨曦。因为那次会议参会人员多，又有些老专家，75 岁以上的就有四五位，如武汉大学胡国瑞先生、河南大学华仲彦先生、河北大学魏际昌先生等。还有外国专家如美国密州大学李珍华先生等，所以工作格外忙。傅先生同霍松林先生、王运熙先生、周振甫先生等学会的几位负责人对我们的工作十分了解，有些事情我们即向傅先生求教，所以以后建立了很好的关系。在那次会后不久，傅先生曾来信让我了解一件事情，一位先生寄去一部书稿，说是他同某人的，但中华书局收到书稿后不久，又收到某人的信，言书稿是他的学位论文。傅先生要我了解一下具体情况。我即如实写信给他。从这件事可以看出他在通过第二届唐代文学会的一些具体工作后对我的信任。

　　1992 年我准备去香港参加第二届国际赋学会（后因签证未下来未去），还专门去看他。傅先生不在，他夫人徐老师在家，聊了一会儿。徐老师说，傅先生除了单位工作，常常要替一些青年学者看稿，还有不少人求他写序，一些学术会议也都要请他参加，或请他指导，所以一直很忙。我觉得他真的一心扑在了学术研究上，扑在了青年学者的培养上。2002年7月，西北师大文学院与中国社科院文学研究所联合举办的首届《文学遗产》论坛在兰州召开，国内从事古代文学研究的很多中青年骨干参加，傅先生和周勋初先生等不少学界很有声望的学者也到会，会议开得相当成功。会后与会专家又一起到甘南草原，因而有更多机会向傅先生请教。

说起来与傅先生交往中同我关系最直接，而且也因此产生了多次书信来往的是他约我编《先秦文学编年史》一事。关于这件事，我在《先秦文学编年史》（商务印书馆2010年版）的《后记》中也谈到一些。

1997年8月中旬，在哈尔滨和牡丹江市两地召开了《文学遗产》编辑部和黑龙江大学联合主办的"20世纪中国古代文学研究回顾与前瞻"国际学术研讨会。会上对于文学史的研究方法讨论较多，总体上感到方法比较单一，虽然表述文字不尽相同，但材料、观点、涉及范围大体上差不多，大同小异，甚至结构、论述顺序也基本相同，大部分缺乏新材料的挖掘，缺乏创新与开拓。会议期间傅先生说到他和几位学者编《唐五代文学编年史》，业已脱稿。他有一个将古代文学各个阶段都以编年史的形式加以反映的设想，这样可以显示出一些一般的文学史著作不能彰显的问题，而且从这个角度上来研究，也会使一些工作作得更细，更切实，更深入，使一些一般论述中可以回避或往往被忽略的问题突显出来，编年史不能回避所有研究工作中作为基础的种种因素。他希望我来承担编写《先秦文学编年史》。关于先秦文学，搞编年史要比汉代以后难度大得多，距今时代最远，很多问题难以确定，如作品的真伪、作品产生的具体年代、一些作者的生卒年及生平情况等，差不多每部书、每个作者牵扯到具体年代问题上都有争论。但从另外一个方面说，从学术研究的现状来说，最应该搞编年史的也是先秦一段。我们平时说中国有五千年文明史，但迄今出版的各种"中国文学史"著作，绝大多数是设"神话、原始歌谣"、"历史散文"、"诗经"、"诸子散文"、"楚辞"五大部分，完全看不出较清晰的时间发展进程；有的文学史著作中上举的第一部分也不单列，只是在有关部分附带说一下。文学史是历史的一部分。整个先秦文学史只是这样简单的四大块，互不关联，一种混沌的状态。即使有的人既有诗作，也有文（如周初的周公旦，西周末年的召穆公），或诗歌创作之外在形成创作群体的方面曾起到大的引领作用,或在理论上有所建树(如召穆公和春秋时叔孙豹),也没有对他们作专门的研究,只是在讲到"历史散文"或"诗经"时提一下,甚至因为其作品在该部分并不是代表作,提也不提。没有人对先秦文学中一些细节问题作通盘研究、清理,那么很多问题永远是言人人殊。钱穆的《先秦诸子系年》为什么至今为学人所重?就是因为它是对先秦诸子的通盘研究,将每位先秦诸子放在历史空间中最可能的位置,这是单独研究先秦诸子某一家所作不到的,它避免了可能发生的各种冲突、矛盾。当然,由于存留至今的先秦时代的文献很有限,而且又有一些互相矛盾的地方,所以在每个具体人活动时代的确定上仍然有上下移动的很大余地,但总体上说,通盘研究总比孤立地研究一部书、一类书所得出的结论要合理得多。考虑到这些方面,我欣然接受了傅先生的建议。我在作这个决定之前已考虑到,因为这个工作的难度,将来肯定难以尽如人意,肯定会引起各种批评、指责。即使是人们常常接触到的学者们看法比较一致的一些人和事,在时间问题上也会有不少分歧意见,但我只能选一种。比如屈原的生卒年,各有十来种说法。生年最早有主张楚宣王四年(前366年)者(曹耀湘),最迟有主张前335年者(林庚),相差三十一年;卒年最早有主张楚怀王二十四五年(前305、前304)者(清王懋竑),最迟有主张在考烈王元年(前261)者(蒋天枢),相差三十三四年。当然,我们不能拿生年之最早一说同卒年之最迟一说相配,说屈原竟活到105岁,也不能将生年之最迟一说同卒年之最早一说相配,说屈原只活了30岁。这些学者的主张都是自成体系的,不论其他,只就屈原一生而言,可能都可自圆其说。但如果联系战国时其他相关人、相关事从大系统上看屈原的生平,从而确定其生卒年与政治活动、诗歌创作,有的说法就难以成立了。所以,整体的编年研究,更合于历史的实际。其他作品、作家的研究也一样。所以,我便接受了傅先生的这个建议。总要有一个人冒着承受各种指责、批评的险,来做这个最基础的工作,以便后来的学者不断去完善。

我回到兰州不久,即收到傅先生8月21日信:

　　　　寄上拙作《唐代文学大和七年编年》一文,请参阅。其体例大致如此。当然,各段仍可按其特点作适当调整。请便中将先秦的写作计划寄下。

于是我写成《关于先秦文学编年史的设想与计划》寄傅先生。傅先生12月8日来信言：

> 这套编年史，河北人民出版社愿意接受，洵为不易。他们希望先秦部分能在99年完稿，字数请控制在五六十万字，不知尊意如何？如可能，请便中寄计划及样稿。

并告诉："罗先生主编的文学思想通史，宋代部分（张毅著）已出版，隋唐部分正在看校样。如需宋代部分，请告，我将托人购上。"（此书张毅先生曾寄赠一本）。于是，我便指导三位博士生读有关书，同时又按"夏商西周"、"春秋"、"战国秦"的分段，分别搜集材料。12月我写成《编排体例与行文格式》，又打印我所作《前305年、前304年文学编年》作为示例。于是工作正式展开。1998年2月28日至7月31日傅先生来信询问进展情况。10月22日又来信云：

> 关于文学编年史出版问题，沈阳之辽海出版社给予大力支持，其第二编辑室主任于景祥，为南大程千帆先生研究生，故对专业较了解。我们的唐五代部分，他们已排一部分校样，计划明年出书，并作为省的重点。故先秦部分请按原计划进行，务请于2000年完稿。

但我们越做觉得困难越大，2000年不可能完成。1999年春我们以此申报国家社科基金，获准立项，因工作早已开始，故预定2001年5月完成。但实际进行中深感问题之复杂、工作量之大，每一个问题都要把前贤的各种看法收集齐全，进行清理、比较、选择，或另提解决方案，要花很多时间，但写在书稿上不过短短几行。加上当中也遇到一些意想不到的事，所以尽管我一直紧张工作，也直至2004年6月才完成。工作即将结束时我马上将情况告诉傅先生，以释悬念。得2004年6月20日傅先生信，言他又同商务印书馆接洽，商务印书馆愿意接受。我请傅先生写序，他很高兴地答应，并于当年冬写成寄我。

《先秦文学编年史》工作进行的每一个阶段上傅先生都给予关心。虽然时间拖得太久，但我们觉得这样稍为安心。项目最后完成是140万字（正式出版是 170 万字），将近原来的三倍。结项中，该项目被评为优秀，为甘肃省第一个优秀社科项目。《国家社科基金管理工作简报》2005 年第 2 期（2 月 2 日）刊《2004 年 12 月和 2005 年 1 月成果验收情况报告》，说此次报送验收签定的 115 项成果，"其中 65 项基本达到预期研究目标准予结项，50 项因存在不同程度的问题未予结项"。结项的 65 项中，有 15 项被评为优秀，其中 10 项在该期简报上加以介诏，其第一项即为《先秦文学编年史》。文中说：

> 　　该成果对先秦时代从夏初至秦末的文学作品进行了全面整理，对汉代以来特别是清代以来的相关研究成果进行了系统总结和分析，对先秦文学、作家、文学活动的成果进行了认真梳理和比较，对历代出土金文等文献特别是近几十年出土金、甲、简、帛等先秦文献中与文学相关的材料进行了详细考释，充分展示了各个时代文学种种体式的发展演变过程及其同其它艺术形式发展的关系，展示了先秦时代一些重大的政治、军事活动同文学发展的关系。这是一项创新性很强，难度很大的研究工作，填补了目前我国文学研究史研究领域中没有先秦文学编年史的空白。

　　当年 4 月 5 日的《科技日报》也刊出了《国家社科项目的优秀成果〈先秦文学编年史〉多有创新》的报道，从五个方面评价了该项目的学术意义。我将这些消息告诉傅先生后，他十分高兴。

　　因为 1999 年立项时只给了 3.8 万元，国家社科规划办张国祚主任了解了这个项目的情况后，于 2005 年 7 月 14 日签字由规划办资助 8 万元，在书出之后拨出版社。但书还没有出，该项目又被收入《国家社科基金文库》，全部花费由国家社科规划办承担。因此，我又找规划办有关领导，将原来给 8 万元的决定取消。

　　由于商务印书馆忙于影印文源阁《四库全书》等工作，此书的出版一拖再拖，直至 2010 年 3 月才出版。因为出版社总是说马上就出来，所以我们也未能将书稿要回来作全面加工。如果知道要到 2010 年 3 月才出来，我们可以用将近五年的时间，对全书再作充实修改，对有些问题作更深入的研究，这样会更完满一些。这五年时间中，傅先生也多次同出版社联系，催促其早日问世。无论怎样,这部书从提出课题,到完成、出版,都同傅先生联系在一起。它能取得今天这样的成功,也同傅先生有关。所以,本篇回忆性文章不厌其烦地叙述了它从立项到出版的过程。

三十来年中多次在一些学术会议上遇到先生,在本世纪初国家社科基金后期资助项目和重大项目的评审中,也曾与先生短期共事。从他的学术报告,会议发言和平时闲谈中,都受到多方面的启迪。先生也给我有多方面的帮助,2010年我作为首席专家承担了国家社科基金重大项目"全先秦汉魏晋南北朝文编纂与研究",2011年4月我们召开专家论证会,傅先生以七十八岁高龄应邀赴兰州参加会议,给我们以指导,说明了他对这个工作的重视,对我们所抱的期望。以后也时时通信。2012年元月中共中央政治局常委李长春同志和中宣部部长到傅先生家中看望傅先生,表现了中央领导对老专家、学者的关心与重视。事后傅先生即给我寄来四张李长春、刘云山两位同他交谈、合影的照片。傅先生长期辛勤著述,并在培养青年学者上作了很多工作。在中华书局总编辑岗位上退下来之后,到清华大学兼任教授,并任古典文献研究中心主任,作了很多工作。这一切,都将同他的一系列论著一样,成为学界永久的记忆。

视学术为生命

——记傅璇琮先生二三事

柴剑虹

傅璇琮先生于 2016 年 1 月 23 日去世的噩耗传来时,我正在南下的高铁列车上。尽管知道傅先生已入住电力医院治疗多日,但传来医生对他的诊断只是"营养不良",即将出院回家休养,且他一直惦念着要继续进行手头的研究工作,因此觉得一位"视学术为生命"的学者,以他顽强的生命力,战胜眼下的伤病是没有问题的。殊料如此一位坚持勤奋治学,以辛劳奔波为乐事的学术前辈竟突然乘鹤西逝,确实令人悲痛!我因参会不能回京参加告别仪式,只得在列车上拟了一副挽联,发给朱振华编审,请他转呈书局领导:

究古籍扬弃乾嘉陈规丰标卓立,
研唐音成就学术新功实至名归。

这仅是从学界公认的傅先生的治学专长及杰出成就来作概评,并不全面,却也是三十多年来我个人最突出的感受。

我结识傅先生得益于导师启功先生的推荐。1979、1980 年读研期间,我为了更好阅读理解唐代的边塞诗作,准备撰写学位论文,利用暑假三次到北疆吉木萨尔县北庭故城、南疆库车及库尔勒一带进行实地考察,之后撰写了几篇习作。启功先生为鼓励我,将我所写《胡旋舞散论》寄送北大阴法鲁教授批阅,又专门写信给傅璇琮先生,将拙作《"瀚海"辨》推荐给傅先生与张忱石、许逸民共同编辑的《学林漫录》学术集刊。很快,1981 年春天出版的该刊第 2 集就刊登了拙文,成为我与中华书局结缘的开端。也就在该年5月,启功先生又写信聘请傅先生以答辩委员的身份,来师大中文系主持我的学位论文答辩。启功先生这封信的内容,在后来傅先生和我发表的文章中均已引述,兹不赘叙。答辩会上,他对我学位论文的具体评判意见,至今已记不太具体了,但给我很深印象的是,他肯定了我提出阅读唐代边塞诗作品中发现的问题,赞成结合历史文献进行实地考察来研究唐代文学的做法,还举了他自己考索唐代诗人的例子,给我以很好的启示。这是我第一次面见并受教于傅先生,领略了他乐于提携后进及谦虚谨慎的学者风度。研究生毕业后,启功先生又推荐我进中华书局做编辑工作,有了更多向傅先生及其他老编辑请教、学习的机会。

我1981年冬到书局后,先分配在文学编辑室工作。其时,虽然傅先生具体负责及当副总编后仍分管古代史编辑室的工作,但与文学室的业务联系甚密。1982年后,王府井36号办公大楼里我所在的二楼大办公室坐了8位编辑,其中5位是进书局不久的年轻人。傅先生进我们办公室的次数并不多,他的习惯是常常将编辑叫到楼道里谈与文学室业务或与治学相关的事情。我在文学编辑室工作近6年,有几件事至今记忆犹新。第一件事是书局要重印1960年版点校本《全唐诗》,这套大书原由傅先生责编,他希望由我来做重印责编。其实,因为这部名著原先的编校质量不错,所以我并没有花太多精力就顺利地完成了任务。过了一两年吧,此书获畅销图书奖,书局将奖状给了我,我马上声明这成绩应该归功于原责编傅先生,却听说他坚持不要。第二件事是文学室要重印整理本《卢照邻集杨炯集》,此书原责编是傅先生的夫人徐敏霞老师,大概傅先生觉得我对"初唐四杰"的作品比较熟悉,所以让许逸民主任把重印的任务交给我。我认真地审读了全书,感觉是书的整体质量还是不错的,但也发现所收的作品尚有缺漏,而补遗部分又有与原集重复的;在写审读报告时,我开始是有些犹豫的,因为此事涉及对原责编工作的评判,但是考虑到为提升书局出版物水平,还是不揣冒昧地将问题一一标识在重印样书中,写入了审读意见。我觉得,此事当时肯定也让编辑室主任为难了,而以学术为重的傅先生却表现出了大度风范,没有一丝不悦。第三件事是1983年中国唐代文学学会决定创编《唐代文学研究年鉴》,作为副主编的傅先生希望我写一篇介绍他治学的文章。我觉得自己对傅先生的治学理念、方法、成就都领略甚浅,怕写不好,开始是谢辞的,但傅先生出于对我的信任,却一再鼓励我写。文章写成后,一方面,我心中是很忐忑的,因为自己的学识浅陋,又是我做编辑后写的第一篇此类文章,确实没能很好写出傅先生在唐代文学研究上的卓著成就;另一方面,却又十分感谢傅先生给了我一次练习撰写学术评介文章的机会。后来该文并没有刊登在《唐代文学研究年鉴》中,好像傅先生将它交给了1986年创刊、江苏古籍出版的《古典文学知识》。

傅先生在《唐代文学研究年鉴》(1984)的"唐代文学研究笔谈"的《年鉴的工作要有一个总体规划》一文中主张"年鉴工作要有一个总体的规划",认为近些年唐代文学研究成绩主要表现在:(一)"注意到了对某一历史时期文学加以综合的考察和概括,力图从中探求文学发展的带有规律性的东西";(二)"对作家作品的考订更加细致精确";(三)"开拓了研究领域","注意到文学与音乐、舞蹈、绘画等艺术门类的比较研究,有些论著以文学为中心而扩展到对佛学、考古学、历史地理学、科举制度以及社会风尚的研究";(四)"对文学艺术性分析的加强"。他还指出了"掌握众多繁复的研究信息"的重要性。这实际上正是为扬弃乾嘉学术陈规、锐意开拓创新指明了具体可行的途径。在该文中傅先生又特别提出:

> 要充分注意和重视中青年研究者所作出的努力,对他们近年来的贡献和成就要有充分的估计,足够的评价。……这几年来,我因工作上的关系,接触了不少大学毕业或研究生毕业的三十岁左右的研究、教学和编辑工作者,发觉他们富有朝气而又脚踏实地、立论新颖而又基础扎实,有进取心而又对前辈学者的成就十分尊重,他们路子正,学问面宽,又善于吸收新的东西。……年鉴要把他们吸引到自己的周围,反映他们的成就,报导他们的情况,对他们的论著作实事求是的科学的评价。年鉴要把工作的基础放在中青年研究者身上,这是年鉴工作的基点。

我想,正是因为傅先生与一些高校和研究机构的前辈学者贯彻实施了这个以传承学术薪火为重的倡议,使得一大批研治唐代文学的中青年学者在前辈学者的扶助下,于80年代迅速地成长起来。

1982年夏天,书局主管文学编辑室的副总编程毅中先生带我参加了在兰州、敦煌两地举行的"敦煌文学座谈会";1983年,我又参加了中国敦煌吐鲁番学会的成立大会暨敦煌学术研讨会。根据书局的要求,编辑参加学术会议必须提交相关论文。我撰写的初步研究法藏敦煌 P.2555 写卷的两篇论文均得到与会学者的肯定。之后,年鉴编委会正是贯彻了傅先生的倡议,为了鼓励我,特地将我列入了 1984、1985 两年《唐代文学研究年鉴》的"主要撰稿人"名单,并让我撰写了 1985、1986 两年《唐代文学研究年鉴》的"敦煌文学研究情况综述"文章;编辑室也先后安排我担任了王重民《敦煌遗书论文集》和《敦煌文学作品选》以及重印《敦煌遗书总目索引》等书的编辑工作,这对我锻炼编辑能力,加强与敦煌学界学者的联系,进一步拓展学术视野均极有帮助。

从 1982 年秋季起,书局为了提高书局年轻职工的古代文化知识水平,同时也想充实编辑室的新生力量,利用业余时间开办了"古代汉语学习班",由傅先生和魏子杰副总经理做正、副主任,让陈抗、盛冬铃和我三位"文革"后的第一届研究生担任授课教员。这个学习班举办的两年内,不但局内编辑部、总编办、古籍办、出版部、发行部的人员都踊跃参加,也有局外的一些大学本科毕业生来听课,正式报名的学员就有 60 多位,还吸引了不少旁听者,王府井 36 号楼的礼堂里常常是济济一堂,气氛也颇为活跃。课堂提问、课外作业和阶段测验都很正规。当时,傅先生的二女儿傅文清不仅积极参加听课、认真完成作业,而且也是列次考试成绩出色的学员之一。记得当时傅先生得知这个情况后,虽然没有更多的言语表达,但我们却可以感觉到他内心的欣喜之情,说明了他对提升书局员工整体业务水平的重视,也表达了对子女传承家学学风的期盼。

1987 年夏秋之际,书局调我到《文史知识》编辑室工作。十年中,因忙于编务,加上业余时间大多用在中国敦煌吐鲁番学会秘书处的协调事务中,我于唐代文学研究处于若即若离的状态;我自 1998 年负责汉学编辑室工作到 2004 年退休,书局又在一个缺乏安定团结的环境里进退失据,书局培养"学者型编辑"的好传统也遭到严重干扰,研治唐代文学的年轻编辑可谓后继乏人。傅先生退休后则主要活跃于清华、人大等高校及忙于一些大型古籍整理项目的主编事务。虽然我和书局同仁失去了进一步得到傅先生直接指导的机会,不免留下遗憾,但也感觉到傅先生的学术生命更为年轻、充实了,乃是学界之幸。

从 2008 年起,经袁行霈先生提议,书局李岩总经理同意,我参加了中央文史研究馆立项编撰大型丛书《中国地域文化通览》的审读工作。傅璇琮先生是文史馆馆员,是该丛书的副主编之一,于是我又有了多次在审稿会议期间聆听傅先生学术见解的机会。傅先生参会踊跃,发言积极,而且他对于各卷书稿的意见基本上是出于唐代文学的治学范围。他对唐代史料及作家作品的稔熟,对相关研究信息的关注,所提意见之具体细微,都给我留下深刻的印象,使我仿佛又回归到已经几乎生疏了的领域,受益非浅。当时,若干卷书稿存在的一些问题,都与掌握相关研究信息欠缺有关,这也让我想起了傅先生三十多年前就指出"要掌握繁多研究信息",并提出"创立唐代文学研究史"的倡议,确实非常必要。对于我在审读书稿中提出的修改意见,他也十分重视,并鼓励我为提高书稿质量倾心竭力多做些工作。该丛书三十四卷全部出版印行后,2014 年 12 月 18 日,中央文史研究馆与中华书局专门举办了带有新闻发布性质的研讨会。傅先生虽然因腿部伤痛无法出席会议,却仍然关心会议的方方面面。我在开会回书局途中,还接到他特意打来的电话,询问会议发言的情况,还说:"你应该发言呀!"这正是一位以学术为生命的前辈学者,虽身处"落霞与孤鹜齐飞"之晚境,犹念念不忘表达对学术传承的殷切期盼。

写于 2016 年 12 月—2017 年元旦

功在当代　泽被后世

——追忆一代宗师傅璇琮先生

张明非

今年的 1 月 23 日下午 5 时，我在桂林的家中突然收到北大校友、厦门大学吴在庆教授发来的微信，告知傅璇琮先生已于一小时前仙逝。犹如晴天霹雳，我一下子被打懵了，怎么也无法相信这是真的。赶忙联系我的师妹、北大中文系教授葛晓音，她也很震惊，答应即刻去打听。在等待的当儿，我打电话到傅先生家，无人接听，一种不祥的预感令我坐立不安。又过了一会儿，晓音回电说从中华书局得到证实，傅先生确已于当天下午 3 点 40 分去世，在北京入冬以来这个最寒冷的日子，永远离开了人间，离开了他毕生为之奋斗的事业，也离开了敬他爱他的人们。

我之所以不敢相信这一突如其来的噩耗，不仅是感情上无法接受，还因为就在整整一周前的 1 月 16 日，回京探亲的我和丈夫黄介山专程到位于丰台的北京电力医院探望了傅先生。当时，先生虽因久病卧床身体很弱，但精神尚好。交谈中主动提起几年前来桂林的情景，脸上还浮现出愉悦的神情。还告知他将有书出版，答应寄给我，要我在纸上写下邮寄的地址。约莫过了半小时，怕影响先生休息，我们恋恋不舍地告辞了，相约下次来京再来探望。万万想不到这一别竟成永诀。那天，我俩还分别同病榻上的先生合了影，这或许是先生生前留下的最后影像了。

傅先生逝世的噩耗犹如巨大的冲击波，在学术界、出版界，尤其是古典文学界引起强烈震动。学术团体、高等院校、出版机构，以及许多我熟悉或不熟悉的学术前辈、同辈学者及同行的唁电，从全国各地雪片般发往治丧委员会办公室。

多家媒体也刊登了不少催人泪下的悼念文章。人们用"一代宗师"、"学界泰斗"、"文史巨擘"、"学林领袖"、"出版大家",颂扬傅先生在中国文化史上的崇高地位;用"著作等身"、"卓有建树"、"贯通古今,融合中外","嘉惠学林,阙功至伟",评价他杰出的学术成就及深远影响;用"儒雅温厚"、"朴实低调"、"高风亮节"、"高山仰止",形容他巨大的人格魅力;用"巨星陨落"、"泰山其颓"、"哲人其萎,学界同悲",寄托对逝者的崇高敬意和无限哀思。《光明日报》发表悼念文章,标题是《缺少他的当代学术史是不完整的》①;中央文史馆馆长、北京大学袁行霈教授在《痛失傅璇琮先生》②一文中说:"他在古典文学研究界的分量实在是太重了,一旦失去了他,这条航船便有点晃动的感觉。"凡此种种,都昭示着傅璇琮先生在当代学术史上举足轻重的地位,表明他的去世给学术界、出版界乃至中华文化传承事业带来不可弥补的巨大损失。傅璇琮先生追悼会于 27 日上午在北京八宝山梅厅举行,万分遗憾的是,山高路远,我不能向先生做最后的告别,谨以一纸电文遥寄我深重的哀思,祈愿先生一路走好!

　　傅璇琮先生生前曾任中央文史研究馆馆员,中华书局总编辑,中国唐代文学学会会长。是继周振甫先生之后,当代少有的集出版家与学者于一身的学术大家。他一生以"斯文自任",孜孜矻矻致力于中国古代文学研究及古典文献的整理研究,著作精深宏富,成就极为卓越。他出版的《唐代诗人丛考》、《唐代科举与文学》、《唐翰林学士传论》等一系列学术论著,体大思精,享誉海内外,影响了几代学人。他所倡导的文学与史学相结合的跨界研究,确立了新的研究范式,引领了一代学术风气,卓有成效地推动了新时期的唐代文史研究。而由他主持出版的一系列重要著作和大型古籍工程,更是多方面开拓了学术的新天地,惠及当代,沾溉后人。不仅如此,他还以博大的胸怀、热忱谦和的人格,团结了大批学者,尤其是不遗余力地扶持和培养了一大批古代文史研究领域的中青年学者。故学界仰之如泰山北斗。

　　一个多月来,我脑海里时时浮现傅先生的音容笑貌。每当看到书架上那长长一列他亲笔题名馈赠的大著,翻阅他亲笔手书的一封封信札,总觉得傅先生

---

① 《光明日报》,2016 年 1 月 24 日。

② 《光明日报》,2016 年 1 月 26 日。

没有走，他还活在我们中间，时时给我们以教诲和鼓励。

我至今清晰地记得第一次见到傅先生的情景。那是在 1982 年春夏之交我研究生毕业前夕。那一届北大中文系古典文学专业只有我和葛晓音两名毕业生，硕士学位答辩委员会由 4 位校内专家及 1 位校外专家组成，校内专家除导师陈贻焮外还有季镇淮、冯钟芸和褚斌杰三位教授，季先生任答辩委员会主席。当时研究生数量很少，据说不少校外知名学者都想来参与答辩，系里再三斟酌，聘请了两位，一位是中国社科院文学所的曹道衡先生，另一位就是傅先生。我的论文作的是南朝诗歌对唐诗的影响，晓音作的是唐诗研究，所以曹先生参加我的答辩，傅先生参加晓音的。当时北大还有个规定，论文要提前送给答辩专家审阅，但为了避嫌，又不得与专家见面。一天下午，我和晓音专程进城去送论文，先到中华书局，晓音在门口等着，我进去找傅先生。傅先生听说晓音等在门外，不敢进来，马上跟我一起出门见了晓音。或许因傅先生的《唐代诗人丛考》早已是我们读研的案头必备书目，又或许是傅先生特别平易近人的缘故，虽是初次见面我却毫无陌生之感，也丝毫没有拜见名家的紧张和忐忑。

再次见到傅先生，已是六年之后。1988 年中国唐代文学学会第四次学术讨论会在太原举行，当时，我已到桂林广西师范大学任教，是第一次参加学会的年会。在会上见到许多仰慕已久的学术前辈，并聆听了他们的高论，非常兴奋。而傅先生给我留下的最深印象，却既不是他的学术报告，也不是他在换届选举中当选副会长所致的闭幕词，而是整个会议期间他跑前跑后忙碌的身影。记得会议安排在山西大学招待所，住宿条件比较简陋，伙食也不太好，服务更不到位，意见反映上去，事无巨细都是傅先生去张罗，去协调。记得有一次到开会时间报告厅还大门紧闭，代表们都涌在门外，也是傅先生亲自四处找人来开了门。当时傅先生给我的印象与其说是声名卓著的大学者，还不如说是忠于职守任劳任怨的大管家。

此后，两年一届定期举办的唐代文学学会历次年会我都参加了，同傅先生的接触越来越多，了解也越来越深入。1992 年在厦门举行的第六届年会上，鉴于傅先生崇高的学术威望和在学会多年卓有成效的工作，代表们一致推举他担任会长。从那以后直到 2008 年因他再三请辞才改任名誉会长，傅先生主持学会工作达十六年之久。这十六年是唐代文学研究成果丰硕、空前繁荣的十六年,也是唐代文学的"显学"地位声誉日隆、令海内外学界瞩目的十六年。在学会的领导下,还相继成立了王维研究会、韩愈研究会、柳宗元研究会、李商隐研究会等下属机构。唐代文学学会成为新时期最为活跃、最有成效、风气最正、也最富盛名的全国性学术团体。其间,作为会长的傅先生付出了多少精力和心血可想而知。他也因之被学界同仁誉为"唐代文学研究的总设计师"。

我于1992年当选为学会理事,2000年任常务理事、副秘书长,2004年任副会长兼副秘书长,得以在傅先生的亲自领导下工作。耳提面命,受益良多。傅先生不仅是我十分敬重的学界前辈和学会领导,也是给予我许多帮助和关怀的可亲师长。

学会每两年举办一次学术讨论会,在每一届年会召开之前,傅先生都要作通盘考虑和周密安排。大至会议的主题,小到会议的议程,大会、小会的开法,大会发言的名单,都认真思考提出建议。如1998年10月将在贵阳举办第九届年会,这是20世纪唐代文学学会的最后一次会议,傅先生认为有必要对百年以来尤其是新时期的唐代文学研究进行总结和前瞻,于是在此前半年就分别写信给学会的有关人员商量会议的开法。3月份给我的来信中说:"我想对会议作些改革,不像过去那样以自己的论文谈一谈,一般性地议一议,而把重点放在本世纪或近二十年来唐代文学研究的回顾和总结,大家来议一议研究的现状和不足,将来应从哪些方面着手把我们的唐代文学研究提高一步。题目可以做大的,也可以作小的,可以作理论探讨的。最好事先作一些重点约稿(约8—10人)。"按照傅先生的部署,本届年会上,陈尚君、陶文鹏、陶敏、蒋寅几位学者分别从唐代文学文献研究、文学史料研究整理、文学艺术研究、群体研究和时段研究等方面,对本世纪尤其是改革开放以来的唐代文学研究进行了总结回顾和前瞻。我也遵照傅先生的指示,在大会作了题为《90年代以来的唐代文学研究回顾》的发言。傅先生就是这样以他的远见卓识不失时机地引领学术研究不断向新的目标迈进。

傅先生心心念念、殚精竭虑思考学术的发展。1998年3月9日写来的一封长信中说:

这些年来我与陶敏、吴在庆、贾晋华等合作,想做一部唐代文学编年史,体例是仿《资治通鉴》的形式,按年按月编列文学进展情况,先是几句话作为纲要式论述,在这之下是材料或某些说明,一是要求言必有据,二是作些补充、阐述。现在初稿已有,由我一人统稿,工作分量较重。分四卷,即初盛唐卷(约50万字),中唐卷(约50万字),晚唐卷(约70万字),五代卷(约50万字),总约220万字。这种编年论述是文学史研究的一种新探索,它不像过去以作家、作品为单元,而以时间流程为线索,让我们今天可以看到当时文学是怎样一年一年进展的,而且可以在同一时间内(或一年,或几年)了解作家行踪的分布,譬如,天宝元年,李白在长安,杜甫在何地,高适在何地,王昌龄……在何地,天宝四年,行踪线索又有变化,使人像在观看电视。我不知说清楚没有。这是我受建国以来,特别是八十年代以来,现当代文学进展的启示的,我们受到影响、启示的是时间的流程,而不是某一作家、作品。

信中还说到:

　　我曾与一些友人商议,搞这样一部中国文学编年史,上起先秦,下迄清末(1911)。如有这样一部编年史,将能使人看到中国文学史的具体历程。唐代还单纯,后代有几种文体并存,更能看出交叉发展情况,如明代,在吴承恩写《西游记》时,或汤显祖写"四梦"时,其同时,另外一些诗文作家或戏剧、小说家在做什么,如有一个整体文学分布图,将很有意思,课堂讲课时,也更能使学生感兴趣。现在各段大致有人承担,估计到2002年,可陆续写成。但出版社还未最后落实,有的担心字数多(总共约1200—1500万字),有的考虑时间长(交稿要拖四五年),影响评奖等。所以现在做学问也确不易。

看到信的末尾,我不禁哑然失笑,原来这封信"是在人民大会堂内写的,一边听政协委员大会发言,一边在座位上写"。是啊,像傅先生这样一位视学术为生命、以传承学术为己任的人,怎能不无时无刻心系学术?

　　后来,这部由傅先生主编,他与陶敏、李一飞、贾晋华、吴在庆等合著的《唐五代文学编年史》,1998 年 12 月由辽海出版社出版,并获得国家图书奖。这部250 多万字的煌煌巨著,以资料"长编"的形式,描绘了一幅唐代文化的全景图。诸如唐朝的文化政策,作家活动,重要作品的产生,作家间的交往,文学上重要问题的争论,以及与文学邻近的艺术样式如音乐、舞蹈、绘画、印刷等门类的发展,乃至宗教活动、社会风尚等,莫不囊括其中。从而展示了唐代文学发展的丰富的"立体交叉"的图景。不仅为研究者提供了丰富的资源,同时可以引发出一些新的研究课题,是对文学史编写体例一次极有意义的尝试。如今,斯人已逝,如果有后继者按照傅先生生前的规划,齐心协力,在《唐五代文学编年史》的基础上完成一部跨越整个古代的《中国文学编年史》,傅先生地下有知,亦当含笑于九泉吧?

　　唐代文学学会于 1982 年成立之初就创办了两种会刊,即《唐代文学研究》和《唐代文学研究年鉴》。前者以刊载会议论文为主,由开始的不定期出版改为两年一辑;后者每年一辑,反映当年学术研究成果和信息。定期出版这两个刊物与定期举办年会,都不仅在中国古典文学界是一个创举,即在整个学术界也是绝无仅有的一例。

　　1997 年按照傅先生的提议,我接手负责编辑《唐代文学研究年鉴》,一直到2013 年我退出学会活动。《年鉴》真实简明地反映了唐代文学研究历年的实绩和走过的历程,所以傅先生非常重视《年鉴》的编辑出版。他说:"在当代古典文学研究领域中,《唐代文学研究年鉴》能如此长期坚持下来,是独一无二的。这也可说是我们的一种学术奉献,也给予我们一种精神上的自慰。"①

　　在将近二十年的时间里,编辑工作一直得到傅先生的亲切关怀和具体帮助。遇到问题向傅先生请教,每一次都会得到他的及时回复。如他收到我第一次编辑出版的《年鉴》(一九九五、一九九六合辑)后,当即来信鼓励我:"编年鉴为辛苦事,八十年代中期我与陕西师大中文系闫庆生同志合编,吃了不少苦,当时组稿还较易,现在则更难。此事由您挑重担,我是想了很久的,结果是好的,这从这一期合辑的目录中就可看出来。"有一次,《年鉴》来稿中有一篇出自名家的稿件不合要求,不好处理。请示傅先生,他明确回答我:"请你全权作适当处

---

① 《唐代文学研究年鉴》(一九九九),第 15 页。广西师范大学出版社,2000 年 5 月。

理,如有事,我来负责。"有这样体恤下属又有担当的领导,我怎能不心情愉快放心大胆的工作呢? 1999 年 4 月 14 日他来信中又说:"年鉴工作多费你心思,一想起此事,总于心不安。如要我做哪些具体事,请告知。"

傅先生是这么说的,也是这么做的。他每有新著出版都会寄给我,在扉页上用清峻瘦硬的字体亲笔题写"明非同志惠正傅璇琮谨奉"字样。他发表的文章有时也会寄来,如《燕京学报》新第 10 期刊有他一篇论文,"恐南方不易见到这一刊物,故将抽印本一份寄上"。傅先生是第八、九届全国政协委员,1998 年 3 月寄来政协第九届全国委员会第一次会议的首日封,说是"因我参加会议,购买一些,寄几位学友,以志纪念"。这虽然是一些小事,但任何人只要对傅先生在学界的地位和肩负的重任稍有了解,就不能不被这些"小事"所感动。

还有一次,傅先生听说江苏教育出版社策划了一个唐诗摄影的选题,以诗配画的形式出版一部唐诗景观画册,他马上推荐西北大学中文系阎琦教授和我承担选编唐诗的工作。阎琦当时是分管编辑《唐代文学研究》的学会秘书长。我俩应约分别从西安和桂林飞到南京,与先期到达的傅先生汇合,讨论选题。尽管这一项目因出版社的原因搁浅,但傅先生总想为我们做点什么的心意很令我俩感动。在南京的几天,同傅先生朝夕相处,茶余饭后,谈天说地,留下了愉快难忘的回忆。

1999 年,傅先生应台湾新竹大学之邀出任中文系客座教授。在台期间,深感海峡两岸有加强学术交流的必要,遂与台湾学者共同商定编辑一套丛书,总结近 50 年来两岸学术研究的成果,以互通有无,取长补短,进一步推进两岸文学研究深入发展。决定首先从成果最丰硕的唐代文学研究入手。具体作法是将两岸 50 多年来唐代文学研究中优秀的、富有代表性的论著选编出来,分别写成"提要"和"摘要"。全书由傅先生和台湾著名学术前辈罗联添先生主编,两岸三地 17 位学者分别担任各分册的主编。经过五年的努力,由八个分册组成的《唐代文学研究论著集成》于 2004 年 11 月由三秦出版社隆重推出。其中,阎琦教授和我分别担任了第三、四册及第五、六册的主编。不用问,这也是傅先生提名推荐的。

怀着敬意和感激,我与阎琦教授合写过一篇文章:《无怨无悔的奉献卓有成效的工作——记唐代文学学会会长傅璇琮先生》。其中说:"使在他领导下工作的我们感到非常亲切,也非常温暖。"①这是我俩有幸跟随傅先生工作多年的真切感受和由衷之言。

对我们个人是如此关切、周到,对承担学会《研究》和《年鉴》出版的广西师大出版社,傅先生也一直心存感激,多次在年会上表示感谢。还不只一次来信嘱我代他向时任社长的党玉敏先生问好。他还将一套由他主编有可能畅销的丛书《中国古典散文基础文库》交付广西师大出版社出版。这套书共分八卷(包括序跋、笔记、抒情小赋、书信、游记、记叙文、哲理、史传),均由该领域的专家注译,于1999年9月面世。

傅先生在学界享有盛誉,为人却十分低调,待人尤为谦和。凡同他接触过的人,无不感受到他的平易、宽厚和真诚。尤其是他不遗余力关爱提携后辈,在学术界有口皆碑。当今成为学术中坚的不少中青年学者都得到过傅先生的帮助和奖掖,每每提及所受恩惠无不感激莫名。为他人著作写序是傅先生提携后进的途径之一,据统计竟超过百篇。如此庞大的数字,连傅先生自己也颇为惊异,说"在当代我们古典文学和文献学的学术环境中,能为人作序有如此之多者,确甚稀见"②。这上百位作者中有王世襄、程千帆、启功、林庚等学术前辈,更多的是二十世纪八九十年代成长起来的后起之秀。能得到傅先生这样的大家作序,自然是作者的荣幸,于年轻学子更是莫大鼓舞。但对傅先生来说,却要付出相当多的时间和精力。他曾经说过,为完成一篇不过几千字的序文,先要通读全书,有的还须连读两遍,并作札记,有时甚至要参阅作者的其他成果方好下笔。如此劳心费力,傅先生却乐此不疲,他在《唐诗论学丛稿》③一书的《后记》中道出了个中原委:"近些年来,一些朋友在出版他们的著作之际,承蒙他们不弃,要我为他们的书写序。本来,我是服膺于顾炎武所说的'人相忘于道术,鱼相忘乎江湖'这两句话的,但在目前的文化环境里,为友朋的成就稍作一些鼓吹,我觉得这不但是义不容辞,而且也实在是一种相濡以沫。"所以他将收录了多篇序文的著作命名为《濡沫集》,在《前记》中写道:"我这本书以'濡沫'为名,也确实是表达我对学界友人学术成就的赞慕与仰望,从而也体现我们当代真切、具体

---

① 《傅璇琮学术评论》第24页,宁波出版社,2007年7月。

② 《濡沫集·前记》,北京联合出版公司,2013年5月。

③ 台湾文史哲出版社,1995年9月。

的学术交往。"在学术圈里,傅先生的乐于助人、有求必应是出了名的。他曾经说过这样一件事,某大学教授出了一部书,想请他作序,因与之从未谋面,傅先生不想答应,但见其多次来信,又不便推辞,左右为难。后得知此书由中华书局出版,质量应有保障,这才应承下来。傅先生在此书序中提到我的一篇论文,还专门写信给作者,请他寄一本给我。傅先生曾对人说过:"我是宁可自己为难一点,也不愿意让别人为难的。"时时处处为别人着想,是傅先生待人接物的一贯准则。在他看似文弱的外表下,却有着宽容仁爱的博大胸怀。

我深知傅先生时间宝贵,不好意思劳烦他为我作序,但在工作接触和书信往来中时常能感受他的关心和鼓励。我的第一本论文集《唐音论薮》①,由贴焕师和晓音师妹分别赐序,出版后不揣浅陋,寄呈傅先生指教,很快收到他的回信:"刚从外地回来,见到你寄来你的新著《唐音论薮》。寄到已有好几天,怕你久等,只得匆匆忙忙看了陈先生和晓音同志的序,和你所写的后记。书中的论文我有些是读过的,有些未读过,待过些大细读。现在奉上短札,谨致谢忱。我非常同意陈先生与晓音同志序中对你治学成就的评价,我觉得你是非常务实,而在务实中有所创新,这在现在极为难能可贵。因为这要花费时间,尤其在目前,要舍得花时间,这非要下决心抛弃一些现实的经济利益不可。确实如你后记所说,当前商品经济大潮,坐冷板凳谈何容易。"其中不仅有肯定,更指明了"在务实中有所创新"的治学门径。

这以后,我在治学之路上多次得到傅先生的鼓励。如1997年8月中旬,《文学遗产》编辑部与黑龙江大学中文系在哈尔滨举办"二十世纪古代文学研究回顾与前瞻"研讨会,我提交了一篇论文。除收入会议论文集,文章还以《谈谈古典文学的历史文化研究》为题发表在《古典文学知识》(1998年第1期)上。傅先生见后来信说:"今日见到《古典文学知识》你的文章,其中几处提到我,非常感谢,也很惭愧。可能还受到57年影响,受压抑已习惯,遇到对我的赞誉和隆重接待,会感到一种惶恐和不安。"又有一次,他写信给我说:"寄来之对拙著两种的评述已读悉,说句真话,非常佩服。要我写,我也写不出来。你所写的,我自己有些也感觉不到。这大约如目前所谓接受美学所说,读者有时对书中的感

---

① 广西师范大学出版社,1993年8月。

受可以超出著者的。"当然,深知傅先生一贯乐于奖掖后进的我不会因此而飘飘然,只是再一次感受到他虚怀若谷的风范及"平生不解藏人善"的高尚品德。

在有幸拜识傅先生的三十多年里,我和许多同辈或更年轻的一些学人一样,同傅先生建立了亦师亦友的忘年情谊。每次我给硕士、博士研究生讲授《唐诗研究》课,都会重点讲到傅先生,除了讲他堪称经典的著作,他对唐代文史研究的卓越贡献,还会谈到我同傅先生接触的一些往事和亲身感受。所以我的研究生都非常敬佩和熟悉傅先生。我也一直有个心愿,请傅先生来桂林参加研究生答辩或讲学,使学生们能够亲聆大师教诲,近距离感受大师风采。但几次都因傅先生事务缠身未能如愿。

2000年10月10日至14日,李商隐研究会第五次年会在桂林举行。作为东道主,想请傅先生以唐代学会会长的身份莅临指导,这一次傅先生接受了邀请。会议开幕式及学术报告会都安排了研究生和本科生参加,容纳数百人的田家炳书院学术报告厅座无虚席,听众反应十分热烈。会议期间,代表们还兴致勃勃游览了灵渠、阳朔、荔浦丰鱼岩等名胜,师大出版社党玉敏社长出面宴请了全体代表,整个会议都进行得很顺利。最后一天上午的活动是参观桂海碑林,事先还特意联系了一位最佳讲解员。孰料天公不作美,气温骤降,仿佛一下子进入了深秋,见代表们衣着单薄,只好请讲解员压缩内容。返京后傅先生来信说:"桂林的李商隐会议,较为轻松,也有实效,对广西师大中文系师生,反映似也不错。您安排得妥当。可惜那天参观碑林,时间太匆忙,天气又冷,看得不够,我对此倒是很感兴趣的。"

时隔九年之后,我们再次邀请傅先生来桂林,参加我校古代文学专业博士生的开题报告,傅先生很高兴地答应了。2009年6月1日下午傅先生飞抵桂林,当晚易忠副校长在学校国际交流中心为傅先生接风,师大出版社何林夏、姜革文等领导,古代文学教研室沈家庄、胡大雷教授和我作陪。次日上午举行博士生开题报告,傅先生对提交的每一份报告都提出了精辟中肯的意见和建议,使在座的研究生们受益匪浅。下午在国际交流中心报告厅举行讲座,题为《唐代文学的文化研究——唐代翰林学士与文学》。这是傅先生晚年的一个重要研究课题,此前已先后出版了总计100多万字的《唐翰林学士传论》及《唐翰林学士·晚唐卷》。① 傅先生介绍了这一研究的主要内容,以及自己是如何从史料中提炼出值得思考的文化研究课题来,讲座内容丰富,言简意赅,在方法论上尤予人启迪。讲座大约有一个半小时,报告厅里坐满了研究生,还有人站着听。主持人还安排了互动环节,气氛很是热烈。

　　工作圆满结束,接下来由我们夫妇陪傅先生旅游。3 日清晨,吃过早餐,介山驾车搭载我们直奔阳朔。当日天气晴好,风和日丽,行驶在绕城高速上,公路两旁奇峰突兀,连绵不断,气象万千,令人目不暇接。傅先生赞叹不已。我们径直来到号称"山水甲阳朔"的兴坪景区,乘船游览。这是漓江两岸风光最美的一段,脚下是清澈见底的江水,岸边的奇峰翠竹倒映水中,清风徐来,宛如画中游,令人心旷神怡。见傅先生兴致很高,我们在九马画山等景点给他拍了不少照片。这时,我突然想起一件事。那是在大约十年前,傅先生惠寄我一册《当代学者自选文库·傅璇琮卷》,卷首刊登了"作者近照"。见照片上傅先生身边竟然放着一只矿泉水瓶子,我半开玩笑地写信去"提意见"。傅先生回复说:"《自选文库》前照片是去年在贵阳游湖时所照,来信所提,不禁使人发笑,好在我这个人没有地位,不必有什么身份,留一痕迹,也就算了。"这一次,我见给傅先生拍的照片效果不错,建议以后出书采用,他答应了。第二年,收到《北京社科名家文库》傅璇琮自选集《治学清历》一书,果然用了其中的一张照片,傅先生还在旁边手写了"2009 年 6 月上旬于桂林"几个字,这是后话。

　　游罢上岸,在附近的农家小院吃过午饭,返回阳朔,下榻君豪酒店。稍事休息,便到具有中西文化交融特色的西街漫步,傍晚挑选了一家菜肴比较清淡的小店用餐,一张张餐桌就摆放在街上,我们边吃边聊,很是惬意。暮色降临,华灯初上,我陪傅先生前往景区观赏张艺谋导演的大型实景山水演出《印象刘三姐》。这一天的行程对傅先生来说或许身体会有些疲劳,但精神绝对是难得的放松,因为他很开心地对我们说,以后还要再来。第二天上午傅先生将离桂返京,吃完早餐我们便直奔机场。我俩看着傅先生办完手续过了安检,方挥手而别。下午 4 点多打电话去问,知傅先生已安全到家,这才放心。傅先生这一次的桂林之行,堪称圆满,我也为自己了却多年的一个心愿而感到十分欣慰。

---

① 辽海出版社。

　　傅璇琮先生驾鹤西去，使学界失去了众望所归的领袖，广大学人失去了可敬可亲的良师益友，但他的令名和功绩将永垂青史。他独标高格的著作，勤奋严谨的治学精神，高峻清正的学术品格及诲人不倦的道德风范，犹如一座座巍峨的丰碑，将永远被后人仰望和崇敬。傅璇琮先生永垂不朽！

完稿于 2016 年 3 月 4 日

学养涵厚襟怀远大的一代学术大家

——痛悼傅璇琮先生

陈友冰

  首次得晤先生,是在上个世纪九十年代。此时,先生已誉满海内。《唐代诗人丛考》、《唐代科举与文学》、《黄庭坚和江西诗派资料汇编》、《唐五代人物传记资料综合索引》、《河岳英灵集研究》等一本本的开创性的或奠基性的唐诗学论著,使我对先生的学术成就和学术思想有了较多的了解,也产生更多的仰慕之情。九十年代中,我应邀在台北中央研究院中国文哲研究所任客座,得知先生亦在新竹的清华大学任教,几次打算去新竹请教,皆临时有事耽搁下来。直到有一天在台湾大学不期而遇。自此两人熟稔后,在台北的近半年岁月中,先生不吝赐教,使我明白了大陆唐代文学研究各个学术流派的渊源、成就,代表人物的学术经历,特别是各位名家的之间的学术碰撞、师承、以及学术个性,皆非纸上资料所能检索觅得,非沉潜其中、深谙其道的长者则不能述备。在此期间,先生又像识途老马,领我穿越台湾唐代文学研究的迷津、丛林,结识了罗联添、杨承祖、汪中等一批古典文学耆宿和领军人物,李善馨、彭正雄、邱镇京等学海、文史哲、文津等台北著名的文史类出版商。在台大的校园里,在新坑的茶叙时,在"宁福楼"的宴请中,我得以了解到台湾唐代文学的研究历程,其中代表人物及其学术成果,尤其是台湾古典文学研究的优长与不足,两岸学术的相似与差异以及各自特色,也获赠相当一批台湾学者的研究成果:专著和论文集,这都成就了我后来的那本《海峡两岸唐代文学研究史》,为这本小书提供了最直观也最可靠的第一手资料。

  在台期间,最能体现先生的学术胸怀、使命感和感召力的,是他和台湾唐代文学领军人物罗联添先生共同发起编纂的《唐代文学论著集成》。这部论著分为"著作提要"和"论文摘要"两大类别,主要反映近五十多年来我国两岸三地学者唐代文学研究成果,其时间上限大陆和港澳地区为1949年新中国成立后,台湾自1945年从日本占领军手中收复以来;下限至2000年二十世纪结束。入选对象是这个时段最富学术含量、最有代表性的论文和著作。由两岸三地从事唐代文学研究的十五位学者共同参加选编撰写。主编为先生和台湾大学的罗联添教授。大陆学者有安徽师范大学余恕诚教授、华南师范大学戴伟华教授、西北大学阎琦教授、广西师范大学张明非教授、安徽大学陶新民教授;台湾方面有中央研究院中国文哲研究所李丰楙研究员、东吴大学王国良教授、台湾师范学大学王基伦教授、中正大学郑阿财教授、彰化师范大学黄文吉教授、成功大学杨文雄教授;港澳方面则有澳门大学邓国光教授。这部著作历时五年,于2004年在西安三秦出版社出版,共八卷十册,四百多万字。据我所知,到目前为止,仍是两岸三地合作进行的中国古典文学研究中,参加学者人数最多、成果卷数最多、字数最多的一次。这套专著的完成,从最初构想到发起组织,从编写体例到审稿,乃至出版细务皆是先生亲自过问操办,因为经费并不充裕,编辑内容又不断丰富扩展,很多家出版社都是开初满怀兴趣,最后婉拒。因此最后承印的三秦出版社也是先生反复磋商后才落实的。

这套论著,出版至今已八年,但从筹划到编写,先生所付出的种种努力,至今仍历历在目:

那是二十世纪快结束的最后一个冬季,先生正应新竹清华大学之邀在中文系任客座。一个星期天,学海出版社社长李善馨先生约我们去台北市郊的一个风景区石碇小聚。石碇在台北县的东南,巍峨的皇帝殿拱卫其北,著名的玄奘大学坐落其右,是一个自然风景、文化氛围俱佳的游憩之地,台北学术界一些同仁皆喜盘桓其间。善馨先生特意选了个既有山野小店风味又厨艺精致的"福保饭店"让诸位欢聚。南国之冬,犹如中原之初夏,花木扶疏,绿草绵芊。当时在座的有傅先生夫妇,台湾大学的罗联添先生,东海大学的杨承祖夫妇,交通大学的詹海云先生,成功大学的杨文雄先生,李善馨先生和我。出于学者的习性,闲聊之中也不离本行。大家历数近百年来学术大家及其成就,仰慕之中也深深为目前古典文学研究的困境而叹息。尤其是五十年来的阻隔,使两岸学者对对方的学术观点、研究成果都极为陌生。记得当时傅先生曾举台湾中研院院士严耕望先生的《唐代交通图考》为例,这部积三十七年心血而成的煌煌巨著,台湾的专业人士几乎无人不晓,大陆学者却很少有人知道。罗先生也提到当时大陆正激烈争论的司空图《二十四诗品》真伪,其原委始末,台湾学者也不甚了了。基于如此现状,傅先生觉得可否以唐代文学研究为窗口,两岸学人先做一些沟通交流的具体工作,比如编一套论著提要,将大陆、港澳、台湾五十多年来唐代文学研究中优秀的、富有代表性的著作和论文选编出来,分别写成"提要"和"摘要",使两岸学人首先了解掌握对方学术思想和学术成果的精华所在。此倡议立即得到在座诸人赞同,罗先生答应台湾方面由他出面张罗并任台湾方面主编。聚会后,傅先生向我进一步解释了他的设想:之所以选择1949至2000这五十年,是由于上个世纪百年当中的后五十年是研究观念变化最巨,研究队伍波动最大,研究成果也最为丰硕的时期。从两岸来说,也以这五十多年隔阂、疏离最巨,因此,我们先着手选编这后五十年。待是书发行广泛听取意见后,再积蓄力量,编选前五十年,以期把百年学术完整地交给后人。这既体现了先生远大的学术眼光,也反映出先生不忘前人勋业又为后人着想的学术襟怀。正是这种襟怀和使命感,才使他主动承担起这种"为他人作嫁衣裳"的既吃力,又繁难之务,当然这也是他一贯的为学、为人风格。因为傅先生一贯重视古典文学学术史的研究,一直强调中国的古典文学研究要走出去,要加强海外、国外的学术沟通和交流,要注意吸收新的观念、新的手段来改造古典文学研究中的传统观念和研究模式。早在1982年的唐代文学首届年会上,傅先生就鉴于当时国内唐代文学研究的迅速发展,发出了重视唐代文学学术史研究的倡议,对包括唐诗学在内的中国古典文学学术史作出整体思考;1992年,先生首次就任会长的第五届唐代文学学会年会首次向海外开放,日本、美国、韩国以及台湾、港澳地区的专家学者共35人参加了会议,占全部与会人员三分之一还强;2000年在武汉召开的第十届年会上,傅先生着重安排讨论如何加强唐代文学研究的海外和国际交流,在跨入新世纪之际古典文学如何适应信息时代的新变化和新要求。傅先生的上述呼吁和倡导,皆是出于改善唐代文学乃至整个古典文学研究的生存环境的紧迫感和使命感,皆是出于使古代文学研究向更完备、更有成效方向发展的深层思考,皆表现出先生广阔的襟怀和深远的学术目光,就像先生在我那本小书《海峡两岸唐代文学研究史》"序"中所说的那样:"我们更应该进一步扩展视野,建立开放型的文学研究,把海峡两岸唐代文学研究扩大到全球范围。以唐代文学来说,我们应该研究唐诗、唐文是怎样传播出去的,特别是古代的日本、朝鲜,在接受唐代诗文后对本国起了什么样的作用;另一方面,东亚及欧美各国从几个世纪前到现在,是怎样来研究唐代文学的。这对于我们来说,更是开拓学术领域,提高学术境界,使之成为中国文学的传统研究与世界现代文明相关协调、相接轨的一条途径"

　　先生对此不仅振臂高呼,而且也身体力行。众所周知,先生在 1980 年出版的《唐代诗人丛考》,是新时期古典文学研究复苏后的发轫之作,它不仅以资料丰富、论证周严而声闻海内外,而且在古典文学研究中倡导和开创了一个新的研究范畴和研究观念。该书《前言》,第一句话就是:"若干年前,我读丹纳的《艺术哲学》,印象很深刻",接着就提及丹纳的诗人群体理论以及与地域之间的关系。接着,先生写道:"由丹纳的书,使我想到唐诗研究":"唐代诗坛上,往往会有这样的情况,即每隔几十年,就会象雨后春笋一般出现一批成就卓越的作家群",先生在其论著中亦着重就作家、作品与出现的时代、社会乃至地域的关系进行探讨。在《序》中也再次引用丹纳对此的解释:"个人的特色是由于社会生活决定的,艺术家创造的才能是与民族的活跃的精力成比例的。"也就是说,《唐代诗人丛考》的研究观念和研究方法,其中一部分乃导源于国外的研究观念和研究手段的吸纳和创新。

　　围绕这部《唐代文学论著集成》的编纂,先生在 2000 年春节前回大陆后,先是在大陆期间主持两次编写会议,参加编写的各地的学者汇聚合肥和武当山下,讨论落实大陆部分的编写体例、编写提纲,并写出样稿。傅先生对此逐一提出自己的看法,然后一一敲定。我则在 2001 年春节后又来到台湾,在台湾大学续做了一年客座。按先生的安排,将大陆方面的编写体例、提纲和学者们的建议、意见带到台湾,将台湾方面的编写计划按先生的想法,同罗联添先生沟通,逐一落实。在台湾也召开了两次编写会议。傅先生和大陆部分编写人员余恕诚、张明非等也飞过海峡,一起参加研讨。

　　随着对先生钦佩的加深,上个世纪末,我一直有个想法,写一本关于先生的学术评传,一是作为一个世纪里,中国学术大家的一个缩影、一个代表;另外也让先生的学术思想和成就在世界学术框架内有个定位。就像先生在上述的学术期待中所呼吁的那样："开拓学术领域,提高学术境界,使中国文学的传统研究与世界现代文明相关协调、相接轨。"为此,在内地以及台港、日、韩和德国访学时也就此搜集了不少资料。只是想到先生春秋正富、硕果连连,想等一等再做总结,再加上手头事情老是处理不完,就这样拖了下来。新世纪开始后,先是收到傅明善先生的《傅璇琮学术评传》,继而是先生家乡宁波出版的《傅璇琮学术评传》,北京社科名家文库编辑出版的《治学清历・傅璇琮自选集》,安徽教育出版社的《当代学者自选文库・傅璇琮卷》。我想,已无需我再蛇足了。但是,关于先生的道德文章,在读过上述评传、专辑后,仍感意犹未尽,还是想强调一下我感触最深的几点:

首先,自然是先生独具慧眼、扎实渊深的文献学贡献。朱熹曾感慨陆九渊的为学,提到"旧学商量加邃密,新知培养转深沉"(《鹅湖寺和陆子寿》)。我窃以为,先生的旧学新知已达邃密深沉之境。只要读过先生的《唐代诗人丛考》、《唐代科举与文学》、《李德裕年谱》、《李德裕文集校笺》、《唐翰林学士传论》等考论性文字者,都会得出如此结论。其中每一部专著,皆有学者写过专评,作过专论,无须我再一一列举。我只想谈谈我在阅读时的总体感受:先生上述诸著,新见迭出,使我如见夜空中闪烁的繁星点点;其汹涌的思辨,又使我如临先生家乡边万顷波涛之东海;其文字的简洁智慧,更使我如行山阴道上,山花满眼,目不暇接。每读一过,皆是一次莫大的享受。先生曾坦陈:"精思劬学,能发千古之覆。"(《治学清历》)这是先生的治学经验,更是先生的治学精神,他是一种学术自信,更是一种人生境界。更需特别提出的是,对于先生,不存在写作高峰期,而是一如既往,一以贯之,而且老而弥坚,老而弥深。譬如最近,我因为在写《安徽文学史》,常翻阅先生等主编的《全宋诗》。发现我竭力从安徽的方志、碑刻和地方尚存的佚书残卷中发现的资料,很大一部分早已被辑补到《全宋诗》这位作家的名下,如南宋华岳《翠微南征录》今存诗 10 卷,391 首。《全宋诗》又从明代《池州府志》、《贵池先哲遗书》以及刘克庄的《后村千家诗》中辑得诗 26 首。南宋小家徽州人程垓,有诗七卷,已佚。《全宋诗》则从刘克庄《后村集・跋程垓诗卷》、陈起《江湖后集》扒梳辑出 14 首。另一位南宋小家宣城人程炎子的《玉塘烟水集》,亦已佚。今存仅《江湖后集》收录的诗作 16 首,《全宋诗》又从嘉庆《宁国府志》辑诗1首。

其次，是先生敢为天下先的学术勇气，"但开风气不为师"的创新精神。比起先生扎实渊深的文献学贡献，我觉得这点更加可贵。因为前者，乾嘉学者、清末民初大家已经给我们提供了不少范例。而后者则是先生独特的学术个性、学术眼光和学术贡献，也是我们今日更为缺乏、更加需要的。先生在《李德裕年谱》的《自序》中，引用了法国作家雨果的一句名言："艺术就是一种勇气。"在后来出版的《当代学者自选文库·傅璇琮卷·自序》中，又再次引用了这句名言，并加上自己的体会："真正的学术研究，同艺术创作一样，是需要探索和创新勇气的。"我们在先生的《唐代科举与文学》、《唐翰林学士传论》、《唐五代文学编年史》等一系列享誉海内外的论著中，都可以看到这种学术勇气和创新精神的张扬。如前所述，《唐代文学论著集成》是迄今为止两岸三地合作进行的中国古典文学研究论著中，参加学者人数最多、成果卷数最多、字数最多的一种。《唐五代文学编年史》亦是这种精神的体现和实践。傅先生早在1980年出版的《唐代文学丛考》中，就有对当前文学史编写现状的不满："我们的一些文学史著作的体例，对于叙述复杂情况的文学发展，似乎也有很大的局限。我们的一些文学史著作，包括某些断代文学史，史的叙述是不够的，而是像一个个作家评传，作品介绍的汇编。"接着先生提出自己的理论设想："为什么我们不能以某一发展阶段为单元，来叙述这一时期的政治经济，这一时期的群众生活和风俗特色呢？为什么我们不能这样来叙述，在哪几年中，有哪些作家离开了人世或离开了文坛，而又有哪些年轻的作家兴起；在哪几年中，这一作家在做什么，那一作家又在做什么，他们有那些交往，这些交往对当时以及后来的文学具有哪些影响；在哪一年或哪几年中，创作的收获特别丰硕，而在另一些年中，文学创作又是那样的枯槁和停滞，这些又都是因为什么？"先生说："我想，如果我们能这样研究和叙述文学史，可能会使研究更深入一步。"二十年后，先生终于将自己的理论设想付诸实践：主编了一套《唐五代文学编年史》。这套"编年史"的创新之处主要有两点：一是不同于通常那种以铺叙生平著述和议论评析成就为主的写作模式，而是突出资料性和实证性，简洁而实用。更为重要的是：它把唐代的文化政策、作家的活动、重要作品的产生，作家间的交往，文学上的重要论争，以及相邻的绘画、音乐、舞蹈等艺术样式，乃至宗教活动、社会风尚等，择取有代表性者，逐年加以编排，以求"立体交叉"（《唐五代文学编年史·自序》）地体现当时的文学全貌，并用文学发展和变化贯穿于全书的始终，从而为文学史的编写提供新的思路和范式。其中显露的亦是先生"敢为天下先"的理论创新勇气。先生的《唐代科举与文学》、《唐翰林学士传论》也皆可作如是观：《唐代科举与文学》为我们提供许多唐代进士试的具体细节，似乎是细碎的考据。但正是这些细碎的资料如一个个环扣将唐代的进士与文学紧紧扣到一起，进而拓展到科举与文人的生存状态、精神面貌，再进而扩展到唐代文人所赖以生存的社会条件、时代气氛，从而让读者感受到在科举制度产生后的"一千三百多年里，没有那一项政治文化制度像科举制度那样，在中国历史上如此长久地影响知识分子的生活道路、思想面貌和感情形态"（《唐代科举与文学·自序》），从而在一个时代风貌的勾勒中完成从文学到社会，从文学文化批判到社会政治批判的飞跃。《唐翰林学士传论》也同样没有停留在翰林学士一职的职责范围、建制沿革，翰林学士们的任职经历考辨等文献学层面上，而更多地对他们的生存状态、思想变化和文学交往等进行动态式研究，更多地体现人文思考，更多地展示宏阔的文化视野。

　　更为难能可贵的是：在一些学者视为能展示自己钩沉考辨小学功力的考据类著作中，先生也能着重于创新精神和历史的整体审视，如前面曾谈到的《唐代诗人丛考》，先生在《前言》中作出了一种新研究体式的设想：要着重叙述这一时期的政治经济、群众生活和风俗特色，并将作家的交游、行迹、创作逐年编排于其中，以此来探讨文学兴衰的规律，从最阔大的视野来考察时代社会对文学的影响。在论著中，先生有意识地运用丹纳的地域学说和诗人群体理论，"从文学艺术的整体出发"，通过扎实的考证论证了这批中小作家在唐代时代精神和诗歌风格形成中的作用，揭示了他们与诗人群体及地域之间关系。首开了群体研究之风，示范一种新的研究手段。从此，《关中士族与文学》、《大历诗人研究》以及初唐宫廷诗人群研究、贬谪诗人研究、县尉诗人研究、唐末香艳诗人研究、襄阳诗人群落研究、湖州文人集团研究、大历时期江南地方官诗人群落研究等地域文学与诗人群落研究接踵而起，形成天下云合响应之势。其振臂首倡之功，亦是上述创新思考的实践。至于《李德裕年谱》，正如罗宗强先生所指出的那样："在对纷繁复杂的史料深见功力的清理中，始终贯穿着对历史的整体审视。而且是一种论辩是非充满感情的审视。这其实已超出一般谱录的编写范围，而

是一种整体的历史审视了。"(《唐诗论学丛稿·序》)

第三,是在唐代文学学科建设和研究队伍组织建设的杰特贡献。

先生是唐代文学年会的第一届常务理事,1984年第二届年会上推选为副会长,1992年第五届年会上担任会长,直至2008年第十四届年会上改任名誉会长。先生任职的这二十年间,是唐代文学学会成长最快、成果最丰、学术活动最为活跃的一个时段,学会也是国内所有的民间学术组织中队伍最为壮大,影响最为巨大的组织之一。作为学会的领军人物,先生的贡献首先是对唐代文学学科建设既有前瞻性又有当前问题的针对性的规划和建议上。1984年在西安召开的第二届年会上,刚推选为副会长的先生就对学会会刊《唐代文学年鉴》的总体规划提出四点设想:针对当时唐代文学研究的迅速发展,"应当抓住研究的新的趋向,如实地及时地把它们反映出来";建立资料馆,搜集国内外唐代文学方面的研究资料;创立唐代文学研究史;"充分注意和重视中青年研究者所作出的努力,对他们近些年来的贡献和成就要有充分的估计"(《年鉴工作要有一个总体规划》《唐代文学研究年鉴1984》),这实际上也成为学会工作的主导方针和发展方向。在先生担任会长的第五届年会首次向海外开放,参加会议的港台和国外学者达到三分之一,使唐代文学学会年会变为国际性唐代文学学术会议,从此,这种会议性质和参加成员比例成为唐代文学学会的一个定例。据我所知,每届学会除总结检阅两年来唐代文学的研究成果,展望今后的研究方向和发展规划外,还集中讨论当时的一些研究热点或重大议题,如在兰州召开的第二届年会即以边塞诗讨论为重点;在洛阳召开的第三届年会着重讨论了白居易和新乐府运动,唐代文学与洛阳的关系;在太原召开的第四届年会会则重点讨论了唐代的山西作家,以及学会如何组织人力完成一些唐代文学研究中的重大课题;在南京召开的第五届年会是首届唐代文学国际学会讨论会,因此着重安排了不同国家、不同地区的学者介绍本国、本地区的唐代文学研究情况,进行国际间学术交流;在厦门召开的第六届年会则关注《全唐五代诗》和《全唐五代文》等唐代文学重大课题的编纂情况;在浙江新昌召开的第七届年会则实际考察了"唐诗之路";在西安召开的第八届年会主要研讨唐代文学学会的各分会和两个会刊的活动及编辑出版情况,进行组织整合;1998年在贵阳召开的第九届年会是二十世纪唐代文学学会最后一次年会,年会集中就二十世纪的唐代文学的研究成果进行回顾、总结和评价,并对唐代文学研究发展方向和研究方法的改进进行了探讨和展望;2000 年在武汉召开的第十届年会,着重讨论在新世纪如何加强唐代文学研究的海外流播研究和进行国际学术交流,古典文学在跨入新世纪之际如何适应信息时代的新变化和新要求。

　　学会让学人瞩目的还有一项工作,就是先生倡议发起并组织海内外唐代文学乃至整个古代文学研究者完成的一些"大型工程",如 1987 年启动,2005 年完成的五册《唐才子传校笺》,由 25 位唐代学者参加;1999 年发起,2004 年完成的八卷十册《唐代文学论著集成》,有大陆、台、澳十五位学者参加;1988 年发起,1998 年完成的《唐五代文学编年史》,由五位学者历时十年而成。这还不包括先生完成的《黄庭坚和江西派资料汇编》(1978),《唐五代人物传记资料综合索引》(合著,1982),《唐人选唐诗新编》十三种(1996);作为主编之一的历时十年的七十二册《全宋诗》(1998),《中国古典小说珍秘本文库》(1998),《续修四库全书》(2002),七卷本《中国古典文学通论》(2005);十二册的《书林清话》文库(2005);四编、四十册的《全宋笔记》(2008),以及《唐诗研究集成丛书》(1996)、《中国古典文学史科研究丛书》(1996),《宋登科记考》(2009),《中国古籍总目》"史部"、"丛书部"(2009)等。

　　时下,在民间组织过多,学术会议过滥,甚至变成拉关系、推销自己或单位的平台,许多务实的学者已不胜其烦、左右支绌之际,唐代文学的年会的通知仍要因接待条件有限,限制与会人数,年轻才俊也仍以能成为唐代学会会员而感到荣幸,这与学会的影响力和凝聚力密切相关,而这种影响力和凝聚力的产生,又与先生对学会工作的殚精竭虑、倾心尽力,与先生对学科建设的前瞻性与针对性,与先生作为领军人物的气魄和才具,以及由此而形成的人格魅力关系极大。这种人格魅力,不仅表现在对整个唐代文学研究队伍的集结、整合、提高,以及学科建设的组织、规划、实践上,更表现在关怀扶植后进、乐于扬人之美的恺悌君子之风,因而形成如水之归趋、"天下人争识其面"的凝聚力。这在一些中青年学者的回忆文章,如龚延明的《学界的风范:记傅璇琮先生二三事》、查屏球《锲而不舍,予人以善》、戴伟华《兴逐天梯上九重》、卢盛江《大气弥海内,润物细无声》、吴在庆《我与傅璇琮先生的交往与学术合作》、伊永文《唯有德者能之》等心仪感激的述论,证明这已是天下共识。至于乐于扬人之美,我还想再举两个小例：一是《唐才子传校笺》第五卷的出版。先生主编由中华书局出版的这本专著原只有四卷，第一卷出版于 1987 年，到 1990 年 9 月，原定的四卷本已出齐。但在这前后三年中，陶敏、陈尚君等学者陆续著文，对校笺中一些疏误进行订正。先生对此不但不忌讳回避，反而邀请这两位学者专门为此著"补正"，作为第五卷于 1995 年出版。此举尽显了先生只求有益于读者、有益于后人的坦荡的襟怀和乐于扬人之美的君子之风。另一件事是先生在《李德裕年谱》新版题记中，有段话涉及与他合著《李德裕文集笺校》的周建国先生："这里我要特别提出的是，这次修订，得力于周建国先生之助不少。他帮我通览了全书，有不少问题是他发现的。周建国先生于八十年代在复旦大学做研究生时，就发表过关于牛李党争的学术论文，很有见地。近十年来，我们在李德裕研究上合作很有成效。他比我年轻，但治学上多有胜我之处。"有次，我与建国兄在安庆师院讲学时相遇，晚上散步时我提到先生上面这段话。建国显得很激动，对我说："先生完全说反了，那段时间是先生带领我做学问，也是我长进最快的时期。我还没有来得及说感激，先生倒说起来了。难怪司马迁会感叹'高山仰止，景行行止。虽不能至，然心向往之'。"

　　先生上述种种嘉言懿行，使我想得很多很多。他使我想到：一个学者，首先要有使命感，要有为学术、为理想、为苍生，生命不息、奋斗不止，无尤无悔的悲悯情怀；他也使我想到：一个有作为的学者，还要有"敢为天下先"的学术勇气和创新精神，要有探龙穴、采骊珠的斗胆，要有"发千古之覆"的志气，更要有要高瞻远瞩的目光和"历史的整体审视和把握"襟怀。傅氏学术之所以让人仰慕、给人震撼，并不在于《唐代诗人丛考》考出了戎昱或李华的生卒年，也不在于《李德裕年谱》梳理清楚了李德裕一生的行止，甚至不在于通过《唐代科举与文学》，让人们更清楚唐代科举与文学的关系。与这些学术上的具体成果相较，更在于那种敢于涉足前人尚未涉足的学术领域，善于发现前人未曾觉察或理解的某种关联，从而给我们研究方向上的启迪，方法论上的示导；他更使我想到：一位学术界的领军人物，应该如何为人、为学，如何对待荣誉，如何对待异见，如何对待后进和后生。因为学术乃天下之公器，它应为天地立心，为生民立命，为万物树立一个正人、正己、正天下的标准和尺度。作为执此公器的领军人物，首先就必须作上述思考并以自己的言行作出答案。这在时下更显得必要：因为在社会的急剧变型转换和商业大潮的冲刷下,这个为学者们千百年所尊奉并形成学术传统的信条正在不断被撕裂和毁坏。我们生存的环境,总是在用各种不同的手段迫使或诱使学者偏离这个轨道,将名山事业的把握和操守上的自持让位于浮躁浅进和急功近利:或是用商业炒作的方法来进行学术研究,或是用唯我独尊和以圈子划线作为学术评价的标准,或是以学术外的攻讦和手段置换正常的学术争论,或是以庸俗的互相捧场取代严肃的文艺批评。面对新世纪的波诡云谲、物欲横流,像先生那样,不改学术人格、坚持学术操守来重铸学术品格,以此获得永恒的学术生命就显得尤为重要。面对大千世界的光怪陆离、潮起潮落,绝不像被网民们卑之为"砖家"、"叫兽"那样去"曲学阿世";去争名于朝、争利于市,不时在媒体来个"访谈"、"博客",图个"脸儿熟",混个人气;既不迎合世俗以求"名",也不操弄商机以求利;既不自吹自擂或互吹互擂"填补空白"、"重大突破";也不浮躁浅薄处心积虑去制造"轰动效应";既无门户之见,又无辈份之分。这种学术人格的重铸乃是学者的学术追求所必需,因为学术研究的终极目标是使人类愈臻善境,去预示和追求一个远比现实更为美好的未来,所以学者首先就必须是个"善"者。这种学术人格也是我们深入了解研究对象所必需,因为作品与人品是密切关联的。

　　这就是我由先生的学术人品所引发的思考!

　　今日,学养涵厚、襟怀远大的一代学术大家离我们而去了,但这块当代学术史上的丰碑会永远矗立在中国学术大地上!

寒夜忆璇琮师

赵昌平

今天——1月23日是上海入冬以来最冷的一天。这寒冷之于我,不仅由于气温骤降到了十数年来沪上少见的零下六度,更因为彻骨的北风,同时吹送来一个钻心的噩耗——下午,傅璇琮先生在京仙逝!

从1986年初识先生起,直至现今,我对先生一直执弟子礼,去信时,总以"学生""生"自署。我虽然从未师从过先生,然而从踏上唐诗学研究之途的第一天起,我已自承为先生的私淑弟子。如果问我,除大学与研究生时期的恩师林庚先生、施蛰存先生外,对我学术生涯影响最大的是什么? 我必毫不犹豫地回答:两本书——上世纪八十年代初出版的两本唐诗学论著,一本是马茂元先生的《晚照楼论文集》,另一本就是璇琮先生的《唐代诗人丛考》。两书均足见通识,而前者启我以如何从诗歌文本的语言组织中去领悟唐诗的魅力,梳理唐诗的轨迹;后者则更教会了我,这种领悟梳理必须尚实求新,充分重视从文化学角度对诗人、诗人群行事交往的考订,并从中把握诗史的演进趋势和形态。可以说,后来风行的唐诗研究的许多方法,如唐诗的历史学研究、文化学研究、地域诗人研究、中小诗人研究等,在先生这部著作中都已开其法门;所不同的只是,先生从不孤立地运用这些方法,而总是以诗、诗人、诗史为本位,将各种方法综合于一体,形成了他自己独特的诗学研究风格。这一特点也贯穿于他嗣后一系列论著中,而成为后学的楷法。

关于先生的学识与学理,论著已多,傅明善先生《傅璇琮学术评传》更作了全面梳理,故无须赘论。我只想说一下当初读《丛考》时的感受。用"震撼"来形容肯定不为过分,上述研究路向所显示的大气局,使我深深地感到自己的浅薄,也因此预感到,我所选择的这条道路将会尤其艰辛。《丛考》是如此地吸引着我,以至如同读一部精彩的长篇小说,仅用三四天时间就读了第一遍;接着又特意买来了一套彩笔,开始读第二遍、第三遍,同时划上了种种五颜六色的记号与批语,以至一个多月下来,新书读成了旧书,封面、书脊都破损了。而研读的第一个成果,就是我的硕士论文《吴中诗派与中唐诗歌》质的提升。当时圈内人都能看出这篇为我在唐诗学界打开局面的文章,除了明显有林庚师、蛰存师、茂元师的影响外,就其架构而言,大多得益于璇琮师《丛考》的思理与方法。不仅如此,我后来的研究,包括近十多年来对"诗学—文章学"体系的理论建构,就其核心——对"文章"自足性与开放性的认识而言,也当归源于《丛考》的启示。

先生对于我的启迪,不仅是学问上的,更有人格上的。中国唐代文学学会,应当说是国内众多学会中风气与成果都可称出色的一家。这自然得归功于历任会长的表率作用与尽职尽心,璇琮师更是诸会长中尤具亲和力与组织能力而威望尤著的一位。以至不仅在他年届七十时,会员们集体挽留他续任一届,而且在他谦谦之风的影响下,后一任会长的产生更顺利到互相谦让的境地,因为高标在前,景行垂范。

与我相先后这一辈唐诗学人,直至现今会长、副会长的这一群,每个人都能说出多个先生对自己奖掖有加的故事;而看一下先生的诸多题跋,更可以感到,对比我们更晚一辈的唐诗学人,他也总是有求必应。我1986年第一次参加学会国际学术研讨会,说是初出茅庐还有点勉强,然而会前先生让我作大会发言。"我不行。"我说。"讲讲吧,没事的。"先生笑说。记得以后二、三届年会,已任会长的先生总安排我作大会发言,位次还相当显著。直至我在唐诗学界站稳了脚跟,才换其他更年轻的学者。从八十年代起约二十年的时间里,我能在繁忙的编务之余,长夜笔耕,坚持唐诗学研究,璇琮师的奖掖可说是一种强大的推动力。有一次,我就韦应物行事中的某一细节与先生笔谈讨论,自忖是姑妄言之,焉知先生不仅肯定了我的意见,而且说以后有机会修订,必说明是我的见解。尽管我再三说不可,然而在《唐才子传笺证》出版时,先生真的郑重其事地在修订稿这一节加上了备注,说明是吸取了赵昌平同志的意见。这对于那些"安心"在学生论著上署名为第一作者的"导师"来说,无异于一种针砭。我任总编辑后，先生屡次对我说，你不能再自署"学生"了，上古社总编怎能是中华总编的"学生"？我自然不能改称，先生没法，只能笑说，随你吧，只能私下说说啊！

先生的私淑弟子得其沾溉者，后来有不少都成为业绩斐然的著名学者，如陈尚君、戴伟华、吴在庆、胡可先等，然而先生每组织一项重大的学术课题时，他们都会主动放下自己的项目，悉心投入。原因自然在于先生向来的呵护与奖掖。这也是先生任会长期间，能相继组织完成《唐才子传笺证》《唐五代文学编年史》等大型基础性研究工程的重要保证。当然，这些项目与先生的示范作用也使中国唐代文学学会数十年来始终保持着尚实求新的学风，而不随波逐流或固步自封。

据天气预报，今晨沪上的气温继续下降，或至零下八度；然而忆念竟在钻心的痛楚中伴随有一缕暖意，提醒着我应当在自己的余生，尽力完成先生一直关心着的我的一部书稿。因以挽联一副，敬奠于先生灵前。

　　长河星坠，朔北惊传蒿里曲；
　　广莫风寒，东南犹仰赤城标。

先生之风　山高水长

——缅怀傅璇琮先生

吴在庆

　　傅璇琮先生已经离开我们近一年了,然而每当我回想到那个先生驾鹤西去的寒冷日子,眼眸不禁盈上了泪丝,绵绵伤感涌上心头,当时那伤悼的情绪仍然弥漫开来,不能自已。那时我于哀伤中给傅璇琮先生治丧小组写下了以下唁函:

　　　　惊悉傅璇琮先生于天寒地冻之际,遽而驾鹤仙去。巨星陨落,玉树凋零。天曷丧斯文,无任伤恸之至! 傅先生是当今极为杰出的学者,中国古典文学、文献学成就卓著的大家,唐代文学最著名的学者和领军将帅。几十年来,他以卓著的学术成果和高尚的人品,严谨的治学态度与理念,垂范学林,惠泽广被,在学界产生了极大的影响,成为人人皆碑的德高望重的著名学术大师。先生几十年来对我关怀备至,垂爱有加,谆谆教导,扶持奖掖,于我可谓恩重如山的至爱老师和兄长。先生此德此恩,永生难忘;先生之盖天功业,将长存天地之间!
　　　　傅璇琮先生永垂千古!

　　　　　　　　　　　　　　　　　　学生　吴在庆拜挽

追悼傅先生仪式在北京举行那天,我情不自已地写下了《哭悼傅璇琮恩师》,云:

　　　　巨星陨落九天寒,动地悲声摧胆肝。

道德楷模悬缥帐，文章轨范耸云端。

已滋教泽兰千亩，还播慈恩事百般。

彦圣登遐无觅处，望空祭拜泪澜澜。

诚如我在悼词所说"先生几十年来对我关怀备至，垂爱有加，谆谆教导，扶持奖掖，于我可谓恩重如山的至爱老师和兄长"。关于这方面的具体事迹，我在《我与傅璇琮先生的交往与学术合作》（见《傅璇琮先生学术评论》，宁波出版社 2007年 7 月版）和《北大的传统精神魅力与我的读书治学之路》（两文均见拙著《听涛斋雪泥鸿爪集》，团结出版社 2015 年 4 月版）皆有较详细的记叙，此处我仅补充记叙若干难于忘怀的事迹。

　　傅璇琮先生在唐代文学研究界所作的巨大贡献，不仅在于自己身体力行，撰著了引领学术研究方向的标杆成果，如《唐代诗人丛考》、《唐代科举与文学》等著作，而且在于他总是从研究的整体出发，做长远的研究规划，并以此引领学者们一起考虑与参与，这如他邀请我参加撰著的《唐才子传校笺》、《唐五代文学编年史》、《五代史书汇编》等书即是。此外他于 2005 年 12 月出版于辽海出版社的《唐翰林学士传论》以及不久后出版的《唐翰林学士传论·晚唐卷》也是唐代文学研究的标志性著作。这一著作在出版前的十年傅先生即有所规划了，并有意让我参加，以此指引我的研究。1996 年 3 月 24 日他写信给我说："晚唐稿（庆按：指《唐五代文学编年史·晚唐卷》）作完后，我极愿与你继续合作。我过去在《唐代科举与文学》自序中曾提到唐代文人生活可写的，一为翰林学士，一为幕府。幕府已有人写，翰林学士则不仅唐代，宋代亦极可写，明清两代之翰学亦极重要。我极欲将唐至清的翰林学士作通盘研究，其途径亦为文史结合。此为封建社会后期知识分子之一大内容，极有研究价值。不知你有兴趣否？你可在晚唐编年时注意其时翰学情况，摘录有关材料，以后有便时我们一起讨论。"接此信我即于 4 月 1 日回信说："很高兴您俯允以后合作事。我前些年即有研究唐五代文人生活心态与文学的构想，唯尚未有充足时间，并感到范围太大，尚未确定以其中若干方面为研究对象。今先生有翰学之构想，甚可喜。我将留意此事，待编年稿完成后，再具体商议研究内容、体例等。先生如百忙中得暇，亦请先作总体考虑。"后来由于我忙于其他研究项目，虽然也关注翰林学士的有关材料,但终无暇参与傅先生的《唐翰林学士传论》之著。傅先生这一巨著出版后,他即时寄书给我,我读后即写了《广搜慎考,精撰新史——〈唐翰林学士传论·晚唐卷〉读后》(见拙著《听涛斋中古文史论稿》,黄山书社 2011 年版)给予高度评价。尽管我未能参与傅先生此著之撰写,但是傅先生的这一著作仍然对我起了学术研究的指引作用。在此启发下,其时我有做《唐代中书舍人考论》、《唐代中书舍人与文学》的规划。后来还是由于忙,自己未能从事于此,遂指导我的博士生做有关此课题的研究。

即是基于有如上述的我个人的具体体会,和更为众多的傅先生引领后学的大量事例,我在 2015 年末应邀参加的第三届思勉原创奖颁奖大会上,对获奖的傅先生的《唐代科举与文学》一书做了以下的学术评价:"这深孚众望,实至名归,……《唐代科举与文学》颇具原创性,运用文史结合,也就是傅先生所说的'将科举作为中介环节,把它与文学沟通起来','尝试通过史学与文学的相互渗透或沟通,来综合考察唐代士子的生活道路、思维方式与心理状态,并且努力重现当时部分的时代风貌与社会习俗'。值得称道的是这一研究做得极为成功,它以丰富具体的资料,细致地展现了唐代科举的各个细节及其与文学的关系,从而描绘出'唐代文学中微妙鲜活的情感表现,更加立体地'展现唐代文士的科举与文学创作活动的真实生动的社会风俗史。这一研究推动了古典文学的跨学科研究,早在古典文学研究领域具有广泛深远的影响。"我在评议中又说"三十多年来,傅先生在古典文学、古典文献学研究上取得了丰硕的成果,是这一时代组织众多研究项目的优秀组织者,也是引领众多后辈学者的杰出导师。我和尚君兄就是他所关怀,悉心具体指导下成长起来的众多后辈学者中的两人。"我又说"以我来说,当我在上世纪八十年代初阅读傅先生赠送我的《唐代诗人丛考》一书后,我深深地被其繁征博引文史资料、细密而审慎的考证立论所折服,所震撼了。此后在这本著作的影响下,我遂有《唐五代文史丛考》、《增补唐五代文史丛考》二书。同样受《唐代科举与文学》的影响,我遂有当时国家教委的项目《唐代文士的生活心态与文学》一书。在这一书中,我从唐代文士的读书习业、科举求仕、集会宴游等五方面来考察唐代文士的不同生活、心态与文学的关系。应该说我的这几部书即是效仿傅著的。"

傅先生虚怀若谷,既尊仰前辈,又爱护后辈学者,颇有"到处逢人说项斯"之风;有时甚至极为谦抑,以此推奖后辈学者如我者。他这种让人极为敬仰的长者之风,我们学界中人多有感受,每每称道。我于此也深有感受,且举我所经历一二事以为例。

自从曹丕"文人相轻,自古而然"之说起,后世遂多以此论文人。此偏颇之说,我则期期不以为然。学者之中虚怀若谷,彼此推重仰慕,深心相契,"到处逢人说项斯"者亦大有人在。缪钺、傅璇琮先生等学者即如此。一九八七年秋,我从四川经三峡返校后不久,即收到了缪老写于初秋的墨宝。他书录了一首作于一九八一年的《虞美人》词惠赠。此事中华书局总编傅璇琮先生知道后颇为欣羡,来信云:"缪钺先生我至今未见过,你能得他的法书,亦殊不易也。不知能为我求一幅否? 如方便,请函告缪先生,向他致我的仰慕之情。我怕他不便书写,因此多年来虽有求得之心,终不好开口。"我遂将傅先生此意函告缪老。傅先生此信是一九八七年九月二十五日写的,很快地我即收到缪先生十月十四日的复信,中云:"函中提起傅璇琮先生拟请我写条幅一事。我与傅先生虽未曾识面,然读其著作,深佩他研治唐代文学,精思博览,造诣超卓。"并让我转告傅先生他可以写一条幅相赠。后来,缪老所写的条幅经我的一位蜀籍学生带来,终于转交给傅先生。

我的《听涛斋中古文史论稿》在 2011 年 5 月由黄山书社出版之前,我曾请傅先生赐序,后来傅先生因故未能作序,而是题了"文史合研,务实求真;澹泊名利,更创新境。在庆先生治学清历　傅璇琮谨书　二〇一〇年春"的题辞。说实在获此题辞我真是喜出望外,这不仅在于这样的题辞确实概括了我治学所追求之境界,真实体现了傅先生与我三十年来学术交往的感受和评价,而且更在于这可能是傅先生首次给晚辈学者的题辞,更何况此题辞之字体又是如此之清劲而娟秀,很能体现傅先生为人与为文之风概。今天看来,这一题辞当是傅先生有限的存世墨宝真迹之一。不过这一改赐序为题辞的背后,却隐有一段令我至今仍难于释怀的曾使傅先生为难的愧疚。事情是这样的,我向傅先生求序后,傅先生于 2010 年 4 月 25 日回复云:

　　　今有一事奉商,已延有多时,我思想负担甚重,怕兄对我有意见,故一直不敢写此信。即遵嘱为尊著撰序,我确逐篇细读,甚受教益,深感您治学谨严,成果充实,但也许正因此,我深感自己学力不足,不易下笔。如在上世纪八九十年代,我为学人撰序,当没有问题,但现在,一是年龄大,二是身体不好,三是情绪乱,负担重。为尊著撰序,也当是我的荣誉,但我确不能成文。因此特请兄宽厚谅我。但我仍草拟一份题辞,今寄上,请酌处。

如可以,则用在扉页上。这几句话,也表示我的心意,我觉得或许比序言更为恰当,有效。今写上两张,请选择,……又,5月6日在北京,有一会议,黄山书社领导可能参加,即北京大学图书馆编纂一套《明代文人别集丛刊》,收有二千多种(影印),由黄山书社出版。选目请专家审阅,我也参与。届时,如方便,我当也会向黄山书社领导提及尊著出版事。

写此信,我思想负担甚大,真有对不起您的心情,故特请宽谅我。

　　谨候

近祺!

　　　　　　　　　　　　　　　　　　　　　　傅璇琮上

所书两纸,一为繁体,一为简体,请选。

当我读信时,除了上述的欣悦外,更多的是惶恐不安,这在于:尽管我相信由于傅先生一贯对我厚爱有加,他此次对我书稿的评价是出于真心,但由于他过为自谦,以他的身份和学识说"我深感自己学力不足,不易下笔",实在令我惶然不安,难于自处。更令我自咎的是傅先生所说的:"我思想负担甚大,真有对不起您的心情,故特请宽谅我。"尽管我深知傅先生这样说是出于他一贯的高风亮节与我们之间长期培育出的深厚师生情谊,但因求序事而让他"思想负担甚重"等等却是我始料不及的,为此我曾深为自咎。当时在惶然之际,我即去信表示我很喜欢而且感激他所赐的题辞,说明他并没有因此而对不起我,请他千万释念。不久余恕诚先生透露给我傅先生之所以不便为我书稿作序(不仅仅是我)的另一因由,我也就明白了傅先生不好明说的另一苦衷。但此事从那时以来我深感愧疚,此后至今我逐渐体悟到傅先生那一阶段之所以暂停作序的难处,以及所体现的思想。记得我上世纪八十年末完成《杜牧论稿》后曾请缪钺先生赐序,其时缪老年八十六,不仅早是杜牧研究的权威学者,而且已是誉满国内外的著名文史大家。缪老回信说"你的《杜牧论稿》,我可以题签,但难于作序。

我平日诸事丛脞（包括校内校外），应接不暇，其繁忙情况，不是你所能想象到的。加以近来患砂粒眼，经常磨痛，医嘱少看书写字。所以我没有精力时间为你的《论稿》作序，乞谅。"随信寄来的不仅有《杜牧论稿》的题签，还有一张题识墨宝，中有"吴在庆君治学勤敏，于唐代文学致力尤深。……新思卓见，颇多启发"的称赞之语。获得缪老的题签与题识墨宝，我更能理解缪老之所以"难于作序"之最重要的原因，正是如他所言"其繁忙情况，不是你所能想象到的"。这原因我自己十多年来也感同身受，尽管我的学术成就与声望难于望缪老之项背。从这一亲身体会来看傅先生之所以改作序为题辞，联系到当时傅先生所承担的千头万绪极为繁重琐杂的社会的、学术的研究工作，我明白了他的苦楚。然而他不好明白说出，却以极为谦逊的"深感自己学力不足"等为由改作序为题辞。这是何等高尚的古君子之风啊！我那时怎么没有考虑到傅先生之难于想象的繁忙呢！怎么只想到傅先生上世纪九十年代初曾赐序《杜牧论稿》，二十年后如能再一次请益教言，获得赐序，那有多好！我自接到傅先生的回信和题辞后，就一直深深自责着！

　　傅先生在回信中有"如在上世纪八九十年代，我为学人撰序，当没有问题"之言，这使我联想到他当时为何乐意为求序的众多学人作序的动机。1993年岁末，他曾在《戴伟华〈唐方镇幕僚文职考〉序》中说"他来信要我作序，我觉得在当前出版难、写书难，特别是搞考证资料难这样一种文化环境下，我是理应为这部著作说几句话的。这不但是为伟华同志本人，也是为了在目前这样一种特殊的学术氛围中相濡以沫。"（见傅璇琮《学林清话》，大象出版社2008年版，第92页）我也想起了2006年我为即将出版的《增补唐五代文史丛考》一书请学界某前辈作序，傅先生知道此事时对我说："其实你现在是不必请人作序的。"尽管他话讲得很简短，但我是能领会话中寓意的。毕竟时移世易，我也年已老大，那时已不是上世纪八九十年代的文化环境，我也已经不是正需要学界长辈着力扶掖的中青年了。

　　令我有点尴尬，但相当感佩的还有傅先生对我的体贴与多方称扬。《听涛斋中古文史论稿》刚出版，适我将有赴烟台参加小李杜学术会议之行。傅先生知道我将赴会，打电话告诉我，应该多购此书到会上分赠学友，告诉我他将用自己的经费五百元购买此书，让我请出版社直接寄到会上。我明白傅先生这样做的想法:一认为这样可以让更多的学者看到此书,及时知道我的学术新成果;二他认为我也已经退休,没有科研经费购买学术新著以分赠学友,故想以此减轻我的负担。当时我觉得不妥而尴尬,故在电话中极力辞谢,但无论我怎么说,先生不容我分说,温和而决然说"就这么定了!"还叫我尽量不要把此事告诉他人。我遵嘱至今,尽量秘而不宣。但如今先生走了,我觉得我应该将此事昭告学界,以见先生懿范高风之一端。

我与傅先生交往长达三十六年,期间相见虽不多,但也不下十几次。首次见面在厦门大学,最后一次面别则在 2013 年 10 月 13 日上午,时在南京。这一次见面对于我来说无疑是颇值得记叙的,故容我略作记叙。见面之前我和傅先生有一次电话相约,7 月 23 日的日记我记下了此次相约之事:"下午五点半多,接傅璇琮先生电话。他接到我前几天去信,遂电话云:信中写得很好。问我前南大《新编全唐五代诗》会议为何没有去。知道我十月中旬亦到南大参加程千帆先生百周年诞辰会议,约我届时到南京莫愁湖等地走走,我愉快接受。届时当提前与傅先生商量具体时间。"10 月 11 日午后,我抵达南京后即找先已抵达的傅先生往游我们均未到过的莫愁湖。傅先生原是准备乘的士前往的,但我考虑到更方便傅先生游览,事先约了我在南京工作的学生邹晶莹君驾车来接,并做导游。莫愁湖公园并不大,但傅先生那时已经不良于行,我们只是陪着傅先生在湖边缓慢走走。没多久傅先生累了,我们就坐在湖边的长椅上休息聊聊,并让我的学生为我们合影留念。本来我们还计划到秦淮河畔、夫子庙一带逛逛,但终因傅先生体力不支,遂提前回宾馆歇息。第二天九点《程千帆先生百年诞辰纪念暨程千帆先生学术思想研讨会》在南大文学院开幕,我和傅先生均作为嘉宾出席,并发言称赞程先生的高尚道德与卓越功业。13 日上午,我将离开宾馆时正好遇见也将启程的傅先生。匆促间,因他要向徐师母通报抵达北京的时间,于是用我的手机(他平素不用手机)和师母讲了几句话,我们也没有多谈,就这样匆匆而别了。尽管我们在前一天还相约,在明年苏州举行唐代文学年会之时结伴一起游览苏州,但怎么也没有想到这竟是我和傅先生的最后一面!

2015 年 6 月 29 日,傅先生的学生卢燕新博士告诉我,傅先生已经手术住院久之,因吃得很少,缺乏营养而身体非常衰弱,又不配合治疗,状况非常紧急,令人揪心。他请我写一信劝劝傅先生配合治疗,积极疗养以利康复。我在事先不知情之下闻知此事，也心急火燎，遂急忙写下我给傅先生的最后一封信，其略云："自前年冬南京莫愁湖一游陪侍先生之后，即未得机缘相见。去年苏州唐代文学会议本与您相约赴会同游苏州，然其时我恰有事未能践约，至今颇为遗憾，亦时时颇想念先生。今日偶与卢燕新君微信联系，方知您住院疗养，心中颇为怅然久之。……这些年来，朋友间每多以不必孜孜于学业工作，而务以身体健康，生活悠闲宽松为劝勉，深长思之，颇为有理。人生的各阶段应有不同的生活方式与态度，我们以往的岁月已为我们的理想志向尽过力了，对得起社会、历史，也对得起自己的心灵。而老年后即应以身体安康闲适为重，不必再兢兢业业于前所勤勉者。……记得多年前先生曾在极为繁忙中感慨道要留些闲暇的时光陪伴自己的亲人。我当时及近数年每想起您这句话，颇觉得十分明哲有理。故近年来，我也每以此语提醒自己与友人。人到老年难免欠安不适，这也是人生之'常态'吧。我弟弟数年来也颇受病患之累，昨日我们相聚，他说他最近常去游泳锻炼，觉得身体好多了，并说了以下一段我以为是至理名言的话：人老了病了，不要自弃自放，要以身体健康为要务。你的健康并不是你一己之事，而是关系到亲人与朋友。因此为了至爱亲朋，你一定要保重身体，切莫自弃。想到先生今身体欠安住院疗养，我想我弟弟的这段话是值得吸取的。您数十年来在古典文学领域建树非凡，乃众多如我似的学人所仰望之北斗，我和大家都热望您积极疗养，健康出院，继续指导我们。近两年未和您相见，十分想念。以上是我想念中的最想说的话。"为了争取时间，信是用电子邮件传给卢燕新，并由他打印出直接交给傅先生的。后来和徐师母电话联系，她说傅先生看到我的信十分感动，看了好几遍，并把信放在枕头下好些日子。

行文至此，我双眼不禁像当初听到师母此话时一样盈满泪花。我知道傅先生看了我的信是有所感触的，他毕竟早就告诉我"要留些闲暇的时光陪伴自己的亲人"，他懂得这道理，并曾因为自己全身心地投入到古籍整理与古典文学研究事业中去，而自觉有所亏负自己的亲人。然而永无休止的繁重学术事务，并没有让他有喘一口气，歇一歇，好好陪陪亲友的时间！事业剥夺了他颐养天年的所有时光，他是被繁重的事业所压垮的！呜呼，痛哉！痛哉！

始撰于 2016 年 11 月感恩节

追念傅璇琮先生

葛晓音

　　今年 1 月 23 日下午，我忽然收到张明非学姐的一条短信，说是听说傅璇琮先生逝世了。我们都认定这是谣言，因为一周前她才到医院探望过，还发了照片过来，傅先生精神很好。接着她又发短信过来，觉得不放心，要我打听一下。我就赶快给中华书局的一位朋友发短信，结果收到她转来的陈尚君的微信，竟然是真的！想到唐代文学研究界从此失去了领路人，不由得悲从中来。

　　1982 年夏，我从北大硕士毕业时，傅先生曾是我硕士论文答辩委员会的委员，所以可说是我的座师。记得答辩委员会由林庚先生任主席，委员有冯钟芸先生、业师陈贻焮先生、傅璇琮先生、倪其心先生。那时研究生数量少，老先生们又特别认真，答辩会的气氛之紧张，不亚于当今的博士论文答辩。对我的毕业论文，各位先生都给予了充分的肯定和鼓励，但也有不少严肃认真的批评。傅先生谈了很多意见，都非常具体和精辟。我一时记不下来，瞥见他手里拿着我的论文，每页周边的空白密密麻麻地写着好多铅笔字。于是答辩结束后，就向傅先生请求，用我手上的论文把他写批语的那本换下来，以便认真学习。傅先生答应了，但是没有马上交给我。后来再给我时，我发现上面有些铅笔字被擦掉了。但是仔细辨认纸上印迹，可以看出其中有一句似乎是"囫囵吞枣"。我顿时明白，因为我的硕士论文题目是《初盛唐诗歌的发展》，要在五万字的篇幅里论证这个大题目，肯定有很多疏漏和来不及消化的东西。傅先生在把论文交给我之前，仔细删改了上面的批语，是不想让我有心理负担，但我仍然很感激他的提醒，从此以后也对傅先生的细心和认真有了深刻的印象。

　　硕士毕业留校后，在八十年代的很长一段时间里，我很少见到傅先生，虽然他和北大古典文学教研室的老师们很熟，和陈贻焮先生也是好朋友。但是一来因为我只是小字辈，不会参与到老先生们的交往中去；二来是傅先生来北大，主要是去古典文献教研室谈工作。北大的古典文献和古典文学分为两个教研室。好处是专业分工更细，缺陷是导致我们这些小字辈不太关注文献的整理研究工作，与长于文献整理的学者来往也少。尽管如此，我仍然能感到傅先生对后辈的关怀。八十年代后期，陈贻焮先生的《杜甫评传》上卷出版后，接着写中下卷。完工后要我为他写一篇跋文。我当时惶恐至极，因为上卷的序是林庚先生和傅先生这样的大学者所写，我一个入门刚十年的弟子，有什么资格写跋呢？但在陈先生的坚持下，我只好战战兢兢地写了。没想到陈先生把出版后的《杜甫评传》中下卷分别寄给他的朋友后，很快收到了傅先生的回信，信里特别称赞了我的"跋"，还说下次再版可以把这篇文字列在林、傅两位先生的序后作为"三序"。陈先生给我看了傅先生的信后，我简直不敢相信。这才知道原来傅先生也像陈先生一样不讲论资排辈，可以为提携后生学者而提出这样超越常规的建议。

　　从九十年代初参加厦门大学的唐代文学学会的年会后，我才有了见傅先生的较多机会。此前虽然在山西会议上，我已经进入唐代文学学会的理事名单，但因为孩子太小，一直不能出门开会，与学界几乎没有来往。92年第一次参加大会，正好是唐代文学学会换届，从这一年开始由傅先生任会长。后来，我由常务理事到副会长，一直在傅先生的领导之下。加上在北京和外地开学术会议，每年的论文答辩评审等，常常能见到傅先生。傅先生每有新著出版，总是赐我一册，我有书也一定呈请他指教。我知道他的工作非常繁忙，头绪也多，一般情况下不敢打扰他。但是有什么会议请他出席主持，他从不拒绝，也从不敷衍了事，总是认真发言，提出许多非常有建设性的意见。有一次去北师大开会，在校内马路上遇到他，他问我你知道今天与会的都有谁吗？我说不知道。他就笑着说，你参加会议不把这些都了解清楚吗？我这才知道原来他参加每个会议之前都是认真做功课的，事先一定把会议的宗旨了解清楚，做好准备，所以在会上才永远不会发空论，而且每次都有新鲜的意见。我常常想，如果把傅先生每次在学术会议上的发言搜集起来，不但可以清晰地看出这三十年来我国学术发展的历史进程，而且能证明他的许多意见都是有前瞻性的，对学术的发展是有指导意义的。所以傅先生不但是唐代文学学会的当家人，而且一直引导着全国古典文学研究的发展路向。

傅先生以自己的学术著作及其主持的大量项目实践了他的种种建议。他的《唐代诗人丛考》是唐代文学研究者人手一册的必读经典。其结论和方法的影响已经持续了三十年，而且将永远指导一代代后起的学人。同时他的研究视野又不限考据和文献，《唐代科举与文学》以及《李德裕年谱》《唐翰林学士传论》等都是研究唐代文学发展的社会原因与文学关系的典范之作。这些著作给我们的启发不仅仅是具体的结论，更重要的是方法和视野的启迪，尤其是《唐代诗人丛考》前言中的指导思想：以某一发展阶段为单元，研究这一时期的经济和政治，群众生活和风俗特色，文坛人物的变迁，作家的活动和交往，文学创作的高潮和低谷，让后学明白了要研究一代文学，必须研究文学赖以发生发展的社会土壤；要了解唐诗的高峰，必须了解形成高峰的高原。这些思路引导了三十年唐诗研究的主要方向，出现了大批为国内外汉学界注目的成果，而且影响到其他相关方向的研究。

傅先生为新时期中国的古籍整理工作做出了重大贡献，他长期担任国务院古籍整理小组成员，中华书局总编辑，与顾廷龙先生主编了《续修四库全书》，后来又与杨牧之主编《中国古籍总目》，并担任《全宋诗》第一主编，此外还有《全宋笔记》《宋登科记考》《宋才子传笺证》等重大项目。他从不挂主编的虚名，每个项目都是亲自选题策划、参与编写，直到落实出版，精力之旺盛实在惊人。他还组织许多青年学者加入到《唐代文学编年史》《唐才子传笺证》等大型项目中去，为唐代文学的研究奠定了宽广而扎实的基础，也培养了许多学界新人。关于这一点，很多参与项目的同行朋友比我有更深刻的体会。他对青年学者的热心扶持，是有口皆碑的。我也曾亲眼得见：九十年代中，北大历史系和唐史学会得到美国一位爱好唐代文化的巨商资助，成立了唐研究基金会，每年可以资助一本《唐研究》的刊物和几本唐研究方面的著作，资助的著作要经学术委员会严格审查讨论。由于基金会以史学界学者为主，文学界任学术委员的极少，傅先生是当然的委员，我也忝列其中。傅先生每次开会必到，积极推荐唐代文学研究界出现的新人。记得有一次他推荐陈尚君的论文可以结集出版，亲手写了很长的推荐书，详细论证陈尚君著作的学术价值和创新性，使这本《唐代文学丛考》得以顺利通过,整个过程使我非常感动。

傅先生为人的谦和也是众所周知的。04年我在香港浸会大学任教,文学院要我组织一个"名贤讲席",要求邀请全世界最顶尖的古典文学研究者来讲自己的最新研究成果和思路方法,每位讲者配一位专家作讲评。我们邀请了傅先生,美国普林斯顿大学的浦安迪先生,日本东京大学的田仲一成先生,以及当时在港任教的台湾大学吴宏一先生和北大张少康先生。我在排场次时,请傅先生讲第一场。他看到讲席程序表以后,把我叫到一旁,悄悄说:"你把我安排在第一讲不合适,让外宾先讲吧!"我认为傅先生应该最先讲,这是当仁不让的。他推让再三,我还是坚持请他最先上场。傅先生就是这样,尽管已经是国内人人敬仰的权威,却从来不在场面上摆大学者的架子。

前几年,台湾"中研院"发起设立"唐奖",每年在全球汉学家(不限华人)中推选一名获奖者,评选办法类似诺奖。评奖前,先邀请一批学者作为推荐人。我也收到了署名"李远哲"的邀请信,得以参与推荐。虽然我知道第一次评奖,国内学者几乎没有获奖的希望。但是这个奖的名称令我第一时间想到傅先生是最有资格的获奖者。由于推荐过程要求严格保密,我没有告诉傅先生。而是利用我掌握的所有资料,从他本人的研究成就,以及在学术组织方面引领国内古典文学研究的贡献着眼,详细阐述了推荐的理由。后来知道此奖由余英时先生获得,也是众望所归。但我更希望借评奖的机会,让世界上更多的汉学家知道,国内最顶尖的汉学家是在怎样的工作条件下取得了如此卓越的成就。

傅先生去了,从此再也见不到他在各种学术会议上的身影。但他和他的著作将永远活在后学者的心中!

亦师亦友三十年

——记我与傅璇琮先生的平凡交往

王辉斌

著名的文史专家、文献学家、编辑名家傅璇琮先生,离开我们已快一年了。在这近一年的时间里,每当我想起与傅先生亦师亦友的三十年(1985年7月—2016年1月)之种种交往,脑海里便映现出许多与先生相见相晤的历史碎片,以至于惊喜交加,难以自已。其间,既获益非浅,又感慨良多。这里,着眼于回忆的角度,就我与傅先生交往三十年之史况,择其要者追述如次,以为对先生之纪念。

一

我始知傅璇琮先生之名者,是因其大著《唐代诗人丛考》而使然。此书于1980年1月由中华书局出版,我买到并通读一过时,已为1982年9月。是年11月上旬,我在武汉大学胡国瑞(1908—1998)先生家中请益时,谈得最多的即为《唐代诗人丛考》,胡先生对此书赞不绝口,认为其用力之勤勉,考证之精审,论析之深邃,均为建国以来出版著作所少有。并说,"傅氏写此书,着实是下了一番功夫的"(这是我永远记住的胡先生的一句原话)。胡先生的一番评价,顿时令我对傅先生油然而生敬意。此后,我便对《唐代诗人丛考》读了不下十遍,且每次读后都收获各不相同。1985年7月,我在踌躇再三之后,便冒然给傅先生写去了一封信,就我当时正在进行的李白研究谈了些看法,希望能获得先生的教诲。未久即收到了先生的回复,先生于勉励之外,还告诉我一定要注重材料的搜集,并谈及了材料之于古代文学研究的重要性。1987年9月,我又斗胆将正在撰写的《全唐文作者小传校考》的部分稿件寄先生教正,后来发表于《唐代文学研究》总第四期上的《全唐文作者小传校考》(五)一文,即为先生教正并推荐的一份成果。虽然如此,但我与傅先生相识,却是在1988年6月的西北大学,且为梁超然(1936—)先生与韩理洲(1943—)兄所介绍。

梁超然先生本为广西民族学院(即今广西民族大学)中文系教授,因西北大学安旗(1925—)先生斡旋所致,而被借调到该校中文系任硕士研究生导师,并培养出了如李乃龙(1957—)等研究生。1988年6月15—20日,"全国首届陈子昂学术讨论会"在四川射洪召开,我因应邀预此盛会,而专程至西北大学与韩理洲兄同行,理洲兄当时已出版《陈子昂评传》《陈子昂研究》二书,成为闻名全国的陈子昂研究专家。在理洲兄的热情介绍下,我于其办公室与梁超然先生相识。斯时,适逢傅璇琮先生因事下榻于西北大学贵宾楼(西北大学专门请先生来谋划学科建设的),在梁超然先生、韩理洲兄的引荐下,我第二天上午即得以与傅璇琮先生相识,傅先生当场欢迎我加入中国唐代文学学会,而成为该学会早期的会员之一。但这里需加说明的,是我与傅先生相识的时间问题。傅先生在《王辉斌学记・序》一文中曾这样写道:

就我的记忆而言,我与王辉斌教授的相识,应该是在1990年5月的西安,因为当时我们二人都在陕西师范大学参加《新编全唐五代文》的编委会会议。此后,我们便经常有书信来往,并多次见面于"杜甫研究""唐代文学研究""乐府歌诗研究"等学术会议上。

这里所言"我的记忆"云云,应当是傅先生晚年的一种误记,因为如上所言,我于1988年6月在西北大学贵宾楼与先生相识时,乃为梁超然先生与韩理洲兄引荐所致。其实,傅先生在此"我的记忆"中之所言,是我与先生的第二次相见(具体详下)。

1990年5月15—18日,由霍松林(1921—)先生领衔并任总编的《新编全唐五代文》编委会在陕西师范大学召开,我有幸参加了这次会议并任编委,因而与傅先生再次相见于陕西师范大学,并聆听了先生关于对"全唐五代文"整理的精彩发言。在会议期间,傅先生还介绍我与北京大学的陈贻焮(1924—2000)先生相识。陈贻焮先生也是我仰慕已久的一位著名学者(我们之前已书信往来多年),尤以在 1983 年将拙稿《孟浩然集中之"卢明府"探考》推荐给《文学遗产》作备用稿而令我大为感动,因为此文之"'卢明府'探考",主要是针对陈先生在《孟浩然事迹考辨》中认为"卢明府"为卢象而发(拙稿认为"卢明府"非卢象而为卢僎)。陈先生对于拙稿的推荐,不仅体现了老一辈学者之于不同识见的虚怀若谷,并且也是其善于提携后进的一种具体反映,对此,我在《王辉斌学记》之《治学自述录·道是无情却有情》一文中已曾言之,此不赘述。而傅先生将拙稿《全唐文作者小传校考》(五)推荐给《唐代文学研究》发表者,亦属如此。两位先生之于我的这种提携之情之义,是我永远不敢忘记的。

对《全唐文》进行全面增订整理,是学术界在"十年文革"结束后的一件盛事,故应邀参加《新编全唐五代文》编委会的学者甚多,但湖北高校则只有三人,除我外,另两位分别为湖北大学朱祖延(1922—2011)教授、武汉大学王启兴(1938—)教授。我当时只是一个副教授,之所以能忝列此次盛会并任编委,应是与傅先生和理洲兄的推荐多所关联的。而霍松林先生于会间邀请我与另四人至其书房座谈之事,似乎又可为之佐证。这四人依序为:余恕诚(1939—2014)、林继中(1944—)、杨军(1944—)、韩理洲。当我们在霍先生的书房——唐音阁中坐定后,霍先生不仅对我们五人以唐代文学的"中坚力量"相称,而且还赠送给每人一本其亲笔题签的《唐音阁吟稿》。这是一种殊荣。我之所以能获此殊荣者,就我之所知而言,傅先生和韩理洲兄当功莫大焉,因为如上所言,我于此前曾将《全唐文作者小传校考》的部分稿件寄给了傅先生以求教正,而理洲兄则与我私交甚笃,对我自是多所了解的。大约正是因了傅先生和韩理洲兄之荐,才使得我一度成为了霍松林先生唐音阁中的座上客。1996 年 9 月 9—12 日,我到甘肃天水参加"中国杜甫研究会第三次年会"时,因与霍松林先生同车而行,于车中与霍先生还谈及了这件 5 年前的往事。

二

自 1990 年 5 月的《新编全唐五代文》编委会之后,我便与傅先生多次相会于一些学术会议上,如 2000 年 10 月召开于山东大学的"世纪之交杜甫国际学术讨论会暨中国杜甫研究会第四届年会"即为其例。这是一次规格极高、规模极大的杜甫研究盛会,与会者除了会长霍松林先生外,几乎所有的副会长、秘书长、副秘书长、理事等,都齐聚济南;此外,还有原国家图书馆馆长任继愈(1916—2009)先生、原河南省委书记韩劲草(1918—2012)等人,也都应邀与会。而傅璇琮先生则以中华书局总编辑的身份,亦应邀参加了此次会议,且是偕夫人而至。会议期间,我除了与傅先生再次相会于济南的舜耕山庄外,还一同参观了曲阜"三孔",并在泰山南天门与先生合影留念。在由泰山返还济南的途中,我试探性地向傅先生咨询了一件事,即欲在襄阳成立"中国孟浩然研究会",并与已成立的王维、韩愈、柳宗元、李商隐等学会一样,挂靠在中国唐代文学学会名下,成为其二级学会。傅先生听后非常高兴,说在襄阳成立孟浩然研究会占尽天时地利,待学会成立时,一定会到襄阳参加成立大会的。听了傅先生的这番话语,我心里立马踏实了许多。

从济南回到襄阳未久,我即向有关方面进行了汇报,并着手筹备学会成立的有关工作,因之,与傅先生或书信或电话的联系也就更多了,如从学会理事会人选到成立大会的规格,从邀请与会对象到考察的地点等,就都曾得到了傅先生的细心指导。在有关手续方面,傅先生则让我与时任中国唐代文学学会秘书长的西北大学的阎琦(1943—)兄联系,于是,我即于2001年5月前后,就学会成立的相关问题,以个人信件的形式向阎琦兄进行了反映(我与阎琦兄初识于1984年,私交甚笃),并特意将傅先生对学会筹备工作之关心也附于其中。未久,即接到阎琦兄的回信,告知民政部正在对全国冠有"中国"字样的学会、研究会进行整顿,一切须待整顿完后才可进行。虽然如此,但筹备工作仍在紧锣密鼓的进行中。同时,我又给傅先生写了一封信,一是汇报学会筹备工作的进展,二是希望傅先生兼任学会会长,傅先生很快回信,推荐武汉大学王启兴先生任会长,并就副会长的人选提出了一些参考性意见。之后,我便亲自到武汉大学与王启兴先生联系,就学会的筹备工作向王先生进行了详细汇报,王先生听后也非常高兴,并表示愿意为孟浩然研究贡献一份自己的力量。

2001年11月5—8日,"全国首届孟浩然研究学术讨论会暨中国孟浩然成立大会"在湖北襄阳隆重召开。大会选举了王启兴先生为会长,房日晰(1940—)等5人为副会长,并推举傅璇琮先生、王运熙(1926—2014)先生等为顾问,王丽娜(1938—)、薛天纬(1942—)、张安祖(1947—)等人为理事。但遗憾

的是,大会成立时,傅先生因在台湾清华大学作客座教授,而未能与会。斯时,
阎琦兄则托房日晰教授带给了我一封盖有"中国唐代文学学会"公章的贺函,以
对学会的成立表示祝贺。其全文为:

襄樊学院中文系:

　　　　欣闻孟浩然学术研讨会暨孟浩然研究会成立大会将于襄樊召开,谨代
表中国唐代文学学会向大会表示祝贺。相信孟浩然学术研究在研究会协
调和组织之下,将取得长足的发展,为唐代文学的研究开一个新生面。祝
大会圆满成功,各位与会代表身体健康。

中国唐代文学学会秘书处

2001 年 10 月

　　第二年 5 月,阎琦兄又寄来了民政部关于"全国学会、研究会、协会"重新登
记的一份登记表,我则于"孟会"的具体情况如法人代表等,依据表中之要求进
行了一一填写。2002 年 6 月 18 日,教育部办公厅下发了"教厅综函〔2002〕65
号"文件:《教育部办公厅关于同意中国唐代文学学会保留 5 个分支机构的批
复》,其中的 5 个分支机构,依序为韩愈、李商隐、王维、柳宗元、孟浩然分会。至
此,在傅璇琮先生亲自关心并支持下的"中国孟浩然研究会",才算得以名正言
顺地屹立于全国各学术团体之间,而成为了一个如民政部所言之真正的"群众
性学术团体"。

　　在 2000 年 10 月至 2001 年 11 月期间,我一方面为孟浩然研讨会的召开与
学会的成立在忙忙碌碌,一方面则在撰写一本关于孟浩然研究的专书,以向大
会献上一份属于我自己的礼物,这就是后来由甘肃人民出版社出版的《孟浩然
研究》一书。当书稿写完后(其实还有《孟浩然思想》一章未写),我即给傅先生
去了一信,希望先生能为这本小书的书名题签。我虽然知道傅先生一生很少为
他人之书题签,但我还是将"求题"的信发出了,没过多久,即收到了傅先生的回
信,内附四帧"孟浩然研究"的手迹,并谦言供我比较选择之用。于是,在"孟浩
然大会"正式召开之际,由傅先生题写书名的《孟浩然研究》一书,即带着一股浓
浓的书香分发到了与会代表手中。

三

　　2010 年的教师节,中共襄阳市原市委书记范锐平(1966—)同志率市府有关人员到湖北文理学院(即原襄樊学院)与教师座谈,学院方则派出教授代表、博士代表各 5 人参加,我有幸忝列其中。当双方人员在行政楼第三会议室坐定后,范锐平书记一眼就认出了我,说他对我在中央电视台解读孟浩然的节目全都看过,当场即委托我在襄阳召开一次"规格要高、影响要大"的孟浩然国际学术研讨会,因此之故,也就有了"2011 年孟浩然研究国际学术研讨会"在襄阳的隆重举行。为了开好这次会议,我首先打电话与傅璇琮先生联系,就有关想法向先生一一进行了汇报,如计划在会议之前出版大会论文集,会议规模初步定为 70 人,所有邀请专家费用全部由会议承担,等等;并邀请先生以"中国孟浩然研究会顾问"的身份参加此会。傅先生不仅非常高兴地接受了我的邀请,表示一定会到襄阳参加此次会议,而且还说将尽可能地为提前出版的大会论文集写一篇序。我听后也非常高兴,因为傅先生能参加此会,就意味着会议的"规格要高"得到了初步落实。

　　大约在 2011 年 4 月上旬,我以会议组委会的名义给傅先生寄去了一份"贵宾邀请函"。两个月后,我收到了黄山书社用快件寄来的大会论文集《孟浩然研究论丛》的三校清样,于是,在电话与傅先生联系后,我即将三校清样原装寄先生府上,请先生为之写一篇序附于卷首。约 7 月下旬,先生寄来了打印稿《孟浩然研究论丛·序》,9 月初,印着先生《序》的《孟浩然研究论丛》正式出版。之后,我又打电话告诉傅先生北京有哪些人来参加此次会议,言下之意,是欲为傅先生预订由北京往返襄阳的机票,以让先生与诸人相伴而行。当傅先生知道我的用意后,却说不需要订机票,理由是由先生家到首都机场的路途太远,自己买由北京往返襄阳的火车票即可,并说在北京有单位报销,费用无需大会负担。傅先生要由北京坐火车到襄阳,这是我想都不曾想过的事,于是,我即让先生与一位博士生同来,以便途中有人照顾,该博士生所有费用由大会承担,但先生就是不同意,我也没办法。大约两天后,傅先生打电话告诉我,说北京到襄阳的火车票已买,只是上铺,我在电话中请先生让其学生重买。而就在傅先生让其学生重新买到下铺票的第三天上午,一直未给我回信的北京大学钱志熙(1960—)教授打来电话,说其论文刚写完,准备到襄阳参加孟浩然会议,但却没买到火车票,很是着急,我告诉他马上与傅先生联系,好在傅先生手头的那张上铺票还没有退掉,就这样,本准备"独行赴会"的傅先生即有了钱志熙教授一路相伴,我悬着的一颗心也就因此而放下了。

2011年10月21—24日,"2011年孟浩然研究国际学术研讨会"在湖北襄阳隆重举行。来自日本、韩国、台湾、香港、澳门、中国大陆等海内外专家学者共80余人,齐聚在有"襄阳国宾馆"之称的南湖宾馆(江泽民等国家领导人下榻之处),共襄孟浩然研究的盛事。在开幕式上,傅先生以"中国孟浩然研究会顾问"的身份,为大会作了一场关于"孟浩然与襄阳"的主题发言。当天中午,我即委托南京师范大学朱光立(1981—)博士后专门负责傅先生在襄期间的起居,或陪先生散步,或陪先生参观,等等。23日晚上,我又安排傅先生为文学院师生作了一场精彩的学术讲座,题目为"唐代文学研究进展鸟瞰",我作为主持人兼评讲人,则始终陪伴在先生身边。讲座最后有20分钟的互动,"问"者极积而热烈,"答"者则高屋建瓴,侃侃而谈,"问"与"答"使得整个学术报告厅掌声阵阵,高潮迭起。这是一场真正的学术盛宴。参加这场学术盛宴的300多位文学院师生,不仅获得了整整两个小时的学术食粮享受,而且还首次目睹了傅先生的大师风采,所获良多。

24日晚餐后,傅先生就要乘火车返回北京了。在傅先生离开南湖宾馆之际,我安派了一辆专车并托朱光立博士后将先生送到火车站。当时,有众多与会者在南湖宾馆与傅先生依依相别,讵知这一别竟成为了一场永久的诀别。

四

2012年8月,在新疆师范大学召开的"中国唐代文学学会第十六届年会暨国际学术研讨会"期间,我从大会分发的《傅璇琮学术研究文集》一书中,始知是年为先生八十大寿(虚岁)之年。与先生交往这么多年,竟不知先生生年为何年,这于我而言,实在是有点说不过去的。从乌鲁木齐回到襄阳后,我又与傅先生的高足、南开大学卢燕新(1976—)博士联系,以证实傅先生生年确为1933

年。于是，我就想到要给先生送点什么以为纪念，但身居僻壤的我，却怎么也想不出送什么好，当我正在思索之时，挂在求是斋中的几帧友人条幅，突然使我想到了一幅收藏多年的"慈禧拓片"。这是一幅经西安碑林博物馆编号并签章的大红朱砂拓片，中间为"老佛爷"慈禧坐像，正上方则为其御笔亲书的"平安富贵"四字，整幅拓片给人一种温馨、祥和的审美感受。于是，我即将此拓片作为庆贺傅先生八十寿诞的"寿礼"，以特快专递的形式寄给了先生，并附了一信以向先生表示祝贺。

　　而在此之前的 2011 年 3 月初，也即中国孟浩然研究会与湖北文理学院文学院计划合作编辑《王辉斌学记》一书之际，当时湖北文理学院主管科研工作的副院长王为一(1963—)教授，希望我能请傅先生为此书写一篇序，以提升其学术品质。截止于 2011 年 3 月，我虽然出版了近 20 种著作，但我却从不曾请人写序，既然王为一副院长有此意愿，且此书的作者又非署我之名，所以，我当晚即给傅先生打了电话，说明学校领导要求写序的原委，并请先生另为《王辉斌学记》写一帧书法作品，以与中国社科院文学所刘扬忠(1946—2015)兄所书之"世代书香"合刊于该书卷首的彩插上，对此，傅先生在电话中均很乐意的答应了。大约在 5 月上旬，傅先生便用特别快递邮来了所写之序与所书"挚友王辉斌先生"的手迹，"挚友王辉斌先生"虽系用钢笔所写，但先生却一共寄来了三张以供我选用，我看后很高兴，旋即将其交给《学记》编委会的有关老师。编委会在第二天上午，又将先生之序、手迹连同刘扬忠兄等人所书之手迹与照片等，一并寄给了黄山书社。2012 年 9 月，当我收到黄山书社寄来的《王辉斌学记》样书后，我即于第一时间用快递给傅先生寄去了两本，此举既意在为先生报喜，也意在对先生表示感谢，特别是对先生引我为"挚友"的感谢！

　　当傅先生收到《王辉斌学记》后不久，便给我打来电话，一是对我表示祝贺，二是看了该书《附编》中的《王辉斌主要著作列表》后，要我给其寄一本《商周逸诗辑考》去，说很想看看此书云云。《商周逸诗辑考》由黄山书社于 2012 年 8 月出版，即出版于《王辉斌学记》前一个月，其出版后我之所以未给先生寄送一册者，是因为我认为先生研究的重点主要为唐宋文学与文献，但从先生之电话内容可知，我的这种想法是错误的，即先生对于"商周逸诗"也是很感兴趣的。而事实也正是如此。因为此后约半年，先生即写了一篇《〈商周逸诗辑考〉》的学术启示》的书评,刊载于 2013 年 3 月 15 日的《中国社会科学报》的 B4 版上,并在文中将此书之出版称为"如一枝林中的响箭,使人为之一振",希望"愿更有这样的著作问世"。这本小书能得到傅先生如此抬爱,这实在是我不曾想到的。傅先生此文发表后,在学术界产生了很大影响,如"全国哲学社会科学规划办公室网"、"中国社会科学网"、"中国社会科学战线网"、"中国文学网"等网站,都曾全文转载。而这种转载,对于我的这本小书来说,无疑也是起到了相当大的宣传作用的。

在《〈商周逸诗辑考〉的学术启示》发表半年多后,傅先生又为我的《唐后乐府诗史》写了一篇书评,此即发表于 2013 年 11 月 29 日《文汇读书周报》第 9 版上的《唐后乐府诗史的原创研究——读王辉斌〈唐后乐府诗史〉所想到的》一文。傅先生在这篇文章中,因重点突出的是《唐后乐府诗史》的原创特色,故文章的主标题即迳用了"唐后乐府诗史的原创研究",并于文中多次提到此书之难写难撰,原因是截止于目前,学术界尚无一部收录唐后乐府诗的总集问世。傅先生的这两篇书评文章,与之前所写的《王辉斌学记·序》、《孟浩然研究论丛·序》,均收录于大象出版社 2015 年出版的《书林清话》一书中,而成为了先生于拙著有意推介的一种历史见证。先生乐于提携与助人的大师风范,仅此即可窥其一斑。

2014 年 12 月 1—3 日,在湖北文理学院原党委书记马小洁(1964—)教授的亲自倡议与具体安排下,学校专门为我召开了一次"王辉斌学术研讨会"。此前,会议尚处在筹备阶段时,我即打电话与傅先生联系,邀请先生能再来襄阳参加此会,先生当时很愉快的答应了,但在会议即将召开之际,先生则因病未能与会,而托其弟子卢燕新博士带来了一封贺信,以祝贺大会圆满召开。先生贺信的全文为:

王辉斌学术研讨会组委会暨王辉斌教授:

欣悉湖北文理学院为王辉斌教授举办专题学术研讨会,至为感佩。王辉斌教授是一位具有全国影响的学者,长期以来从事中国古代文学、文学文献学、辑佚学、乐府文学批评的研究,并致力于文学史研究的打通关,各方面均取得了突出的成就,在"十年文革"后成长起来的一代学者中具有很大的代表性。相信这次研讨会的召开,对于湖北文理学院科研水平的提升,对于王辉斌教授学术研究的更上一层楼,都将会起到不可低估的作用。我近日因染疾在身,不能躬逢盛会,特致此信,以表祝贺。并遥祝研讨会取得园满成功!

傅璇琮
2014 年 10 月 25 日于北京

2016 年 1 月 24 日上午 8 时许,当我习惯性地坐在电脑桌前打开电脑后,一条"傅璇琮先生逝世"的字幕,忽然映入了我的眼帘。我当时简直不敢相信这是真的,以为是一些无聊者的恶作剧,但仔细一想,恶作剧也不至于"恶作"到如此程度,何况傅先生一生人品极佳,口碑极好。于是,我即给远在美国纽约大学访学的卢燕新博士发去了一封电子信件求证,未过多久,卢博士回复:傅璇琮先生于 1 月 23 日 15 时不幸病逝。同时,卢博士还给我发来了中华书局"傅璇琮先生治丧委员会"的网址。如上所述,傅先生自中国孟浩然研究会成立始,即为学会理事会推选为顾问,且为首席顾问,因之,我便以中国孟浩然研究会的名义,向"傅璇琮先生治丧委员会"发去了一封唁电信,以示哀悼。唁电的全文为:

傅璇琮先生治丧委员会:

　　恸闻傅璇琮先生于 1 月 23 日 15 时不幸病逝,甚为震惊!

　　傅先生是中国孟浩然研究会的首席顾问。长期以来,傅先生对学会工作极具关怀与引领之情。先生不仅亲自撰写论文,参加学会举办的有关学术会议,而且还为学会主编、主办的《孟浩然大辞典》《孟浩然研究论丛》(大型会刊)等著作进行具体指导,并积极培养学术新人,对推动孟浩然研究的繁荣与发展作出了巨大贡献。

　　傅先生更是中国学界的一代宗师。先生在中国古代文学、文献学、历史学等方面,造诣精深,著作宏富,成就非凡,代表作如《唐代诗人丛考》《唐代科举与文学》等,在学界几乎家喻户晓,影响深远。傅先生的病逝,犹如一颗巨星陨落,使学界失去了一位大师级的舵手,我们对此深感悲痛,特致此唁电,以示哀悼。

　　傅璇琮先生千古!

中国孟浩然研究会

2016 年 1 月 24 日

　　同时,我还将此唁电通过电子邮箱的方式,分别发给了中国唐代文学学会会长陈尚君(1952—)、副会长尚永亮(1956—)、戴伟华(1958—)、吴相洲(1962—)等数十人,以及台湾中兴大学的林淑贞、香港岭南大学的刘燕萍等教授,意在与诸同仁共同哀悼傅先生。

五

　　从 1985 年 7 月我给傅先生写第一封信始,至 2016 年 1 月 24 日代中国孟浩然研究会撰写哀悼傅先生的唁电止,其间凡 30 年又 6 个月,这就是我与傅先生交往的全部岁月。其中,既有相见晤谈,也有书信往还,而更多的则是电话联系。由襄阳至北京,虽然有近 1200 公里之遥,但现代化的通讯工具,则拉近了我们之间的距离,使得我与傅先生的联系有如串门一般方便。从年齿的角度言,傅先生大我 14 岁,所以,我一直事先生以师长之礼,但先生却将我当作了一位忘年交,一位"挚友",而此,也是我将这篇文章的题目作《亦师亦友三十年》的原因之所在。

　　回想我与傅先生三十年的交往,虽平凡但挚意满满,唯寡欲却获益多多,其于我自然是一种莫大的荣幸。而先生之于我的激励与鞭策,亦皆寓其中。先生谦谦君子,质性温敏,既精进于学术,又乐于助人,两袖清风,一身正气,凡此,均于我印像深刻,没齿难忘。先生虽然离我们而去,但其与日月同辉的学术成就,将永远地铭刻在人们心中,而成为我们这个时代学术史上的一通丰碑!

2016 年 10 月 12 日夜于古隆中求是斋

悼傅璇琮先生

曹　旭

傅璇琮先生不幸逝世。在一月二十三日，一个黑色的星期六，一个寒流充塞天地，三十年来最冷的一天，他走了，留下了比寒冷更令我们战栗的伤痛。

在纪念傅先生的时候，我体会有以下几方面：

一、傅先生早年的挫折是他一生的财富

傅先生是浙江宁波人，生于 1933 年 11 月，少年时代即是才子。1951 年考入清华大学中文系，1952 年 10 月转入北京大学中文系，1955 年毕业，留校任助教。此后，一波接一波的政治运动，"胡风反革命集团"、反右、"文化大革命"，不仅把前一辈的学者像扫落叶一样摧残殆尽；对傅先生这样的新学人，在学生期间就无情斗争，残酷打击，刚毕业留校的傅璇琮先生，因与"胡风反革命集团"有牵联而受到审查。两年后，又因参加乐黛云、裴斐为首的文人"反党小集团"被打成右派，并从北京大学"贬谪"到商务印书馆，不久又"贬谪"到中华书局，极像唐代一个新毕业的进士，因为与朝廷中某个被彻查的官员有来往，就被莫名其妙地一"贬"再"贬"，尝尽了人间的寂寞、白眼和牢愁。这是傅先生的不幸，也是傅先生的大幸，是他一生的财富。

首先是"贬谪"带来的时间和空闲，使傅先生因祸得福地在文史领域博览群籍，专心致志地埋头业务，发愤著书。他先后任中华书局的编辑、编辑室主任、副总编辑、总编辑；2008 年又重回清华大学任教授；其间曾任国务院古籍整理出

版规划小组成员兼秘书长,规划全国的古籍整理出版;任中国唐代文学学会会长、历任九届全国政协委员,九三学社第八、九、十届中央委员会委员,中央文史研究馆馆员,终于在学问、人品上成为中国古典文献和古代文学学界的领袖和泰斗,在其长达六十多年的学术生涯里,任何荣辱得失,都不能影响他在一个看来为人作嫁的地方,做出许多开风气的创造性的研究。他是一个奇迹。

二、傅先生的著作多着眼于政治、社会、制度与文学的关系, 故能发千古之覆,具有开风气的创造性

傅先生一生撰写、主编了大量的文史著作,如《杨万里范成大资料汇编》、《黄庭坚和江西诗派研究资料汇编》、《唐代诗人丛考》、《唐代科举与文学》、《李德裕年谱》、《唐代诗学丛稿》、《唐人选唐诗新编》、《唐翰林学士传论》、《唐五代人物传记资料综合索引》(合著)、《李德裕文集校笺》(合著)等古籍整理著作,参与主编《中国古籍总目》、《续修四库全书》、《全宋诗》、《全宋笔记》、《全唐五代诗》、《续修四库全书总目提要》及《唐五代文学编年史》、《唐才子传校笺》、《宋才子传校笺》、《宋登科记考》、《宁波通史》等等。都有前无古人,五丁劈山的气魄、力度和大眼光。

譬如,一个作家的“资料汇编”,对于研究的重要性自不待言,傅先生不畏艰难,做了“杨万里范成大”和“黄庭坚和江西诗派”的资料汇编,开辟了中华书局资料汇编的先河,继而发展为有功于学界的一大系列。他出版的一些研究著作,很多都是从政治与文学的关系、政治制度与文学体制着眼的。如《唐代诗人丛考》重视诗人群体的研究;《唐代科举与文学》重视政治制度与文学发展关系的研究;《李德裕年谱》更是深入到牛李党争的内部,揭示了各种政治势力互相斗争、互相倾轧的黑幕。因此,弄清真相是傅先生研究的一个重要目的,只有在文献和历史的基础上弄清真相,才能发千古之覆,谈得上对文学的理解。

这一点,他在我们学校人文学院讲学时说得尤为深刻。他说:“陆游南郑从军诗百余篇失传”,是一个很重要的文学事件。其原因,归于政治的压迫,王炎罢官,幕府解散,陆游离开郑南前线。这百余篇诗因受到王炎政治悲剧的牵累,无法入集;陆游自己在《东楼集序》中说“欲出则不敢”;“不敢”时间一长,埋在他

心里的作品就佚失了。这是政治事件对文学的损害,不论是对陆游,对南宋诗坛,以及我们今天的研究,都是无可弥补的损失。

从这样的环境和心情出发,我们就可以体会陆游在:"衣上征尘杂酒痕,远游无处不消魂。此身合是诗人未?细雨骑驴入剑门。"(《剑门道中遇微雨》)诗中对自己的身份产生一种渺茫之感。知道过去对此诗的评论赏析,往往不着边际。

千古情同,我猜想,傅先生在《唐代诗人丛考》中考察诗人集团时,也许他想到了现代政治运动中一个又一个的"集团"。

三、傅先生的获奖感言,是他为人为学和
一生学术方法总结的遗言

傅先生的《唐代科举与文学》,以丰富的文献资料,如《登科记考》、《唐六典》、《通典》、《文献通考》、《全唐诗》、《全唐文》,以及大量唐人诗文集为基础,把唐代科举与文学结合起来,综合考察唐代士人的生活道路、思维方式与心理状态,重现了当时的时代风情与社会习俗,深入揭示了唐代文学的规律性问题,特别具有创造性和首开风气的作用。

2015年12月,《唐代科举与文学》,获得第三届思勉原创奖,在国际、国内学术界赢得了极大的声誉。该奖颁发时,傅先生已病了很长时间,未能莅会,但他在逝世前一个多月抱病写的获奖感言,不啻是他一生学术的总结,也是他为人为学最后的遗言。

他说:"《唐代科举与文学》是我在八十年代完成的一部著作,之所以选择科举为切入点,是考虑到在唐代,科举及第已经成为士人获得政治地位或保持世袭门第的重要途径,牵连着社会上各个阶层知识分子的命运,研究科举在唐代的发展,事实上就研究了当时大部分知识分子的生活道路。""本书广泛收集相关文献,就唐代制举之源流、科目、考选、授官、策文诸多问题进行了全面考察与论述,从而较为清晰地展现出这一唐代重要制度的情状与影响。这方面的研究应该说主要属于制度史的领域,其研究方法也以历史考证为主。""文化乃是一个整体,为了把握一个时代、一个民族的历史活动,需要从文学、历史、哲学等著

作中,以及遗存的文物中,作广泛而细心的考察,把那些最足以说明生活特色的材料集中起来,并尽可能作立体交叉的研究,让研究的对象活起来。"

在获奖感言中,傅先生向我们展示他的研究方法除了乾嘉学派的考证以外,结合国外的理论也很重要。翻开《唐代诗人丛考》,傅先生在扉页就令人惊诧地引用了一段丹纳《艺术哲学》中的"经典语录",来解释唐代何以会出现李白、杜甫? 何以会出现那么多优秀的诗人。在获奖感言中,傅先生更是说:"巴尔扎克对于其《人间喜剧》的期望是'写出一部史学家们忘记写的历史,即风俗史。'我对于这句话印象很深。"傅先生对法国丹纳《艺术哲学》就伟大艺术家及其时代关系的论述非常钦佩。他说:"《艺术哲学》的作者、法国著名学者丹纳所强调的'环境'乃可资借鉴,'环境'就是勾勒社会的文化风貌,通过'环境'之描述来呈现文人的心态,通过文人之普遍心态来理解文学。""此后,法国文学研究泰斗朗松进一步开创了'文学生活史',将文学研究置于更为广阔的文化与生活空间中。""我的这本书应该说受到了这类研究的启发,尝试以全景式的勾勒与描述方式,细致而具体地展现出在科举制的影响下唐代文人所生存的时代氛围、他们的生活道路与心理状态,从而进一步体察到他们在从事文学创作时所特有的情感与心理。"(文载《中华读书报》)

从他前期的《唐代诗人丛考》、《唐代科举与文学》,晚年用力的唐翰林学士生平考辨,都是文献与理论并重,乾嘉学派考证与西方文论,宏观研究与微观研究完美的结合,这使他成为近半个世纪以来文史研究中开风气的人物之一;在唐代文史研究上,更是近五十年来的"第一人"。

四、傅先生善于奖掖后进,提携学界新人
是最受我们尊敬的原因之一

一个学问好,又尊重别人的人,我们才会敬重他。傅先生为人热情,礼数周到,做事细心,和任何人交往,永远有一颗平等的心。也许基于他为人低调、宽厚;或在中华书局做编辑时与读者的联系,看作者稿子的经验和体会;也许基于怕我们会说他是"胡风分子"和"右派",要夹着尾巴做人? 在中国古典文学界,他奖掖后进,提携新人是出了名的,我们都有切身的体会。

我想说的是,到傅先生这一辈,做学术的时代和环境都已经发生了很大的改变。傅先生视他的前辈,如王国维、陈寅恪、闻一多、朱自清、钱锺书,个别的认识,大多数烟涛微茫,渺如云烟;而比他年轻的读书人,还带着裤脚管上的黄尘从上山下乡返回学校的路上匆匆朝前赶;在学术和思想上还是干瘪的没有成熟的稻穗。因此,傅先生所处,正是当年陈子昂之登幽州台的情景;有一种学术上"前不见古人,后不见来者"的寂寞。

在我们还很青涩的时候,我不止一次地听到原上海古籍出版社总编辑赵昌平和复旦大学陈尚君屡屡提到"傅璇琮先生如何如何"。其实,无非他们都是唐代文学研究的新锐,而傅先生发现了他们,并经常鼓励提携的缘故。

有一个事实是,2008 年 10 月,大象出版社出版傅璇琮先生编的《学林清话》,是他二十余年来专为人写序言的文字,就有七十一篇。那是七十一人,七十一本著作,七十一双长在著作前面提纲挈领的学术的眼睛。

按顺序摘其要者,有陈贻焮《杜甫评传》序、邓绍基《杜诗别解》序、欧文《初唐诗》中译本序、孙映逵《唐才子传校注》序、任国绪《卢照邻集编年笺注》序、吴汝煜《唐五代人交往诗索引》序、吴在庆《杜牧论稿》序、罗宗强《玄学与魏晋士人心态》序、程章灿《魏晋南北朝赋史》序、陶敏《全唐诗人名考证》序、曹道衡《中古文学史论文集续编》序、戴伟华《唐方镇幕僚文职考》序、张宏生《江湖诗派研究》序、陈尚君《唐代文学丛考》序、郁贤皓《唐刺史考全编》序、陶文鹏《宋词三百首新译》序、徐俊《敦煌诗集残卷辑考》序、张高评《宋诗特色研究》序、方勇《南宋末年遗民诗人群体研究》序、吴承学《中国古代文体形态研究》序、陈飞《唐代试策考述》序、胡可先《政治兴变与唐诗演化》序、祝尚书《宋代科举与文学考论》序、赵逵夫《先秦文学编年史》序等等。

我所以不厌其烦地罗列其中的一部分,是因为我要证明,从八十年代到新世纪这三、四十年里,一些学者的著作完成以后,都以能得到傅璇琮先生序言为荣的事实。而年轻学者,则以能得到傅璇琮先生写的序言为"登龙门"。

即便不算后来继续写的,只要看看已经写的名单,傅先生在不同的学术领域,特别在唐诗研究方面,不仅占据了学术的制高点,也占据了学术人气的制高点。其中一些请傅先生写序的学者先他而去;而当年还显稚嫩的年轻人,现在都已经是全国各地挑大梁的学术领军人物。

五、我的第一篇论文是在傅先生主编的刊物上发表的

我不研究唐代文学，与傅先生的学缘也比赵昌平、陈尚君浅得多；但是，还在大学读书时，我读到宋代王禹偁与西昆体的关系时，觉得我们的文学史教科书写得不对，就写了一篇《王禹偁与西昆体》的文章，附了一封信，寄给正在编《学林漫录》的傅璇琮先生。当时我以为自己是大学二年级学生，中华书局是不会理我的，想不到两个星期，傅璇琮先生就写了一封比我的字迹还要端正的回信给我，建议把我文章中涉及他们书局一位编审错误的地方删去几句，然后在1981年出版的《学林漫录》第二集上刊登出来，这对我的学术自信心是莫大的鼓励。

后来我经常和他通电话、写信，并且一次比一次认真。请他为我们的学报写文章，请他来讲学；多年前宁波出版社徐季子编辑《傅璇琮学术评论集》，还收录了我写给傅璇琮先生信函的影印件。他和我们学校的朱易安教授、古籍研究所所长戴建国教授关系都很密切；我们学校的《全宋笔记》，傅先生是主编之一，在大象出版社出版，也是傅先生介绍的。

傅先生一向身体健朗，八十岁以后，除了耳朵不大好，手有点颤。请他来讲学时，一个聪明的硕士生李猛从网上买了傅先生的几本著作，请傅先生签名，他说他看出，傅先生的字已经有点颤，不如当年写给我信上的字那么劲健清朗了。

老人就怕摔跤。傅先生就是在去年年初摔跤骨折进医院的，躺在病床上，身体就会走下坡路，一躺不起。我的王运熙老师也是被一辆黑车撞成股骨骨折，进医院一年多离开我们的。

一个人的生命真的很脆弱。晚上打电话到傅先生家，师母已经昏昏沉沉，电话也说不清楚。但我听清楚的是，傅先生在逝世的前一天，还在病床上为人看稿子，像战士最后倒在阵地上。逝世的那天上午，傅先生还叫师母回家，说他不要紧。这让傅先生走的时候几乎没有和世界告别，但我们会继承他留下的学术遗产，并高举他精神的旗帜永远向前。

悼念傅璇琮先生

吕正惠

　　2015年12月初,由于卢盛江教授的安排,我有机会到浙江大学高等研究院住了几天。我与盛江已经两年多没见过面,有很多话题可以谈,谈着谈着,我就问起傅璇琮先生的近况。盛江口气突然变得严肃起来,他跟我说,前一阵子他和傅先生的高足卢燕新博士去看过傅先生,傅先生和傅师母身体都很差,很需要人家照顾,而他们两人都很客气,不愿意拖累人家,让长期以来奔走于天津和北京之间的卢燕新不知如何是好。我记得两年半前在北京首都师范大学最后一次见到傅先生时,他的身体状况仍和以前一样,并没有特别令人担心的地方。听盛江这样一说,我的心情变得很沉重。

　　12月中旬,我有机会到复旦大学参加一篇博士论文的答辩,就试着和陈尚君教授联系,没想到他竟然没有外出,我们见了面,谈了不少事情。我又问尚君,尚君说,现在傅先生已经由中华书局安排住院,照顾得很好,没有问题。尚君还说,如果你到北京,可以先到中华书局,就可以问到医院,医院就在附近,你可以去看他。刚好跨年那几天,我有机会到北京,但一来因为时间短,二来因为跨年有假期,不容易挪出适当的时间,终于没有去成。我心里想,以两年半前傅先生的身体状况来看,只要有人照顾,应该不会有问题。何况傅先生才刚过八十不久,一定可以康复的,说不定夏天又可以在北京见面了。我完全没想到,就这样错过了和傅先生最后一次见面的机会。

　　2016年1月我结束了在重庆大学客座一年的工作,于14日回到台湾,为了适应已离开一年的台北,生活过得不太踏实。没想到才刚刚适应下来,就接到唐代文学会传来的大量追悼傅先生的信息,原来傅先生已于 1 月 23 日离开我们了。有一段时间我非常难过,心里很乱,不知道如何面对这件事情。我这样说一点都不夸张,因为傅先生对我来说,长期以来具有某种"精神支柱"的作用,这必须从两岸学术交流和两岸政治关系的角度出发,才能说得清楚。

可能在 1979 或 1980 的某一天,我到我所熟悉的一家影印店去影印资料。那时候台湾内部的民主运动蓬勃发展,国民党应对起来非常吃力,再也没有精神顾及文化管制,违禁的出版品到处流传,影印事业非常发达。我是影印店的常客,那一家影印店的老板我很熟悉,每次我去,他都会出示别人所提供的数据,问我要不要印。那一天,他拿出了两份资料,《刘长卿事迹考辨》和《韦应物系年考证》,这是我的研究范围,当然要印,而且要老板立刻印。

回到家里,我立刻把这两篇文章一口气读完,我当时的心情只能用"震惊"或"震撼"来形容。在台湾研究唐代文学的同辈中,我自认为是其中历史修养和资料掌握比较扎实的。但和这两篇文章的水平相比,我才知道我的程度只能算是"小学阶段"。还好我一向研究的范围是元和时代,而不是大历时代,如果是后者,我的博士论文就写不下去了。我看了两篇文章的作者,是"傅璇琮",我不知道他是谁,但我知道,只要我继续做唐代文学,一定要读他的文章。

我暂时把这两篇文章的冲击放在一边,继续写我的博士论文。博士毕业后,我升了副教授(台湾清华大学中文系),六年之后,我升了正教授。此后我逐渐疏远唐代文学研究,一方面我完全被台湾当代政治气氛所吸引,把研究重点转向台湾现当代文学;另一方面,我记取傅先生两篇文章的深刻教训,不断地购买大陆有关唐代文学研究的论著,希望在逐渐累积之后,重新开始我的唐代文学研究。在这一过程之中,我对八十、九十年代大陆的研究成果认识得越清楚,我就越不敢回到唐代,反而把更多的心力放在台湾的现当代文学。那时候,我已经买到傅先生的三本大作,《唐代诗人丛考》、《唐代科举与文学》和《李德裕年谱》,也一册一册的买《唐才子传校笺》,终于把五册买全,最后又加上了《新编唐人选唐诗》。就这样,傅先生的形象在我面前日渐高大,成为我返回唐代研究的"最大障碍",因为我不知道如何越过这一座高峰。

就在这个时候(1999 年),我竟然有机会在相当长的一段时间内近距离地接近傅先生。这要感谢台湾清华大学中文系刚接任系主任的朱晓海教授,他想每半年聘请一位知名的大陆教授来清华客座，我非常支持。没想到他所聘请的第一位就是傅先生，而清华大学客座教授所住的学人宿舍，离我的宿舍只有两、三分钟的路程，这样，我们夫妻就可以随时照顾傅先生夫妇的生活起居，尤其在他们刚住进清华的时候。我们（朱晓海和我）把消息放出去，让台湾各大学中文系知道傅先生在清华客座，而那时台湾中文学界都已知道傅先生的大名，因此不断地有人邀请他去演讲。那时候傅先生的手和脚开始出现问题，我担心他出门不便，每次演讲都是我陪他去。傅先生在台北的老朋友，如台大的罗联添教授（我硕士论文的指导教授）和学海书局的老板李善馨先生（他和傅先生同乡）请吃饭，也都是我陪着去。那时候我在台湾学术界，因为鲜明的统派立场，已经非常孤立，我所发表的许多当代台湾文学的论文，也受到有意的忽视，非常苦闷。傅先生的到来，让我好像找到了一个新的生活目标，日子变得充实起来。

说到陪傅先生到台北赴宴，我还闹过一个大笑话。那时候台湾很多人都不承认自己是中国人，我和学生喝酒，酒一喝多，就逼问学生"你是中国人吗？"在一次欢迎傅先生的宴会上，我太兴奋了，话讲个不完，最后突然大声说，"是中国人的就站起来！"在座除了一、两个同辈外，都是我的长辈，包刮罗联添老师和杨承祖教授。那一天回到新竹，是傅先生扶着我上楼的。第二天我太太骂我："是你陪傅先生，还是傅先生陪你？"不久，我碰到当时也在场的我的同学何寄澎教授，他说，你那一天问那一句话，傅先生第一个站起来，而且态度很严肃。其实我读傅先生的文章，早就感觉到他有强烈的正义感和爱国心。他的文章考证性强，很客观，但又是有感情的，他论李商隐和李德裕时就是如此，他对中国历史的强烈认同在《唐代科举与文学序》的最后一段话里表现得淋漓尽致：

　　　今年（按，1984）八、九月间笔者在兰州参加中国唐代文学学会第二届年会，而后又随会议的代表一起去敦煌参观。车过河西走廊，在晨曦中远望嘉峪关的雄姿，一种深沉博大的历史感使我陷于沉思之中，我似乎朦胧地感觉到，我们伟大民族的根应该就在这片土地上。在通往敦煌的路上，四周是一片沙碛，灼热的阳光直射于沙石上，使人眼睛也睁不开来。但就在一大片沙砾中间，竟生长着一株株直径仅有几厘米的小草，虽然矮小，却顽强地生长着，经历了大风、酷热、严寒以及沙漠上可怕的干旱。这也许就是生命的奇迹,同时也象征着一个古老民族的历史道路吧。来到敦煌,我们观看了从北魏到宋元的石窟佛像,那种种奇彩异姿,一下子征服了我们。我们又在暮色苍茫中登上鸣沙山,俯瞰月牙泉,似乎历史的情景与现实融合为一……我又想,敦煌在当时虽被称为丝绸之路上的一颗明珠,但它终究还处于西陲之地,敦煌的艺术已经是那样的不可逾越,那么那时的文化中心长安与洛阳,该更是如何辉煌绚丽!但俯仰之间,已成陈迹。除了极少的文物遗留外,整个文化的活的情景已不可复见了。作为一个伟大民族的后人,我们在努力开辟新的前进道路的同时,尽可能重现我们祖先的灿烂时代的生活图景,将不至于被认为是无意义的历史癖吧。

因此我自以为,傅先生对我那一次的失态一点也没有放在心上。我在北京,至少有两次在他面前酗酒,他也没说什么。我觉得傅先生是非常体谅人的,我一直感怀在心。

最遗憾的是,在我很容易见到傅先生的那三个月,我竟然没有把握机会,好好地跟他请教唐代文学研究的一些问题。那时候我几乎不写唐代文学的文章,没有具体的问题意识,因此也提不出什么问题。我唯一能做的,是把我的博士论文和我出过的两本书送给傅先生,我主要想问傅先生,我的博士论文现在(距离写作时间已有16年)还适合出版吗?过了一段时间,傅先生跟我说,你的文字风格和一般台湾学者不一样,这样写很好。台湾学术界大都认为我的文章太白话,不像学术文章,傅先生的看法竟然跟他们不同,我非常感激他的肯定。他又说,我的博士论文当时写完就应该出版,现在出版虽然也可以,总是晚了一点。这跟我的感觉是一样的,所以这本论文稿至今还放在书堆里。

傅先生乐于为同辈学者及后辈学者的论著写序,每一篇序都写得很认真,他应该把这些著作都读过了,他的序是原著最好的摘要,所以也就成了我了解大陆唐代学者著述状况最好的入门。通过这些序去找书,再通过这些书扩大见闻,我就这样逐渐扩大我对大陆唐代文学研究的了解。我相信,写这些序傅先生一定花掉不少时间,但他似乎很少拒绝别人的请求,我有一些不解,并为他感到惋惜。后来我读到陶敏教授的一篇文章《傅璇琮先生与唐五代文学编年史》,其中谈到傅先生约请陶敏教授参与《唐五代文学编年史》的编纂工作,为此傅先生和陶敏教授有过几次通信,从这些通信中可以了解傅先生为主编这一大套书所付出的辛勤劳动。傅先生在一封信中这样告诉陶敏教授:

> 近些年来我放弃了一部分我个人的著述,作一些大项目的组织协调工作(包括《全唐诗》),是想以我目前的条件为唐诗学界做些事,也为友朋的著作创造一些出版的有利条件。如能稍稍促进学术事业的进展,就是我最大的安慰。
>
> （1991 年 7 月 22 日函）

由此可见,傅先生除了自己的著述外,还时时以"促进学术事业的进展"为念,他为许多人写序也是出于同样的动机。他是一个热情、有爱国心、有正义感、有使命感的人。傅先生为人谦和,大部分著述都是客观的考证文章,因此可能会有一些人对傅先生的性格不太理解。很多人都忘了,傅先生曾经当过二十年的右派,在中华书局沉默地过了二十年的编辑生活,不能发表自己的文章。而当时局转变,他就立刻完成了《唐代诗人丛考》(1978),并于两年后出版。很难想象在这二十年之中,除了繁杂的编辑工作,他还默默地进行了多么大量的数据阅读和卡片抄录工作。傅先生这二十年不为人知的艰困处境和刻苦努力,以及傅先生成为人人敬仰的大学者以后为学术发展所做的种种无私的贡献,我常常会想象这两者之间的关系,由此而产生更大的敬意,这就是傅先生成为我精神支柱的最重要的原因,也是最终促使我回到唐代文学研究极重要的推动力。因为如此,我哪能不为傅先生的突然离去而感到难过!

2016 年 6 月 25 日

我心目中的傅璇琮先生

何寄澎

2001年秋,我结束台大长达九年的校行政工作,赴北京清华大学访问,期间得拜谒傅先生。当时的我,由于浸染行政太久,对大陆学界颇疏于来往,故除与傅刚、蒋寅等友人欢叙二、三次外,日日只在清华园中走走看看。傅先生大概察觉到这种状况,乃特别请北京语言大学韩经太先生安排我去演讲,并且亲自陪同。我因此感受到傅先生蔼然仁者的风度——以他学术泰斗的身分,对素昧平生后辈的我如此体贴用心,而此一体贴用心又如此诚朴自然,绝无应酬示惠之意,心中的感动与崇敬实非言语所能形容。

在那段有限的相处时光中,我常听他称赞罗联添先生,我一方面因此更体会傅先生对学术侧重的面向——而这正是自己最短拙不足的地方,心中不免惭愧;一方面想起硕士班时上罗先生的课,总认为罗先生所务过于繁细,对罗先生止于呈现部分史实,却从不借此对文学的整体提出诠释,甚不以为然。面对傅先生的肯定,乃对当年无知浅薄的自己更感到羞愧。就在这种深深愧报的心绪中,我暗自告诉自己,一定要找机会邀请傅先生莅台访问,造福台湾的学子,也造福我自己。

翌年(2002)初秋,我觅得"国科会"人文学研究中心之助,礼聘傅先生来台访问研究一学期。他住在长兴街台大访问学人宿舍,除了应邀的几场演讲外,日日浸淫于台大图书馆的馆藏,自晨至昏,不曾间断。后来傅先生跟我说,那真是他许久未有的乐读时光,脸上洋溢着适意满足的辉光。

在稍微闲暇的日子,我曾带他去过几间不错的餐馆,令我印象深刻的是,他非常喜欢银翼餐厅的杂笼(各种咸甜小包、蒸饺、烧卖),尤其偏爱豆沙小包,往往连吃五、六颗犹意有未尽。看到傅先生吃得愉快,我心里自然是无限的欢喜。

在傅先生访台期间,有二件趣事可以一记:其一是有次我开车载傅先生至安和路榕榕园吃饭(很有名的江浙馆,当年日日高朋满座)。台北停车位难觅,我在附近一静巷中看到一排空的机车停车格,心想无虞,就安然停置。未料饭后行去开车,车竟已遭拖吊。我只好再带着傅先生前往拖吊场,缴交罚款,领回车子。整个过程,傅先生先是比我还焦虑,一路上再三关心问道:怎么办?怎么办?后来又饶富兴味地看我觅车、赎车。如此前后迥然不同的反应,我觉得恰恰证明了傅先生完全拙于人事又满怀赤子之心,真是一个再单纯不过的读书人呢!另一事则其趣难言。那年十月,我编高中教科书的出版公司一位中高阶主管结婚,请我去吃喜酒(同时受邀的还有吕正惠教授),婚宴的地点就在该公司的大楼里。由于我想让傅先生一睹台湾地方喜宴文化,遂邀傅先生同往。坦白说,未先照会主人,我这样做似乎并不得体。原以为傅先生或将婉拒,孰料傅先生竟欣然应允,当下便觉,这又是傅先生好奇童心的焕发。婚宴开场,首先出现的是钢管女郎的表演,这令我非常意外,有点担心傅先生会不自在。由于我们是贵宾,理所当然被安排在台前正中一桌。大家好奇地欣赏钢管秀,傅先生也安之若素地观看。表演结束,钢管女郎下台讨赏,迳直走向我们,傅先生阳阳如平常般拿出主人事先准备的小红包塞到女郎手里。与此相映成趣、对照鲜明的是,正惠兄借口吸烟而逃之夭夭。后来我常调侃正惠兄心有邪念,乃至烟遁。当时我曾暗自注意傅先生的反应,他既不尴尬,也不欣喜;既不拒斥,也不闪避,仿佛这样的特殊场景与他平日所见完全无异,根本什么事都不曾发生。我心想,傅先生所以如此,许是因为他尊重台湾本土的风俗,体贴主人的好意,又顾虑我的处境,且不愿钢管女郎的自尊受伤吧?

就我自己亲眼所见,大陆唐代文学学界,对傅先生普遍都恭执弟子之礼;而傅先生对有心学术的后起者,也从不吝于鼓励、汲引、举荐。我想大陆学界尊敬傅先生,大抵出于对他学术成就的景仰以及对他宽厚长者风范的感念。上揭二件细事,虽不登大雅,但或许可添傅先生俨然学人典型之外,那种更可亲可感的真朴形象吧?

近十年来,我每次赴大陆参加唐代文学会议,总觉得主办单位给予特别礼遇,我心里其实明白,这都缘于傅先生的关照。我除了以更恭敬的态度对待傅先生外,不曾有更多其他表示,因为我知道,那样做反而玷污了傅先生对我的爱护,也必然不是他所能同意的。

十余年来,一直有件事梗在胸中,觉得非常愧对傅先生。傅先生知道我研究唐宋古文,曾给我一个很好的研究计画"唐宋骈散文流变编年史",并嘱我找厦门大学吴在庆教授分工合作,由吴先生负责唐代部分,我则负责宋代部分。后来我顺利寻求到人文学研究中心的经费支助,但一方面台湾能投入这种工作的人太少,一方面我自己始终为行政工作所缠,难以掌握计画进度,虽然终究勉力完成了,但疵漏太多,迄今无力修订补充,遂束诸高阁,未敢面世。傅先生生前曾关心此案一、二次,终则不再询问。我知道是自己让他失望了,而他仍以一贯的温厚,体谅我的难为。每思及此,尤使我羞愧莫名,无能或已。

傅先生已离我们远去,但他留下来的名山著作将永远沾溉、激励、启发学界生生不息的后进。对于我个人而言,则傅先生的赤子之心、体贴之情,以及蔼然真诚的音声形貌,将镌留我心,永不磨灭。

高标凌云峻有骨　春雨润物细无声

——深切缅怀尊敬的傅璇琮先生

卢盛江

再次写下纪念尊敬的傅璇琮先生的文字，心里是沉沉的。

一

傅先生是我终身难忘的恩师。

第一次见到傅璇琮先生，是 1984 年夏，兰州唐代文学会。那时我还在江西师大读硕士，会议讨论发言，很多已记不清了。但傅璇琮先生在会上的报告，却记忆深刻。我清楚地记得是对唐代文学近年研究状况的总结。傅先生那时才五十刚出头，看上去精神特别好。声音不大，语调平平的，没有什么激扬起伏，讲得比较简要，内容很平实，但非常明快，透着一种统摄全局的气魄和洞悉发展未来的深邃眼光，有一种凝聚人心的吸引力。

后来我到南开大学从罗宗强先生读博士，有幸直接接触傅先生，得到傅先生的直接指教和帮助提携。1989 年 6 月下旬，有幸请傅先生主持了我的博士论文答辩。还请了北京大学的陈贻焮和张少康先生。那时政治风波尚未平息，气氛还很紧张。我找出租车，居然没有谁愿意开车从北大到北京站，出高价也不行。那次，三位先生沿着司机们不愿走的路线，乘车穿过还是戒严状态的城区，可以称得上是冒着危险，到火车站，到天津。那情景，二十多年之后依然记忆犹新，也让我至今非常感激。

后来我做《文镜秘府论》，傅先生真是倾注了极大心血。

事情要追溯到 1995 年。我因为从罗宗强先生做《中华文艺理论大成》隋唐五代卷，涉及初唐诗学，涉及《文镜秘府论》，感到一些问题，因而想做《文镜秘府论》研究。正好有机会去日本，于是在日本做相关的资料调查和研究，但这一工作刚开始不久，一方面发现不少问题，另一方面，又感到日本学者对《文镜秘府论》研究做了很多工作，而且做得很好。特别是小西甚一的《文镜秘府论考》。我的第一想法，是把小西甚一的《文镜秘府论考》翻译过来。自己也有一些研究的想法，但具体怎么做，心里并不很清楚。

这时远在异国，第一个想到的是傅先生。于是给傅先生写信，说了我的想法。很快，1995 年 9 月 28 日，傅先生给我回信，说："来信收到后，我考虑再三，认为与其翻译日本学者的书，不如你自己来做。因仅仅翻译，确如来信所说，有版权问题。中国出版社如还要付版税给日本出版社，且需日元，恐有困难。见日本学者的这几部著作，水平之高是没有问题的。但篇幅太大，字数过多。1987－88 年我在美国期间看过小西甚一先生的书，甚细。我意是否可以从你自己的研究的角度作，充分吸收现有成果。这样会单纯一些。你回国时把要用的材料带来，我们以后再商量，如何？"后来回想起来，深感傅先生当时想得非常周全，非常有眼光。从自己研究的角度作，才能更好地吸收总结包括小西甚一在内的所有研究成果，充分反映学术的进展，才能有自己独立性的工作，对所有问题提出自己独立的更为深入的看法，才能把《文镜秘府论》及相关的研究大大推进一步。正是傅先生这封信，比较早地为我的整个研究指明了方向。

我因此考虑了很多问题，展开全面研究和考证的架式，在日本写了相关的文章寄回国内，送呈傅先生。傅先生又于 1996 年 4 月 21 日来信，说："你于三月底在日本所写信及《关于文镜秘府论的证本》一文，均于近日由你府上从天津寄来给我。我因为忙，未能及时阅看，甚歉。从来信看，你在日本不少材料要看，而时间又很紧。九月间须回国。故我认为，你在日本的今后几个月时间，集中搜集资料，把中国不易看到的尽可能先掌握，至于做考证或理论研究则不妨回学校后再细心考虑。有些具体问题你回来后我们可再商议，我一定尽我所知，抽出时间与你共同商讨。中国学者有一个优长，即关于概括、总结，日本学者细密工夫很好，但有时失之过于繁琐。我们应充分利用日本学者的长处，再结合我们的长处。我相信能整理出一部高水平的《文镜秘府论》来。《关于文镜秘府论的证本》一文已阅,前面数节不好懂,第六节较易看懂,我认为推断是合理的。我们做考证文章,要从微观到宏观,即使做微观,也要逻辑清楚,叙述得做人看得明白,而且使人有兴趣读下去。我86年在美国时利用小西甚一的本子考证王昌龄《诗格》,努力使繁密的材料考证有一个系统的叙述。你回国时我可再阅,做个参考。这篇文章我拟介绍用于《中国古籍研究》第二卷。此刊由国家古籍小组主办,我任主编,每年一期(即一卷),每卷给六十万字,是一个大型、高水平的学术刊物。第一卷约于今年六、七月间出。内有陈寅恪等遗文,及现代学者文章。此刊不拘字数,一、二万字及五、六万字均可。我希望你在前面修改一下,先介绍《文镜秘府论》在日本保存的情况,及日本研究的有关著作,使人有个大致了解,再谈当前研究可从几方面着手。然后谈'证本'。请在六月底前寄我。接到此信后请复我一信。"之所以把傅先生的长信原原本本的抄录下来,是想说明,傅先生为我的研究考虑得怎样的细致。我关于"证本"的五万多字的文章,傅先生先介绍用于《中国古籍研究》第二卷。这一卷因故未出来,后来又推荐发表在《国学研究》第八卷。

1996年9月,我从日本回国。这是第一次去日本。一年半的时间,极为紧张的查找资料,收获是巨大的。重要的古抄本都看到了,其中有三个古抄本是日本人自己没有发现的。所需的资料基本上都带回来了。我即向傅先生写信汇报。傅先生很快于1996年10月10日复信:"近日来信收到,得知你已返津,非常高兴,特别是你在治学上满载而归,这是最令人羡慕的。我十月份大约不外出,但你何日来京合适,我现在尚不清楚。你大致定一个日子后,请在两、三天前于晚间打一电话约我。又,不要在双休日。"他细心地把他的电话号码告诉了我。他是那样的高兴,就像是他自己的一个项目有了大的进展。

应傅先生之约,不久,我到中华书局谈了一次。傅先生亲自为我规划格局,提要求。傅先生说,一定要整理出一本高水平的书,要写成一个总结性的东西,长编性的东西,让日本人以后研究《文镜秘府论》,也要到中国来看这本书。他建议我做一个整理稿,一个研究稿,供《文镜秘府论》的研究者用,同时做一个供一般研究者用的本子。提纲挈领几句话,事实上规划了整个书的蓝图。同时也提出了很高的标尺和要求。

接着,傅先生为我向国家古籍小组申请经费,并联系到中华书局出版。

1996年11月13日来信说:"向古籍小组申报经费,第一须落实出版社。我已与中华书局文学编辑室主任徐俊联系,列入中华的出版社出版计划。现暂拟名为《文镜秘府论校注》,可否? 请再考虑,拟正式书名寄我。依你的计划,是否为两本书? 如两本,即拟两个书名(一为整理稿,一为研究稿)。"他要我报一经费预算表。1997年11月4日傅先生又来信,再次谈到向古籍小组申请经费的情况,又说:"你目前最好给中华书局写一选题报告,内容大致同申请报告,句子稍改一下。因对象是中华书局。请近日寄我,快一些。有事在夜间给我打电话。"经费和出版,这两大难题,傅先生一下子都给我解决了。联系中华书局出版,一下子把这部书提升到出版的最高层次。

在傅先生的帮助之下,这部书顺利地被列入了中华书局的出版计划,顺利地被列入了国家古籍整理"十五"规划重点图书,并得到了国家古籍小组的出版资助。

1999年9月1日,又接到傅先生来信。这时傅先生要赴台湾讲学,忙于办理赴台手续,但他仍关注这一研究。他说:"来信所谈《文镜秘府论》事,我想,(一)在我赴台期间,请随时与徐俊联系。徐俊为人忠厚、正直、且业务亦精熟,可以信赖。(二)资料在搜集时尽可能齐备,但写入时宜有所选择,要使人觉得著者是有眼光的。字数过多,对出版会带来一定困难。(三)王利器先生注本,目前被认为国内权威之作。你现在做,一定要超过。既充分肯定其成就,又如实指出其不足,你这次做了哪些。我以为你不妨以此为题,先作一篇这一文章,也为你的书开路。文章如短,如二、三千字,可放在《古籍简报》。如稍长,或投《文学遗产》。"又是想得很细。想到他去台湾之后,我和谁联系,想到资料的选择和处理。书还未成,傅先生就为我想到了怎样扩大它的影响。

傅先生还为我联系找杨守敬本的事。一百多年前杨守敬从日本带回一个《文镜秘府论》的古抄本,这个本子,我称之为杨守敬本。我查资料知道,1930年有人在北京一个叫大高殿的图书馆看过这个本子。时在北京大学图书馆,我问管理人员,后又到北京图书馆(现在的国家图书馆),到北图旁的中国图书馆协会,问大高殿在什么地方,都说不知道。后来才打听到,大高殿在故宫。但我没有办法去故宫查。于是告诉傅先生。傅先生很快为我介绍八十多岁高龄的老故宫王世襄先生,王老先生又介绍故宫博物院研究员朱家溍先生。因抗战时故宫文物的南迁,杨守敬从日本带回一个这个古抄本也因此迁出北京故宫,颠沛流离。虽未在北京故宫找到此书,但由此得到线索,辗转寻找,最终在台湾故宫找到了这个本子。在台湾帮我找到这个本子的台湾清华大学的朱晓海教授,也是傅先生的朋友。这是一个连日本人也不知道的本子。找到杨守敬本,传本调查就基本划上了一个圆满的句号。至此,不但看到了日本研究者见过的各种本子,而且加上日本三个,加上杨守敬本,一共新找到四个日本人未能注意的本子。而找到杨守敬本,就为“证本”系统找到了联系的环节。而这个本子,最早是傅先生为我联系,由此得到线索,最后找到的。

《文镜秘府论汇校汇考》基本成书,进入编校环节,傅先生又为我想了很多。书前是否要有序,傅先生为我考虑再三。起先,傅先生想过要有一篇序,并且慨然答应由他亲自写。但后来他有更多的考虑。2002 年 9 月 28 日傅先生来信,谈到此事,说:“鄙意此次关于《文镜秘府论》之研究著作,更应保持超然独立,坚持品格。无他人之序,更显示气节。”写序是一种考虑,不写序,是又一种考虑,可能是一种更深的考虑。书前有名家的序,是一种提携,一种评价。但书前没有序,书的评价完全交由学术界,让整个学术界作出评价,让时间来进行检验,可能更为客观。当然,傅先生还考虑到了如何保持独立品格,显示气节的问题。这就想得更深了。现在看来,传世的许多古籍整理本,如范文澜的《文心雕龙注》、詹锳的《文心雕龙义证》、张少康的《文赋集释》等等,都没有他人作序。傅先生真是为我想得非常周到。当然,还是蒙傅先生慨然惠允为此书题签。傅先生为学界情谊,也为提携后进,为很多书写过序,但很少题签。傅先生的墨宝清峻刚劲有骨力,正体现他所说的独立品格和气节。此书自始至终融入傅先生的心血,努力体现傅先生于总结中创新的治学风格,能得到傅先生题签,使全书顿然生辉。

傅先生时时关注书的出版,书未出版,又关注书的宣传。2003 年 12 月 24 日傅先生来信,说:“《文镜秘府论》一书,不知明年上半年是否可以出版,我当去问一下。此书规模大,一般人不会很注意,我建议,以此书的前言后记为基础,写一文作自我介绍,约三、四千字,写就后寄我,当向《古籍简报》介绍。”在傅先生的关心之下,《古籍简报》比较早的介绍了我的《文镜秘府论汇校汇考》。这期间,傅先生又推荐我为《中国大百科全书》第二版撰写《文镜秘府论》的条目。

2006 年 4 月,《文镜秘府论汇校汇考》终于顺利出版。我去中华书局看望他,请他和中华其他先生一起吃饭。席间他频频举杯,频频话语,眉宇间是抑制不住的喜悦,就好象为庆贺他自己出了一部新的著作。那天,我深深感到的,是傅先生对我们晚辈学人诚挚宽厚的关爱。8 月,唐代文学年会,傅先生在大会上介绍了此书。可以想知,这部书倾注傅先生多少关心和帮助。研究的每一步,都有傅先生的周密考虑和精心指点。从大的思路,资料搜集,书的格局写法,构思蓝图,总的目标要求,具体研究步骤,到经费、出版的解决,到怎样写申请报告,到书应该保持怎样的风格品格,到出书之后的宣传,一步一步,傅先生都为我想到了。

因此,这部书的酝酿诞生,和傅先生始终联系在一起。可以说,没有傅先生,这部书可能会是另一种结果,它的诞生可能不会这么顺利。傅先生的信,一份一份我都珍存着。

二

傅先生待人诚挚宽厚。他对学界朋友,对他的弟子晚辈,对家人,都怀有深厚的感情,当然,大家对傅先生也同样怀有深深的敬意和感情。我有幸亲见过很多事。

我的导师罗宗强先生和傅先生情谊很深。读博期间我第一次拜访傅先生。傅先生基本上没有谈他自己,谈得最多的是罗先生。一句话我印象深刻。他说:"你们罗先生很有理论水平。"他这个"很"字说得特别重,话语中露出一种对罗先生的诚心推崇之意。后来,他多次说到罗先生的成就和地位,要我们这些做学生的,好好照顾罗先生。我保存有 1999 年 9 月 1 日傅先生的来信,那封来信傅先生在谈了我的《文镜秘府论》研究之事后,说:"罗宗强先生的身体健康,你们一定要注意、关心。罗先生在南开,本身就是不可代替的学术丰碑,是一笔大财富,是学界公认的。因此你们作为罗先生高足,窃以为第一位就是努力使罗先生身心健康。"短短话语,深深地感到傅先生对罗先生的一片深情。

傅先生每次到南开,和罗先生见面,两人总要长谈。他们心里都满是学术。罗先生的文学思想史,士人心态,从隋唐五代,到魏晋南北朝,再到明代,每个大题目,都花十多年时间。罗先生做大题目,一直做到八十岁。他的二卷本《明代文学思想史》,出版时已是 2013 年,82 岁。他也为学术耗尽了心力。但是,明代做完之后,罗先生不再做大题目,小题目也很少做。除非偶尔参加明代的会,一般也不外出跑动。但傅先生过了八十,还在不停地做,不停地外出参加学术活动。每次谈到,罗先生总是很心疼,像是让我转告,又像是自语。"傅先生不要再做了,不要再到处跑了,做得差不多了,够了。"傅先生、罗先生和周勋初先生都是好朋友。罗先生和周先生经常电话聊天,也总是说这个话。罗先生所说的"够了",是说已经功成名就。是的,傅先生早在八十年代就已功成名就。很多的人,早已可以躺在成名的几部书甚至一本书里吃一辈子。但是傅先生是生命不息,为学术工作不已。罗先生是心疼傅先生的身体。

我也感受到台湾学者对傅先生的深厚感情。2012 年上半年,我在台湾,在东吴大学客座。行前,我呈告傅先生,我将赴台。傅先生特别高兴。傅先生早就希望我到台湾去讲学,并向台湾学界朋友推荐多次,最好短期三个月。这次我是半年,他自然高兴。在台期间,台湾大学何寄澎教授、清华大学朱晓海教授、淡江大学吕正惠教授,还有台湾学界其他朋友,时时找由头相聚,或专门宴请陪游。他们多次请傅先生在台讲学。我们相聚之时,说得最多的,是傅先生。记得何寄澎先生一次宴请,第一次举杯属酒,众人异口同声:"为傅先生,干杯!"何寄澎们绘声绘色地讲述,他们陪傅先生到哪里玩,看什么表演,特别是一些很有趣很民间的表演。我发现,他们邀请傅先生赴台,不仅是讲学,更是要让傅先生玩好,放松。台湾几位朋友是很讲情义的,他们对傅先生,不仅无比的崇敬,而且极为亲切。傅先生在台湾学界,有非常崇高的声望。傅先生不会电邮。回大陆后,傅先生有事,有时也找我,让我和台湾几位朋友联系。台湾朋友来大陆,有时也是我陪着去看望傅先生。

傅先生和他的弟子们更是情同父子。傅先生早年因为不在高校任职,不能带学生。后来先是由中国人民大学,后是由清华大学聘请,才开始带博士生。他带的第一个博士,是卢燕新。真是倾尽全力,精心培养。一般是每周一次,有时每天都见面,检查、督促、指导,真是手把手。傅先生夫人徐敏霞先生,也是中华书局著名学者,不叫燕新的名字,而是叫"孩子"。燕新本是西北大学李浩教授的硕士,基础很好,又很用功。燕新的博士论文,有幸蒙傅先生嘱我评审。那论文于细密考证基础上综合研究,真是学风严谨,厚重扎实,不愧得傅先生真传。傅先生培养的这第一个博士,所写这篇论文,即获全国优秀博士论文奖。傅先生又亲自给我电话,要为燕新联系工作单位。我自然不敢片刻迟缓,即与相关方面联系。那时陈洪教授还是南开大学副校长,燕新又很优秀,南开学人对傅先生都极为崇敬,自然一路顺利。南开因此而有幸引进了傅先生精心培养的优秀人才。京津近如邻居,交通便利,燕新来南开后,经常看望傅先生,傅先生时时关心他的学术生活工作情况。傅先生仍不忘继续提携帮助他,当然也是帮助提携我。让我和燕新合作编写一部《唐代文学史》,还有一部古代文学作品选,先是让我们参加,后来又让我们共同主编。他知道燕新经济紧张,书还没出,又让出版社先预支了部分稿费。

我还亲身感受到中华书局先生们与傅先生的融洽关系。2012 年 12 月 4 日,农历十月二十一日,中华书局举行傅先生八十诞辰座谈会。地点在中华书局的会议室,座谈会由中华书局总经理徐俊先生主持,参加座谈会的有中华书局程毅中、俞国林,中国社会科学院刘跃进、蒋寅、刘宁,清华大学刘石,首都师大吴相洲诸位先生,好像还有另外几位。也就十来个人吧,只有我一人来自京外。我坐在傅先生身旁。会上徐俊感谢傅先生对中华书局的贡献和对他个人的提携帮助。程毅中先生回顾他与傅先生同窗同事数十年的交往,其他参会先生都根据自己的切身经历,高度评价傅先生的学术贡献,和对自己的提携帮助。我也发言了,主要讲傅先生对我做《文镜秘府论》所倾注的心力。中华书局的几位中青年学者发言,说到傅先生在书局的一些逸事,印象深的,说傅先生得了稿费,来了稿费单,总是让编辑室的人去领,领来之后,就让大家拿稿费去吃一顿。后来大家习惯了,来了稿费单,大家也不告诉傅先生,直接到邮局把钱取出来,到餐馆搓一顿。以致书局其他人看到他们到餐馆去,就知道傅先生又来稿费了。

三

别人的事,傅先生总是想得非常周全,安排得非常周到。

2007 年 8 月,《傅璇琮学术评论》一书由宁波出版社出版,余恕诚、董乃斌、戴伟华和我有幸得到傅先生的邀请,应赴宁波参加出版座谈会,傅先生对我们真是关照着无微不至。出版座谈会只一个上午时间,其余时间,傅先生就陪我们游宁波,傅先生那时腿脚已经不太方便,但一直陪着我们,从风景如画的市区景点,到城外的状元村,一路给我们介绍。傅先生对家乡的一草一木有着深深的感情。余恕诚、董乃斌两位先生较为年长,我和戴伟华都是年轻人,同样享受着傅先生的盛情和细致关照。

2011年11月,杭州萧山白马湖研究院举办"贺知章学术论坛"。傅先生又邀请我和陈尚君、孙昌武、陶敏、陈耀东、戴伟华、王志清等先生参加。因为是傅先生亲自邀请的,会议对我们盛情接待,会后参观思家桥、跨湖桥博物馆,游萧山湘湖和绍兴鉴湖。又一次享受到傅先生的细致关照。

傅先生对别人细致关照,却不愿给别人添麻烦。

傅先生常到天津来。我的导师罗宗强先生,几届博士生的论文,都是请傅先生主持。我也负责过几次接待,除1989年那次我自己的博士论文答辩,特殊时期,我到北京去接,其他的博士论文答辩,都是傅先生自己乘车来。后来我自己成了博士生导师,也有幸请傅先生主持了我自己的博士生的论文答辩。学生们感到非常荣幸,早就购好傅先生的著作,傅先生一来,就拿过来请傅先生签字。学生的答辩论文,蒙傅先生细细审读,上面仍是密密麻麻地写满了批语。答辩结束,送还给学生。学生如获至宝,马上珍藏。每次请傅先生,他都交待,只住普通房间就可以。住宿条件一般,傅先生总是笑呵呵地说:"好!好!"往返京津的车票总要由他自己报销。记得2009年,请傅先生到天津来。那时天津站正在重修,只能在一个破旧的临时车站上下车,从月台到出站口,有长长的一段路,还要上下破旧老式天桥,傅先生已是七十多岁高龄,腿脚已不方便,虽是五月下旬,但天气已很炎热。傅先生不要我们照顾,硬是自己有点艰难地一步一步挪着走过来。考虑到傅先生已是七十多岁高龄,每次请傅先生,我们都要派车派学生到北京迎接,还要派学生送他回北京,但每次他都坚决不让。2011年5月,我们再次请傅先生,傅先生自己在北京就买好了一个人的往返票。我就安排学生,送傅先生到天津站的时候,让学生悄悄地买好自己的票,然后跟着傅先生上车。我想,只要买了票,上了车,不管傅先生同意不同意,也就可以送到北京了。学生照着做了,送到天津站,但学生很快就回来了,告诉我说不行,他悄悄去买票,不料还是被傅先生发现了,更没想到的是,傅先生还因此非常生气,气得脸色都变了,执意不要学生跟着,自己一个人进站走了。学生只好把买好了的票退了。

2010年10月,南开大学承办了唐代文学第十五届年会。蒙学会信任,我负责筹办。这时,复旦大学陈尚君先生担任学会会长,另外还有几位副会长。傅先生已是学会名誉会长。筹办过程,凡遇重要事项,我在向现任会长副会长们汇报请示的同时,也随时向傅先生通报筹备进展情况,包括拟参会代表名单、回复情况,等等,希望得到傅先生指导,希望傅先生推荐参会代表。我知道,傅先生亲任会长的时候,凡办唐代会,他对会务安排各种事项,指点指导都非常细致周到。但这一次,一方面,积极支持会议。会议举办期间,正好中国人民大学举办庆祝国学院成立五周年的学术会议。两个会议时间上冲突,开幕式正好都是10月18日上午。傅先生作为中国人民大学国学院的创始人,当然要参加那边的会议。但他仍选择先参加唐代会。10月17日,很早就来到南开,和会议代表见面,第二天上午,又参加唐代会的开幕式,下午才回北京,第二天再参加那边的会议。我有幸主持开幕式,介绍主席台嘉宾,当介绍到傅先生的时候,清楚地记得全场长时间热烈鼓掌,向德高望重的老会长表示崇高的敬意。另一方面,在具体工作上,傅先生又非常尊重学会,非常尊重筹办单位。他放手让现任会长副会长们开展工作,会务安排各种事项,都由现任会长和筹办单位决定,不再干预。他也基本上没有推荐人参会。以他的声望,推荐代表,筹办方肯定会接受。我想,傅先生在一点上肯定考虑很细,他应该是担心这样一来会给筹办方压力,给筹办方增加麻烦。

前面说到傅先生八十寿辰。傅先生德高望重,他的八十寿辰,我所知,各方都在盼望,从大陆到海峡对岸的台湾,从傅先生任职的几个单位,到他的弟子们,私淑弟子们,以至民间人士,都有策划,怎样的方式,怎样的规模,哪些人参加,有各种想法提出来,都想好好庆贺,甚至有的经费都落实了。我在台湾,一些台湾学者见到我就问这件事,说傅先生八十大寿,一定要告诉他们,他们一定要过来参加。这是人们多年的愿望。但是傅先生一一谢绝了。傅先生是不愿麻烦大家。傅先生的女儿说,她们的父亲是喜欢生活简单的人。知父莫若女,果然如此。后来简单到只开了一个规模很小的座谈会。

四

2014 年，我们仍恭请傅先生来津主持我的博士的论文答辩。傅先生欣然惠允。各项工作准备就绪。但到 4 月 29 日，刚吃过早饭，傅先生即从北京来电话，说他近来摔跤，伤了腿，坐车不方便，不能来答辩。

后来我知道，傅先生摔了两跤。2014 年 4 月应该是第一次。那一次傅先生自觉没多大事，仍为我的学生的博士论文写评审意见。因为傅先生不能亲自前来，于是推荐中国人民大学的袁济喜教授前来答辩。接电话的那天晚上，傅先生又来电话，说已和袁济喜先生联系。和往常一样，他总是把别人的事安排得好好的。

我因此惦着去看望傅先生。卢燕新给傅先生电话，傅先生不让去看。说傅先生其他情况还可以，就是腿不方便。我们正在做《古代诗歌选》。傅先生说，等《诗歌选》的书出来了，可以去北京见面。我自想不过摔一跤腿脚不方便而已，傅先生本来腿脚就不方便，虽时时问候，但没太在意。2015 年 2 月，正春节，我照常电话向傅先生拜年，也没感到有异常。

不料到 2015 年 4 月，一天南开文学院会上，和卢燕新坐一起，说到傅先生病情。卢燕新说，说不仅腿不行，连吃东西都吃不下。卢燕新说，傅先生这个时候还惦着做事，中央文史馆说，让他领衔振兴中华文化，傅先生马上想到几个项目。

傅先生仍不让我去看他。傅先生不让，我也不敢贸然。只是燕新经常跑北京。我从他这里或电话，或短信，得到一些消息。这天我问傅先生情况，说是正在急诊抢救室，情况不太好。晚上，电话再具体问情况，说检查结果，没有大问题，只是胃没有吃东西，身体很虚。

这夜我没有睡好。还是不放心。第二天一早六点，给我的学生钟志辉打电话。钟志辉是我的硕士生，现在北京大学从杜晓勤教授读博士。我要他去医院代我看护傅璇琮先生。晚上二点到六点，钟志辉和傅先生的另一学生杨朗值班。第二天，从北医三院转到中华书局附近的电力医院。钟志辉随救护车一路护送。燕新和傅先生两个女儿轮流看护。

　　这时我决定，不管傅先生阻挠，一定要去北京，去看望傅先生。我告诉罗先生，罗先生让带一罐西洋参给傅先生。罗先生的西洋参，都是从美国直接买的，品质都是比较好的。第二天我到北京。我的另一学生，在首都师大工作的郭丽也赶过来了。我们一起去看望傅先生。傅先生住院在骨科，在十一楼。到病房，见傅先生正躺在床上输液。人已经很消瘦，听话不太清楚。

　　回到天津，我即向罗先生详细汇报傅先生的病情。罗先生久久无语，看得出，他心情很沉重。

　　卢燕新真是辛苦。他本来就经常去北京看望傅先生，傅先生摔伤之后，去的次数更多。傅先生两个女儿都要上班，时时请假，但毕竟是上班族，把事情安排好了，就要上班。卢燕新在高校，比较方便。傅先生和师母也认卢燕新，情同父子母子。傅先生病重住院之后，那些日子，除南开有课有会，基本上在北京，在傅先生家附近，又靠近医院，一家小旅馆，住了下来。师母身体也不好，腿不方便，出行要坐轮椅。卢燕新把所有繁杂的事都包了，住院，办各种手续，作各种检查，回来还要照顾师母。一头是医院，一头是家里的师母。亏了卢燕新壮实，把事情都顶下来了。中华徐俊和清华刘石也够操心操劳的，那段时间一有事就提心吊胆，就要往医院跑。那一天中华和清华联合开会，家属参加，商量傅先生治疗方案，决定再住院一个月。

　　有人到医院看望傅先生，没说几句话，傅先生就催："你走吧。"他是不愿麻烦别人，他自己时时想着要做事，把时间看得很宝贵，也想着别人也要做事，不愿别人在他这里耽误时间。我们也护理过罗先生。罗先生病过多次，每次都自觉地住院，听从医生，并且不拒绝弟子们的照顾，包括端屎端尿。但傅先生病重时，大小便失禁，每当这个时候，就要别人走开，从来不让别人上前，只让专门请的护工帮忙。傅先生吵着出院。"下周五就出院。"他嘱咐卢燕新。卢燕新则编着法子哄着傅先生，说还有什么检查，还有什么事，暂时还不能出院。哄了一天，又哄一天。傅先生催卢燕新走，卢燕新走出去，在外面转一圈，又回来。傅先生问，你怎么还没走？卢燕新编一个故事，哄了过去。没事的时候，卢燕新就呆在其他地方，不让傅先生看见。有的时候，有事就先把师母说通，请师母贴着耳朵跟傅先生说。傅先生听师母的。师母一说，傅先生就不多说了。

　　那天我陪台湾清华朱晓海教授看望病重住院的傅先生。贴着傅先生的耳朵说话，要傅先生注意这个，注意那个。我和朱晓海接触也算比较多，我惊讶，他居然懂得很多医学和养病的知识。当然，我也惊讶，很多医学和养病的常识，傅先生居然要别人告诉他才知道。傅先生心里装的只有学术。朱晓海很是心疼，临走时，和病重不能起身的傅先生紧紧拥抱。

这天，卢燕新也病倒。那段时间，安排傅先生住院，在医院和家里照顾傅先生，大大小小的事基本上都是卢燕新在操办操劳。南开还要上课，北京还要参加为出国的英语班，英语考试过标才能出国。一部书稿，出版社催了好几次，要在出国前完成，等着出版，他日赶夜赶。天津——北京，自年初以来就不停地来回跑。这个壮实的陕西汉子，终于累倒了。住进了医院，而且动了不算小的手术。医生再三叮嘱，手术出院之后一定静养，至少静养一个月，不许做事。

那是七月下旬。傅先生已经出院。我无法替代卢燕新的工作，只能多跑几趟北京。傅先生躺在里屋。一张医院常见可调节升降的专用病床。傅先生已无法自己起身，靠调节升降在床上躺着或斜躺坐起。床两侧可插入铁架子，上搁一块木板，傅先生就在上面吃东西或看书。即使在病中，傅先生只要可以坚持，就在床上斜躺起坐，在横搁的木板上看书。傅先生听见外屋动静，知道我来了，把我叫到床前。这次他叫我"小卢"。傅先生跟我说话。他说，某大学出版社要编论文集著作，每年出一套十本。傅先生是主编。傅先生说，他推荐了几位学者的论文集著作，有罗宗强先生的，北大葛晓音先生，还推荐了我的。

这些话，前次在医院，我去看望傅先生时，傅先生就跟我说过一次，现在是第二次。这时傅先生精神很好，说话跟平时一样，语气平平的，很清楚，很轻松，好象没病一样。我一直沉重的心情一时间也放松了许多。不过看着傅先生消瘦了很多，憔悴了许多，还只能斜躺着在床上，心里又很不好受。不过我还是尽量装着很轻松没事的样子跟傅先生说话。

我还想在傅先生身边多陪一会。即使不说话，只陪坐在身边，也觉得好受一些。不料傅先生说完那些话，不一会，就说："你走吧！"

又是每次傅先生要卢燕新走的那句话。我只得依从，退到外屋。我还不想走，还想多陪陪傅先生，又找不到理由再进到里屋。卢燕新告诉我的经验，这时如果再出现在傅先生面前，他会生气的。我只有在外屋和师母小声地说话，一边从一角偷偷地把眼光投向里屋，投向那张医用床。傅先生以为我走了，在里屋好像是睡了。不能打扰傅先生休息，我更不能进到里屋去了。想着该办的事都办了，师母也催着我走。这才恋恋不舍地离开。

没有想到，这是最后一次和傅先生说话。这一天，是2015年7月28日。后来的几次，傅先生都昏昏地睡，没敢打扰。

傅先生跟我说的最后一段话，是告诉我推荐我的著作编入论文集。我知道，那是一套名家论文集丛书，我是远远不够格的。但傅先生的推荐，寄托着怎样殷切的希望。傅先生想的是我在学术上怎样更进一步，可是他自己病得那么重啊！

后来又去了几次。每次都是照着卢燕新的样子，给两位老人买好几天的生活必需品，小米、速冻水饺、鸡蛋、蔬菜、水果。这期间，傅先生和徐先生又都住了十几天院。

按预定日期，八月底卢燕新将赴美国，九月初我将去杭州。卢燕新住院手术之后，其实并未大好，但他强挣着。这天我们约好，再去看望傅先生。这天是8月26日，卢燕新赴美的前三天。我们一起到傅先生家，卢燕新夫人张女士也来了。傅先生还是躺在里屋医用床上，明显没有力气。我们没有惊动傅先生。师母想给傅先生换一个床褥，因为傅先生两便失禁。想让我们两人把傅先生抱着放到沙发上，但傅先生不肯，只是说他很难过。只好作罢。

要离开傅先生家了，我从屋门向里屋看过去，傅先生还躺在里屋医用床上。能看到他已经很瘦了。

这是我看傅先生的最后一眼。三天之后，卢燕新飞美国。十天之后，我飞杭州。

五

杭州的工作是紧张的，但仍时时牵挂傅先生的病情，只是不能到北京去。元月24日放假，我即事先订了当日的机票。回到天津，就可以去看望傅先生了。

23日，诸事就绪，在住处休息。过午，突然电话，是傅先生大女儿旭清女士，说傅先生已经昏迷，可能就这一两天。我的心猛地往下一沉。随即和在美国的卢燕新联系。很快回复,说他已知道。接着,是唐代文学学会会长、复旦大学陈尚君教授转来中华书局徐俊先生消息,说傅先生已上呼吸机,病情危险。改当日的机票已来不及了,只能第二天即 24 日回津。这时我还计划着,第二天到津后不回家,从机场乘地铁转高铁直接赴京。我想着的是能见傅先生最后一面。不祥的空气包围着我,但心里还暗存一线希望。希望傅先生能以顽强的生命力,度过这一关。

但是,……

噩耗还是传来。下午三点半过后不久,美国卢燕新来微信,傅先生已仙逝。再发信给陈尚君,回复确认,傅先生确已走了,时间是三点十四分。

杭州连下了几天雪,这天恰恰雪霁放晴。但我却突然觉得整个天地昏暗下来。两眼呆呆地望着墙壁,脑子一片空白,眼泪止不住流下来。正在这时,旭清女士也从北京来电话,通告噩耗。我再也忍不住,对着话筒嚎啕大哭起来。

不知道怎么度过的那个下午,第二天不知道怎么乘飞机到回到天津。26 日上午,我到北京傅先生宅第。灵堂前,我再次痛哭,三跪三拜。师母紧拉着我的手,诉说着。她坐在沙发椅上,已经哭干了眼泪。

一天不断有人前来吊唁。深夜,大家都撤了。老太太睡在里屋,我和两个学生,钟志辉和刘靓守灵。刘靓在北京大学从钱志熙教授做博士后。后来前半夜鞠岩,后半夜张骁飞也在。傅先生的遗像慈和地望着我们。我斜躺在灵堂的沙发椅上,钟志辉和刘靓轻轻地给我盖上被毯。两个学生都很乖。真是安静。我也累了,迷迷糊糊地睡着。凌晨三点多钟,里屋一阵动静,老太太起来了,披着睡衣,刘靓陪着她上洗手间。再回里屋,经过灵堂,老人竟在灵台前站立不走。对着墙上悬挂着的相依相伴六十多年的傅先生的遗像,凝望许久。老人抚摸着,抚摸着……钟志辉在一旁不知所措。我在旁边躺着,不敢作声,怕惊动老人,惹得她更悲痛。只是悄悄地拿起手机,把这一幕留在了镜头里。刘靓一边细声劝慰,一边小心搀扶着回到里屋,照顾老人再次躺下,只听见老人抽泣着,抽泣着……喃喃地念着,他说他出去,出去了,出去就没有回来。你们去把他引回来,引回来。他说他的章太炎的集子还没有校完,说不会就回来,一会就会回来。姑娘,你们去把他引回来,引回来……

我们几人的眼眶再一次湿润了。

六

　　傅先生的弟子张骁飞发给我一张照片。是他在照料病重住院的傅先生时拍的。病未痊愈,傅先生吵着出院,出院回到家,就迫不及待地在那张可以升降的医用床上支起那块木板,坐在床上,在木板上摊开一本书,急不可奈地看了起来。张骁飞抓起手机,将这个瞬间定格下来。张骁飞告诉我,傅先生看的是最新一期的《北京大学学报》。傅先生非常关注学术动态,几家重要的刊物,《文史》、《文学遗产》,是他常看的。可这是刚出院啊,而且还受着病痛的折磨,这病痛还折磨得他卧床不能起啊!照片中,病重刚出院,仍受着病痛折磨的傅先生太憔悴了,我们不忍在网上发布出来,不忍让学界更多的朋友看了照片跟我们一样伤心。

　　多年仰慕傅先生的民间人士王俊先生告诉我,他在医院护理病重的傅先生,傅先生让偷偷地从家里带去书和资料,趁医生护士不在,偷偷地在病床上看。不料护士推开病房的门进来,傅先生连忙把书藏在被子。这一切,都被护士看在眼里。护士心疼又不解,说您都病成这个样子,还看书?

　　前面说到,也是傅先生病重住院,中央文史馆说,请他领衔振兴中华文化,傅先生马上想到几个项目。卢燕新说,他在医院护理傅先生时,谈得最多的,是傅先生做不完的事,那些特大型的工程,《中国古籍总目》、《续修四库全书总目提要》、《全唐五代诗》……傅先生临终,王俊守候在身旁。傅先生临终最后一句话:"我要回家。"说完这句话,再说一句:"我要喝糖水。"喝糖水一口气没咽上来,就再没能醒过来。傅先生说"要回家",是要回家做事,做那做不完的事。

　　傅先生一生献给了学术,献给了国家的文化建设事业,他临死,还惦着学术,惦着国家的重大文化工程。他为中国的学术和文化建设,耗尽了毕生的心力,直到生命的最后一刻。

　　病重期间,傅先生想到的还是别人。前面说到,傅先生跟我最后一次谈话,是推荐我的论文集,为我设计学术上更进一步。张骁飞告诉我,傅先生病重期间,还为他的职称评定操心,为他做各种设想。傅先生推荐和我卢燕新写两部书,病中仍为我们把各种事务联系好。原在兰州大学,后到四川西华师大的伏俊琏教授告诉我,前年他一本书,傅先生主动提出跟他推介一下,伏俊琏写了两千多字的介绍,傅先生修改了两遍,增至四千多字。书是研究敦煌文学的,修改后又谦虚地说,我不研究敦煌文学,我让柴剑虹先生以他的名字发表。伏俊琏说,五十天前,傅先生在病床上还说,你好好干,我做顾问。这样的例子,学界可以说出很多很多。

我写下了一幅挽联:

> 立德立功立言,高标凌云峻有骨;
> 慈师慈父慈友,春雨润物细无声。

还在八十年代初,傅先生就以《唐代诗人丛考》、《李德裕年谱》和《唐代科举与文学》等著作,引领一代学风,后又马不停蹄,先后出版《唐翰林学士传论》的盛中唐卷和晚唐卷,主编完成《唐五代文学编年史》、《唐才子传校笺》、《宋才子传校笺》、《宋登科记考》等著作。这当中的每一部都是非常重量级的。他还完成其他多部独著合著。著作等身,谓之"立言",绰绰有余。

他担任过中华书局总编辑、全国古籍整理出版规划领导小组成员兼秘书长,受聘中央文史研究馆馆员,在此高层学术领导岗位上,参与与组织领导一系列宏大的国家文化建设项目,参与主编《续修四库全书》、《中国古籍总目》、《全宋诗》、《全宋笔记》、《全唐五代诗》、《续修四库全书总目提要》等特大型的古籍整理图书。为国家文化建设立下不朽功绩,谓之"立功",当之无愧。

傅先生心中只想着别人,而不想自己。领袖群英而谦逊平和,提携后进而不居其功。学术成就巍峨如高山,而日常生活简朴如布衣。不唯立学术之高标,为当世所追慕,亦树人格之典范,为后人所景仰。谓之"立德",可谓至当。

对于他的弟子,对于承领过他的教诲、提携、帮助的天下弟子,傅先生无疑是"慈师"。他关心学生,胜过关心子女,但二女对傅先生的爱戴亲切之情非常人所能理解。她们亲昵地称自己的父亲是"老傅",父女关系之亲密可见一斑。在子女心中,他当然是"慈父"。对于同辈学者,傅先生是畏友,更是"慈友"，诚恳温雅，谦逊平和。他无私地、默默地帮助一切可以帮助、值得帮助的人，不正有如春雨润物细无声吗？不论学术，还是人格，不正如高标凌云，清峻有骨吗？

　　　　　　　　　　　　　　　　2016 年 11 月 15 日于南开

哀悼傅璇琮先生

毕宝魁

下午四时许，惊闻傅璇琮先生逝世，酸楚悲哀之余，先生音容笑貌如在眼前，拜识先生及受先生恩顾的往事历历在目。

1986年夏，我到洛阳参加中国唐代文学学会第三届年会。当时研究生尚未毕业，列席旁听，苦无机缘与先生交谈。1988年，第四届年会在太原召开，由山西大学主办，主事者是王维研究时彦傅如一先生。我提交的论文涉及王维生年问题，颇获如一先生赞赏，故给我发来请柬，我则第一次以正式代表身份参加会议。报到时，如一先生把我推荐给先生，先生已浏览我的文章，多有奖掖之言。这是和先生正式认识和交往之始。而后每有学术问题，便求教于先生，先生将拙文《王维生年详考》推荐给《文献》发表。或新书付梓，请先生作序，先生都慨然应允，撰文严谨，多有褒扬。细数来，《韩孟诗派研究》《九梅村诗集校注》《论语精评真解》(再版《论语镜铨》)皆为先生赐序，增色增重颇多。2004年，多年担任唐代文学学会会长的先生推荐我入理事会，于我亦是莫大的鼓励。

生活上，先生亦对我关怀有加。得知内子患恶疾多年，每次见面都询问安慰。2004年秋，参加广州华南师范大学主办的唐代文学学会年会之余，先生特意把我叫到他的房间，拿出两盒人参补品给我，说："你爱人病重，需要补养，把这两盒补品给她吃吧。"其时先生已过古稀之年，他人所赠补品不舍得吃，却送给我这个晚生的病妻。意料之外，情理之外，我异常感动，别是一番滋味在心头。回家后告诉病中的内子，她不觉动容，先生的恩情深铭于心。此事于今思来，依旧温暖，而想到先生逝世，今生再无缘交往，来生又虚无缥缈，不由得悲从中来。

先生身为国学大师，尽力奖掖提携后进。我多次参加中国唐代文学学会，结识众多中青年学术友人，每谈起先生，均众口一词，共同赞美感念其虚怀若谷的学者风范和海纳百川的胸怀。记得自己曾手书七绝小篆一首《敬呈傅璇琮前辈》献于先生，云："有唐吏部宋欧公，牛耳文坛奖仲弓。千载古风今又见，吾侪齐颂傅璇琮。"而今忽觉，此诗情谊真切，似或稍抑此时之悲。

先生之风，山高水长；先生之德，日月同光；不离其所，先生久长，仁者永恒，死而不亡。

后生毕宝魁顿首哀悼

2016 年 1 月 23 日子夜于沈阳

花开花落皆安命　但开风气不为师

——悼念傅璇琮先生

陈尚君

2016 年 1 月 23 日,入冬后最冷的一天,过午传来更寒凛的消息:"傅先生病危,上了呼吸机,没有意识。"我惴惴不安地为他祈祷,希望能够度过难关,然而三个小时后还是传来噩耗:"傅先生走了。"悲痛何如! 为我失去一位尊敬的长辈和学术引路人,更为中国文史学界失去一位真正可以称为大师的学者和出版家,感到无限悲哀!

傅璇琮先生出生于 1933 年 11 月,今年 84 虚岁。他的一生经历了几度沧桑巨变,从新锐的文艺青年,遭遇蹉跌,托庇中华书局做资料工作,45 岁前几乎未以本名发表过学术文字,却曾与王国维次子王仲闻一起点校过《全唐诗》(署名王全,全与璇南方音近),编过古典文学资料《黄庭坚与江西诗派卷》(署名湛之)《杨万里与范成大卷》(署名徐甫),得以在轰轰烈烈的年代饱览唐宋文献。春阳初照,学术复苏,他的厚积开始爆发,1980 年前后井喷式地发表大量一流学术论著,引起中外学界广泛关注。他本人也逐渐走向中华书局领导岗位,担任总编辑多年,为最近 30 多年中国古籍整理出版工作做出极其突出的贡献。数其大者,《续修四库全书》,由他与顾廷龙先生主编,收录清《四库全书》未收及其成书后的重要古籍,规模与《四库全书》相当;《中国古籍总目》,由他与杨牧之先生主编,对存世中国古籍做了完整的簿录;《全宋诗》,他是第一主编,将有宋一代诗歌汇于一编,收诗数为清编《全唐诗》的 5 倍。此外,他主编的书还可以举到《唐才子传笺证》《唐五代文学编年史》《全宋笔记》《宋登科记考》《宁波通史》《续修四库全书总目提要》《宋才子传笺证》等,每一部书都是重量级的,每一部书他都不是浪挂虚名。据我所知,他从选题策划、出版落实、编写约稿乃至后期编辑都有参与,实力实为。比如《全宋诗》编纂的数年间,他经常每周末用业余时间去北大工作。他是宁波人,地方政府请他领衔主编《宁波通史》,他也多次返乡主持编务,在地方史著中堪称翘楚。他承担这些工作,是觉得中国学术需要这些基本文献,热心于此,并不计较名利,只要事情能做成,排名前后无妨。

以上所说,是傅先生作为一位在古籍出版界有崇高声望的领导者的成绩,我更愿意较详尽叙述的是他本人在唐代文学研究领域取得的成就,他独到的研究方法和影响力,以及我所知道的为人与为学。

我于1978年秋开始研究生学习,专业是唐宋文学,广览前辈著作,特别关心诗人生平和诗作本事研究。当时认真揣摩分析夏承焘先生《唐宋词人年谱》的治学方法,了解年谱编纂最重要的是确定生卒年,然后将所有的传记、轶事、交友、作品记录逐年加以编次,从而完整地还原作者生平,并以此为基础分析其作品的本事、寓意及成就。其间偶有所感,写成《温庭筠早年事迹考辨》《姜夔卒年考》等文。这时从复刊不久的《中华文史论丛》第八辑读到傅先生《刘长卿事迹考辨》,此文可能是他用本名发表的第一篇学术论文,也是我第一次读到他的名字。刘长卿在文学史上不算重要作家,一般仅数句带过,傅文则指出刘存诗数量多,生前身后都获广泛好评。其生平基本情况,见于《新唐书·艺文志》:"《刘长卿集》十卷,字文房。至德监察御史。以检校祠部员外郎为转运使判官、知淮西鄂岳转运留后。鄂岳观察使吴仲孺诬奏,贬潘州南巴尉。会有为辨之者,除睦州司马。终随州刺史。"后来如《唐诗纪事》《唐才子传》都据此敷衍,构成刘生平的基本叙述。傅先生根据刘长卿同时人高仲武叙述,知刘长卿曾"两遭迁谪",再据独孤及《送长洲刘少府贬南巴使牒留洪州序》、刘长卿《狱中闻收东京有赦》《将赴南巴至余干别李十二》《初贬南巴至鄱阳题李嘉佑江亭》等诗,还原刘长卿第一次贬谪是在至德三年(758)初,从苏州长洲尉获罪下狱,远贬南巴,其间与李白、独孤及、李嘉佑都有来往。而在鄂岳任上的获罪,则根据史乘勾稽吴镇鄂岳在大历八年(773)至十三年(778),在前次贬谪后十五年至二十年,也有许多诗文佐证。理清刘长卿两次贬谪始末,对刘长卿在此前后的交友、心境和创作可以作出全新的梳理和解读。此外,他还纠正刘长卿官至随州刺史的旧说,认为刘长卿因建中三年淮西节度使李希烈叛乱去官,闲居扬州江阳县茱萸村,至少还存活了六七年。刘长卿进士及第,旧说在开元二十一年(733),闻一多据以推测其生于709年。傅先生据《唐摭言》知刘长卿天宝间还在科场为朋头(朋是进士之朋党性组织),佐证刘诗,知他及第肯定在天宝中后期,这样推他的生年,大约在725年。从生卒、科第、仕宦、交游,诗人的基本情况完全被颠覆了,而分析如此细致,举证又如此精当不移。阅读这样的考证文章,当年给我的震撼非常巨大。在此以前我总觉得唐诗及诗人研究,前人着力已多,未必有太多剩义,阅读傅文后看到只要方法科学,完全可以重新解读。

　　此后一两年,傅先生接连发表王昌龄、韦应物、戴叔伦等生平研究的多篇考证,创说也如前篇之精彩。1980年将相关论文27篇结集为《唐代诗人丛考》出版,主体是初盛唐诗人生平和诗篇的研究。前言中,傅先生自述学术渊源,是受丹纳《艺术哲学》的影响,认为伟大艺术家的出现与那个时代密切相关,经常成批出现,各怀才具:"个人的特色是由于社会生活决定的,艺术家创造的才能是以民族的活跃的精力为比例的。"对于这样的文学现象,文学史著作体例有很大局限,仅仅就诗论诗,以文论文,显然不够。他主张广征史籍和一切存世文献,真实地还原文学家的生命经历和情感变化,以及在不同遭际时的文学表达,从而深入准确地解读作品,再现真相。他自述为此不能不接触历史记载,在唐史大家陈寅恪和岑仲勉著作中得到"很多启发和帮助",而岑著史料之丰富更使他"获益不浅"。可以说,他的唐诗研究在学术思路上受到法国社会学派的影响,在文献处理和考证方法上则更多得益于岑氏的著作。岑氏自学名家,继承乾嘉朴学精神,认为存世所有文献都可为唐史研究所参据,但每种文献都因著作避忌、党派立场或文献传误等原因,存在种种缺失,需在精密校订后方能信任使用。岑氏《元和姓纂四校记》即体现此一立场,广征文献校订文本的同时,努力复原中古世族谱系,展现了远比两《唐书》丰富的士人群体。傅先生不仅承续岑氏占有文献、精密考证的立场,而且将岑氏赅博的文献拥有,做成可以让所有学者充分利用的《唐五代人物传记资料综合索引》(与张忱石、许逸民合编,中华书局1982年),收录正史纪传、全唐诗文、僧传画谱、职官编年、缙绅谱牒、方志文献在内的传记资料。他的考据绵密,正得益于此。

　　那时我还在研究生学习阶段,学位论文做完,正摸索今后发展方向。从傅先生著作中得到许多启发,试写过几篇唐诗人考证论文,还很夹生。后来据目录以求全面占有文献,从唐宋所有存世文献中爬梳《全唐诗》《全唐文》以外的唐人诗文,特别是勾稽宋代大型类书、地志、总集、史乘、笔记、杂著时,指导方法上受傅著横跨文史的鼓舞,手边翻阅最多的就是上举《唐五代人物传记资料综合索引》。

因为有前此的阅读感受,我于1981年研究生毕业前夕,因查阅古籍、请益前贤的名义首度入京,与同学周建国(他后来与傅先生合作完成《李德裕文集校笺》)专程到中华书局看望傅先生。他的办公室不大,光线有些暗,我向他呈送考证温庭筠的习作,他说已经读过,并在北京师范大学研究生论文答辩会上提到我的文章。当时我们都很青涩,他似乎也不太习惯应酬,没有展开谈话,见他也忙,很快就告辞了。此后几年,我全力做唐诗辑佚与考证,文章写得很少,可举者只有《杜甫为郎离蜀考》和《欧阳修著述考》,不了解外界反映,也不与学界联系。1983年初完成《〈全唐诗〉误收诗考》,以四万字篇幅引书数百种,考出《全唐诗》所收非唐五代诗作六百多首,自感较前有所提高。1985年末,此文在《文史》24辑刊出,傅先生读到拙文,立即给南开大学罗宗强先生写信,说这几年唐代文学研究出了不少优秀的年轻人,陈尚君是突出的一位,特别托人邀请我参加次年春在洛阳召开的中国唐代文学学会第三届年会。这是我参加学术会议之始。当时傅先生告诉我,本希望我参加《唐才子传校笺》的工作,但前此已全部约出,因推荐我与厦门大学周祖譔先生认识。当时傅先生代表中华书局约请周先生主编《中国文学家大辞典·唐五代卷》,全部条目已列出二千多条,主体已约出,仅剩下少数荒冷偏僻的小家,认为我最能胜任。我答允了,但提一条件,即请允许我就所知未列条目而确具文学家身份者补充条目,两位主编欣然允诺。最后成书,收四千人,我写二千,完成唐一代文人的全面记录。因为傅先生的慧眼和周先生的宽容,我得有机会展现自己。担任前述二书的责编徐俊,近年历任中华书局总编辑、总经理,他感慨道,我们年轻时能够跟随这样的前辈工作非常幸运。

《唐代诗人丛考》出版,在中外学界引起广泛好评,对一时研究风气的转变也有很大影响。傅先生在日常编辑工作之余,并没有停止探索的步伐。

1982年,他完成《李德裕年谱》,用史料系年系月考证的办法,还原对唐后期政治与文学关系极其重大的牛李党争过程,揭示党争中各种人物面对藩镇割据、宦官弄权、科举荣黜、人事升沉等事件的不同态度,贬斥势利,倡导品节,也多有发明。比如元白,以往尊白而短元,傅先生则认为元虽热衷仕途,但在党争中则亲李而斥奸,白则亲牛而就闲,给以不同评价。再如小李杜,他认为李商隐不以时事变化而改变操守,杜牧则在李德裕执政时示好迎合,失势后立即落井下石,无中生有,二人人品高下立判。

傅先生第三本著作《唐代科举与文学》,出版于 1986 年,不久前获得思勉原创奖。我在傅先生书面发言后的点评,《中华读书报》以《一本书与一种学术范型之成立》为题发表,读者可参看。

80 年代中期后的十年,傅先生与国内知名学者周祖譔、吴企明、吴汝煜、梁超然、孙映逵、吴在庆等合作,完成《唐才子传校笺》。《唐才子传》十卷,为元辛文房所著唐近四百诗人之传记总汇,中国失传,清开四库馆时从《永乐大典》辑出八卷,不全。近世在日本发现足本,为治唐诗者普遍重视。辛氏此书据当时所见文献匆忙拼凑而成,有珍贵的记载,如登第年月多据失传的《登科记》,但多数采自笔记、诗话、史乘,处理粗糙,失误甚多。傅先生认为此前日人的注释过于简单,他希望延续《唐代诗人丛考》的方法,以辛书为躯壳,对唐代主要诗人生平作一次彻底清理。他制定体例、样稿,自撰全书前三卷,多方合作,凸显每个人的贡献,出版后影响很大。他晚年另约学者主编《宋才子传笺证》,传是新写,体例沿前,完成宋代几百位一流文人的生平传记。

有前此的史实积累,他再约请陶敏、李一飞、吴在庆、贾晋华等合作,完成《唐五代文学编年史》,采取逐年逐月叙事的方法,记录唐五代三个半世纪间文学事件发生演变的过程。他认为这是文学史的一种特殊写法,可以立体反映一代文学的面貌,如某年某月某人在何处,和谁在一起,发生了什么事件,写了什么作品,这些作品又具体表达什么内容,达到何等成就,也就是把《唐代诗人丛考》若干点的尝试,汇成了一条浩瀚绵邈的文学长河。这部著作曾获得国家图书奖。此外,他还和台湾学者罗联添先生合作,完成十二卷本《唐代文学研究论著集成》,希望能够分享海峡两岸的杰出研究成果。

七十岁以后,傅先生完成近百万字的专著《唐翰林学士传论》。他认为翰林学士代皇帝起草文书,是唐代文人人生理想的极致,凡得臻此职者肯定都有很高的文学秉赋和时誉。因为文献缺失,许多人事迹不彰,有关文学活动和成就的痕迹不甚明显,但既领此职,必有可称。为此,他在丁居晦《重修承旨学士壁记》和岑仲勉考补的基础上,对有唐两百多位学士的家世履历和文学活动作了全面考察,从另一个侧面全景式地展示唐代文人的各种生存状态和人生悲喜剧。我曾为此书写长篇书评,除揭示以上收获,还特别指出此书另一特殊意义,即两百多位学士中,三分之二正史有传,但缺误极其严重,傅先生广搜第一手文献考察他们的真实人生,也揭示两《唐书》所有传记都应作此项考证的必要性和可行性。正史无传的七八十人,成就高下不一,傅著尽量勾勒他们的人生轨迹,也提示正史立传与否的不确定性。

　　傅先生主张学术民主,疑义共析,真诚欢迎不同意见的商榷。《唐代诗人丛考》出版后,当时和他不熟的赵昌平与他讨论顾况生平,蒋寅与他商榷戴叔伦抚州推问的真伪,他都不以为忤,甚至主动推荐发表,此后成为最好的学术朋友。《李德裕年谱》初稿,他认为《穷愁志》四卷为伪。此后周建国仔细研读,举出多条非李德裕本人不能言的内证,在该书新版中,他接受周说,改为有少数伪文搀入,大多非伪。《唐才子传校笺》出版后,陶敏说其还有未精密处,他立即鼓励陶尽量写出来。陶费时二月,居然写出十五万字,傅先生觉得附书后太多,出一册稍薄,乃约请我也将所见写出,这才有了该书第五册《补正》。他的《唐翰林学士传论》写成于七十岁后,为精力所困,许多后出石刻没有见到。为他庆贺八十诞辰约编论文集时,我交了补充文献四万多字的长文。我觉得,对一生求道的傅先生,这是最好的礼物。

　　傅先生为人低调,待人平和,既礼敬前辈,也尊重后学,与他交往,能够感受到他的真诚和坦率,更能感受到他对每一位合作共事者的体谅和尊重。我与他最初交往的几年,还只是讲师,但他认识到我对一代文献的熟悉,代中华书局约我修订《全唐诗外编》,又约撰《全唐文补编》。在《全唐五代诗》启动后,更认为我可以承担最繁剧琐碎的责任,坚持由我担任主编之一,负责体例、样稿的撰写,承担两百家别集以外所有散见作者诗作的整理。他从不觉得这是对我的提携,反而歉意地认为这样合作我是吃亏的。1993年拙编《全唐文补编》退改时,怕邮寄丢失,他到南京开会时,随身带了五六箱书稿,亲自交给我。我在人生最艰困的时候,从未放弃学术,傅先生的理解支持极其重要。

　　与傅先生有交往的所有中青年学者都有上述同样的感受,特别是在唐代文学学会的同仁间。学会成立于1982年,他是发起人之一,从1992年起担任学会会长十六年,始终以倡导学术、扶携后进为己职,维护良好的学术氛围。每度年会,他都繁剧自任,操持辛苦,联络中外,鼓励多元。所作大会发言,都有充分准备,表彰诸方成就,指示今后方向。所涉人事安排,也能充分协调,取得共识。他的精神也鼓舞了所有学会同仁,绝不争名逐利。他从2000年起就想交出会长,无奈各位副会长都觉得他的地位无法取代而作罢。到2008年,他坚持以年迈而交卸,比我年长且成就更高的各位前辈也始终礼让,最后只能让年轻而不称职的我接任。他们都着眼于学术的长远发展与后继有人,我感到责任重大。

傅先生热心提携年轻学者,三十多年来为同辈和后辈学人作序超过百篇。我在1997年出版《唐代文学丛考》,也曾烦他写序。他要我提供全稿副本,并写一节求学经历和心得的文字,以便参考。不到一个月就寄来六千字的长序,对我的学术道路、主要创获以及治学特色作了认真总结,让我特别感动。其中是否有过誉呢?当然是有的。傅先生私下说到,在经济大潮中,年轻人能不为金钱所诱惑,安心学术,潜心坐冷板凳,就值得肯定。即便还有一些欠缺,适当地给以指点,总有逐渐提高的希望。他有一本随笔集,取名《濡沫集》,正表达这一态度。书序的本格文章当然是为本书鼓吹,傅先生的立场当然恰当。我偶尔为他人著作写序,有一段文字与作者商榷,遭到傅先生友好的奚落。

傅先生供职于出版社,且长期主政中华书局,因此可以利用书局选题的取向引领学术风气,以推介海外优秀著作的方式改变国内学术取径(如《万历十五年》的出版),也因此得有机缘广泛地结识海内外的优秀学者。与我同辈许多八十年代出道的学者,都曾得到他的关照,尊他为师长。然而出版社毕竟不同于高校,无法直接培养能够接续自己学术的弟子,这是很遗憾的。他从出版社退休后,母校清华大学特聘为全职教授,指导博士生,最后十年有一段全新的经历。具体情况我不了解,这两天微信上见他的学生回忆,老人家经常到学生宿舍小坐谈学,且每次都有电话预约,称学生为同志,老派作风令人起敬。他在清华的学生我认识的不多,熟悉的是卢燕新,其论文曾获百篇优博,任教于南开大学,傅先生入院后每周末都到北京侍奉汤药。思勉颁奖时认识了替他领奖的杨朗,得知傅先生的书面发言在病榻上口授,由杨朗整理成文。这篇发言水平之高,是我与许多朋友之同感,可以说是傅先生的学术遗言。整理者对傅先生学术思想的认识,也于此可知。无论亲炙门生,还是私淑弟子,我相信傅先生的学术肯定后继有人。

日前记者采访我,要我谈傅先生还有什么学术遗愿没有完成,一时语塞,难以回答。仔细想来,可以举出两件。一是他在二十多年前曾倡导组织全国学者编纂《中国古籍书目提要》,即为存世的每一种古籍编写提要,篇幅将会是四库提要的五至十倍,若能完成,当然是中国传统学术的集大成总结。这一计划后来因为人事变化而中辍,虽然可惜,但后来几乎没有再提起。二是《全唐五代诗》编纂的波澜变化。傅先生对唐诗和诗人研究越深入,越感到清编《全唐诗》不能胜任现代学术的要求,应该普查文献、广征善本、详校异文、精密考订、合理编次,以期形成可供专家学者和一般读者信任,最接近唐人创作原貌的唐诗总集。此事由他倡议,各方参与,我也承担了较大份额的工作,但最后终因人事纠纷而几度苍黄。傅先生病重入院后,我两度看望,他都希望我能将有关过程写出,也希望此书最终能够完成,殷嘱于我。我今年初已经写成一节文字,也开始全书长编的编次,本想再有机会入京汇报请益,不期遽尔如此。

傅先生去世后,友人贴出他2006年的两段题词,一段录《庄子》语:"知不可奈何而安之若命,唯有德者能之。"另一段是:"得意之时淡然,失意之时坦然,看庭前花开花落,望时空云卷云舒。"这可以说是他一生心境的记录。从文学青年,退到编纂资料,以古籍编辑而引领学术风潮,在并不太理想的学术环境中,写下当代学术的一抹亮色。而他一直保持书生本色,不讲究享受,不以权威自居,至水尽处,看云起时,安之若素地坚持始终。他的精神与学术,均将长存。

一封推荐信

詹福瑞

2009 年,我对仕途心灰意冷,恰逢上海交通大学要加大人文学院办学力度,聘我为讲席教授,按程序要有几位专家推荐。我第一个想到的就是傅璇琮先生。

傅先生在中国古代文学研究学者中,应为第二代,即 1949 年后培养的学术带头人。我的老师詹锳先生 1934 年考入北京大学,1938 年毕业于西南联合大学,而傅先生 1955 年毕业于北京大学,从年辈论晚于詹锳先生。但二人多有学术交往,近于师友之间。我考取詹锳先生研究生后,詹先生推荐我阅读的唐代文学研究著作中,就有傅先生的《唐代诗人丛考》《唐代科举与文学》和《唐才子传校笺》。詹先生治学重考据之学,又受了欧美学术思想的影响,把文学研究视为科学,讲究有一分材料说一分话,学风严谨,并不轻易推许他人的著作。詹先生要我读的,自然要认真对待。所以,那时我很细致地拜读了傅先生的几部书,而且的确获益甚多,他的考证与义理并重、宏观与微观结合的研究路数,令我叹服并成为学习的榜样,所以我虽然不是傅先生的学生,却自然而然对傅先生师事之。

1988 年,中国唐代文学第四届年会在山西大学召开,我有幸随詹锳先生第一次参加年会,见到傅先生,并到他的房间拜谒请教。傅先生身材不高,典型的南方人,清癯中蕴着神采。戴着高度近视眼镜,瓶底似的镜片凸出了他温和而又似乎永远充满询问的眼神。操南方的普通话,亲近地寒暄,语句有些琐碎。但一落座,说起学问,便看出他语言的精简清通。知道我是詹先生的学生,傅先生很高兴地问起我的读书情况和论文设想,傅先生嘱咐我先协助詹先生做好李白全集的整理工作,无论从工作的重要性,还是从古代文学的训练看,这比写一篇博士论文更重要。后来,我的确也像傅先生所期望的那样,把全部精力放在了李白全集校注整理上,只有在最后一年才把力量转到博士论文写作上来。当然,照着傅先生嘱咐的去做,获益最大的是我自己。从1986年参加李白全集整理项目,到1996年《李白全集校注汇释集评》出版,詹锳先生几乎是手把手地教我们,使我从目录、版本到训诂,得到全面训练,为此后的古代文学研究打下坚实的基础。回想当年傅先生的嘱咐,对他治学和培养学生的高明之处,确有深刻体会与理解。人的一生中,在其发展的关键阶段或困难之时,有前辈或贤人指点一二,也许就影响其一生的前途。回忆傅先生的文章中,多有这样的感触:傅先生对年轻学者的指点,所起到的就是这样的作用。

1991年,我修完博士学业,撰写毕《南朝诗歌思潮》博士学位论文,准备论文答辩。詹锳先生列出的同行评议专家有范宁、陈贻焮、王运熙、傅璇琮等先生,包括答辩委员王达津、罗宗强、王双启、熊仁望等先生,多为我敬仰已久的大家,一下子可向如此多的专家请教,心情颇为激动,但作为自己的第一篇专题研究著作,又自感稚嫩,不免心中忐忑。但等到收回评议书,詹锳先生交给我看时,我被前辈学者扶植后进的精神深深感动。各位先生对我的论文提出了中肯的、也是一针见血的批评及修改意见,但整体上,对论文也都给予了充分的肯定。傅先生认为,此论文是一部颇具开拓性的学术论著,其中有评语云:"关于南朝诗歌的研究,已有不少论著,要在已有的基础上提出新见,确实相当困难。本文的特点是在于从理论的深度上用力,提出不少为前人所忽略的见解,或更加细致地阐发已有的成说。如提出永嘉山水诗人生新幽奇的审美取向,以纠正对谢灵运山水艺术风格的片面理解;以永明时期士族文人的心态及生活理想的变化,揭示这一时期诗歌思潮追求新变的具体内涵;从梁陈时期的文化背景,即以军伍文化为主体、同时融入市民文化,剖析宫体诗兴起的社会历史原因,又对宫体诗人的审美风尚作了细致的分析,从而对风行梁陈直至初唐仍有影响的这一特殊诗风作了合乎历史实际的评价。"很惭愧,我做得并不似傅先生肯定的那么好。但是从傅先生的评语,我知道他是认真审读了我那乏味的论文的,他所肯定的地方,也恰恰是我撰写论文时用力之处。

今之学者，习惯于把审阅自己博士论文的老师称为坐师。有了以上两层关系，自觉与傅先生近了很多，请教与交往也就多起来。我自己带博士生后，多次请傅先生出山，主持学生的答辩。每次，傅先生都会欣然答应。到了后来，每逢过年，给傅先生拜年之时，傅先生会主动询问，今年有几个毕业的学生，如需要他看论文时，早点告诉他，他好安排时间看论文。傅先生未退休时，担任中华书局总编职务，编务及学术活动极为繁忙。从岗位退下来后，聘到清华大学任教，组织了几项大的研究项目，且兼任唐代文学研究会会长等诸多学术组织的领导职务，加之他事必躬亲的性格，其劳碌可想而知。但只要是年轻学者的事情，傅先生一定热心帮助，尽显长者之风范、领袖之胸怀。

我到北京工作后，因为馆里的业务以及参加各种学术活动，与傅先生见面、交往的机会更频繁了。再造善本一期的验收、二期书目的审定以及提要的撰写，古籍保护会议，常常要劳驾傅先生。傅先生是文史大家，而且是国务院古籍整理与出版领导小组的负责人，加之他对事情的上心、认真，每发言必提出许多中肯的意见。我也会有幸参加过傅先生主持的一些学术活动。2008年，清华大学成立古典文献研究中心，傅先生出任中心主任，傅先生打电话给我，聘我做中心的兼职研究员，并邀请我参加了中心成立仪式，我只能用"荣幸"和"惶愧"来形容当时的感受。傅先生在清华大学古典文献中心，主持了编撰"续修四库全书提要"工作，工程不减当年纪昀等人编撰的"四库全书总目"。可惜先生未能完成此书，现在中心的刘石教授，接下总编撰的重担，焚膏继晷，终于使经史子集各分卷陆续面世，拿到石兄寄来的集部提要，我真是百感交集。既为傅先生以古稀之高龄做此项浩大工程的胸襟气魄和责任担当所感激，又感叹傅先生扶植后进终有善报。

我与傅先生的交往，不仅多了在公共场合见面的机会，还多了书信和电话的交谈。尤其是最近几年，他写什么书，哪些出版社要出他的书，哪些人在研究他的学术道路和思想，傅先生也会告诉我，并陆续寄来《唐翰林学士传论》《学林清话》《当代名家学术思想文库·傅璇琮卷》《傅璇琮先生学术研究文集》等书。我叹服傅先生这棵长青的学术大树如此之枝繁叶茂，也不忘加了一句："傅先生多多保重"，我想，这可不是我一个人的心愿。

2012年，傅先生到重庆参加国学会议，我也在会议主办方邀请之列，但因事不能参加。会前,在北京语言大学见到戴伟华兄,动议要在重庆会议期间,为傅先生举行八十华诞庆祝活动,小圈子,不扩大。我很遗憾不能参加,就电话嘱咐我在重庆任职的学生帮助操办。学生对傅先生景仰久之,自然很努力,傅先生心中高兴,我也算弥补了一点遗憾。此皆为后话。

2009年,我电话请傅先生写推荐信,傅先生感到突然,问我:"不做馆长了吗?"我说:"腻了,烦了,想收心治学,回到教师的队伍。"傅先生"哦""哦"了几声,想是在思忖,说:"也不晚,我支持你。"很快,傅先生就写来推荐信,肯定了我的学术成绩,也强调了组织学术活动的贡献,我自知傅先生为了促使我转型成功,拔高了我的形象。

现在想来,1988年初见傅璇琮先生的时候,我35岁,无论年龄,乃至学术经历,都还算年轻学者,得到了傅先生的第一次指点。2009年,傅先生为我写推荐信时,我快奔六了,虽然学术成绩不大,年龄和经历堪可称老了,但傅先生的关心与支持一如既往,还像我年轻时一样,可见傅先生对学者的扶植,乃在后进,而不仅仅是年轻。

中华民族优秀文化传统的弘扬与践行者傅璇琮

杨庆存

　　面对案头厚厚一摞傅璇琮先生写给我的亲笔信件、厚厚一摞傅先生亲笔签名钤印惠赠给我的个人专著,厚厚一摞先生慈祥亲切、温润和雅的照片,湿润的眼睛总是难以控制泪水的溢出——这位德高望重、令人钦敬的著名学者离开我们已经 300 多个日夜,而音容笑貌一直宛在眼前！信件、照片与签名熟悉的文字笔迹、熟悉的亲切话语,更增添一摞沉甸甸的深切思念！

　　傅璇琮先生是一位以人格魅力和学术建树赢得学界敬佩并享誉海外的著名学者。偶然的机缘和工作的性质,使我认识了这位受人尊敬的学术前辈,并在交往中感受着先生的长者风范。回想起来,我作为一位中国古代文化的学习者、爱好者和研究者,读先生著述已逾三十六载,即便从首次面晤聆教,建立私淑之谊,至傅先生谢世,也已度越十六春秋！其间先生给予的扶植指导、奖掖提携和工作支持,让我对先生的道德品格和学术境界,深有感触,深受感动,更深得教益。傅先生终其一生致力于中华民族优秀传统文化的学术研究事业,致力于实践中华民族优秀文化传统的实践,不仅个人学术造诣精深,研究成果丰硕厚重,而且精心策划和组织实施了众多重大学术项目,培养扶植了大批青年学术才俊,让其成长为学术界的中坚力量甚至相关领域的领军人物,为国家文化建设和人才培养做出了重要贡献,成为中华民族优秀文化传统的杰出弘扬者与积极践行者。

一、书香缘与忘年交

我对傅璇琮先生的敬慕始于 1979 年初春。那时,作为才疏学浅的年青学子,我对先生知之无多,但手捧沉甸甸墨香尚浓的《黄庭坚和江西诗派资料汇编》(上、下册),着实让我肃然起敬,高山仰止的感觉油然而生。是书搜罗典籍之广博宏富、选择内容之精审细密,令我惊叹和震撼。此后,这部《汇编》成为我研究宋代文化巨擘黄庭坚过程中受益最大的案头书,伴随我完成了国家社科基金"六五"重大项目《中国文学史》宋代部分书稿的撰写,完成了山东省"七五"重点项目《黄庭坚与宋代文化》书稿的撰写,成为我与傅先生忘年友谊的重要原因和思想基础。同时,随着我学术的成长以及与学界交往的增多,对《汇编》作者的了解也越来越多、越来越深入,敬慕与日俱增,而常以未能拜晤为憾。

1999 年 5 月下旬,在浙江新昌召开的《〈李白与天姥〉国际学术研讨会》上,我第一次见到了心仪久之的傅璇琮先生,得以当面聆教。会议期间,当时作为唐代文学学会会长的傅先生,不仅对我提交的论文《李白〈梦游天姥吟留别〉的构思与创新》鼓励有加,而且还亲自作为介绍人推荐我加入了中国李白研究会。我们同游天姥,共话李白,研讨唐诗之路。几天的接触,使我充分感受了先生的亲切平和与温润博雅,充分感受了先生奖掖后学、提携后进的热情与真诚。傅先生知道我在黄庭坚研究方面作过努力,回京后,还把自己手头的《黄庭坚研究论文集》送给了我,鼓励我继续深入开展研究。这一年的金秋,傅先生受聘中央宣传部全国哲学社会科学规划办公室,参加了建国后由国家组织的首届国家社科基金项目优秀成果评奖工作。先生深厚广博的学识和敏锐超前的学术眼光,尤其是客观公正的见解和认真负责的态度,给参加评审的同志留下了深刻的印象。其实,傅先生是国家社科基金最早的学科评审组专家,1983 年就同程千帆先生一起在桂林参加了全国哲学社会科学"六五"规划项目的评审。这次评选优秀成果时,又提出了不少关于加强社会科学研究规划的好建议,使我对先生的品格有了更深入的了解。自此以后,先生或颁示手札,或惠赠新作,或电话交流,经常使我如沐春风,倍增学术研究和项目管理的信心与力量。

2002 年,拙著《黄庭坚与宋代文化》付梓,先生不仅精心审读了全部书稿并亲笔撰写了三千多字的书《序》，而且还以《黄庭坚文化现象的历史启示》为题，亲撰书评在《光明日报》刊出。先生认为，拙作"对黄庭坚的家世、生平、文学活动、创作思想等作全面的探讨，并与宋代文化研究相结合，探索山谷作品中富有时代特色与艺术内涵的文化意蕴，颇使人有创新、求实之感"；指出这部书"一是从具体考证黄氏宗系与家学着手，展示山谷这一文学大家所承受的深潜文化渊源"；"二是由全面论述山谷诗词创作，进而探索其文学思想，特别对多有误解的'点铁成金'、'夺胎换骨'加以深细的辨析。庆存同志首先提出，要求出新和独创，是山谷诗歌理论系统的核心。正因为抓住这一要点，就能对山谷的创作思想进行规范有序的逻辑演绎。书中还上下贯通，起先秦两汉至唐，又述及两宋，甚至元明清戏曲小说，作创作实践与理论演化的系统考察，得出这样的结论，即'点铁成金'与'夺胎换骨'说，其价值与意义还不止于诗歌创作的求新，更重要的是触及或揭示古代文学创作中的一条艺术规律。进而又提升至文化研究的格局，认为这对于今天我们如何对待传统的民族文化和如何创造社会主义新文化，都不无启迪。这是有助于文学研究由古代向现代拓展的"；"三是提出对山谷散文的重视，并从人文精神的角度探讨其散文的美学意义和文化内涵。""由此我认为，上世纪八十年代以来，已有好几部关于黄庭坚的研究著作，迭有新见，现在又有幸获读庆存同志之作，故套用元好问的话：最知山谷者，唯近世新一代学人。"先生还建议读者"最好能就书中所体现的新一代学人之学术风貌、文化涵养，以及创新气度、勤奋志向等，作深切的思索。"这些肯定与鼓励，都让我在倍受感动的同时，再次深切地感受到了先生真诚扶植后学的热情，感受到了先生对后学成长的殷切厚望，感受到了先生对学术研究之时代脉搏和发展态势的准确把握。

三年之后的又一个金秋季节，我与傅先生同机飞南昌，又驱车到修水，一起参加了黄庭坚960年诞辰暨学术研讨会。其间先生对学术研究和文化发展的很多见解，对改进和完善国家社科基金项目评审和管理工作的积极建议，特别是对弘扬中华民族优秀传统文化和民族精神的见解，都给了我很大启发。

二、思想境界与学术实践

实事求是地讲,上个世纪末,我与傅璇琮先生直接的接触和深入的交流并不算很多,而更多的是从先生的文章著述中、从学界同好的交流中了解了先生的人品与文品。先生的学术品格、学术精神和学术建树,无疑令世人敬仰,其"精思劬学,能发千古之覆"(钱锺书所赠《管锥编》题签)和"一心为学,静观自得"(《李德裕年谱新版题记》)的突出特点,实事求是、科学严谨、善于创新的优良学风,学界多有公允精到、中肯切实、精辟具体的论述,我都十分赞同。傅先生在学术活动中表现出的"斯文自任"的使命意识、文化建设的国家意识和与时俱进的创新意识,更是集中而深刻地反映了其博大宽广的学术胸怀。

首先,"斯文自任"的使命意识体现着傅璇琮先生的文化自觉。"斯文自任"是古代华夏学人传承千载的优良传统。"斯文"与"学术"密不可分。前人讲"学术乃天下之公器",学术对于文化建设、社会进步和文明发展作用巨大,所以宋代张载有"为天地立心,为生民立命,为往圣继绝学,为万世开太平"之说。正因如此,很多志向高远的学人往往都试图通过"斯文自任"的途径,实现经世、济世、淑世的报国理想和奉献社会的个人价值。傅璇琮先生可以说是当代学人发扬光大这一优秀传统的典型代表。他不管在什么样的环境和条件下,都把研究当事业,视学术为生命,把全部的热情和精力投入到学术活动中,表现出强烈的历史使命感和时代责任感。先生认为,"中国学者有责任也有义务发扬光大我们自身的学术传统,向世界展示中国学术的优势,为世界学术作出贡献。"(陈良运《周易与中国文学·序》)。他称扬学术大师陈寅恪关于"士之读书治学,盖将以脱心志于俗谛之桎梏,真理因得以发扬"的观点(《理性考索所得的愉悦》);赞誉顾颉刚先生在遭受不公正待遇的特殊背景下欣然接受翻译《尚书》的任务,"表现了一个知识分子对自己民族文化高尚的责任感和理性的使命感"(《启示》)。傅先生乐于奉献而不求回报,他"相信庄子的话:'鹪鹩巢于深林,不过一枝,偃鼠饮河,不过满腹'"(《坎坷的经历与纯真的追求》),执着于学术事业而又淡泊名利,明确表示"我们许多古典文学的研究者是准备献身于我们所从事的这一项事业的"(《岂无他好,乐是幽居》)。这些都反映出先生事业上入世入俗而思想上超世脱俗的不凡境界，体现着高度的文化自觉精神。

其次，文化建设的国家意识体现着傅璇琮先生对中华民族优秀传统的弘扬。文化是民族的血脉和根本，是国家实力的重要组成部分。文化发展则社会进步，文化繁荣则国家富强。所以，文化建设始终是国家高度重视的重点工作。文化建设的最高层次是学术研究，献身于学术研究，就是献身于国家的文化建设，也是具有强烈国家意识和爱国情怀的具体表现。傅先生正是站在民族振兴和国家富强的高度来认识学术发展的意义，并通过扎扎实实的努力工作来推动学术事业的健康发展。比如，他在《文化精品与学术窗口》一文中谈了对中央关于加强社会主义精神文明建设的深刻理解；其《祝贺〈中国古籍善本书目〉编成》一文则认为"中国古籍也是全人类的宝贵财富"，"有取之不尽的宝藏为社会主义现代化服务"；《开展地域文化的研究》称赞浙江人民出版社编辑出版的"浙江文化研究丛书""能从传统文化的研究来观照现实问题"，"进一步丰富了整个中华民族文化研究的内容"；《文化意识与理性精神》一文还总结了清华大学学风具有"清晰的文化意识"、"鲜明的当代意识"、"对中华的历史和文化有强烈深沉的爱"三大特点……所有这些，都充分体现了傅先生思考学术研究的高度。傅先生还通过勤奋工作努力推动国家的文化建设。他在中华书局组织策划和出版了一大批学术品位高、社会影响大的著作；在担任国家古籍整理出版规划领导小组秘书长、副组长职务期间，积极策划和推动古代典籍的整理，并担任《中国古籍总目》编纂委员会主任。他与任继愈先生一起担任影印文津阁《四库全书》的编纂委员会主任，与顾廷龙先生一起主编了 1800 多册的《续修四库全书》；他策划并组织撰写《中国古代诗文名著提要》这一收入 2000 种典籍的大型图书；他参与主编了 72 巨册 4000 多万字的《全宋诗》——所有这些，都是国家文化建设的重大工程。

第三，与时俱进的创新意识反映了傅璇琮先生学术目标的不懈追求。学术的生命在于创新，创新更是学术研究的灵魂。傅先生一方面积极呼吁"力求务实创新，切忌急功近利"，大力倡导求真务实的新学风，一方面躬行实践，努力探索学术创新的路子和规律。先生认为，"就科学的意义上说，研究客体是无所谓重要不重要的，重要的是研究过程中表现出来的突破与创新的程度"（《一种开拓的胸怀》）；"新世纪伊始，一种全新的古典文学研究形态，一个全新的学术研究任务,历史地摆在我们面前"(《中国古代文学通论·总序》)。他主张学术研究应当立足本土、面向世界,要关注国外对中国文化的研究,促进世界文化的交流,特别是应当将中国文化推向世界(参见《他山之石》)。他提出"古典文学界应当开拓自己的研究领域,打破固有的樊篱,把视野展向域外的汉文化区"(《读〈日本汉诗选评〉》);提出要培养"一代新的学风:一种严肃的、境界高尚的治学胸怀,融合中西文化、广博与精深相结合的治学手段,不拘一格、纵逸自如的治学气派"(《学养深厚与纵逸自如》)。先生在《唐代科举与文学自序》中称,"这本书把唐代的科举与唐代的文学结合在一起,作为研究的课题,是想尝试运用一种新方法",同时又提出,"鉴于社会是在不断的发展,社会生活又是如此的纷繁多彩,研究方式也应有所更新,要善于从经济、政治与文化的相互关系中把握住恰当的中介环节"。记得先生早在 1991 年就承担了国家社科基金项目《中国古典文学在世界的传播与研究》,显示出全球的视野和前瞻的眼光。他与蒋寅同志共同承担的 2002 年度国家社科基金重点项目《中国古代文学通论》,组织了全国近六十所高校及科研单位的 120 多位专家学者,历时四年,形成了 300 多万字的成果。而这项成果则"是多角度地宏观把握中国古代文学史的尝试,同时也是一项跨学科的综合性的学术探索"(《中国古代文学通论·总序》),极富开创性和建设性意义。先生认为,"我们民族的学术发展必将应上古代学人的一句名言:日新之谓盛德"(《从一本书看一种学风》),对学术创新充满了信心。所有这些,对于当前的学风建设,无疑都具有很强的现实意义。

三、"务相勉于道"而"不务相引于利"

"务相勉于道,不务相引于利"(《苏轼文集》卷四九《与李方叔书》),这是苏轼继承欧阳修关于"君子与君子以同道为朋","所守者道义,所行者忠信,所惜者名节。以之修身则同道而相益,以之事国则同心而共济,始终如一"(《朋党论》)的思想,而积极倡导的"君子仁人"之风。在与傅璇琮先生的交往中,让我具体而深刻地感受到欧、苏精神的当代弘扬。

傅璇琮先生对母校清华大学有着深厚的感情。2008 年回校出任新成立的

"清华大学中国古典文献研究中心"主任。我很荣幸地被聘为兼职教授,清华大学校长顾秉林院士在成立大会上亲自颁发聘书。学界德高望重的前辈如冯其庸先生、李学勤先生皆与盛事,任继愈先生也发来贺信。兼职虽然没有任何经济报酬,但是在傅先生带领下,大家共同切磋学问,一起开展学术研究,做了不少事情,不仅耳熏目染学习傅先生做人做事的风格精神,而且长知识、长见识、长本事,出了诸多成果,心情愉悦,受益甚丰。比如傅先生组织大家一起研讨如何开展中国古典文献的抢救性整理与系统性研究,组织大家撰写深入思考、深入研究的思想成果,我撰写的《创新古典文献研究的思考》一文,先生也推荐给《清华大学学报》发表在 2009 年 1 期上。文献研究中心的重要成果之一,是由傅先生牵头负责编著的《续修四库全书总目提要》,已于 2014 年出版。这是继《四库全书提要》之后 200 余年来规模最大的目录提要类著作,也是充分体现当代古典学术研究水平的重要著作。傅先生还精心设计和策划了《中国历代散文选》丛书,以历史朝代为序,分为先秦卷、两汉卷、魏晋南北朝卷、唐代卷、北宋卷、南宋卷、元明卷、清代卷八册,依次由上海大学林建福教授、清华大学马庆洲编审、北京大学傅刚教授、西北大学李浩教授、宋代文学学会理事杨庆存教授、中国社会科学院毛双民研究员、中华书局骈宇骞编审分别担任各卷主编。丛书拟由崇贤馆藏书出版社以线装书形式出版。大概因为我长期将中国古代散文研究特别是宋代散文研究作为自己学术研究的主攻方向,傅先生竭力推荐,嘱我作为丛书的总主编。而在宗旨要求、体例制定、样稿审定等方面,傅先生不仅及时指导,提出建议,而且亲自把关,修改审定,使丛书顺利付梓面世。先生仙世后,清华大学人文学院副院长、文献中心副主任刘石教授陪我来到先生简朴的办公室,睹物思人,深深怀念涌上心头!

　　记得 2007 年季夏,为加强学风建设,给学界特别是年轻学者提供一个好的学习典范,我在休假期间认真阅读先生著述后,撰写了《傅璇琮的学术境界》一文,发表在 8 月 9 日的《光明日报》上。而先生认为,这些是每一位学人都能做而且是应该做的。2012 年初春,时任中央政治局常委李长春与政治局秘书处书记中宣部部长刘云山代表党中央和总书记,到中华书局看望为传承中华民族优秀文化作出重要贡献的古籍整理出版专家傅璇琮先生,并听取傅先生对于国家文化建设、文化传承创新的意见建议。先生在拿到与中央领导同志交谈情景照片的第一时间就寄给了我，并在电话中表示将继续在文化传承方面多做实事，让我分享党和国家关心关怀学人的喜悦，鼓励我在做好本职工作的同时，坚持学术研究。

傅璇琮先生于 21 世纪初就指出，20 世纪八九十年代以来，我们古典文学研究界已有为数不少的博士研究生、硕士研究生，构成古典文学界新一代的研究群体，他们之中不少人更注意广泛吸收当代社会科学的新鲜知识，形成更为开阔的研究视野和观念，而又努力对作为研究对象之一的文学史料作沉潜的探索。从总体来说，这一代研究新人，他们无论从治学道路、理论观念，以及精神气质、学术兴趣等等，都与上世纪五、六十年代成长的人有明显不同，已日益显露出一种新的发展方向和研究格局。因此，我们研究古典文学，固然要从事于传统研究，但同时要注意对现状的研究，而现状研究中一个重要环节，就是对现在年轻学人治学思路与研究方法的思考。这对我们学科建设是很有现实意义的。傅璇琮先生认为，近二十年来，中国古代文学研究确有很大进展，明显标志就是重视"历史——文化"的综合研究，着重考察一个时期的文化背景及由此而产生的一个时代的总的精神状态，以及作家、士人群体的生活情趣和心理境界，各自特有的审美体验和艺术心态。这就是古典文学研究中的文化意识。当然，这样的研究，主要地还不在于研究层面的扩展，而在于研究观念的拓新和研究思维的深进。以上这些，都为中国古代文学研究指出了正确方向。

2015 年，病榻上的傅先生不仅惦记着中央文史馆的活动和中国国学中心的建设，惦记着《中国传统民俗文化·科技》大系的出版，惦记着浙江唐诗之路的课题研究，而且依然鼓励我坚持学术研究，甚至要为我即将由中华书局出版的《中国古代文学研究》作序（后由陈尚君先生、刘石学长赐序）。此情此景，怎不令人感动！

总之，傅璇琮先生终其一生，接受着中华民族优秀传统文化的滋养，纯朴善良，斯文自任，勤于治学，勇于创新，奖掖后学，唯恐不及，为中国文化传承与当代文化建设而竭尽全力，做出了重要贡献。同时，傅先生又是中华民族优秀文化传统的弘扬者与践行者，卓然名家，为学界、学人树立了榜样。这是学界的光荣和骄傲，更是我们晚辈学习的典范。惜天不假年，阒然离世，学界沉痛！学界失去了一位令人敬重心仪的导师,国家失去了一位引领文化建设的著名专家！傅先生一生大德广泽学子,文风百世垂范！而最好的纪念,无疑是继承弘扬傅璇琮先生做人做事的高尚品格与学术境界！

2016 年 11 月 19 日凌晨于上海南洋广元公寓

润物细无声

——我与傅璇琮先生的学术交往

已是 2016 年寒冷的深冬时节,可是更为寒冷的是无尽的回忆和思念。一转眼间,尊敬的傅璇琮先生离开我们就快一年了。在这一年里,中国古代文化、古代历史、古代文学的学习、研究和传播仍然方兴未艾,学术界的喧嚣与躁动也愈演愈烈。我常常不经意地感到,在喧嚣与躁动之外,学术界似乎愈来愈缺失了些沉寂与平和。傅先生的离去仿佛是一个标志,标志着中国古代历史文化的学术研究出现了某种转折。

从 20 世纪 80 年代后期开始,傅先生先后任中华书局副总编辑、总编辑。从那时起到他仙逝的三十多年里,在中国古代文学研究领域里,傅先生以他的沉稳、坚毅和谦和,不仅身先士卒,出版了一系列"导夫先路"的学术著作,而且引领风气,纵横捭阖地开拓学术研究的疆域。

作为从 80 年代成长起来的一代学人,在我的人生历程中,从学术思想的更新、学术课题的选择到学术方法的讲求,受益于傅先生之处甚多。傅先生对我的提携和教诲,真可谓"随风潜入夜,润物细无声"。这里只说几件记忆犹新的事情。

1988 年夏天,由北京师范大学大中文系韩兆琦教授领衔,我们申请获批一项国家社会科学规划基金项目——"中国古代文人的文化实践与文学风貌"。课题的申请书是由我构想和起草的,最后由韩兆琦教授和系里的其他两位青年教师尚学锋、于翠玲一起修订而成。在这一课题中,我们将中国古代文人的文化实践大致划分成政治活动、文学活动和日常生活三个部分,考察这些文化实践与文学风貌之间的复杂联系。我负责"文学活动与文学风貌"这一部分的撰写，按原初计划，应该包括文人集团与文学风貌、文人交往与文学风貌、文集刊行与文学风貌三个方面的内容。

1990年初，当我撰写完成文人集团与文学风貌部分的初稿时，读到傅先生主编的"大文学史观丛书"第一辑的五种著作。所谓"大文学史观"，意指在文化的视野中审视和阐释文学史，而不是仅仅将"文学"视为"文学本身"，力图"开阔视野，把文化史、社会史的研究成果引入文学史研究，打通与文学史相邻学科的间隔"（《大文学史观丛书·总序》）。而这，正是傅先生撰写出版的大著《唐代诗人丛考》、《唐代科举与文学》等极力倡导的学术观念和积极探索的学术方法。这种学术观念和学术方法构成一种崭新的文学文化学研究范式。这一研究范式同我们正在进行的研究课题不谋而合，使我顿然有"先得我心"的感觉。于是我不揣浅陋，毛遂自荐，冒昧地向傅先生"推销"我们的课题成果。

经过一番接洽，傅先生建议我把研究课题缩小为"中国古代文人集团与文学风貌"，并慨允纳入"大文学史观丛书"第二辑。众所周知，上世纪90年代初学术出版界陷入了萧条时期，出书难，出学术著作更难。傅先生的热情鼓励深深感染了我，于是我另起炉灶，重新构想，用了将近8个月时间，在1990年底，完成了十余万字的书稿，呈送傅先生。没想到，该丛书由现代出版社率先出版了第一辑五种之后，竟莫名其妙地流产了。其中究竟，难以说清，但我想总是与出版社的"经济效益"大有关系。我的书稿在出版社尘封了两年多，又完璧归赵，最终又回到了我的手里。虽然书稿的出版未能成功，但是如果没有傅先生的热忱和鼓励，我真不敢说当时能不能一鼓作气地完成这部书稿。

在经历了1989年那个非常时期的非常事件之后，我和一些青年朋友希图重新从悠久绵长的文化传统中汲取生命的源泉和精神的启示。1990年夏天，我和北师大中文系古代文学教研室的几位青年教师一起，申请获批了当年的国家社会科学规划基金青年项目"中国古典文学研究史"。该项目以先秦至清末中国古典文学研究的历史作为研究对象，拟在纵向上考察古典文学研究的历史发展过程，描述古典文学研究在不同发展阶段上的不同特色，勾勒古典文学研究总体的发展规律，在横向上涉及古典文学研究的各种形式、各种门类、各种方法观念和它们的发展演变史，并力图在这一基础上，探索和总结具有中华民族特色的古典文学研究体系、研究方法和研究观念,以便总结过去,开创未来。

这一项目从立项之初起,就得到傅先生的鼎力支持。1991年底,当我撰写完该书"绪论"草稿时,连同全书目录一起,呈请傅先生批评。傅先生在繁忙的事务之余,专门约我和谢思炜兄到位于北京王府井大街36号的中华书局,在他那间书稿堆积如山的总编室里,做了一次长谈。在谈话中,傅先生一一指出"绪论"草稿中存在的一些问题,尤其对"绪论"一文的框架结构提出了建设性的修改意见。

在傅先生的具体指导下,我以"绪论"草稿为底本,重新构思,撰写成《关于中国古典文学学术史研究的思考》的长文,再次呈请傅先生订正。这篇文章经过多次修改后定稿,由傅先生领衔,我和谢思炜附骥,发表在《文学评论》1992年第3期,并随后为中国人民大学报刊复印资料《中国古代、近代文学研究》1993年第1期转载,《中国社会科学》英文版1993年第4期摘译,在学术界引起较大的反响。

1993年底,我和谢思炜、尚学锋、于翠玲合作完成的《中国古典文学研究史》一书脱稿,由傅先生推荐给中华书局,于1995年12月出版。作为中国古典文学学科第一部综合性的研究史,一部具有开创性的、特色鲜明的学术史著作,以《中国古典文学研究史》为发端,中国古典文学学术史研究成为20世纪末、21世纪初的一大学术热点(参见蒋寅《由学术史回眸我们拥有的传统》,载《中国社会科学》1997年第2期;董乃斌《关于"学术史"的纵横考察》,载《文学遗产》1998年第1期)。该书得到傅先生的高度评价和热情推荐,1996年获第十届中国图书奖,1999年获首届国家社会科学基金项目优秀成果奖著作类三等奖。我们永远不会忘记,在这些荣誉的背后,凝聚着傅先生的深切的关爱和热情的鼓励。

傅先生担任国家古籍整理出版小组秘书长期间,对全国的古籍整理始终持有一种战略性的眼光,多次组织各方学术力量合作攻克古籍整理与研究的重大课题。例如,1996年,傅先生申请主持国家古籍整理出版小组的重大项目"中国古籍总目提要",并为此付出了巨大的心血和精力。这是一个相当庞大繁杂的科研项目,傅先生采取化整为零、各个击破的办法,将这个项目切割成若干个子项目,联络学术界的同仁一起攻关。

当时我在恩师启功先生指导下,开始承担北京师范大学中国古典文献学专业硕士生和博士生的培养工作。因此承蒙傅先生不弃,让我负责"中国古籍总目提要·总集卷"。为了顺利展开项目,傅先生一次性拨付给我们5000元科研经费,在那个时候,这可是一笔相当丰厚的经费,为我们的研究工作提供了很大的帮助。我组织研究生,分别到国家图书馆、首都图书馆以及中国科学院、中国社会科学院、北京大学、清华大学、北京师范大学等科研机构和高校的图书馆,抄录了数以千计的书目卡片,拟先行编纂一份详尽的历代总集全目,以此为基础,撰写书目提要。在项目进展过程中,我多次参加傅先生主持的协调会议,又一次得以亲炙傅先生的学术思想和学术方法,无论是在学术观念上还是在学术实践上,都得到了最为直接、也最为深刻的受益。

"中国古籍总目提要"这一巨大的学术工程,在傅先生组织下,全面铺开、顺利进展。但是非常遗憾,数年之后,不知什么缘故,该项目又"虎头蛇尾","无疾而终"了。但是,为中国现存古籍撰写详尽的提要,"辨章学术,考镜源流",仍然一直是傅先生矢志不渝的文化追求。在2008年3月从中华书局总编辑的岗位离任以后,傅先生应聘清华大学古典文献研究中心主任,又启动了"续修四库全书总目提要"项目。历时七年,该项目分经、史、子、集四部,终于顺利地先后编纂完成并付诸出版,实现了傅先生"冀为中国传统学术最后二百年之发展理清脉络"的学术目标,深深造福于学界。

2000年,傅先生与蒋寅联名申请获批该年度国家社科基金重点项目"中国古代文学通论",组织中国近60所高校及科研单位的120多位专家学者通力合作,编撰一部体例全新的文学史著作。承蒙傅先生的厚爱,约请我作为"明代卷"的主编。课题组历时四年,撰写成七卷本、三百余万字的《中国古代文学通论》,于2004年由辽宁人民出版社出版。这套丛书"是一个全新的设想,一个立足于20世纪学术发展,面向21世纪的学术趋向,具有学术总结、学术探索和学术展望的意义,在研究思路、研究方法以及知识积累、学科建设各方面都力争有开创性和建设性的新型研究。它是多角度地宏观把握中国古代文学史的尝试,同时也是一项跨学科的综合性的学术探索。"(《中国古代文学通论·总序》)这套丛书整合既有知识,反映学科现状,提出存在问题,明确发展方向,为21世纪蓬勃繁荣的中国古代文学研究奠定了坚实的基础,开拓了广阔的天地。

我觉得更为重要的是,这套丛书与傅先生主编的《唐才子传校笺》、《唐五代文学编年史》等论著一起，鲜明地体现出傅先生从 20 世纪 80 年代以来一直提倡的"大文学史观"和文学文化学范式，即在开阔的文化视野中描述和揭示文学的生成、展开与演变。我从 1986 年开始撰写博士学位论文《明清文人传奇研究》时起，就始终坚持一种研究方法，即在明清时期文化变迁的文化语境中，采用上下、左右、前后"通观"的"散点透视"，深入考察戏曲活动的具体状貌及其文化内蕴。这种研究方法恰恰契合这种"大文学观"和文学文化学范式，深深得益于傅先生等前辈学者的启发与教诲。

作为一位行者，傅先生脚踏实地地游览天禄，留下一串又一串清晰的学术脚印。作为一位学者，傅先生孜孜不倦地伏案耕耘，撰写一部又一部厚重的经典著作。作为一位仁者，傅先生逢人说项地奖掖后进，培养一批又一批优秀的学术精英。《礼记·中庸》云："是故君子动而世为天下道，行而世为天下法，言而世为天下则。"傅先生就是这样一位君子。

2016 年 12 月 27 日

傅璇琮先生与上海师大古籍所的《全宋笔记》

朱易安

　　1996 年底，我从日本访学归来，上海师范大学原先的中文系、历史系和古籍整理研究所合并在一起，成立了人文学院。次年三月，我接替虞云国教授担任古籍整理研究所的所长。当时我向首任院长的孙逊先生汇报工作的时候，就和他商议过，古籍研究所要争取一个比较大的项目，才能继承和发扬传统。得到他的认同和支持。夏秋之交，戴建国教授从美国访学归来，他和虞云国都是宋史研究专家，而上海师范大学古籍整理研究所则是程应镠先生开创和奠定的全国宋史研究重镇，历史和文学两个研究室各有十来位的中青年学者，所以我们就商量，能不能做一个与宋代历史和文学研究都相关的大项目。于是提出了宋代笔记整理与研究的设想。

　　宋人笔记是宋代文献的重要组成部分，数量庞大，据《现存宋人著述总录》著录，其中属于笔记类的约有 500 多种，内容丰富，广泛涉及宋代社会的各个领域，以记录掌故、轶闻的史料笔记最为发达。笔记记事一般较为细致具体，其中相当一部分为作者的亲闻亲历，因而具有较高的史料价值。有些记载十分生动有趣，具有较强的可读性，是了解中国古代文化及社会生活的第一手资料。但因年代久远，其中大部分散见于各种丛书之中，也有相当一部分原书已经亡佚，仅依赖后代的类书保存了部分篇章，特别是较好的本子难以寻找。《全宋笔记》打算系统地整理和点校宋人撰写的笔记，使这一笔重要的文化遗产能够比较完整地呈现在读者面前。并在此基础上，作进一步的学术研究。当时宋代的文献整理,《全宋词》已经出版,《全宋诗》编纂出版已经北京大学展开,《全宋文》的编纂出版已在四川大学展开,而笔记则是研究中频繁使用却整理研究不足的重要文献,如果《全宋笔记》能够整理出版,对整个宋代的文史研究无疑是极为有意义的。

在前期的准备中,我们做了书目、版本的普查工作,拟出基本的书目、编纂体例和工作方案,并征求了古籍所的老所长,曾任宋史研究会会长的朱瑞熙先生等老前辈的意见和建议。在各种讨论中,大家觉得,以我们古籍所的基础以及历史系和中文系的合作力量,只要认认真真、踏踏实实地做,总是能做出来的;但还要借助全国学术界的力量,需要有一位有号召力的学术大腕来主持,其次,在当时,出版的问题也是个大难题。

思量再三,我决定去请教傅璇琮先生。

正好有一个与唐代文学相关的学术会议,傅先生已任唐代文学学会的会长多年,这样的会他几乎都会去。我那时的心情很忐忑,因为傅先生极忙,我不知道傅先生会不会有时间来关注这件事,会不会信任我们的计划和工作。

但我还有一个自信的原因,是傅先生和家父的交往。

傅先生和家父朱金城先生的交往始于文字,我不知道他们是什么时候认识的,在家父的遗物中保存下来的两人通信,最早是 1980 年,当时傅先生主编《学林漫录》,索稿于父亲。也许他们都是编辑出身又是认真做学问的人,有许多学术上的共识。那时,中华书局出版与唐代文史相关的书或傅先生自己做责任编辑的书,傅先生都会寄赠家父。如 1981 年 3 月 10 日,朱金城先生写道:

> 璇琮兄:承赐寄《唐方镇年表》三册,已收到,拜谢拜谢。此书对我极有用处,手边原无《二十五史补编》,往资料室翻检亦极不便。此次整理标点出版,且附有岑著《〈唐方镇年表〉正补》及索引,造福研究者殊非浅鲜。大作出版说明尤为当行,吾兄所称"例行公文",实属过谦之词。文中不仅全面介绍此书的内容及价值,同时恰如其分地指出了吴氏编纂的缺点,言简而意赅,体现了相当的学术性,非精于唐史如足下者不能道也。

傅先生的著作,包括他主编的唐代文学的主要工具书如《唐代诗人丛考》、

《唐五代人物传记资料综合索引》、《唐代科举与文学》、《〈河岳英灵集〉研究》、《李德裕年谱》、《唐代诗学丛稿》、《唐人选唐诗新编》、《唐才子传校笺》等，都有他送给家父的签名本，也是我求学和工作以后必读之书。此次翻检两人的通信，才知已经担任中华书局副总编的傅先生还多次受托为家父买书。朱金城先生1982年9月7日在回复傅先生的信中写道：

> 七月二十八日大函早已拜悉，谬蒙褒奖，愧不敢当。岑(仲勉)先生之学博大精深，弟何敢窥其万一。今晨复收到寄来岑著《隋唐史》二册，此书十年动乱前经常置于案头，抄家时失去未还，梦寐求之多年均未能如愿，今忽承阁下于百忙之中为我寄书，心中实感不安。现寄赠我社最近出版之岑著《金石论丛》一册，以酬雅意。又前寄你处区区之数，实不足挂齿。将来《学林漫录》仍请按时寄我，又《文史》第十二期(内有您的大作纠两唐书标点错误一文)，上海遍购不得，希购寄一册。

父亲出版的著作，也会及时寄奉傅先生，他们许多通信中，常常还讨论很具体的学术问题。当然，还有许多次学术会议中的聚首，也会不断讨论学术问题，直言不讳。父亲一直认为，傅先生是最能理解他学问的学者之一，对傅先生的学问赞口不绝。

后因《全宋笔记》的事宜，傅先生和我常有通信和电话。2001年秋，傅先生信中提到：

> 近日因查阅白居易材料，阅读《白居易集笺校》，不意翻出书中夹有令尊朱金城先生手札，系一九八九年所写。重新拜读，对朱先生道德学问益增敬佩之情。先生当时于此书出版后即寄赠一部，并嘱我为写书评，后我遵嘱写有一文在《古籍简报》上刊登。今寄上原件，也请一阅，如需保存，则请复印一份，将原件寄还，我仍要珍存。请代候朱先生。

我遵照傅先生的盼咐，复印后将原件寄还。也许是做编辑的职业习惯，父亲重要的信件往来都会留存底稿，但这几封信却未见。傅先生的书评刊出后，父亲写信致谢时,说了"生平文字知己之情,莫齿难忘"的话。

我猜测,《白居易集笺校》1992年获得全国首届古籍整理图书二等奖,除去笺校成果本身的水平获得学界的公认之外,与傅先生书评的评介,公允而有影响是分不开的。后《唐代文学研究年鉴1989—1990》中的"新书选评",再次刊载了傅先生的书评。傅先生写书评的精彩,是学界一致公认的,而给《白居易集笺校》写的书评,在我看来,还有傅先生对从事编辑工作的学者的深刻理解。

傅先生写道:

在唐代文学研究和唐集整理方面,朱金城先生是素以勤劳踏实而又力求创新而为人称道的。他是一位老编辑,自五十年代初进入现在的上海古籍出版社前身上海古典文学出版社起,一直没有脱离过出版界。他今年68岁,作了大半辈子编辑,而在繁杂的编辑工作之余,他却孜孜不倦地在唐代文学的园地内辛勤耕耘。他心无旁骛,平生着力于李白与白居易的研究,除了论文和几本专著之外,作为对学术界的奉献并有长久的传世价值的,一是他与瞿蜕园先生合著的《李白集校注》,一是他独立完成的《白居易集笺校》,这两部都是上百万字的大书。《李白集校注》着重总结了清人王琦以后的研究成果,纠正了前人及王注本中的许多错失,对一些长期悬而未决的问题提出了独特新颖而又合理的见解。如李白两入长安的问题,这是建国以来李白研究最大的突破,已为当前学术界所公认,而最早提出这个问题的,则是这部书中的注,后来才有人据此出发写成文章(《中华文史论丛》第二辑,稗山《李白两入长安辨》)。由此可见这部书的价值,也由此可见为某些人所看不起而贬为"习惯性思路"的考据文学,如果运用得好,对作家的整体研究会起到怎样一种突破性进展的作用。

《白居易集笺校》……前后30年,著者已从青壮之年而成为历经沧桑的老学者,但他本着对祖国历史文化的执著之情,始终不渝地固守着这一本分之地,真使人联想起陶渊明的诗句所抒发的"量力守故辙,岂不寒与饥","介焉安其业,所乐非穷通"的襟怀。所可庆幸的是,这部200多万字的笺校,终于又闯过商品经济的大关,于1989年上半年由上海古籍出版社印出问世。卅年辛苦不寻常,中国的知识分子要能做出一点成果,而这成果又要能为世所知,得经过多少的险阻曲折,没有对文化事业的热爱和"君子固穷"的操守,是不易做到的。

近代学者对白集的研究整理作出卓越成绩的有两位,一位是陈寅恪,另一位是岑仲勉。陈寅恪在三四十年代有好几篇文章论述白居易的思想和生活,后又于40年代末50年代初完成《元白诗笺证稿》的专著。岑仲勉对白集作了系统的考述,他的《论白氏长庆集源流并评东洋本白集》、《白氏长庆集伪文》等七篇文章,共十万字之多,对白集流传的版本、白居易诗文的真伪作了详细精博的研究和考证。他的另一些著作,如《唐人行第录》、《唐史徐沈》、《贞石证史》等,也对白居易作品中涉及的人与事,作了阐释、论证。朱金城先生正是继承他们的成果,在他们已经达到的相当高的基点上继续前进,对白居易现存3700多篇诗文作了全面的校勘和笺证。这是前人未曾做过的工作,是近年来唐代文学研究和文学古籍整理中值得重视的成果。

我觉得朱金城先生有一个很好的学风和气度,他的著作,严守前辈学者的优良传统,引用资料一一注明出处,从不掠人之美,同时对他人的疏失,一以真理为本,不随和,不苟从,随处指出。这在这部校笺中到处可见。如《初到郡斋寄钱湖州李苏州》(页1331)指明《唐语林》作李穰之误,《严十八郎中在郡日》(页442)指出《唐语林》以白居易继严休复为杭州刺史之误。又如《金銮子晬日》(页480)辨《云仙杂记》之误,《赠康叟》(页1154)辨王士禛之误。至于新旧《唐书》中的误载,书中也在有关处作了订正。又如《问刘十九》(页1075),考现时选本多以刘十九误指刘轲,《轻肥》(页92)中"朱绂"、"紫绶",今人所注多误,等等,都很有启发。对于日人花房英树的人名考释及诗文系年,也多有纠正。可贵的是,著者还纠正本人过去的说法,如《送姚杭州赴任因思旧游》(页2205),经考证,系于大和九年,并谓:"拙著《白居易年谱》系此诗于大和七年,非是。"这种勇于改正旧说的精神,既是自谦,也是学术上自信的表现。

傅先生所欣赏家父的学风和气度,也正是他自己践行的学风和气度,也是唐代文学学会凝聚学术力量的魅力所在。我有幸从1986年的洛阳会议开始,直到 2004 年,除了 1996 年在日本,几乎每次都去参加,也有机会请教许多前辈学者,受益良多。唐代文学学会形成的唯学唯才的纯正学风,令人敬畏,也是年轻学人成长的良好环境。傅先生不断以他精湛的学术造诣和坚守正道的学风,鼓励奖掖年轻的学子,同时,他也十分尊重老一辈的学者,褒扬他们为学界所作的贡献。这个交往的前提便是学问,由做学问的志同道合而产生的情谊。

在 1999 年的那个会议期间,傅先生抽空和我做了两次长谈。他先询问了我正在开展的唐诗学史的研究,又详细地询问了我们上海师大和古籍所的情况,我向他详细介绍了我们的成员和以往的工作基础,并呈送我们已经拟就的《全宋笔记》的书目、编纂体例以及基本工作方案等一批资料请他过目。两次长谈的过程中,其实我很紧张,一是因为宋代笔记的整理工作,并非我所擅长;二是以前请教傅先生的,都是个人的学术研究,并非主持大的集体项目;三是傅先生学术声誉极隆,我这样一个后辈能不能请得动他。谁知傅先生听我讲了大概以后,立即表示,这是一件非常有意义的好事情,我一定支持。第二次的交谈是傅先生连夜看了我们已经拟就的《全宋笔记》的书目、编纂体例以及基本工作方案等一批资料以后,我谈了项目进行中的难点,傅先生说,出版的事,他回京后立即想办法,但书稿的编纂一定要保证学术性。他还动情地告诉我,虽然他自己的学术研究方向主要在唐代,但早年曾经一度对宋代的文史下过功夫,曾经编过《杨万里范成大研究资料汇编》和《黄庭坚和江西诗派研究资料汇编》,有"宋代情节",所以,《全宋笔记》这样的大型文献编纂和整理,他一定会倾力帮忙。于是我郑重地代表所里邀请傅先生出任主编,傅先生开始谦虚地推辞,说这是你们所里的大项目,你是所长,理应负责做主编。我做顾问吧,你放心,我会尽力的。无论我怎么说,傅先生依然推辞。不过傅先生回京以后,很快给我来电话,告诉我,他把我们要整理编纂《全宋笔记》的消息和好几个出版社说了,河南大象出版社有积极的响应。建议我们联系大象出版社。这对我们来说,真是极大的鼓舞。

很快,时任大象出版社社长的周常林先生约请了几位专家一同到访上海师大古籍所。详细商谈了出版计划,我们初步设定,预计《全宋笔记》收书 500 种(包括辑佚),40—50 种辑成一编,10 本,约 200 万字,共十编,总共约 1500—2000 万字。分编出版。虽然当时以《宋人笔记集成》为名的立项,获得了全国高校古籍整理研究工作委员会的资助,但科研经费很少,学校方面自然不可能有出版资助。周常林社长却说,河南是宋代文化的发源地,有责任为宋代文献的整理出版作贡献。出版资金不需要我们操心,出版社来解决。我又和周社长商量,请他一同再请傅先生来担任主编。庆幸的是,这一次傅先生终于被"绑"进来了,这是《全宋笔记》得以坚持进行的关键。

编纂整理前期,傅先生专程为《全宋笔记》的编纂整理来过上海师大好几回。和我们一起讨论编纂整理体例的修订,收入书目版本的确定,帮助我们解决编纂整理中的难题,指导具体的学术或各种环节的工作。

傅先生提出《全宋笔记》编纂整理的两个工作原则,一是求全,二是求正。关于"求全",我们就收书的问题讨论和争论了很久。最后决定收录以宋人著述的笔记专集为限,未成专集的,散见的单条笔记不在整理之列。已残佚的宋人笔记专集,通过他书辑佚者,予以收录。凡题材专一,体系结构紧密的专集,虽亦有逐条叙事者,则已非随笔之属,如专门的诗话、语录、谱录类的茶经、画谱、名臣言行录、官箴等,不在收录之列。《全宋笔记》第一编中,自宋初《北梦琐言》至北宋中期司马光《涑水记闻》,共收入三十二种,而当时中华书局的《唐宋史料笔记丛刊》选同一时期的宋人重要笔记仅有五种,我们的工作可以提供读者阅读查考的更大便利。关于"求正",则要求提供一种可信的版本,文字、标点方面力求无误;同时又不能像专书研究那样,用比较大的篇幅纠正史实、记事或评点之误,校考必须简明扼要,这个难度是很大的。傅先生还及时提供各种信息,指导我们参阅中华书局出版的《古籍点校疑点汇录》,一条一条地仔细校考,并及时吸收今人的研究成果。除此之外,安徽大学主办的《古籍研究》、东北师大主办的《古籍整理研究学刊》及全国古籍整理出版规划领导小组办公室编的《古籍整理出版情况简报》等,也是我们每期都收集的信息。

当时《唐宋史料笔记丛刊》、《宋元笔记丛书》等已经收入比较重要的宋代笔记,而且大多是专家们参与整理的,学术质量比较高,于是我们就仍请原整理者来承担。上海师大古籍所老一辈的学者都参与了整理工作,许沛藻先生的《东斋记事》;郑世刚先生的《湘山野录》、《玉壶清话》、《春明退潮录》;金圆先生的《梁溪漫志》;孙菊园先生的《中吴纪闻》等等。因为傅先生的影响,许多著名学者都非常支持我们的工作。如苏轼的几部笔记就是请孔凡礼先生整理的;司马光《涑水记闻》、《温公琐语》则请邓广铭先生的大弟子张希清先生整理;《杨文公谈苑》由李裕民先生整理;《后山谈丛》、《萍洲可谈》由李伟国先生整理;陈尚君先生也给过我们不少好的建议,并和学生一同整理了《江南别录》。而大部分的整理工作则是由上海师大的老师们承担,如中文系的黄宝华先生自始至终参加我们的工作。当年的中青年骨干,如今已经成为古籍整理和唐宋文史研究方面的资深专家,其中有虞云国、汤勤福、范荧、程郁、俞钢、张剑光、徐时仪、夏广兴、查清华、黄纯艳、燕永成、储玲玲、钟翀等等。

为了保证出版社能按时出版,傅先生又为我们联系了原人民文学出版社的资深编审陈新先生担任大象出版社的特约编审,专门负责《全宋笔记》的审稿及编辑工作。陈新先生极为博学和认真,在《全宋笔记》前几辑的工作中,和我们所里的中青年学者结下了深厚的友谊。我们又请了徐规先生、王水照先生、朱瑞熙先生来做丛书的顾问,也得到他们的指导。

令人极为感动的是,作为主编的傅先生事无巨细,只要是对《全宋笔记》展开有益的,他都会主动做,亲自做,且动作极快,信息极快,有时候前一信刚刚到,第二封信又追过来了,平易近人,一点架子都没有。当时陈新先生在北京,统稿审稿要用参考书,傅先生则在中华书局买了替他送去。2001 年 7 月 16 日傅先生在给我的信中写道:

> 易安同志:上周曾寄一信,写到府上,未知是否及时到达。现寄两份材料:一,近日中华书局所购之宋人笔记,除《东坡志林》、《邵氏闻见录》无书,其他均有。我当送至陈先生处。《唐语林校证》就不必买,我处有,可转致。现寄上书目(二纸),已有红笔打√。七折,共约 236 元。我已付款,票据待后寄出。二,寄上拙文一篇,系刊于《燕京学报》新第 10 期,今年 6 月份印出,因南方不易见此刊,故特将抽印本一份寄上,请指正。……又,湘潭师院中文系陶敏同志近日来信,他们拟计划作"全唐五代笔记",已写有一文,嘱我转"古籍简报",现亦复印一份寄上,供参考。

傅先生特意提到陶敏先生主编的《全唐五代笔记》,是打算推动历代笔记文献的整理和研究,《全宋笔记》的第一编约五十种,终于在 2003 年印出,傅先生

亲自为丛书写了总序。对《全宋笔记》的工作给与高度的肯定,并且高屋建瓴地提出对历代笔记整理研究的新的设想。他写道:

　　　　这是二十一世纪古籍整理研究的一个新界。以宋代文献来说,总集方面已经出版的,先后有《全宋词》、《全宋诗》、《全宋文》,《全宋笔记》整理完成,则宋代文学的文献资料,基本上就能呈现出一个完整的概貌。由《全宋笔记》起动,引起其他历史时期笔记总集的整理、出版,其意义当不仅限于文献整理,应当说,这将会引起对笔记这一传统门类作现代科学含义的总体探索。过去很长时期,与诗、文、词、小说、戏曲等相比,笔记的研究是相对薄弱的,现在我们应当把笔记的系统研究提到日程上来。当前的笔记研究,可以考虑的,一是将笔记的分类如何从传统框架走向现代规范化的梳理,二是如何建立科学体系,加强学科意识,把笔记作为相对独立的门类文体进行学科性的探究。

　　2003 年,我因工作重心的变化,戴建国教授接任古籍所的所长,他和所里的同仁一起,坚持《全宋笔记》的编纂整理工作,傅先生仍然一如既往地支持和指导,只要他到上海来,总要挤出时间来看我们。大象出版社的领导已更换了几任,但一直坚持与我们合作,至 2012 年,《全宋笔记》已出版五编,约一千万字,前后历时十余年。2010 年,由戴建国教授领衔申报的《全宋笔记编纂整理与研究》获得国家社科基金重大项目的资助,这是上海师大在这个领域中的首次突破。可以说,如果没有傅先生的殚精竭虑的鼎力相助和细心指导,《全宋笔记》不可能坚持下来。

　　《全宋笔记》编纂整理的过程中,傅先生的言行,深深地感染并影响了上海师大古籍整理研究所的一代学人。这个团队精诚团结,不计个人得失,不计较稿酬,按照傅先生说所的“全”和“正”的要求,在繁重的教学与科研工作中,拿出相当的时间和精力,从事《全宋笔记》的整理与编纂。如今,这个项目已经全部完成。傅先生虽然没能见到全部的《全宋笔记》出版,但我们则继续按照他当年的设计和要求,努力推进。傅先生当年建议,将所收五百种笔记的校点说明,再加补充、订正,汇为一编,这实际上是继清修《四库全书总目提要》,以使今天的研究者能了解和掌握宋代笔记的全貌。这个工作在全体整理者的努力下已经完成。收入《全宋笔记》的校点说明因篇幅的限制,不能充分阐述,这次编纂《全宋笔记总目提要》时,校点整理者有较多的篇幅展现最新的研究成果。此外,近年来,古籍整理研究所的古典文献学和历史文献学两个学科点所招收的博士生和硕士生,有不少毕业论文是研究宋人笔记的,相信随着新一代学人的成长,傅先生所期望的,就文史结合的角度对笔记的史料价值、笔记叙事和文体的探讨以及文化涵义的理论研究,一定会有更深入的推进。

只缘身在此山中

——一个海外学人对傅璇琮先生的怀念

我认识傅璇琮叔叔已经四十年了。我认识傅璇琮先生才四年。

上个世纪五六十年代，我岳父家住北京西郊翠微路二号中华书局宿舍的西北楼，和傅璇琮先生住对门。七十年代大家同去湖北咸宁的五七干校，同吃同住同劳动，按男女有别之古训，各住在一个大屋子里，直到自己盖起房屋，条件才有所改善。那时我妻子的妹妹不但和徐阿姨住同一宿舍，而且是上下铺的紧邻。后来中华书局搬到丰台区的太平桥，这时两家人不住对门了，改住隔壁。两家都姓傅，都是浙江人。我岳父年长，所以他的三个女儿都把傅璇琮先生称作叔叔。傅叔叔和徐阿姨自己有两个女儿，却长期寄养在上海外婆家。大概是想念自己的孩子心切，他们夫妇从早年起就视我岳父的三个女儿如己出，把相当大一部分长辈对下一代之爱，移情到这三姊妹身上。1976 年地震以后，我和现在的老伴确定了恋爱关系，自然常到她家走动，自然认识了近邻的叔叔阿姨。听我妻子讲，她们姐妹三人小时候去叔叔家，常常是推门而入，连敲门的礼节都省略了。回家因失礼遭父母训斥，但在对门却受亲热的招待。傅璇琮先生忙，只是年节时偶尔到我岳父家里来坐坐。听他和我岳父在一起说浙江老家话，又听到妻子姐妹三人直呼叔叔，我没想过他不是那姐妹三人的亲叔叔。不知什么原因，徐阿姨似乎没有使用过我的学名，却一直呼为"宝宝"。听她的口气，好像不是半开玩笑，仿佛真的以为我永远长不大。我 1986 年出国，每次探亲回家，总要到岳父岳母家住一段，以尽半子之责。于是常常见到傅叔叔和徐阿姨。徐阿姨总是很亲切地说："哦，宝宝回来啦？住多久呀？过来坐坐吧。"这个称呼沿用到我耳顺之年。

　　我受家中长辈影响，一直对中国古典文学感兴趣。但"文革"结束、恢复高考的时候，不愿意受父辈的学术荫蔽而失去自我，就选择了英美文学专业。后来在北京外国语大学读研，1986 年出国深造时也没改变专业。1993 年获得博士学位后一直在一所州立大学的英文系里面教西方文论和美国文学。直到过了知命之年，可能是人生进入老年的信号，我渐渐地被一种负罪感压得难受，觉得父辈从小给我灌输了一些中国古典文学知识，我一生不为中国古典文学做点什么，实在没法和良心交代。于是我发狠，把《全唐诗》通读了两遍，从中选出四百多首和自然环境关系密切而微妙的唐诗，把它们翻译成英文。翻译诗歌是自讨苦吃的事情，一遍又一遍地琢磨涂改，折腾了好几年。终于算是勉强看得过去了，就动手给各位诗人写小传，向美国读者解释诗歌的创作背景。查阅资料时找到了傅璇琮先生的《唐代诗人丛考》和《唐才子传校笺》，刚读了两三个诗人，就已经为作者的缜密认真的治学态度和广博深入的知识所倾倒。由衷地对妻子感叹，说"有位叫傅璇琮的学者，真是让人佩服。他的材料，详实可靠，使用起来让人特别放心！以后有机会的话，回国时去拜见人家一次，好好地感谢人家。"妻听了这番话，神情怪怪地盯着我看了半天，说："这个学者呀，你叫叔叔都叫了三十多年了！你这个呆子！"说完还狠狠地踩了我脚背一下。我张口结舌站在那里，嘟嘟囔囔地说不出囫囵话来。难道我真是如此之不可救药？怎么能闹出这么大的笑话？仔细想想，根本不可笑，反而十分可气、可悲！妻批评我"生在福中不知福"。我完全接受。

　　妻要在中国出版我的书稿。我觉得不可思议——哪个中国人不直接读唐诗，反而要看我的英文翻译？这比买椟还珠还荒唐。可是她的决定，我是无力逆转的。只好按照她的要求，把英文的引论翻成了中文，然后又编了一个中文目录，一共二十几页稿纸。中国的春节，美国的学校里是不放假的。老伴已经退休，所以就自己回家过年。她陪我岳父参加中华书局的春节招待宴会，紧挨着徐阿姨坐，借机把我的引论和目录交给了徐阿姨，马上又转到了傅璇琮先生的手里。不久老伴探亲归来，带来了我最爱吃的果丹皮，还有一封傅叔叔的亲笔信，用的是清华大学中国古典文献研究中心的稿纸。节录如下：

　　现在中国大陆有关唐诗选注,出版以已有不少,因此出版社肯定要求有一定特色,才能考虑出版。现在编著唐诗选注中文、英文,当有特色,我可以向有关出版社介绍。目前选目已有,也有特色,可以确定。现在希望提供一、二篇样稿,即选译一、二首诗,先录中文,后录英文;英译之要求,一要准确,二要有一定艺术性,有美感。

　　诗原文后,不必详作注释,可用500字左右,介绍每首诗的内容及艺术特点。同时介绍著者情况,字数也不必多,100字左右即可。这也都有中英文。请提供一、二首样稿,我可以向出版社介绍,出版社确定后即可全面按计划进行。

傅璇琮　　2012.2.22

　　我手里捧着信,连果丹皮也顾不上吃了,读罢对妻说:"老伴儿,老伴儿。你使劲儿踩踩我的脚。"妻说"你要干什么?"我说,"我要悔过。你说这么多年,我守着这个当代鸿儒,还是很亲近的叔叔,怎么就有眼不识泰山呢? 早点读了他的书,不早就拜师学艺了吗? 当面错过泰山北斗级的人物! 你说该踩不该踩?"这话把妻气得笑了起来。她马上转身给徐阿姨打电话。我听见听筒那边也是笑得不可开交。

　　当年暑假,我回到北京,恰巧傅叔叔在我岳父家的客厅里坐着。我赶紧行礼、道歉。平时和气而严肃的傅叔叔也忍不住笑着摆手说:"没想到你还真能心无旁骛呀,连我是谁都不知道。"他这是为我开脱,反而弄得我更加无地自容。只好把话题岔开,向他请教。《唐才子传》里说天宝三载贺知章退休,请求皇上把周宫湖数顷赐给他做放生池。玄宗虽然答应了,却没有给他周宫湖,反而给了他更大一些的鉴湖一角。我问傅叔叔周宫湖是哪个湖,在什么地方。他毫不犹豫地说,这个他也不知道,做《校笺》时没弄清楚就存疑了。这给了我一定的安慰,同时我心里也佩服,这么大的鸿儒,有弄不清楚的事情就存疑,坦坦荡荡,虚怀若谷。值得我学习。几天以后,我专门跑到浙江去找,也没找到任何线索。傅叔叔听说后对我岳父说:"你这女婿还算实在。真地跑去找。"顺便说一句,2016年夏天,绍兴文理学院的俞志慧先生帮我解决了这个问题。据他考据文献和实地踏勘,认为周宫湖当地人又叫周官湖,就是禹池。详情说来话长,须另文再谈。

　　我回到美国后又找一位诗人朋友帮忙，在酒吧间、咖啡馆里对饮、论诗、改诗，终于完成了美感较强的一稿。我从西雅图电邮回去，请妻妹帮忙打印出来，送到隔壁。据徐阿姨说，傅叔叔看完笑眯眯地说，"我给宝宝写个序吧。"我听说后亦喜亦惧，喜的是傅叔叔这个许诺是对我工作的肯定；惧的是自己真地配不上如此殊荣。可惜傅叔叔写的时候用笔而非电脑，我得等上一段时间才能看到。序文纯是傅氏风格，平实而细致。使我最高兴的是他老人家夸我的工作也是"平实"和"有特色"。他的肯定对于我这个刚刚回头的学术浪子来说，是极大的鼓励。我由此坚定了信心，决定今后的职业生涯就是把西方文艺理论中一些实用的东西，介绍给国内同仁，让他们能更好地认识唐诗本身的魅力。我曾不止一次对傅叔叔和徐阿姨讲，就唐诗研究而论，国内随便找一个学者都比我功力深；我介绍的这些新工具，他们一旦掌握了，就肯定比我做的好得多。那时，我就完成了自己的历史使命，该退休了。傅叔叔说："你能有这样的学术心愿，很好。我介绍一个伙伴给你。"我的书由上海古籍出版社出版之后，傅叔叔让他的大弟子，南开大学中文系的卢燕新先生为我写了书评，指出拙著里面一些可取之处，在《博览群书》杂志上发表，引起了正面的反响。后来燕新到美国哥伦比亚大学访学，顺便到我家来玩。我向他请教了许多问题。如果像傅叔叔说的那样和燕新做学术伙伴，我还不够资格；但在燕新的帮助下，我总算走上正路，能用国内学者通用的文体和他们交流学习心得了。2016年夏，燕新还介绍我参加了在成都召开的唐代文学年会，并获得在大会上发言、和国内学者交流的机会。这些机会是在燕新的帮助下获得的，但究其根本，还是在傅叔叔的关心下才得以实现的。对于他们师徒二人，我心中充满感恩之情。

　　2016年新年伊始，我正在为拙文《论杜甫〈秋兴八首〉的形式美》收尾，突然接到燕新的电信，说傅叔叔仙逝了。噩耗传来，我悲痛不已。一方面伤心我们夫妻二人失去了亲人，另一方面感叹学界遽失泰山北斗，同时也悔恨自己四十年来身在庐山而不识其巍峨的学术面目。刚刚亲承謦欬四年，就失去了良师，怎一个"悔"字了得！怎一个"愧"字了得！然而，世上没有卖后悔药的。唯一的办法，就是沿着傅叔叔给我指出的路走下去——在西方文论中排沙拣金，去其浮躁虚华的部分，取其实用、适用的部分，为国内同仁们贡献一个工具箱，让他们在里面任选所需，使其工作起来更方便，更顺手。只有为唐代文学贡献自己的绵薄之力，才能对得起傅叔叔的在天之灵。先父的学生们曾经为他出了一本论文集，先父为其拟题为《薪火编》，意寓"学如燃薪，薪尽火传"。傅叔叔他们那一辈的学者，都有这种献身精神，值得我辈学习。众人拾柴火焰高。只有越来越多的有志者为学术献身，才能把前辈的事业承传下去。各位同仁，我愿意和你们一起努力。

二千十六年深秋于白岭罕

编辑的楷模

——深切缅怀傅璇琮先生

张世林

傅先生离开我们已经有几个月了，这期间我的心一直无法平静下来，他的辞世，标志着编辑界一代大师的落幕。作为中华书局的总编辑、唐代文学研究会的老会长、著作等身的大学者，在他之后，我相信，我国的编辑界很难再出现像他这样集编辑与学者于一身的学术大师了。我曾有幸在他领导下工作了十五年。1984年我刚入中华书局，被分在总编室工作，傅先生那时是副总编，因此，我跟先生工作上接触很多，发现他是一位非常儒雅又和蔼可亲的长者。每次我给他送东西或书报什么的，他总会细声地连连道谢，脸上全是笑容。我跟他一起工作了十五年，他都是这样，从未见他红过脸，更未见他疾言厉色地说过话。我们那时都还年轻，但都知道，中华书局可是个藏龙卧虎之地，里面有许多有大学问的人，傅先生就是大家公认的代表。何以见得？我可以举两个例子。

在上个世纪八十年代至九十年代，中华书局和商务印书馆在一栋楼内办公，共用一个传达室，结果，在那段时期，傅先生收到的稿费是最多的，当然了，他出版的图书和发表的文章也是最多的。我记得有时去传达室取东西，他们就会让我把傅先生的汇款单或样书拿给他，末了，还会说一句：又是寄给你们傅先生的钱和书。再一个就是找傅先生的人也是最多的，不光是本地的，还有许多外地的学者来看他。因为他一直都是学界的领袖人物，组织并主编了一些大项目或丛书，所以来谈事和请教的人比较多。这都说明他是一个勤奋高产的学者，又是学界领军的人物。傅先生个子不高，瘦瘦的，是典型的南方才子。他的精力很充沛，白天在单位要处理方方面面的行政和业务，很难有完整的时间用于读书和写作。但他却发表了那么多的专著和学术文章,可以想见,他每天要工作到多晚了。我们每天下午五点下班走时,总见到他还在办公室里,他说过,他要利用吃晚饭前的这段时间做事。其实,他每天都要工作到很晚的。他真是把自己的一生都献给了我国的学术出版事业。中华书局之所以能成为一个具有浓厚的学术氛围的出版单位,恰是同以傅先生为代表的业务领导的以身作则和勤奋努力密切相关的。在我同先生一起工作的十多年中,除了读书和写作,我发现他没有什么别的爱好了,我陪他去过北戴河、太原、黄山和南京等地开会,他会象征性地在海边转一下,或是在黄山脚下走一走,其他的时间都在约人谈事或看书、写作,这已经成为他的主要生活了,不会因为场地的改变而改变。做过编辑的人都知道,"为人作嫁"是自己的主业,且又是一件费神费时的差事;而从事学术研究和写作只能是副业,大都放在业余时间里做。而傅先生能取得那么大的学术成就、出版了那么多的学术专著、组织并主编了那么多的大型学术丛书,除了天分以外,正是同他多年养成的爱惜时间、刻苦勤奋密不可分的。

　　在我们眼里,傅先生是一位真正的学者型的编辑,在学术界大家也都把他看成是一位大学者。我有时心里想,他要是不在出版社做编辑,而是直接到大学或研究机构专门从事学术研究该更有利啊。有一阵子还真听说有关单位要调他过去,可是,每天还是见他准时来到书局上班。为什么会是这样呢?编辑工作在他眼中就那么重要吗?答案最后还是由他自己揭示的。我在1998年开始着手编辑《学林春秋》(三编)时,自然想到要请傅先生写一篇介绍自己的治学经验的文章,我甚至自然而然地替他想好了题目——《我和唐代文学》,因为先生是学术界公认的该领域研究的大家,有好几部具有开创性的大著摆在面前。当我和先生谈了我的想法和建议后,他对我的编辑设想极表赞成,也答应撰稿,却说题目我还要想一想再定。记得过了没有多久,先生便把稿子交给我了,打开一看,题目是《我和古籍整理出版工作》,通读全稿,文中有一段话道出了先生的初衷:"一个人,即使长期在出版社工作,不在大学或研究所,也能学有所成的。我记得那时我就立下一个志愿:我要当一个好编辑,当一个有研究水平的编辑。我那时就想尝试一下,在出版部门,长期当编辑,虽为他人审稿、编书,当也能成为一个研究者。我们要为编辑争气,树立信心:出版社是能出人才的,编辑是能成为专家学者的。"这一段掷地有声的话,真让广大的编辑同行们感奋!

傅先生把他的一生都奉献给了祖国的编辑事业,也用他一生的编辑和研究实践,实现了他的志愿:他不仅是一个好编辑,一个有研究水平的编辑,更是一个举世公认的大专家、大学者。他是我们编辑界的骄傲,也是我们永远的楷模。

傅先生的工作是那样的忙,但他对年轻人的进步又极为关心,总会在你需要时提供热情的帮助。有一次,我写了一篇文章,题目是《戎昱和他的〈苦哉行〉五首》。想到傅先生是这方面的专家,于是鼓足勇气请他给看看。他不仅认真审阅,还做了一些修改,并让我再参阅他主编的《唐才子传校笺》相关部分。我后来又按照他的意见重新做了增补和修改,经他再次审阅修改后,才拿出去发表。

1997年我开始酝酿主编《学林春秋》,当我把这一想法汇报给他时,他极表赞成,还就人选问题给予了一些意见。后来稿子收齐了,我一时不知把谁放前、谁排后,又去征求先生的意见。他提出就按年齿为序吧。于是,解决了我的难题。

我在工作中经常会向先生约稿,先生撰文不仅水平高,而且速度快,所以我在编辑《书品》时,需要急就章就去麻烦先生,他都能及时提供稿件,帮我解决问题。而我开出稿费拿给他时,他往往又会说:你帮我去趟稻香村买些熟食给总编室的同志们改善改善吧。所以,上个世纪八十年代后期我们总编室中午有时会小聚一下,这全是拜先生所赐。至今回想起来,心里还是暖暖的。

到了1999年,我因故离开了中华书局,离开了傅先生,从此心里总有一种失落感,再也不能像从前那样在先生的领导下心情舒畅地工作了。和先生见面的机会也少了,只是在一些会上能见到他老人家。每逢此时,我必趋前问候;先生见到我,也十分高兴,除了询问我的工作状况外,还会夸赞说:又看到你编的书和你写的文章了。此时先生是满脸笑容,像是在给我最好的奖励。我永远也忘不了的是2013年,为了纪念程千帆先生百年诞辰,我主编了《想念程千帆》一书,特约先生撰文,他很快写来了《“逢其知音,千载其一乎”——缅怀学术知音大师程千帆先生》的文章,对我的工作还是一如既往地帮助、支持。该书出版后,南京大学决定在当年的十月召开纪念大会,邀请傅先生出席。不知何故,我没有接到邀请,不知道会议的时间,而接受了别人的邀请,恰好在同时要赴另一座城市。傅先生认为我一定会去,所以到了临近时,给我打电话,要我陪他一起去,并在电话中要我一定买那一天那一刻的票。几年没有见到先生了,这是一次多好的机会啊!可我因事先不知道而答应了别人,只得据实以告。先生却说:我给南大打电话,他们会接待你的。结果我只能让他失望了。至今每一念及,我都痛彻心扉。我失去了和先生的最后一次出行。我让他失望了!

在和他老人家告别的仪式上,我望着他的遗容,悲从中来,痛哭流涕。我在想:我再也遇不到这么好的领导了!编辑界从此再无他这样的大师了!

写于 2016 年 6 月 10 日夤夜

傅璇琮：一座永远被仰望的学术丰碑

罗时进

2016年1月23日，北京很冷。中午，尚君兄转来了中华书局徐俊总编"傅先生已上呼吸机"的告急短信，我心中便开始颤抖。下午三点十四分之后，信息再次传来：傅先生走了。这是一个令人难以接受的噩耗，一种栋梁震覆、砥柱其颓的痛感顿时压在心中。

几个月前得知傅璇琮先生生病，我到北京他家中去探望。当时他看上去精神还不错，躺在一张特置的病床上，床头放着一些刚看过的文件和书，显然目力尚好。谈起学术上的事情，思维敏锐一如以往。我带去了一些他倡议进行的科研项目稿件，趁他阅读的时候，便到外间和徐敏霞师母说话，问起傅先生卧床难起的缘由和目前的病状。师母介绍了"连续两次跌倒"的情况，其中一些偶然因素让人唏嘘不已。傅先生很瘦弱，见之令人颇感不安。俗谚说"木匠怕节，老人怕跌"，这两次跌跤会有什么后果，我不敢想。

傅先生看了一会儿稿子，我进去听取意见。他说"很好"，又提了一些建议。一讲起学问上的事，他态度总是那样雍容，晚辈学者在他面前总会得到鼓励。最后，傅先生提起一些正在出版的著作，有的是他参与组织的，有的是写到他的。"到时会寄给你"，临别时特地关照，"有事电话联系，我也会打电话给你的！"然而自那以后两三个月，再也没有接到他常在上午八点前后打来的电话。如今傅先生家中一别竟成永诀了，这个冬天的寒冷，将永远凝结为心中的一块冰。

我自上世纪九十年代初认识傅先生，至今已经二十五年了，其间因担任《全唐五代诗》常务编委与傅先生频繁交往了八九年时间，"常从长者游，渐闻学问道"，也对傅先生有了越来越多的了解。我常想，在当代学林中，尤其在传统文化研究领域，如果以古代文人"立德、立功、立言"的价值标准来看，能达成其一者夥矣，但欲达成二者却不易，更毋庸说"三不朽"了，而傅先生是当今学界足以"三立"者，他卓越超群的声望和地位，应正缘于此。

傅先生的人生经历在上世纪五十年代成长起来的知识分子中是有代表性的：遭逢过"士不遇"的坎坷，又循"天行健"之道而逐步改变命运。其初他从清华转到北大中文系因事差点被牵连到"胡风反革命集团"中去，后来逃过一劫，但留校不久便赶上了57年反右运动，又因筹办"同人刊物"而触讳，离开北大，在商务印书馆工作半年后转到中华书局。面对"不遇"，傅先生采取的是"不屑"的姿态，将精力专注于学术，对"政治牵挂之虞"和"世态炎凉之感"淡然以对。傅先生是很内敛谦逊的，但决不乏峥嵘士气，如果用"大雅风裁清，骨头带铜声"这两句诗来形容其人应是恰当的。其中"清"字是内质，他为《李德裕年谱》新版题记所立标题是"一心为学，静观自得"，这是一种"清"的品质；前几年他将出版的两部著作命名为《治学清历》和《学林清话》，更明确彰明内心的精神祈向。

作为一位著名学者、一位学界领袖，傅先生平生大德教化，博施济众，扶持过多少中青年学者，实在是难以计数。仅《学林清话》中收录的"序"文即有70多篇，其中既有辈分高的学者，更有一大批中青年学者。傅先生为后学的著作写序，抒"淡如水"之情，述"切于学"之旨，其意在砥砺、奖掖新一代学术中坚，而这中间确有一批人已成为今天的学界领军人物了。当然，傅先生对后学的扶持尚远不止于此。他在家乡宁波举办浙东学术研讨会，或主持其他学术活动，都邀约一些中青年学者参加，我每得忝列其中。近几年他注意到明清文学研究的重要意义，特地到苏州大学与校领导协商，成立古典文献研究所，指导我们沿着钱仲联先生开辟的明清诗文研究道路，将"明清才子"作为主攻方向。我如有论文发表，他一经寓目，往往即来电或写信表示鼓励，其语亲和，今犹在耳。

傅先生长期任职中华书局，半个多世纪的编辑、出版家、古籍整理工作领导者生涯，使他形成了对传承中华文明的担当意识，对古籍整理事业的精深理解，且站得高，看得远，重实践。他曾说："我最大的心愿是为学术界办一些实事。"难得的是，他勇于做"大实事"，也善于做"小实事"。所谓"大"者，除了主编《中国古籍总目》、《续修四库全书》等"大手笔"外，早年参与编辑出版清编《全唐诗》是必应提及的，而从专深的《唐五代文学编年史》、《唐才子传校笺》等古籍整理研究著作，到诸多综合性成果以至普及性读物，他推出了一个立体性的"唐代"出版系列。长期以来人们提起"唐诗"、"唐代文学"、"唐代文化"方面的出版物，往往都会想起傅先生的名字。所谓"小"者，特指某些具体著作的出版。其中突出的例子是他经手编辑了黄仁宇的《万历十五年》，以史学家的识见和出版人的胆识推动了此书在上世纪八十年代初期"料峭春风乍起还寒"学术背景下的问世。中华书局的出版物一直是国内外古典学界所瞩目的"高天风筝"，傅先生手上曾牵过多少"风筝线"！

编辑、出版家，是傅先生的一重身份，而另一重身份——学者，对他而言、对学界而言是非常重要的。傅先生注重学问之道，以立言而致立身。出生于浙东地区，浙东学派贵于精专、严于去伪、博纳兼容、不立门户的传统对他有很大影响，这种传统融入他沉静、坚毅的个性中，其学术便具有了精微广大的气象和格局。傅先生读书之认真勤奋是有名的，当年在五七干校劳动，后期人家都走了，他拖延留下争取一点空间读书；住院检查治疗身体，他带着书稿在病房、在医院院落里读；编审时发现可以追究的学术问题，随即做好卡片到资料室找书读。治学和写作对他来说，在特殊时期是一种寄托和避难，但放到更大的历史背景和学术语境中看，是一种志趣和信仰。从寄托与避难，到志趣与信仰，他完成了向学术大家的转变，达到了著作弘嵩大有，齐平东西道术的境界。

我们上一代学者中不少人在改革开放以来的学术建设中起到了领导队伍、开辟路径的作用，他们的优秀成果都能够让人们回忆起一个学术时代，一种学术走向，一时学术影响。傅先生是其中能"转移一时之风气，而示来者以轨则"的代表。显然他心中有王国维、闻一多、陈寅恪等一批民国学者的群像，这是一种学术坐标和境界。在唐代文学研究领域他是最早倡导用前贤的"文化考察"方法的，而以《唐代科举与文学》为标志的成果即赋旧邦新命而开示路径，具有跨学科文化阐释和实证研究的意义。该书甫一出版，便震动学界，一时洛阳纸贵。回到上世纪八十年代中期的学术背景中，应知那是一个学术待兴，期待某种突破和示范的"开垦期"。如果说《唐代诗人丛考》、《李德裕年谱》等揭示了古代文学研究回归"知识考古"传统的必要性，开启了沉潜实证之风的话，那么《唐代科举与文学》则具有多维视野下观照古代文学生成的范式价值了。傅先生很谦抑，他只是希望这一思路可以促进唐代科举和选官制度方面"多角度"、"更专题"的研究。其实近数十年不断出现的幕府与文学、民俗与文学、交通与文学、绘事与文学，乃至家族与文学、地域与文学等研究成果，固然与国内外交流开放建立了学术大视野有关，而最直接的启发还是傅先生科举与文学"跨界研究"的成功实践。至今这类研究仍然生生不息，傅先生当年点燃的一把火，其光芒和热量还在不断散发着。

　　傅璇琮先生走了，走得太匆忙！他带走了那么多读过的书，那么多学术思考，还有关于国学事业的期待。然而可以相信在中国当代学术史上，集出版家、学者于一身的傅先生已经成为一座丰碑，永远被仰望，永远受崇敬。他的学术年谱人们会时常打开，其最后的述作是："我希望今后的研究者能够进一步开阔视野，结合其他学科，更加广泛地从中国社会文化的各方面来探讨古典文学，并且始终将内部与外部研究有机结合起来……我虽已为耄耋之年，仍引领以望！"（《思勉奖获奖感言》）今天这已经成为他与学界的告别词，其中的真义将在他的同行者与后来人的研究实践中得到显示——那便是对傅先生的最大告慰了。

　　行文至此，悲痛难抑，且以一首五律《哭傅璇琮先生》寄托无尽哀思：

> 病衰曾得见，侍立感怀襟。
> 终日文章事，毕生学术心。
> 远方魂暂托，天地泪成霖。
> 幸有丛书在，常闻大德音。

怀念傅璇琮先生

傅　　刚

　　前一段时间在微信上看到了 2016 年辞世的学者,还真吓了一跳,这一年中竟然走了这么多著名学者。这中间有年辈长的,也有年轻的,真是人世无常!傅璇琮先生年辈应该是长的,以八十三岁辞世,对人生来说,已经算是高寿了。但是,以我们所熟悉的有着永远充满活力的眼神的,一直不知疲倦、奔波不停的傅先生来说,总觉得他还是年轻的、睿智的、精神矍铄的,还是站在学术前沿,充满号召力地引领中国古代文学研究者前行,总觉得他就在我们身边。因此,对他的逝世,总感到突然,感到不真实。

　　我认识傅璇琮先生是很晚的事了,当然,他的大名和他的著作、文章,早已如雷贯耳,我在读大学时就十分仰慕。认识傅先生,是我 1993 年来北京中国社会科学院研究生院随曹道衡先生读博士的时候了。入学以后,曹先生命我研究《文选》,一日,我赴当时尚在王府井大街的中华书局拜访许逸民先生,借读当时尚未出版的《中外学者文选学研究论集》,之后,专门拜访了傅璇琮先生。傅先生当时还兼任国务院古籍整理领导小组办公室秘书长一职,主编《传统文化与现代化》杂志和《中国传统文化研究丛书》。我记得推门便看到傅先生正趴在办公桌上写东西,他很亲切地招呼我落座,问了一些我学习的情况,了解到我的博士论文题目准备撰写《昭明文选》研究后,就对我说,你的论文将来可以放在我们《中国传统文化研究丛书》中出版。当时我十分感动,也十分激动。上世纪九十代初,发表文章和出版学术著作,还是十分困难的事,尤其又是可以收入当时具有极大影响的、由国务院古籍整理领导小组主编的这套丛书。对于傅先生这样热情地肯定和提携,我内心的触动很大,没想到傅先生这样和蔼和平易近人,对年轻学者如此帮助和鼓励,顿时感激之情,溢于言表。从那以后,我见傅先生的次数并不多,因为我总觉得随意打扰长者是一种不好的行为,出于对长者的尊重,之后三年读书期间我没有再去见过傅先生。

我与傅先生稍多一点的接触,应该是在博士毕业以后了。1996年我从社科院毕业,来到北京大学中文系从事博士后工作,这时国内的《文选》学研究已经较有规模了,1995年在民政部注册成立了中国《文选》学研究会,秘书处设在郑州大学,曹道衡先生任第一任会长。我因为研究《文选》的关系,也会经常参加学会的活动。好像是1997年,郑州大学俞绍初先生邀请了曹先生、傅先生、许先生和我去郑州大学讨论《文选》的项目开展工作。我们先在郑州大学小住三四天,又前往安阳师范学院访问两天,这大概是我和傅先生最为亲近的接触。傅先生时任国务院古籍整理领导小组秘书长,又是中华书局总编辑,同时也是《文选》学会顾问,但他一点架子也没有,书生本色,所谈总是围绕学术话题。他和曹先生、许先生都是学术大家,谈论学问,兴趣盎然。这次活动中有一个小插曲,我们路过汤阴县羑里,传说是文王演《周易》的地方,陪同的老师专门带我们前往参观,但尚未靠近,一见那新修的门和台阶,就知道是现代的作品,一问果然,傅先生当时就说不去了,他说看当代的赝品干什么。由此也见出傅先生崇尚真理的品格。这一点不仅表现在他的为人上,也反映在他的学术研究中。

傅先生在学术事业上的成就,早已得到了学界的公认,他对学术界年轻学者的提携和奖掖,也是大家有目共睹的,他在学术界赢得了广泛的尊重,因此,中华书局在他八十岁生日时专门为他举办了小型的庆寿会。我接到中华书局的通知,他们说,傅先生专门点名要我参加,这让我荣宠莫名。我当然知道我其实是沾了北大的光,傅先生在北大毕业,他对北大的感情十分深厚,这一点与我的导师曹道衡先生一样,大概傅先生觉得我能够出席,是代表着北大中文系。不过十分不凑巧,会议召开的那天,我正有课,而在此之前,我已经因为外出开会请了一次假,所以我很遗憾地未能出席。我委托俞国林兄代我宣读了我的贺词,我觉得是表达了我的心声。我当时是这样说的:

傅璇琮先生是当今中国古代文学研究界备受尊崇的学者,先生的学术成就,举世共誉,晚学不能赞一辞。今值先生八十华诞,中华书局特为举办庆祝会,实是代表了中国古代文学研究界所有学者的共同心愿。在这里,首先向先生表示祝贺!

先生的研究成就和方法,长期以来一直为年轻的学者作出示范,我在读大学期间,就对先生充满景慕,但第一次认识先生,则晚至1993年我来北京读书以后了,所以我亲接先生之风也晚,但先生的学术态度和精神一直感召着我,他对后学的帮助和提携,也一直是学术界广为传颂的。前时出版的《学林清话》和《傅璇琮先生学术论文集》两书,非常集中地反映了先生在引领和促进学术发展过程中对年轻学者的成长所起到的作用。仅此一点,先生在中国古代文学研究领域中的地位和贡献就足以不朽了。

先生主持过我的博士后出站报告,他对我的博士后报告《文选版本研究》,提出了很中肯的意见,对我这样一愚钝的学生,也鼓励有加。一个年轻学者在学术道路上蹒跚着前行的时候,突然有一位德高望重的长者给予一个鼓励,并能援手提携的时候,这个年轻人所感受到的力量和温暖是别人所体会不到的。所以我对先生一直心存感激!先生与我的老师曹道衡先生是很好的学术朋友,曹先生生前多次表达对傅先生学术研究的眼界、高度和组织能力的佩服,这些佩服都是真心的。曹先生逝世前,曾经表示过,如果有一天能够出版自己的文集,一定要请傅先生写序!我们作学生的,一直牢记曹先生的嘱托,希望能够有机会出版曹先生的文集,一定要请傅先生为文集写序。曹先生曾在台湾的文津出版社出版过一本《中古文学史论文集续编》,就是傅先生写的序,至今我认为序中给出的是对曹先生学术研究最为了解的最中肯的评价。

傅先生的工作在中华,但他的学术舞台却是全国的,从他的活动,我们分明能够体会到他有一份责任感和使命感,今天的中国学术界应该说有太多的不尽如人意的地方,但是在各门学科中,中国古代文学研究基本上还能够保持住优秀的学统,其研究的态度和方法还不至于流入空洞、浮辞无根,我以为以傅先生为代表的老一辈学者是起到了重要的作用的。尤其是在八十年代以后,中国的学术界因了空洞理论家们舞智以欺世的时候,幸而有先生这样的学者,以自己坚实的研究成绩,宣示着正确的方向,为逆流中之砥柱，故独使中国的古代文学研究，依旧能够紧持传统，并且培养了一批新人，取得了实绩，使得中国古代文学研究，在世界的学术领域里保持着一份尊严并赢得尊重，这是应该写进学术史中的。

　　恭贺傅先生八十华诞，祝先生身体康健，精神旺健，继续能够站在中国古代文学研究学术前沿，引领着中国的学术健康发展！也感谢中华书局所举办的这个庆祝会，代表了大家的心愿。

　　当时的这个发言，无论是对傅先生学术成就的概括，还是对傅先生品德的赞誉，都出自公论，非阿谀之辞。这里再补充的是，曹先生逝世后，2015 年，中州古籍出版社将曹先生文集列入出版计划，出版社希望曹先生家属推荐一位能够为文集写序的作者，根据曹先生生前的遗愿，傅先生自然是最佳人选，因此曹师母让家人开车载她去中华书局找傅先生。曹师母这时还不知道傅先生已经生病住院。听师母说，在中华书局门前，正巧碰上了傅师母徐敏霞老师。曹师母便向徐敏霞老师表达了这个愿望。徐老师回答说，傅先生生病住院，不知能否撰序，无论如何，她会在晚上电话回复。晚上徐先生便给曹师母回了电话，说傅先生表示，他现在住院，手颤抖得厉害，执不了笔，不过，一俟好转，他一定给曹先生文集写序。曹师母给我转述这事的时候，仍然为自己不了解傅先生的病况而贸然求序表示歉疚，同时也为傅先生病重中仍然答应写序而感动。

　　傅先生晚年在人大、清华两所大学文学院执教，培养了一批高水平的学生，这多少也弥补了他长期不能在高校任教直接培养学生的遗憾。我有幸被傅先生邀请参加他数位学生的答辩，更近距离地了解傅先生的学问以及他培养学生的方法。他对学生很严格，但同时也非常关心和爱护，每次都让我从中学习甚多。

　　傅先生对待学术的认真负责态度，和以学术为己任的精神，在中国当代的学人中，是非常难得的。可以说，他一生都为学术事业而奋斗、奔波和操劳，因而往往不在意于物质生活。他晚年时无论是参加学术会议，还是参加研究生答辩，常常都是一个人乘坐公交车来往，中间往往要转车几次，但他都不以为意。我知道的是，主办方要给他安排车辆接送，他也都很坚决地拒绝。这种精神和品德，与当下的风气适成鲜明的对比。

　　从族姓上说,我与傅先生也算是一家,虽然他祖籍是浙江宁波,我是江苏睢宁(我们祖上都是明洪武年间从江西临川北迁的)。前几年民间流行修族谱,傅先生被聘为傅氏通谱的顾问,他主动与我联系,让我也将个人简历报给傅氏宗亲会。这当然是抬举我了。不过我很意外,因为虽然我们都姓傅,但认识傅先生多年,我们从未就姓氏谈论过,而就族姓夤缘攀附,也不是我的性格。傅先生在晚年就修谱事主动与我联系,见出先生还是具有一些宗族情结的。

　　傅先生远行了,他的学术成绩和他所倡导建立的优秀的学术传统,将一直是我们当代学者应该铭记和传承的。傅先生不朽!

哭傅师:谦谦君子巍巍学人

王瑞来

乙未岁杪,一个寒冷的周末,学校的同事们一起在居酒屋聚饮。席间,偶然打开手机,微信中传达的消息让我震惊:傅璇琮先生于2016年1月23日下午3时去世。顿时,像室外的天空一样,心开始飘雨,酒食无味,强忍镇静。饭后归宅,一进家门,跟内人说了句"傅老师去世了",便泪如泉涌,欲抑而不能。

年近花甲,常有学界的师友与世长辞的讯息传来,闻讯固然悲戚,但更多的是对学术星殒的痛惜。有如得知傅先生去世这样泪崩的,除了父母离世,我还不曾有过。对古人说的"如丧考妣",我已经超出了对字面文义的理解,有了真真切切的个人体验。人生在世,我想除了父母家人至爱亲朋,一个人的辞世能够让人如此悲痛的,大概不多。

一、在中华书局与傅老师结缘

我一直称呼傅先生为傅老师。我与傅老师结缘在中华,相识却是在进入中华之前。1981年,进入大四的我开始实习。北大古典文献专业,原本就是为中华书局培养编辑而创设,因此包括我在内,几个不打算继续考研的同学,便到了中华实习。学末了,身先入,从实习开始,我就成了中华人。大学几年一直跟我们走得很近的白化文先生,十分热心地把另一位实习的同学推荐给时任文学编辑室主任的程毅中先生,而把我则推荐给了时任古代史编辑室主任的傅璇琮先生。两位先生都是白先生在50年代的北大同学,白先生嘱托两位先生带我们。

我既没有读过硕士,更没有读过博士,博士学位还是赴日之后以出版的日文著作获得的。因此我没有严格意义上的导师。在最近出版的文集跋语中,我这样写道:"拥有博士学位,却无特定导师。虽无宗无派,却得千手千眼执导,这更是我的幸运。"这是实话。至少中华十年,我得到了杨伯峻、李侃、赵守俨、程毅中、王文锦、张忱石等众多先生的亲炙言教。而傅璇琮先生则是被指定带我的名副其实的老师。因此也可以说是我学术生涯中唯一的真正意义上的老师。尽管没有举行过传统的拜师仪式,但我认定傅先生就是我的老师,因此一直叫傅老师。

自从 1981 年 3 月的一个下午,到中华拜访过之后,中华十年,傅老师是在学术上对我教诲最多的老师。学术前辈奖掖后进的风范,我在傅老师那里也领略得最多。

我的大学毕业论文是整理点校宋人笔记《鹤林玉露》,这就是出自傅老师的提议。点校稿傅老师和白化文先生都悉心审阅过。我写的关于《鹤林玉露》作者罗大经的生平考证文章,傅老师也逐句改订,并写下批语说"为文跳脱可喜",让我受到很大鼓励。1983 年,点校本《鹤林玉露》出版后,语文大家吕淑湘先生读到其中有几处标点不妥,跟傅老师提及之后,傅老师专门安排我去吕先生家里,具体征求意见。我清楚傅老师为我创造机会接受学术大家教诲的良苦用心。

正式进入中华之后,傅老师安排我编辑杂志《学林漫录》,从大量的学术掌故中,我不仅获得了学术史的知识,还在无形之中接受了学术熏陶。无论是编辑工作,还是学术研究,我的一点小小的成就,都会得到傅老师的极大勉励。我摘取白居易诗"闲征雅令穷经史,醉听清吟胜管弦",以"醉听清吟胜管弦"为题,在当时的《联合书讯》中发表了一篇介绍新刊《学林漫录》的文章。傅老师读到后,喜悦勉励的情形,至今犹在目前。

安排审阅书稿,也备见傅老师培养后学的心思。刚到中华不久,傅老师便安排我担任黄仁宇先生《万历十五年》的责任编辑。通过详细阅读书稿,与作者往复联系,让我又在无形之中开阔了学术视野,领略了与通常的范式迥异的学术风格,对我后来的学术写作产生了相当大的影响。

在中华的那些年,是我的学术旺盛期。我不仅在工作之余,常往当时位于王府井中华书局斜对面的科学院图书馆钻，晚上也常常不回宿舍，以一张折叠床住在办公室，周六周日几乎是长在中华。因为年长的傅老师也常常在周六周日在中华的办公室工作、写作。在傅老师的激励下，那些年的努力，奠定了我的学术基础。在中华的日子里，常常得到傅老师以亲身学术经历的指教。傅老师曾告诉我说，任何大家都经不住查。这句话我至今难忘，还常常转述给学生。因为这一句简单的话语，不仅教导我要谨慎地对待学术，还让我树立了学术自信。

二、傅老师是学者型编辑楷模

　　1980 年代的中华，杨伯峻、周振甫等老一辈学者还在，尚存传统遗风，学术气氛很浓，俨然是一所学术中心，具有着学术向心力。作为编辑，接待作者，可谓是"往来无白丁"，如今令学子景仰的一流学术先辈，当时都曾谋面。编辑在为人做嫁的同时，大多都立志成为学者。傅老师在这方面也对年轻人多加鼓励，有学术会议，尽量派出参与。记得当时参加各种学术会议，我都是提交论文，并不仅仅作为出版社的编辑，而是以研究者的身份参加。做学者型编辑，当时傅老师就是我的楷模。时移世变，傅老师的谢世，学者型编辑渐成绝响，此亦令人唏嘘，为学术悲，为高质量的学术出版惜。"行有余力，则以学文"，寄语当道者，为学术繁荣，为文化传承，在有余裕的前提下，多做一些"无用功"，培养一些学者型编辑，让傅老师这样的一代学人后继有人。

　　在唐代文史研究领域，傅老师成就斐然，从 80 年代初始，以《唐代诗人丛考》震惊学界，嗣后，《李德裕年谱》《唐代科举与文学》《唐诗论学丛稿》《唐人选唐诗新编》等著作陆续面世，洵为一代大家。然而，傅老师并非独自埋头向学，而是对中国古代文史有着宏观的通盘思考，视野十分开阔，向下延伸，对宋代文史也给予了相当的关注。这从傅老师主张、主持编纂《全宋诗》便可见一斑。挚友龚延明教授多次向我讲述过傅老师鼓励他编纂《宋登科记考》的往事。几年前问世的《宋登科记考》，署有傅老师主编，可见傅老师一定是倾注了极大的精力。《宋登科记考》直接奠定了后来龚延明教授的十巨册《宋代登科总录》，其间傅老师的创意开拓之功至伟。

作为国务院古籍整理出版规划小组秘书长,作为中华书局总编辑,傅老师致力于制定长远的古籍整理规划,为大量的古籍整理精品的出版,做出了不可磨灭的巨大贡献。今天中华书局的学术出版巨子的地位,正是由于傅老师这一代学人出版家的承前启后而奠定。

晚年的傅老师除了自身研究之外,更大的学术贡献,我觉得还是学术组织工作。傅老师不仅担任各种学术团体的领导职务,兼任多所大学的教授,还参与主编了许多大型古籍整理项目和学术著作。除了上述提及的《全宋诗》,还有《中国古籍总目》《续修四库全书》《续修四库全书总目提要》《全宋笔记》《唐五代文学编年史》《唐才子传校笺》《宋才子传校笺》以及乡梓的《宁波通史》等。这些学术组织工作的贡献巨大,有目共睹,其副产品,则是带出了几代学人,让学术薪火传承不息。这样的贡献,在今后的几十年内将会逐渐显现。

一个人的精力十分有限,身材瘦小的傅老师,一直旺盛地燃烧,春蚕到死,蜡炬成灰,为学术、为出版贡献出了十二分精力。

作为傅老师的学生,我十分惭愧,去国几十年,与老师联系甚少。只是2007年的邓广铭先生诞辰百年纪念会上,匆匆一见。后来几次到北京,都跟繁忙的傅老师失之交臂,仅跟徐敏霞师母一起单独吃过饭。刚出国的那几年,傅老师曾给我写信,希望把我介绍到国内的大学任教,虽然最终未果,但挂记学生的师恩,我一直铭记。去年就听说傅老师身体不好住院,总想去看望,想把自己出版的五卷学术文丛敬呈给老师,向老师做学术汇报,但一直也没有机会回北京。没想到老师走得这样急,如子不孝,愧做学生,悔恨莫及,"此情可待成追忆,只是当时已惘然"!

傅老师待人谦和,彬彬有礼,传承着老一代学人的风范。当然傅老师的低调谨慎,也与其坎坷的经历有关。人皆为80年代初《唐代诗人丛考》的一鸣惊人而赞叹,殊不知在那之前是长期的学术积淀。《全唐诗》就是傅老师与王国维次子王仲闻先生整理的,并且60年代傅老师就出版了《杨万里范成大资料汇编》和《黄庭坚和江西诗派资料汇编》。不过由于那个时代的特殊原因,傅老师都无法署上真名。80年代以后傅老师的学术井喷,实在是长期压抑后的爆发。

人生苦短,有限的人生能够做一些有意义的事情,便为短暂的人生赋予了意义。个体的人传承着人类的生命,每个学者的一生都是一次接力长跑。接力前人创造的文化,传承给后来人,于是文化之树常青。我曾以《生命以另一种形式不朽》为题,撰文悼念学友刘浦江教授。真正的学者是不会死的,生命以另一种形式不朽,永远活在他的著作中,活在学术传承中。傅老师就是不死的学者。

我哭傅师,为厚谊,为学术,为文化。借用我的研究对象范仲淹《严先生柯堂记》中的一句话,悼念敬爱的傅老师:

云山苍苍,江水泱泱,先生之风,山高水长!

何尝见明镜疲于屡照

吴承学

　　傅先生去世后,我一直想写点缅怀的文字,却总觉难于措手。因为和先生直接接触的机会并不多,只在一些会议场合见过几次面,皆来去匆匆,所谈不多,我又没有记日记的习惯,因此对先生的记忆只是一些总体感觉和大致印象,所以迟迟不敢下笔。现在想来,这种感觉与印象同样弥足珍贵,它是经过时光淘洗之后镌刻在心中的印迹,永远无法抹去。

　　1984年我在中山大学硕士毕业,留在中山大学古文献所工作。由于我对建安七子有深厚兴趣,当时尚没有建安七子文集的出版,就产生整理一本《建安七子集》的想法,于是突发奇想,给傅先生写了一信,谈自己的想法,没想到,很快就收到傅先生的一封短信。他很赞同这个想法,但又含蓄地说,中华书局已约了其他学者在做这项工作。我收到信,庆幸这个消息来得很及时,使我避免"撞车"。这是我第一次与傅先生的书信联系。现在想来,当时给傅先生写信确实非常冒昧,自己信息闭塞,孤陋寡闻,而且在文献整理方面的知识准备其实也很不足。傅先生那时研究与行政工作都相当忙碌,还专门给一位素昧平生、初出茅庐的年轻人回信。随着自己年龄与阅历的增加,每想起此事,愈加感悟傅先生对年轻人的特别爱护之情。

　　1998年10月,我参加了中国唐代文学第九届年会暨国际学术研讨会。说来惭愧,我对唐代文学并没有特别的研究,当时之所以参加会议,主要出于一个不那么学术的"功利目的",便是借会议之便去贵州探访花溪、苗寨与黄果树瀑布等胜地。那时,手头刚好有一篇题为《唐代判文文体及源流研究》的论文,便提交作为参会论文(后来发表在《文学遗产》1998年第6期)。此行最大的收获其实不是踏访了诸多名胜,而是认识了傅先生,第一次亲承他的指教。傅先生对拙文颇为欣赏,大概因为该文是从文体学的角度,去研究唐代判文的,可能还比较新颖吧。我已记不清这次会议的具体内容了,只记得我和傅先生在黄果树瀑布前第一次合影留念。那时,傅先生身体偏弱,而精神健旺。2008年12月,在中国唐代文学学会第十四届年会上,在傅先生的建议下,我被增补为中国唐代文学学会第八届理事会理事(我没有参加会议)。在古代文学研究中,唐代文学研究是最为繁荣、成就最高的领域之一,以我极为有限的成果,并没有资格增补为理事。傅先生之意,应是希望我能为唐代文学研究多做一些工作,尤其是唐代文体学方面。

2000年4月,拙著《中国古代文体形态研究》一书即将在中山大学出版社出版,我抱着试一试的念头,写信向傅先生求序,没想到傅先生欣然应允。我喜出望外,赶紧告诉傅先生,书稿先排印,序可以慢慢写,不必赶,等序写完之后再加上不迟。当时傅先生的腕疾已相当严重,手掌和手指都变形了,颈椎、腰椎似乎也都有问题。但他在一个多月内,便通读完这部数十万字的书稿,并撰写了一篇长序。傅先生在序末特别点明:"2000年6月中旬,北京六里桥寓舍,时当数十年来未有之高温。"我读到这段,眼前不禁浮现傅先生抱着羸弱病体,在京城酷暑中挥汗写序的场景。令我尤为感动的是傅先生在序中说:

> 我读这本书,以及读《中国古典文学风格学》、《晚明小品研究》,曾于灯下默想,承学先生治学有怎样一种路数?于是得出八个字,这就是:学、识贯通,才、情融合。再演绎为四句话:学重博实,识求精通,才具气度,情含雅致。我认为,博实、精通、气度、雅致,确是这些年来吴承学先生给学术同行的一个总印象,也是承学先生一辈中的前列者这些年来在其著作成果中所显示出来的艺术才能和精神素质。

我理解傅先生这里"八个字"的总结和"四句话"的演绎,不仅是精心概括而又饱含感情、文彩斐然的一段话,更不仅是对我个人的评价,而是傅先生对我们这辈学者应该具有的"艺术才能和精神素质"的热切期待。我一直认为,傅先生对于年轻人的提携和鼓励,总是不吝赞辞的。作为被称誉者,应该清醒地认识到这是前辈的勖勉之辞,万不可浅薄到因此而自以为是,沾沾自喜。

从九十年代开始,傅先生主编"中国古典文学史料研究丛书",他注意到我在文体学方面的研究成果,便热情来信,约我撰写一本《中国古代文体史料学》的书。这不但是信任我,提携我,其实,也为文体学研究指出一个富有开创意义的新领域和新方向。我非常感激傅先生的青眼和指点,并在文体史料学方面有所用力。但由于自己有其它的工作急待完成,此项目进展很慢。虽然写了一些文章,但觉得并非系统的史料学研究,一直不敢呈教傅先生。现在,已永远失去向傅先生请教的机会了。

傅先生给我最深的印象,就是他一直不遗余力地提携后辈学者,堪称学界的伯乐。古人诗云:"平生不解藏人善,到处逢人说项斯。"傅先生岂止"不藏人善",更是能发现、挖掘年轻人之"善",并利用一切可能的机会,"说"其"善",用其"善"。在文史学界尤其是古代文学研究界,被傅先生发现、举荐而成名的中青年学者,不可胜数。傅先生虽然不是高校的专任教授,但得到傅先生恩泽沾溉者众多,私淑弟子遍及海内外。由于傅先生特殊的身份、地位和气度,受傅先生恩惠的年轻人,或受傅先生推荐出版书籍、发表论文,或参加傅先生主编的书籍编纂,或受到傅先生力荐而得以工作,或傅先生为其书作序等,他们基本上是以学术为纽带与傅先生缔结的师生关系。这在学术界可能是个特例。

在我的印象中,对后辈学者,傅先生从不摆前辈资格,也不以身份和地位居高临下、俯视他人,总是以一种平等、谦和的态度与年轻学者交往与交流。他在拙著序中说:

> 就我个人来说,吴承学先生比我年轻约 20 余岁,按照友人蒋寅先生《四代人的学术境遇》所述,在 20 世纪古典文学研究行列中,我算是第二代,承学先生算是第三代,但我总有一种与吴、蒋都是同一代的感觉,因此每一次在学术会议上,彼此都能促膝而谈,也无"忘年"之感。

傅先生他们是新中国培养的第一代学者,我们则是"文革"后出现的第一代学者。这两代学者都经历过文化的浩劫,都有强烈的学术使命感与理想主义色彩。傅先生曾说:"'文革'结束后最初几年,我们这些学者都有一种兴奋的心情,觉得一场噩梦已成过去,我们已经失去得太多,我们要用自己的努力追回失去的一切。而我们又相信,只要靠勤奋,我们肯定会重新获得。那时国家的前途与个人的追求看来是那样地吻合,人们真纯地相信,我们应当尽自己的一点微力来奉献给这个重新给大家带来希望的美好的社会。"这何尝不是我们这一代学人那时的心声!作为有着直接师承和学缘关系的两代学人,上一代的成果以及他们那种以学术为生命、坚忍不拔的优秀品德,一直是下一代效法的典范。当然,相比之下我们这一代学者受到政治压力与思想束缚毕竟要短暂得多,又得益于改革开放,知识结构、研究方法与眼界都有所不同,研究环境、文献资料等条件更为优越。我们的困扰恐怕不是直接来自政治的重压,而是在名缰利锁的诱惑下如何保持独立的精神与自由的思想。这让我又想起傅先生的话:"我们这样的读书人或学者,不必有什么需求,更不必有什么做官、致富的奢望。如果有什么需求,那就应该是,自己所做的,要在时间历程上站得住,在学术行程中得到认可。"傅先生积 50 年的体悟之言,值得做学问的人好好回味,并深深铭记。

帮助提携年轻人,是傅先生晚年重要的生活内容,甚至可能是一种精神寄托。他对年轻人的请求,似乎来者不拒。他对年轻人的评价与扶持,往往以称誉为勉励。他对年轻人的求助,真是不知疲倦、不畏麻烦,超负荷地承受。这就让人想起《世说新语》里的一句话:"何尝见明镜疲于屡照,清流惮于惠风。"然而,人毕竟是血肉之躯,并非不知疲倦的明镜。所以他有限的精力被分散了,许多精彩的研究被打断了,而他的生命也渐渐被耗损了。

2015 年六、七月间,傅先生已病重住院一段时间了,身体状况很差。有一天,我接到某出版社的电话,他们拟编纂出版一部大型词典类的书,请傅先生当编辑委员会主任,傅先生又推荐几位学者当副主任,其中就有我的名字。我一贯很少参加这些普及类书籍的编纂撰写工作,但傅先生之命当然是不敢违的。不过,想到傅先生在病中仍放不下这些琐事,还为之劳心费神,真是百感交集,很无奈,很心痛。

傅先生对于年轻人的提携、推荐、赞誉,引起过一些议论,也是另有原因的。他对人、对书的评价有时或许会失之于宽,这可能是因为傅先生心地良善,碍于情面,对来自各方的请求无法说"不"吧。或许,还有更深层的原因。傅先生这一代学者年轻时曾生活在恶劣的学术环境中,连续不断的政治运动和残酷斗争,不但影响这一代学者的思想,也影响他们的心态。有些人变得刻薄寡恩,有些人则变得慈悲宽容。傅先生年轻时是受害者,备尝抑压之苦,所以对年轻人的需求与困难能特别同情与理解,也特别关照。我想他是在年轻人身上看到自己年轻时的影子。所以,对年轻人提携和表彰的殷勤真切之情,不是一般人所能理解的。

其实,傅先生对年轻人有一种很高的期待。他在拙著《中国古代文体形态研究》序中说:"我们要有一种高层文化导向的自期……人生总是有压力的,就我个人来说,二十几岁时就承受过难以想象的政治重压,现在也还不时有一些莫名其妙或所谓世态炎凉之压,根据我早年的经验,这就需要有一种'傲世'的气骨。我总是以为,一个学者的生活意义,就在于他在学术行列中为时间所认定的位置,而不在乎一时的社会名声或过眼烟云的房产金钱。"这大概是从司马迁以来中国文人对"名山事业"所认同的一种价值观传统。我感觉到,傅先生在与年轻人对话时,他总是不由自主地联想起自己年轻时代所受到的"政治重压"以及老年时所遇到的世态炎凉。

傅先生为人撰序,习惯通读全书再作序,不作浮泛客套之论,他完全了解作者与书稿存在的问题,但是他又设身处地,以自己的方式提出意见。比如,他在拙著《中国古代文体形态研究》序言中,并没有明确提到该书存在的问题。其实,傅先生在寄来书序时,另附数纸,列出原书稿中存在一些文献和史实上的问题,提出具体和中肯的意见,同时为我寄来相关的参考资料,以供修订之用。他之所以急于把序寄给我,就是希望我能赶在书稿排印之前,先吸取他的意见,把书中的错误去掉,把书稿修订得更好。他深知书稿存在的问题,但并不留在序中揭出,以示高明,而是私下沟通,让我直接改进。傅先生给后辈学者的书序,多以温婉、含蓄的方式,给人以改进、提高的机会,既不违背其严格要求的原则,又细心呵护着后辈学者的自尊心和学术声誉。这是一种仁厚长者之心,也是温柔敦厚的处世方式和传统修养。我回想起年轻时,在一些论文答辩、学术评议等场合中,有时发现别人学术上的一些问题,尤其是那种"硬伤",则痛加贬斥,令人难堪。这固然有认真执着的一面,但潜意识里或许也不无居高临下的优越之感。而今思之,对比傅先生,真是感愧交并的。

　　三十多年前,我第一次与傅先生联系,那时傅先生正当盛年,而我还是二十多岁的年轻人。如今傅先生已飘然远逝,而我亦臻耳顺之年矣。回想往事,慨乎岁月流逝之速,对造化与人生益多敬畏之感。也因为到了这个年纪,我对傅先生又有了更深一层的同情之理解和感恩。

　　　　　　　　　　　　　　　　　　2016 年 12 月写于广州中山大学

悼念傅璇琮先生

宋 红

2016 年 1 月 23 日下午，微信朋友圈里的刷屏信息是：中华书局原总编辑、唐代文学研究会前任会长、著名学者傅璇琮先生在北京辞世，享年 83 岁。在接下来的四天里，中华书局连发了七波"社会各界深切悼念傅璇琮先生"的信函、悼诗、挽联总汇；学术界与先生有过交集的朋友们也在纷纷传图、发文，表达哀悼之情。我发送给中华书局傅璇琮同志治丧办公室的挽联是：

傅璇琮老师千古
究唐考宋　呕心沥血　郁郁辞章　融通文史开生面
树蕙滋兰　怀瑾握瑜　谦谦君子　垂范学林裕后昆
　　　　　　　　人民文学出版社古典部退休编审后学宋红敬挽

一位学者走了，身后能有如此哀荣，清华大学刘石兄的总结非常到位：一是缘于他丰厚的学术研究成果；二是缘于他的学术组织和领导工作；三是缘于他高峻清正的学术品格和谦抑和婉的为人风格。对此，我深有同感。与先生相关的往事也不断在脑海中翻转，我决定记录下来，以表哀思，并为纪念。

记得初次识荆，是 1985 年（抑或 1984 年）在山东济南的李清照学术研讨会上。会议在济南千佛山下的南郊宾馆举行，主办者把我与中华书局文学编辑室的冀勤老师安排在同一个房间，同属一个套间的另外一室安排的是北师大杨敏如先生和人大刘懿萱先生，我们四人共享一个大客厅，那应该是当时最好的房间了,尽管四人共享稍有不便,却让我留下美好的回忆。同时与会的还有中华书局副总编辑傅璇琮先生和文学编辑室主任许逸民先生,冀勤老师常会与他们一起活动,也就带我走近了他们两位。对两位执掌文学典籍出版大业的北大学长,我久仰高名,此番有了亲聆謦欬、随驾同游的机会,真是幸事!

那时,国家拨乱反正的年头还不长,各方面都处于上升期,被耽误、压制了多年的老一代学者正焕发出极大的科研热情,傅先生厚积薄发的力著《唐代诗人丛考》正以打通文史的开辟之功在学术界卷起巨澜,而我只是一个刚刚步入编辑行中的新人。

我提交的论文是《李清照文学成就探因》,从社会环境、家庭环境、女性写作史等方面讨论李清照之所以能够成为著名女词人的原因。会务组安排我做大会发言,发言的另一位"小字辈"来自中国社科院文学所,他的论文是拿外国女诗人萨福的作品与李清照的诗歌作比较。尽管站在大会发言席上的主要还是老一辈学者,但傅先生却在与我们一起散步时说:"我发现这次会上年轻人在往上冒。"我说:"很多年轻人都是在您研究路子的启发下做学问的。横通和纵通的学养,我们很欠缺。"后来在做总结发言时,傅先生也把年轻学者的表现作为本次研讨会的一个亮点。会议论文编成《李清照研究论文选》,1986 年由上海古籍社出版,我的小文也忝列其中。

我感觉傅先生非常敏锐,他觉察到李清照研究中一些新的视角、新的观点正在形成和涌动。会上有人提到李清照再嫁张汝舟事,惹得老一代女学者非常生气,这些从民国走来的大家闺秀,齐聚在我们套房杨敏如、刘懿萱先生的卧室里,义愤填膺地讨伐"再嫁说",认为李清照自述再嫁之事的《上綦崈礼启》是他人作伪。我很能理解她们的心态,但感觉在阅读文本的过程中似乎能找到赵明诚蓄妾的蛛丝马迹,而李清照在赵明诚死后的孤苦伶仃、颠沛流离中选择再嫁也是无奈之举,这并不丢人,"先天下之忧而忧"的范仲淹的母亲在他小时候还带着他改嫁了呢。尽管我的文章没有直接讨论这些问题,但对这些问题的爬梳和清理,是我行文的基础。避开学术观点上的不同,能够叨陪末座,听这些祖母级的女学者忆往昔、谈掌故,也是让人难以忘怀的事。杨敏如老师说我口齿非常清楚,适合当老师。分别的时候还留下了住址,约我到她家去玩。

会议最后的活动是移师曲阜,游览"三孔"——孔府、孔庙、孔林。我与冀勤老师、傅璇琮老师、许逸民老师一同走在孔林里（那时孔林里还没有观光电瓶车），万株古木，郁郁成林，苍松翠柏间，时见已经死去的粗大古柏虬枝蟠曲地矗立在暮色中，使孔林更增肃穆与苍凉。我说："这些死去的柏树比活着的还要好看。"傅先生马上说他也有这样的感觉。（2013年我又去了一次孔林，发现很多死去的古柏都不见了，孔林也失去了当年的肃穆。）

　　一路闲聊中傅先生问我："毕业时你怎么没想到书局来呢？"我说："毕业分配时，班主任老师就是想把我和古典文献专业的同学放在一起，分到中华书局的，但中华说他们只要文献专业的，不要文学专业的。其实文献专业的很多课我都和他们一起上过，他们说我是文献班的编外同学。"傅先生宽慰我说："人文社古典部也不错。"的确，当年人文社古典部是可以和中华书局并驾齐驱的，两边编辑的日常状态都很相似，刚看到老同学戴燕在文章里提到傅先生和中华书局的很多编辑都是八小时之内为单位编书审稿，八小时之外仍然坐在编辑室甚至是住在编辑室，自己笔耕，傅先生夫妇二人更是连星期天都在编辑室度过。我就在中华书局文学室看到过冀勤老师安置在大书柜后面的小行军床。人文社也是一样，因家里住房条件有限，常有人晚饭后继续在办公室爬格子，直至商量好各自使用的房间，在办公室留宿。在没有分到住房之前，我也在办公室住过两三年，虽然生活上有诸多不便，但真的很"出活"，工作效率极高。即便有了自己的住房，我也是晚上九点才离开办公室。傅先生在《〈学林漫录〉忆旧及其他》一文中说："我那时就想尝试一下，在出版部门长期当编辑，虽为他人审稿、编书，当也能成为一个研究者。我们要为编辑争气，树立信心：出版社是能出人才的，编辑是能成为专家学者的。"这话真是说到了我的心坎上。大学毕业时，人文社是很好的分配去向，但我心目中的理想单位是高校或研究所。所以少不经事的本人在业师褚斌杰先生府上赌咒发誓似地说："我准备在人文社苦干十年，到时再和科研单位的同学一决高下。"褚先生平和地微笑着说："用不着十年，五年就行。"后来才发现，褚先生的说法竟然与美国著名演说家、成功的职业咨询师博恩·崔西的"一万小时"理论不谋而合：

　　　任何人只要专注于一个领域，5年可以成为专家，10年可以成为权威，15年就可以世界顶尖。也就是说，只要你能在一个特定领域，投入7300个小时,就能成为专家;投入14600个小时,就能成为权威;而投入21900个小时,就可以成为世界顶尖。但如果你只投入3分钟,你就什么也不是。

　　傅先生在自己的专业领域里专注了一辈子,所以才能变劣势为优势,在原本并不是最为理想的学术环境中取得举世瞩目的卓越成就,成为学科领军人物。傅先生在文章中还说:"我在编辑工作中学到了那时大学环境中学不到的许多实在的学问,这也得力于中华书局在学术界的特殊位置。"我虽然与傅先生所处的时代不同,但深有同感,在人文社古典部三十年的工作历练,也让我受益良多。所不同者,守着以小说出版为大宗产品的人文社,古典部我的业师不看当代小说,也反对我看,认为耽误时间,傅先生他们反倒是对当代作品很关心。

　　一次,傅先生让我帮他看看我们社资料室有没有李劼人的长篇小说《大波》,他想借阅。我们资料室的藏书虽然无法支持学术研究,但却包含了建社之初从上海淘到的一大批稀有版本,其中还真有上海中华书局初版于民国时期的《大波》上中下三部。说实话,我通常不愿意借书予人,即宋诗僧惠崇所谓"薄酒聊邀客,好书愁借人",帮别人从资料室借书则更甚,因为万一还不上要加倍赔偿。但傅先生是例外,先生开口,我就肯定要办好,哪怕最后出现麻烦也要办好。三本书先生借去了很久很久,我打电话询问,先生还来一部,附信说还有两部肯定不会丢,但办公室堆的书太多,一时没有找到,等找到再还。又过了很久,我已作好赔钱的准备,不想先生派人把另外两部也还来了,说在搬家清理办公室时终于找到。先生的诚信让我很感动,原来他一直把这件事挂在心上。

　　大约是1991年,留校任教的张鸣学兄约我在一套丛书里担任《先秦两汉诗卷》的选注工作,因为我大学本科的毕业论文就是《论诗经国风中的恋歌》,我是用恩格斯《家庭、私有制和国家的起源》一书的观点,特别是恩格斯所引述的美国民族学家摩尔根《古代社会》的学说来审视《诗经》恋歌的。丛书名为"中国古典诗歌基础文库",八卷诗除了我的《先秦两汉诗卷》,还有丁夏选注的《魏晋南北朝诗卷》,葛兆光选注的《唐诗卷》,张鸣选注的《宋诗卷》,吴彬、冯统一选注的《唐宋词卷》,叶君远、邓安生选注的《元明清诗卷》,赵秀亭、冯统一选注的《元明清词卷》,李复波选注的《元明清散曲卷》。选注者中四位是我的同窗,还有一位是同行朋友,主编就是傅璇琮先生。丛书1994年由浙江文艺出版社初版,出版后即获得"国家图书奖"提名奖。后来从网上得知,丛书 1996 年重印,2006 年又整编成《历代诗词曲选注》,想必都是出版社的后续动作。

傅先生对这套丛书非常看重,在超过版权时限后,又热心向其他出版社推荐。目前,经过修订增补的《先秦两汉诗卷》已完成校样通读,大约不久即可以新面貌问世。遗憾的是先生已归道山,无法看到丛书成品了。

1982 年,我曾在社科院文学所新学科室主编的内部刊物《中国文学研究动态》第 24 期上评介过日本汉学家小尾郊一先生的力著《中国文学中表现的自然与自然观——以魏晋南北朝文学为中心》,傅先生看到后很感兴趣,主动联系我,要我选译两个章节拿给他,看能否出中译本,惜最终事寝未果,傅先生又把译稿归还于我。1989 年,上海古籍出版社推出了邵毅平翻译的中译本,虽然我没有成为译者,但相信这本书是我第一个介绍给中国学界的,而且我自己已经从这本书受益多多。在此过程中,我体会到傅先生高屋建瓴的学术视角和细腻的工作方式,也感受到他对研究动态的关注和对新人的提携,所以还是由衷感谢他。以后也眼见他把一位又一位新人推向学术的高峰。

令我感到意外的是,小尾郊一这本书的中译本并没有在国内学者中引起应有的反响。也许是中日两国学者研究路数有所不同吧?小尾郊一先生是将中国山水文学(主要是六朝山水文学)放到"自然观"的哲学框架之内加以论述和排比,娓娓道来中揭示出山水文学的流变,如果忽略了总体的哲学框架,便很难体悟作者的用心。最能领悟《中国文学中表现的自然与自然观》一书之神髓的是德国汉学家威廉·顾彬,他的力著《中国文人的自然观》(中译本上海人民社 1990 年初版)直接由小尾郊一的著作生发,但却把研究范围扩大到唐宋以后。对作品的分析更加精细中肯,但哲学框架则还是小尾郊一的。小尾先生的另一位知音是香港饶宗颐先生,他也对这本书大为激赏。

傅先生给我的最后一封信写于 2010 年 5 月 8 日,是谈"中国古典诗歌基础文库"重新签合同之事。抬头就是"宋红先生",这称谓吓了我一跳,以前好像不是这样称呼的(旧信不在手边,无法查对)。虽大家对我的称谓向来驳杂,称兄道弟、呼姊呼妹、唤大唤小、先生小姐、老师教授,不一而足,我都受之欣然,惟傅先生是我的师叔,这样称呼着实令我心中忐忑。但"先生"也可以是泛称,所以也不宜再作分辨。傅先生的师叔身份却是实实在在的。1957 年春天,北大中文系九名年轻教师办了一个同仁刊物《当代英雄》，还未等出刊，便已被戴上右派帽子，受到严厉责罚。境遇最为悲惨的裴家麟（裴斐）先生做了二十年的建筑工人。当时还是学生的傅先生则是戴着帽子被打发到商务印书馆，继而又转到中华书局。同时被打发到中华书局的还有褚斌杰先生，他1979年调回北大，1981年做了我毕业论文的指导老师。而牵头创办刊物的乐黛云老师后来则是我们班的授业老师。共同的遭际，让这几位"当代英雄"惺惺相惜，彼此间建立了非比寻常的深厚的情谊。记得褚斌杰老师第一次带我到裴家麟老师家时，只向裴老师说了三个字："自己人。"

如今，英雄老去，"当代英雄"中我曾有幸与之有过书稿交道的沈玉成先生、倪其心先生、裴家麟先生、褚斌杰先生均已辞世，傅璇琮先生亦离开了他所挚爱的文学事业，想来不免令人伤怀，更令人深切体会到唐代诗人刘禹锡"世上空惊故人少，集中惟觉祭文多"的悲叹。在得闻傅先生辞世噩耗时，我脑海出现的是三十年前在孔林里看到的，生意已尽却仍然矗立不倒，枝干遒劲、气象干云的千年古柏形象，傅先生的音容笑貌正与古柏叠映在一起。

浩浩江湖有所思

——怀念傅璇琮先生

张宏生

　　傅先生过世后,我一直想写些什么,但总感到千头万绪,不知从何说起。不知不觉,一年快要过去了,在这个冬天,终于能够好好地清理思绪,来表达对傅先生的怀念和敬意。

　　我很早就听过傅先生的大名。1982年,我考入南京大学中文系攻读硕士学位,先师程千帆先生在讲论学术时,经常称道傅先生的成就,说他是一位难得的学者型编辑。1984年12月,师兄莫砺锋完成了博士论文《江西诗派研究》,论文答辩在南京大学隆重举行。答辩委员会由9人组成,分别是钱仲联、唐圭璋、管雄、霍松林、徐中玉、舒芜、傅璇琮、程千帆和周勋初先生,阵容堪称豪华。在答辩会上,我负责做记录,因此,就近距离地和诸位先生坐在一起,稍稍领略了各位前辈的风采。那时的傅先生刚刚五十出头,是答辩委员中最小的一位,给人的感觉非常儒雅。答辩中不断有委员提到《黄庭坚和江西诗派研究资料汇编》一书,称赞这部书对研究江西诗派的重要作用,称赞傅先生做了一件功德无量的事。在庸俗社会学笼罩学界的时候,傅先生选择了这个被一般人认为思想性不强的流派,并编出这样一本书,我想,只是因为他对学术有着发自内心的热爱,否则无法解释。

　　傅先生在新时期开始的时候,以研究唐代文学而著称,他在宋代文学方面虽然暂时还没有什么研究著作,但显然学界都公认他是专家,因此,1989年我的博士论文《江湖诗派研究》答辩时,程先生也请他来做答辩委员。可惜,当年的6月下旬,一片纷乱,人心正是惶惑不安之时,傅先生遂临时决定取消行程。这让我失去一次当面求教的机会，当然感到非常遗憾。不过，傅先生的评语非常详细，也让我受益良多。博士答辩后，我承担了其他一些研究项目，直到三年以后，才有机会将论文修订扩充，成为一部比较完整的书稿，并得到中华书局的接纳。1993年底，傅先生来宁公干，我参与了接待，有一天，送他回宾馆的路上，突然福至心灵，尝试性地询问，能否请他为这部书稿作序。当时的傅先生，已经身兼多种职务，自己的研究任务也非常繁重，但他似乎不加思索，就欣然同意，而且，不久就将稿子寄了过来。

对于江湖诗派，学术界以往的研究较少，总体评价也比较低。当然，我的研究也并不是一味要做翻案文章，而是希望从特定的历史背景出发，既肯定其价值，也不回避其弊病，做出尽可能符合历史的解释。傅先生注意到了我的研究思路，就特别指出："对江湖派诗人在南宋中后期所表现出的特殊生活方式，这一诗歌流派的特殊风格，都应放在一定历史时期的社会、文化的大环境中去加以体认，这就有可能超越某些传统观念的个人感情好恶，使人们可以真正具备'艺术家欣赏古代绘画雕刻之眼光及精神'。"从这一点出发，他又对我多有褒扬之语："这部书资料考证与艺术分析并重，背景探索与作品本身并重，在历史学和文艺学这些基本手段之外，广泛使用了其他学科的知识"，"论文作者在几年之前对文学史的理解竟已至如此成熟的程度"，"近于陈寅恪先生所说的'其对于古人之学说，应具了解之同情'。"我理解，傅先生引陈寅恪先生的"了解之同情"之学说，并和清华学风中的"释古"特色结合，来评价这部小书，并不是说这部小书真的达到这个高度了，而是有着非常高的立意，是借着评价这部小书，提出一种治学境界，提出一种学术期待。因此，我将其作为一种鼓励，作为今后进一步努力的方向。

同样是站在一个特定的学术高度，傅先生在这篇序中，提到了师徒授受及群体风格的问题。1983年，傅先生和程千帆先生一起在桂林开会，会上程先生提出了"唐宋诗歌流派研究"的计划，希望能够形成一个系列，而且要和培养学生结合在一起。这在当时的学界，还是比较新鲜的。10年过去了，傅先生借着写这篇序的机会，将我的《江湖诗派研究》和师兄莫砺锋的《江西诗派研究》以及师弟蒋寅的《大历诗风》这三部博士论文放在一起，作了总结，认为这体现了程先生的学术追求：资料考证和艺术分析并重，背景探索与作品本身并重，某一诗人或某篇作品的独特个性与他或它在某一时代或某一流派的总体中的位置,及其与其他诗人或作品的关系并重。研究问题,从具体对象入手,概括出某项可能成立的规律,而不是从已有概念出发,将研究对象套入现成的模式等。正是有了这样的追求,才"形成南大古典文学研究那种沟通古今、融合中西,于严谨中创新的极有生气的学风"。傅先生对程先生在学术研究和培养学生方面的总结,是站在学术史和教育史,以及学科建设的高度来考虑的。傅先生交游广泛,对于学术界的各个层面都有深入了解,对不同高校的学风特色,有着敏锐的判断,特别对于学位制度高速发展的时代所出现的各种状况,有着特定的观察和思考。回望过去,反思学术研究和研究生培养过程中的种种利弊,他的这番话显得更加意味深长。

我拜读过傅先生为学界同道写的不少序,有一个总的感觉,就是傅先生写序,立意非常高。他决不仅仅停留在复述书中内容的层面,而总是会找出其中的若干亮点,并加以发挥,提出一些具有宏观意义的问题,由此及彼,由表及里,往往能给人以很大的启发,引起进一步的思考。这些序言中所闪耀着的思想火花,是当代学术史的一个重要部分。因此,2008年,当他结集自1981年以来所写的73篇序言,出版《学林清话》一书后,我即嘱门人莫崇毅撰一书评。崇毅指出:"在这部《学林清话》中,可以见出傅先生的学术视野、人文关怀、学理思辨和治学方略,综合观之,这就是一部浓缩了的新时期学术史。"这个看法,我也是认同的。

《江湖诗派研究》一书是1993年送往中华书局的,1994年就印出校样,而1995年就正式出版了,当时在学术界也引起了一些反响。不止一次,有人告诉我,这本书的出版,至少在两个方面有点特别:第一,中华书局这样声望崇高的老资格出版社,当时一般都是出版老一辈学者的著作,像我这种初出茅庐才三十多岁的年轻人能有机会,非常特别;第二,据说当时中华书局出一本学术著作的平均速度是四五年,而我这本书送去之后,两年就出版了,也显得很突出。我对出版界的情况了解不多,交游也不够广泛,对这种情形从未深究,但即使这种情形真的存在,我想,可能也是和傅先生的帮助分不开的。事实上,傅先生对我的提携并不是第一次了。1989年,傅先生为现代出版社主编"大文学史观丛书",我的硕士论文《感情的多元选择——宋元之际作家的心灵活动》也被收入其中。我个人有一个习惯,对稿子往往不断修改,对此,傅先生也很是宽容,一直给予鼓励和支持。不过,1989年底,当我又一次斟酌文字,寄到北京后,傅先生就给我写信,说现在最重要的是尽快将书印出来,其他的就先放一放。傅先生不让我再做一般的修改了,其背后折射的是当时普遍的出书难、出学术著作更难的大背景。他完全是出于对我的关心,因为,就当时的情形来看,如果不抓紧时间,由于种种不可预知的原因,丛书课题被取消,出版计划发生变化,也不是没有可能的。

虽然和傅先生认识很多年了,但交往基本上都体现在学术方面,在学术之外的很少。不过,也有例外。1991年,我奉命到中华,将《全清词·顺康卷》的初稿取回修订。全部稿子有十几捆,我和师弟姚继舜二人,难免顾此失彼。为安全计,决定乘坐软卧回南京。但是,在那个年代,购买软卧票是一件非常困难的事,涉及的层面很复杂,并不是有钱就可以。就在一筹莫展,急得团团转之际,傅先生因事路过,他了解了原委,就安慰我们,说他来想办法。第二天,他果然拿来两张软卧票,笑嘻嘻地说:这是请女儿在单位买的(傅先生的女儿好像是在中央机关某部委工作)。傅先生说得轻描淡写,我们却听得非常感动,因为当时的处境,有类于坐困愁城,而且我们也知道,这么短的时间里,傅先生的女儿就买来了票,肯定也不是轻而易举的,但傅先生并不渲染这些,一如既往地平静。遗憾的是,事情的发展,最后仍然是辜负了傅先生的美意。那天,我和继舜兴致勃勃地携带着大批行李,顺利进了北京站,按照标识来到软卧车厢,却被挡在门外。乘务员问我们要证件,说没有证件,不能登车。我拿出身份证,对方却不接受,说必须工作证才行,可是,出差住宿都是用身份证,我并未想到要带工作证,而且,那个时候,大学教师也都没有工作证的意识。继舜当时的身份还是学生,他的学生证也不管用。问为什么身份证不管用,必须要工作证,列车员说,身份证只能证明你有一个证件,但不能证明你的身份。你没有工作证,谁知道你的车票是从哪里倒卖来的?我们怎么能够相信你呢?对她这一番话,我一时倒也不知怎么辩解。好说歹说,就是不让我们上车,只能无可奈何地看着火车徐徐启动,驶向远方。第二天,回到中华,向傅先生解释并道歉,我察觉到他的眼神里有一丝无奈,或许是觉得票这么难买,一番努力,最终全部白费,心有不甘;或许是觉得铁路交通,竟然还会有这样的事,离奇得让人无法理解。不过最后他仍然也只是宽厚地笑了笑,就带过不提了。

大约是从 2000 年起,我受命继续编纂《全清词》,从此,将主要精力都集中在清词的编纂和研究上来了,不少关于宋代文学的想法只能暂时放在一旁。想不到,二十年之后,和傅先生因江湖诗派研究而结的缘,又接续起来。2008 年中,傅先生就职清华大学中文系不久,就提出了编撰《宋才子传校笺》的设想,以与他所主持的久负盛名的《唐才子传校笺》形成一个系列,并体现出宋代文学文献研究的新进展。承他信任,我也接到了邀请函,分派的工作是撰写 10 位江湖诗人的传记校笺,分别是赵汝鐩、徐照、徐玑、翁卷、赵师秀、方岳、叶茵、朱继芳、许棐和周端臣。虽然我久已不摸宋代文献,但傅先生交待的任务,却是不容推辞,当然应该毫不含糊地接下来。在操作的过程中,才知道这件事情并不简单。虽然,二十年前我在撰写《江湖诗派研究》时,曾就当时的条件所及,遍翻相关的文献,以了解江湖诗人的生活状况,但是,现在的情况,和当时相比,已有很大不同,各种稀见资料的出版,以及各类电子检索工具的问世,使得材料的搜集确实比较方便,这当然是一件好事,只是,查到的材料,却又繁冗庞杂,品类不一,必须下一番细致的梳理功夫,才能真正搞清楚。个中甘苦,又不足为外人道也。不过,就我个人而言,能够在当年得到傅先生多方揄扬的领域,为傅先生所主持的这一划时代工程,尽一点绵薄之力,是感到非常高兴的。

2013 年的 10 月 12 日,是我见傅先生的最后一面,当时他来南京大学参加程千帆先生百年诞辰纪念暨程千帆学术思想研讨会,我到他桌上敬酒,感觉他比起以前衰弱不少,不过精神还好,想不到两年多以后,就传来他逝世的消息。傅先生的一生,书生本色,在学术研究的多个领域,都做出了巨大的成就,这些天,读了一些学者,特别是一些受到他提携的学者写的回忆文章,感慨无穷,同时也有一个非常深切感受:傅先生其实并未远去。他的学术思想和他所播下的学术种子,不但生根开花,而且结出了累累果实,在学术事业的发展中,他的精神和风范将永远存在下去。

叶茵在《赠陈芸居》一诗中,曾这样评价陈起:"气貌老成闻见熟,江湖指作定南针。"说的是集诗人、选家、书籍出版者为一体的陈起在南宋江湖诗派形成和发展的过程中,所起到的重要的组织和引导作用。我在撰写这篇文章的时候,不期然地就想到了这首诗。如此类比,当然并不准确。但傅先生不仅学术成就突出，而且平生事业和出版有着不解之缘，作出了重大贡献，他不遗余力地提携和奖掖后进，而又对我的江湖诗派研究给予了热情的关怀，因此，我在结束本文的时候，仍然愿意借用这位江湖诗人的一句诗，以表达对他深深的怀念之情。

2016 年 12 月于香港浸会大学

学领新时代　普惠后生依

——怀念傅璇琮先生

戴伟华

　　知道傅璇琮先生卧病在床，不能行动，我就一直在担忧。每每辗转反侧时，心中郁结更加深重。23日中午得知先生在医院抢救，已无意识，不祥的预感袭上心头。先生仙逝，于中国学术界是巨大的损失；于我而言，更带来一种失去亲人的悲痛！

　　自先生卧床治疗，我的心就一直悬着，但远在南粤，又不能时常在床边侍奉。于是我决定，暑期在先生家附近租一小屋，带上我的学生去侍奉先生一段时间。我知道先生的性格，他不愿意麻烦别人，哪怕是别人对他的牵挂，都觉得是有劳了他人。所以暑期这一趟去北京，我是从白云机场出发时，才打电话告诉师母的。一进门，师母就说："傅先生今天很高兴，念叨了你很多次。"我见到傅先生干瘦憔悴的样子，一股酸涩涌上心头。但先生见到我兴致很高，我也强装高兴地坐下来，和他说话。傅先生说，今天一直想着在华南师范大学的情景，美丽的校园里，我们一起召开的那次唐代文学国际会议。傅先生说话已经很费力，有些含糊，期间，他还提到要推荐我什么。我并不知道事情的原委，但还是忍不住地说："您已病成这样，还在想着我的事，想着别人的事，值不值啊？您要治疗，保养着自己的身体。"我不禁想到，有一篇关于傅先生的访谈，文中凡有名者皆加先生二字，而我只是姓名。有次我故意问傅先生，先生笑而未答。其实，这正是先生的用心之处，先生是视我如门生，如子女的。而我和先生说话，有时较为随便，先生也不责怪我。如他曾和我说，年纪一大，为人写书序有点费力，我就说："可以推辞啊，我帮您去辞。"本以为这次见傅先生，有很多话要说，但忽然间,先生似有所悟,眼睛一亮,说:"我身体不好,我要休息,你快走吧。谢谢!"话很干脆。我一愣,师母在旁插话说:"你啊,自从戴先生打电话来,说下午4点到,你都问过好多次'几点了'? 怎么才说一会又要赶人走。"我这才反应过来,傅先生是不想让我看到他这个状态,不想让我心里难受。从先生家回住处的路上,心中难安,似有千钧重担在身。想想平时要打一次电话给傅先生,都会犹豫半天,怕打扰先生。这次来了,都不能好好陪着先生,哪怕不说话,静静地坐着也好。于是,那一天,我去了先生家三次。

现在坐在书房里,回忆起那天的情景,历历在目,仿佛傅先生一直没有离开过,一直还在和我说话,在叮嘱我。但傅先生走了,他真的忙累了,太辛苦了,或许,他该到另一处安静的地方多多休息。

先生虽然走了,但他的学术不朽。钱锺书说:"璇琮先生精思劬学,能发千古之覆,吾之畏友。"又赞扬傅先生著作"严密缜栗,搜幽洞隐,有口皆碑"。傅先生是学术泰斗,是学人楷模,是学科领路人。

回首过往,我和傅先生交往已近三十年。傅先生对我的帮助很多,我能为傅先生做的事却很少。2006年在北京开唐代文学年会,会议组织我们去金山岭长城考察,我扶傅先生和代表们一起登上长城,给傅先生摄影一张以为留念。傅先生收到照片很高兴,随即来信说:"我现在左腿不便,而此次能爬长城,也极不易,得见长城之照片,也极有感。非常高兴,谨致谢忱。"傅先生的感谢,常常令我惭愧。

我的第一本书《唐代幕府与文学》,是傅先生主编的"大文学史观丛书"之一。在《唐代幕府与文学》的写作、出版和推介中,傅先生的帮助和指导令我感动。傅先生在为我写的《唐方镇文职僚佐考》序中也说到《唐代幕府与文学》的出版:"1989年下半年,在京的几位古典文学研究同行倡议编一套《大文学史观丛书》,并推选我担任主编。有位朋友介绍戴伟华同志的《唐代幕府与文学》,建议列入此套丛书。我一看题目,觉得与我过去在《唐代科举与文学》自序中所谈的相合,就很快决定列入这套丛书首批印行的五种之中,后即由现代出版社于1990年2月出版。自此之后,伟华同志即与我通信,彼此时常谈一些学问上的事情。"当时在中华书局工作的刘石博士撰写书评发表在《唐代文学研究年鉴》上。我后来开会遇到刘石先生,向他表示谢意,才得知撰写书评是傅先生的安排。在和傅先生以后的交往中慢慢明白，傅先生奖掖后学是出于学术事业的发展而不求个人回报，他暗中帮助别人，别人也未必知道。我虽以傅先生为榜样，学习他的为人，并努力实践，但做得很不够。

我的博士论文答辩，主席为傅先生。傅先生其时作为国务院古籍整理出版规划领导小组负责人，事情多，时间紧。正巧当时主管文化出版的中央领导约请他去汇报工作。我和傅先生通过几次电话，并表达希望傅先生能来扬州大学主持我的论文答辩。傅先生表示，争取来。最后一次通话，傅先生说可以来，我非常高兴。我的博士论文是《唐代使府与文学研究》，从源头上说这是傅先生一直想做的研究，傅先生也一直关心研究的进展。请傅先生来主持答辩，我会听到傅先生更多的意见。先生说，最后能来还要感谢中央领导的宽容。他向领导说明，参加论文答辩是学术大事，汇报可否改日，领导同意了他的请求。先生讲这番话的意思是想得到我们的谅解，到最后才定下来扬州的日期，给我们答辩工作安排添麻烦了。当时我真是找不到适当的言辞来回答傅先生。傅先生除了主持我的博士论文答辩外，还参加了任中敏先生百年诞辰纪念活动，他以国务院古籍整理出版规划领导小组负责人的身份发表了"发扬光大扬州学派实事求是的治学精神"的主题演讲。

傅先生和别人联系的方式，除了电话就是书信。我有幸保存了傅先生几十封信札。有一次傅先生来信问我最近在做什么课题，并说："我最高兴的还是看到你的最新成果。"我很快领会到傅先生的良苦用心。在完成《唐代幕府与文学》(1990)、《唐方镇文职僚佐考》(1994)、《唐代使府与文学研究》(1998)以后，我的唐代幕府与文学研究就暂告一段落。此后，我想做唐诗传播和唐代地域文学的研究，花了多年时间作理论上和文献资料的准备，有相当长的时间没有出比较重要的成果。我想傅先生是在告诫我不能放松，要努力，要出成果。

先生八十岁时，我请陈永正先生抄写我作的《傅先生璇琮前辈八十寿辰》诗，事前还有些担心。可陈先生知道我的来意后，欣然同意，说："敬仰傅先生的学问和人品，如能抄写傅先生八十寿诗，深感荣幸。"这首诗被印在商务印书馆出版的《傅璇琮先生学术研究文集》封面上。在重庆开会期间，为了做好先生八十纪念活动，我还是用了些心思。从书籍、图片准备到会场的安排都认真考虑，反复推敲，包括主持人的串词我听了三遍，作了修改。这些工作是想让先生多些快乐。此次活动情况备见刘明华先生的文章。

先生最后几年腿脚确实不好。重庆会议组织去了武隆文化考察,在芙蓉洞前,先生有些犹豫。听说芙蓉洞很美,又是从很远的地方特意来参观的,不能放弃这一机会,我也是第一次来,当然也想看看。见先生如此,我说:"傅先生还是进去看看,我们能走多远就走多远,不勉强。"我扶着傅先生走,相互配合也很协调,因为长期以来,只要我和傅先生在一起,都会搀扶先生参观。有一次会议我未去参加,陈飞兄和傅先生在一起,傅先生借用陈飞手机向师母报平安,说:"你放心,我正和戴伟华同志在一起呢。"陈飞兄每次和我说到此事,都会开玩笑说:"傅先生总是把你放在心上。"游芙蓉洞时,我真切感觉到傅先生精力、腿力不如以前,走进去只有 100 多米,我问先生是否可以,先生说:"我们出去吧,只是让你没有游好。"我说:"机会总是有的,以后再陪您来。"在洞外,时间充裕,谈了许多话,欣赏了洞外的风景,先生心情很好,面对脚下的江水拍了几张照片。傅先生说打个电话回家吧,我用手机拨通先生家里的电话,傅先生讲了几句,就把手机还我并低声和我说:"就说我们在开会呢,回去再说吧。"我知道,师母认为傅先生年纪大了,外出太辛苦,不希望傅先生外出。电话中师母难免会责怪傅先生,傅先生让我说"正在开会",是想借口结束通话。傅先生让我说"正在开会"时,显然很不自在。

先生走了,他的那件土黄的外套被定格了;先生走了,他的成就会被浓笔重彩写进学术史。谨以诗二首,哀悼傅先生:

其　一

寒潮尚未尽,贤向道山归。学领新时代,功齐泰岳巍。

积劳沉疾隐,普惠后生依。犹记轻声嘱,哀思伴泪飞。

其　二

岭南飘雪霰,朔北陨星飞。丛考鸣空谷,翰林对落晖。

清斋科举论,幕府夜传衣。鹭岛凭栏处,初惊大海威。

在参加傅先生哀悼仪式的往返途中,思念之情难以拂去,想起先生生前成果数种,又有短句四首:

其一　唐代诗人丛考

沉积融通久,一鸣惊百家。新彰考据义,功越旧乾嘉。

其二　唐代科举与文学

学问兼文史,敦煌大漠尘。伟哉思勉奖,不负有心人。

其三　翰林学士研究

身弱心尤壮,翰林赋笔功。正清待诏处,李白泣无穷。

其四　李德裕文集年谱整理

党争牛李说,奥义费评商。文谱精诠释,庐山面貌彰。

其学百代者　品量亦百代

——追忆傅璇琮先生

蒋　寅

自上世纪七十年代末，中衰 20 年的中国学术开始复苏，经历三十年的曲折发展，逐渐走上正常的道路，同时积累下一批优秀成果，为海内外学界所重视。在这三十年的学术史中，傅璇琮先生的贡献是极为卓著的，不仅以丰富而精深的著述奠定了他在新时期学术史上的重要地位，更以繁多的学术活动、学术组织和领导工作给近三十年的古典文学研究以极大的推动。

关于傅先生的学术研究及成就，已有不少学者著文作了总结。其中最重要的，我认为是张仲谋《20 世纪古典文学研究的沉思——傅璇琮先生学术思想论略》一文。作者将傅先生历来发表的短论文、序言和会议致词作了非常细致的搜集和梳理，从而使傅先生学术思想的发展脉络完整而清晰地呈现在我们面前。其中不少内容我都是第一次看到，不由得惊讶，我们对古典文学研究的很多想法，其实傅先生早就考虑到并提出来了。他对学术问题和学术趋势的敏锐感觉，后来都一一贯穿于自己的研究中，也体现于多方面的学术规划和组织工作中。相比研究成果来说，傅先生在这方面的工作及成就，谈的人还较少。实则傅先生在这方面付出的心血和精力，决不亚于他自己的学术研究，工作涉及面之广和丰富，也决非三言两语可轻易述说。我从读硕士时就研读傅先生的著作，到北京工作后更时常请益，多年追随，得他言传身教之多，难以缕述，这里仅就印象最深的一些事，略谈一些体会，以寄追思。

傅先生从北大毕业后，曾在清华做浦江清先生的助教，打下学问基础。调到中华书局后，结合编辑业务开展学术研究，对学科基础建设的重要性深有体会。从文学编辑室主任到总编辑,从中国唐代文学学会会长到国务院古籍整理规划小组秘书长,近三十年间他始终致力于古典文学研究的学科基础建设,并借助于所担任的学术职务和个人声望,尽可能地做了许多文献资料整理的组织、规划工作,对于推动新时期的学术发展产生了最大的影响。就我所知,傅先生主持的属于学科基础建设的重要工程就有《唐才子传校笺》、《新编全唐诗》、《隋唐五代文学编年史》、《海峡两岸唐代文学研究成果汇要》、《全宋文》、《中国古代文学通论》、《中国古籍总目提要》等。通过这些大规模的集体合作项目,他不仅实现了自己从编《隋唐五代人物传记资料综合索引》时就形成的有计划地整理古典文学基本资料,以提高研究效率、推动学术快速发展的抱负,同时也培养了一支得力的研究队伍。回顾新时期以来的学术历程,后一辈两辈的年轻学人,恐怕鲜有未参与过傅先生规划、主持的大型合作课题的。

参与这些课题的收获之大自不待言,所得傅先生的教诲更令我受益终身。很多事情当时不能体会,多年后经历相似的情境,方意识到傅先生言传身教,入人之深。他对学术的虔敬和执着,对世俗名利的淡泊,对同辈的谦逊,对后学的若谷虚怀,如春风化雨,润物无声。多年来,中国唐代文学学会能葆有国内学术组织最好的风气,在海内外学界赢得一致的好评,也是与傅先生及其他多位前辈的表率作用分不开的。

我对傅先生的敬仰更缘于自己亲历的许多往事,它们在我心中留下了不可磨灭的记忆。我在读大学时浏览《全唐诗》,发觉戴叔伦诗中杂有不少很可疑的作品。傅先生《唐代诗人丛考》出版后,我立即购得一册,反复阅读。后来读硕士学位,以戴叔伦研究为题撰写学位论文,考索戴氏与同时代诗人的关系,《丛考》更成为案头随时参阅的书籍。傅先生的学术理念和研究方法深深地影响了我,为考辨戴叔伦作品的真伪,我尽力检阅大量古籍,钩索诗人的生平事迹以为佐证。在论文写作中,我既由《丛考》中获得许多有价值的资料和结论,也发现了一些可订补此书的史料,获得若干新的结论。1985年初,我将学位论文寄呈傅先生,希望得到他的教正。他对年轻后生的异议,非但不以为忤,反而褒奖有加。尤其令我感动的是,他将拙文中主要与他商榷的第二章推荐给《文史》,后来以《戴叔伦生平几个问题的考证》为题,发表在1987年3月出版的第28辑上。这对继续攻读博士学位的我,可以想见是多么大的鼓励啊! 而傅先生的提携还不止于此。当时他正主持《唐才子传校笺》的编纂,约请国内众多的唐诗专家对辛书的传记——作史源学的考索,笺疏其所据文献出处。我很快收到傅先生一封信,嘱我撰写戴叔伦传的笺证。要知道,参与这项课题的作者都是国内有数的专家啊,只有我是一个在读学生! 后来我的稿子得到傅先生肯定,让我深受鼓舞,从事学术研究的信心也大为增强。

1988 年我进入中国社会科学院文学研究所工作,一个下午快下班时,我到中华书局拜见傅先生。当时他已任副总编辑,在办公室亲切地接待我,询问我学习、工作的情况,甚至还征询我对唐诗研究前景的看法,完全是用平等的姿态谈论学术,让我非常感动。顺便说到,这也是傅先生长久以来始终不变的学者本色。即使多年后他的学术地位和声望愈隆,面对年轻学人,也还是像当年延接我一样,平易而亲切。走出校门以后,我从前辈学者那儿受到教益最多的就是傅先生。不仅学术上多蒙关心、提携,就是日常交往中也常感受到他的厚爱。有一次闲谈中偶然提到我集邮,不久他就寄给我一些信封上剪下的邮票,后来还送给我非常珍贵的前辈学者手写的实寄封,令我感铭不已。

这么多年追随傅先生,我深知他为培养年轻学人、提携后辈付出了多少心血,多少位年轻学者的著作蒙他赐序。在那个年轻人出书很不容易的年代,可以想见他的序言对后学将会是多么有力的提携。1990 年夏,傅先生在《唐诗论学丛稿》后记中写道:"近些年来,一些朋友在出版他们的著作之际,承蒙他们不弃,要我为他们的书写序。本来,我是服膺于'鱼相忘乎江湖,人相忘乎道术'这两句话的,但在目前我们这样的文化环境里,为友朋的成就稍作一些鼓吹,我觉得不但是义不容辞,而且也实在是一种相濡以沫。"后来他将多年间写作的序言汇为一编,题曰《濡沫集》,正寄寓了这层深心。

从"新时期"过来的学人都不会忘记,在八十年代后期到九十年代初,因为政治、经济环境的变化,学术界曾经历过一段人心涣散、学术冷落的时期。学人对社会环境和自身境遇都异常悲观,坚守学术理想的人越来越少。值此之际,傅先生以他高瞻远瞩的学术眼光和举足轻重的影响力,为年轻学者的著作撰序,无疑是对学术景气的一大激励。后来那一批年轻学者都成了学界中坚,回首往事,无不感念傅先生无私的提携和鼓励。

我自己因熟知傅先生事务繁冗,不忍再给他增添压力,没有请他作序,但多年来承蒙关爱和提携不可更仆数。最让我感铭的是编纂《中国古代文学通论》一事。

早先中国社会科学院文学所承担了《中国现代科学全书》文学类的编纂工作，我负责唐代卷。该书的体例近于学科手册，涉及内容广，要求具有总结性和前沿性。如此高的目标，以个人力量显然是难以实现的，为此我约请唐代文学界多位资深专家分题撰写，最终完成一部既有总结意义、又带有一定的前瞻性，足以代表国内唐代文学研究水平的著作。全书三十多万字，作为一部便于初学的学科手册颇为合适。孰料书稿甫完成，项目却搁浅了。徐俊兄建议我将书稿送呈傅先生，请傅先生推荐出版。没想到傅先生阅后，认为内容、体例都很有特点，不妨做成一个系列，于是嘱我拟一个具体的研究、写作规划，并以中国社会科学院文学所特邀研究员的身份，由我协助申报国家社科基金项目，最终作为2003年度重点课题立项。各分卷主持人分别由谭家健、赵敏俐（先秦两汉）、刘跃进（魏晋南北朝）、蒋寅（隋唐五代）、刘扬忠（宋）、张晶（辽金元）、郭英德（明）、蒋寅（清）担任。本来我是负责唐代卷的，清代卷一时物色不到合适的主持人，傅先生嘱我承担。当时我做清代诗学研究时间尚短，对清代文学及研究者都不太熟悉，决不敢应承。经傅先生再三鼓励，我实在无法推辞，只得勉为其难。

经过两年多的紧张工作，《通论》全稿杀青。在与辽宁人民出版社商谈出版时，傅先生提出让我也署名主编，我感到很惶恐——虽然在项目申请和进行过程中，我做了一些统筹工作，但那都是遵照傅先生的指示，做一点秘书工作而已；况且我在所有分卷主持人中年纪最轻，怎么能与傅先生并列，僭署主编之名呢？我坚执不可，出版社也认为总主编宜傅先生独署。但傅先生坚持自己的意见，最后社方提出一个折中方案，让我署副主编名，各位分卷主持人也予认可，这才议定。谁知几个月后书印出来，封面上我的名字竟然与傅先生并列为主编！不用说这肯定是傅先生坚持的结果。

傅先生对后辈，就是这样的宽厚和奖掖，不遗余力地加以提携，同时对他们的工作也给予充分的肯定和公正的对待。从他的身上，我看到了一个学者的美德和学术领导者的博大胸怀。清代诗论家叶燮曾说过："古人之诗，必有古人之品量。其诗百代者，品量亦百代。"他历数杜甫、韩愈、欧阳修、苏轼乐善爱才、推奖后进的事迹，不禁感叹："自有天地以来，文章之能事，萃于此数人，决无更有胜之而出其上者。及观其乐善爱才之心,竟若歉然不自足。此其中怀阔大,天下之才皆其才,而何媢嫉忌忮之有?"(《原诗》)我觉得,傅先生的学术造诣和学术境界,除了取决于他的才华与勤奋之外,也是与他过人的品量分不开的。在学术方面,我们同样也可以说:其学百代者,其品量亦百代。

从学生时代拜读傅先生的著作,步蹱他的足迹做大历诗歌研究,到参与他主持的项目,在他指导下完成合作研究课题,多年追随傅先生,对他的长者之风感受至深,也从他身上学到许多东西,包括如何对待学术,如何对待批评,如何对待前辈、同侪与后学,如何应对学术环境的异化。多年来,我对傅先生的敬仰和感激一直洋溢在心,没有机会表达出来。2012 年,值傅先生八秩华诞将临,我正在台湾客座,不能躬与盛会,曾撰小文遥献南山之祝,并寄仰止之情。内心默祷先生能健康长寿,永葆学术青春,让我们有更长久的追随!

孰料此后几年,傅先生竟日渐衰弱,听力也明显不济。但他仍旧孜孜不倦地工作着,学术会议和研究生论文答辩也时常出席,仍旧那样乐观开朗。而且无论是会议还是答辩,他都不要人接,自己提着一只布袋,乘公共汽车前往,走也坚辞不要车送。2014 年 6 月,我和傅先生一同出席语言大学韩经太教授三个博士生的论文答辩,傅先生不但根据早年的学术积累对研究生涉及韦应物的论述提出建议,也对一位研究生较新颖的课题谈了自己的看法,让人感到,他真是活到老、学到老,始终未离学术的真正学人。

我想无论为人为学,傅先生都是学界的一面旗帜,学术的一个标杆。他的离去,让我们在悲怆之余,会从内心深处涌出"微斯人,吾谁与归"的悽惶感。从上大学开始,读书、研究、教学垂三十年,本学科的前辈先生很少有没见过的,品格清高者很多,学富五车者也不少,才华洋溢、口若悬河者更不乏其人,但像傅先生这样谦逊律己、好学不倦、虚怀若谷、坦荡无私,对学术怀抱恒久的热情和崇高的责任感,毕生致力于学术事业,鞠躬尽瘁死而后已的学者,真是少而又少。这也正是傅先生格外受学界尊敬的原因。我们总说人无完人,但我们想到傅先生时,就会觉得这句话也有例外。

傅先生,你让我们永远怀念!

润物细无声

——感怀傅璇琮先生

王兆鹏

如果有人仿《宋元学案》之例,做当代学案的《璇琮学案》,我希望能忝列傅璇琮先生的门墙。这不仅仅因为傅先生是我的座主之一(博士论文答辩委员),更是因为我在求学历程中深受傅先生的教益。我的治学理路、读书方法很多都得自于傅先生。学者的学术生命,不仅存在于自己的著作中,更在他人的著作中延续。在我的学术著作里,就处处闪现着傅先生思想的灵光。

我做群体研究的理念,是导源于傅先生。那是读博士一年级的时候,我苦苦寻求古代文学研究的突破口,憧憬着自己写博士论文能突破旧有的研究格局,但一时找不到努力的方向。恰逢在中国社会科学院读博士的大学同学张首映主编《中国二十世纪文学研究论著提要》一书,约我撰写傅先生的《唐代诗人丛考》、《李德裕年谱》和《唐代科举与文学》三部著作的内容提要。于是,我细读了这三部专著,读完豁然开朗,欣喜地发现傅先生的著作中融注着一种群体研究的新思维,觉得应该可以由此着力突破传统研究的模式。当时写了一篇题为《传统的突破——傅璇琮三部学术著作述评》的书评,记录我阅读这三部著作所受的心灵震撼与思想启示。有了这种群体研究的理念,而我事先做过张元干等南渡词人的年谱,所以,我的博士论文就很自然地以《宋南渡词人群体研究》为题。论文写成后,颇获前辈学者的首肯嘉许。程千帆先生的论文评阅意见书的第一句话就是"这是一篇相当优秀的博士论文",给了我莫大的鼓舞。论文正式出版后,颇得词学界的关注和认可,获夏承焘词学奖一等奖。这篇博士论文,是我进入词学界的投名状,也是较早从群体角度研究词史的专著。自此以后,词人群体研究渐成热点,诸如南宋中兴词人群体研究、南宋遗民词人群体研究、南宋江西词人群体研究、宋代女性词人群体研究、金代词人群体研究,元"凤林书院"词人群体研究、清初广陵词人群体研究、清初遗民词人群体研究、咸同时期淮海词人群体研究、晚清临桂词人群体研究等论著层出不穷。追根溯源,这些词人群体研究论著,都是傅先生群体研究的思维之花结出的果实。

让我终生受用的一网打尽的读书方法,也是"私"承傅先生的家法。1988年春,中国社会科学院文学研究所的沈玉成先生,到南京师范大学参加我同门师兄钟振振、师姐王筱芸的博士论文答辩。答辩前,我陪他散步聊天,当时我正在阅读傅先生的《唐代诗人丛考》和《李德裕年谱》,于是就问起虽未谋面却十分景仰的傅璇琮先生的有关情况。沈先生告诉我,傅先生好读书,即使是劳动改造、人生处于低谷的时候,也不停地读书,而且很会读书。他读一本书,总是把书中眼前要用和将来可能有用的资料一网打尽。常人读书,总是研究什么问题就在书里找什么材料,而傅先生是事先有一个通盘的研究计划,脑海中储藏着许多问题,读一本书,就把书中所有与自己关注的课题相关的资料全部钩沉出来以备用。比如读唐人的文献,既关注和搜集有唐一代诗人的生平资料,又同步搜罗有关唐代文化、典章制度方面的材料。别人做作家生平考订,往往是一家家地考、一家家地做,而傅先生能够一群群地做,从而写出《唐代诗人丛考》这样多位诗人生平考订的集合型著作。《唐代诗人丛考》(1982)问世不久,又相继出版《李德裕年谱》(1984)和《唐代科举与文学》(1986)这样考论结合的著作。我牢牢记住了沈先生私下传授的傅先生这种一网打尽的读书方法,并用之于平时的读书实践,果然非常有效。我在收集张元干等南渡词人的生平资料时,也同时收集有关词人的行为方式、互动关系、生活状态、心理状态以及民族心理、社会风尚等方面的资料,还同时留意收集文学传播方面的资料。因为南渡之际各方面的史料积累较为丰厚,所以,后来写博士论文《宋南渡词人群体研究》时,资料运用起来就很得心应手,几乎是信手拈来。博士论文完成之后,我又很快写出了《宋代文学的单篇传播方式初探》等文学传播研究论文,并在《文学评论》上正式发表。这些论文的资料,都是学习傅先生的读书方法搜集到位的。后来我把这种读书方法概括为"网罗法",写进了我谈读书方法的《读书"五法"》之中,颇受年青学人的关注。可以说,我的博士论文《宋南渡词人群体研究》,从资料收集到思维路向、研究方法,都深受傅先生的启迪和影响。

我在《文学遗产》发表的第一篇论文,是得力于傅先生的推荐。1988 年上半年,我把写好的书评《传统的突破——傅璇琮三部学术著作述评》寄给未曾谋面的傅先生。当时读博士研究生,并不要求发表论文,我写这篇书评纯粹是有感而发,只为练笔,提高论文的写作水平,并没有想到要发表。寄给傅先生,目的是向他求教,请他印可,看文章所总结的研究方法和思维路向是否符合他的初衷,毕竟文章得失寸心知。书评寄出几个月后,出乎意料地收到《文学遗产》编辑部陶文鹏先生的来信,说《文学遗产》准备刊发《传统的突破》一文,因篇幅过长,让我做些删节。我并没有将文稿投给该刊,与陶先生也素昧平生,突然接到他的用稿函,很是喜出望外。陶先生随信寄来傅先生的推荐信,我才明白是傅先生将拙作推荐给《文学遗产》。傅先生的推荐信是写给陶先生的,大意是说:近日接到南京一位青年学生写的一篇论文,是评论我的三部著作。近年有关我几本著作的书评已有不少,但都是一书一评,这篇文章是总评我三部著作的研究思路和方法,觉得有些见解,你看能否在《文学遗产》刊出?信中充满着对晚辈后学奖掖提携的深情,我读罢感动不已。因为傅先生的推荐,书评发表在《文学遗产》1989 年第 2 期上。当时是无名小卒的我,能在学人心目中高大上的《文学遗产》发表论文,那份激动、那份感恩,至今还萦绕心头。陶文鹏先生来信,对我也多有鼓励,嘱咐我继续为《文学遗产》投稿。陶先生的鼓励,提升了我的学术自信,于是把新写就的论文《论“东坡范式”》寄给他。文章很快就发表在《文学遗产》1989 年第 5 期上。初出茅庐的我,一年在《文学遗产》发表两篇论文,信心大增,从此成为《文学遗产》的忠实读者和作者。20 多年来,我在《文学遗产》发表了近 20 篇论文。饮水思源,不能不感恩傅先生当年的举荐。

我主持的第一个国家社会科学基金项目,也是得益于傅先生的点拨。1990年 6 月,傅先生作为答辩委员到南京师范大学参加我的博士论文答辩,对我的论文赞赏有加。答辩过后,他告诉我可以把论文的思路进一步拓展,申报国家社会科学基金项目。我当时都没听说过国家社会科学基金这个名目。经傅先生的指教,我才明白是怎么回事,并鼓起勇气,到学校科研处拿来一份国家社会科学基金的申报表,以《唐宋金元词史研究》为题申报。毕业离校回到湖北大学任教之前,将申请表提交给南京师范大学科研处。当时既不知道评审的流程,也不知道评审的结果什么时候公布。项目申报表上交之后,就渐渐地淡忘了。1991年春,湖北大学科研处突然通知我,说南京师范大学科研处转寄来国家社会科学基金的立项通知函。我当时懵懵懂懂申报的项目居然获得立项,并得到6000元的项目经费,实在是惊喜和意外。后来才知道,那是国家社会科学基金启动后第一次资助。不是傅先生的提携,无名小卒如我,哪有机缘喝上国家社会科学基金的头锅汤。项目的结项成果《唐宋词史论》,后来在人民文学出版社正式出版,并先后获得夏承焘词学奖一等奖、教育部人文社会科学研究优秀成果二等奖。这些成果和荣誉,都是拜傅先生所赐。

我在中华书局出版的《全唐五代词》和《词学史料学》等著作,更是傅先生亲自规划和约稿的。上世纪80年代上海古籍出版社出版过张璋、黄畬先生编的《全唐五代词》,因为存在的问题较多,学界期待能重编《全唐五代词》。1990年6月,傅先生到南京师范大学参加完我们的博士论文答辩后,特地约请我的博士生副导师曹济平先生、同门师兄肖鹏和我商谈,希望我们三人来重新编纂《全唐五代词》,以与唐师圭璋先生编纂的《全宋词》、《全金元词》形成系列。当时我们欣然承诺,并由肖鹏执笔,草拟了编纂凡例和校勘细则。但不久,曹济平老师退休,肖鹏离开高校到深圳另谋发展,编纂工作一度中断。1992年6月,由于傅先生的努力,《全唐五代词》被列为国家古籍整理出版规划领导小组制定的《中国古籍整理十年规划和"八五"计划》的重点项目,编纂工作又重新启动。经傅先生协调,编纂中心移至我所在的湖北大学,由我的硕士导师曾昭岷先生领衔,曾先生、曹济平老师、同门刘尊明和我四人共同编撰,而由我负责项目运作。我当时年方35,学术上如小荷才露尖尖角,傅先生就将编纂断代总集的重任交给我,体现出傅先生对我的信任和期许。在编纂过程中,傅先生又给予了多方指导。我印象最深的是,如何划定唐词的边界,哪些作品该收,哪些作品不该收,纠结难定。当时我们提出分正副编的办法来处理,正编收录可确考为词之作,副编收录前人误诗为词之作,并就此写信广泛征询词学界的意见。结果反馈回来的意见莫衷一是,弄得我们无所适从。于是向傅先生请教如何处理,傅先生回信指示,既然大家意见难以统一,就自定唐词标准,自划边界,并严格执行,不自乱体例。最终,我们听从了傅先生的建议,解决了一个既是词学理论又是编纂实践中的难题。编纂成书后,获得学界的认可,1999年初版以来,已多次重印,成为唐五代词作的定本文献。

我的《词学史料学》，作为傅先生主编的《中国古典文学史料研究丛书》之一种，更是在傅先生的具体指导和督促下完成的。1997年，傅先生就来函约我写《词学史料学》，当时我虽然将任务应承下来，但由于担任湖北大学人文学院院长，无暇兼顾学术研究，一直拖到2000年辞去院长之职、调到武汉大学任教后，才在傅先生一再来信催促下着手写作。正式写作之前，曾将拟定的全书目录框架寄呈傅先生，得到他的认可和指教。书稿完成后，又寄给傅先生过目，他审定后才交由中华书局出版。

我先后获得夏承焘词学奖一等奖的三本词学著作《宋南渡词人群体研究》、《唐宋词史论》和《词学史料学》，都受过傅先生的思想启迪、关怀和指导。甚至可以说，没有傅先生，就不会有我这三部书的诞生。不是傅先生群体研究思维的启迪，我不会想到做《宋南渡词人群体研究》；不是傅先生的指点，我不可能申报《唐宋金元词史研究》的国家社科基金项目，自然也就没有其结项成果《唐宋词史论》；不是傅先生约稿和一再督促，我压根不会想到写《词学史料学》。

在我的学术成长过程中，得到傅先生扶持、奖掖与指教的远不止这些。1996年在西安举行的唐代文学年会上，是傅先生的推荐，我被补选为唐代文学学会理事。又蒙傅先生信任，将筹办下一届唐代文学年会的任务交给我，后来和友人尚永亮教授联手，在武汉大学成功主办了中国唐代文学学会第十届年会暨唐代文学国际研讨会，丰富了我主办大型国际学术研讨会的经验。2009年，我申报国家社会科学基金项目《20世纪唐五代文学研究论著目录检索系统与定量分析》，有人对定量分析的方法在古典文学研究中的运用提出异议，傅先生又力挺我的研究方法，认为将计量分析方法引入唐代文学研究是一大创新，该项目因而顺利得以立项。有感于傅先生的支持，我竭尽所能，做好项目，以回报傅先生的信任。最终的结项成果被评为优秀，已在《文学评论》、《社会科学战线》等刊物发表了10多篇系列论文。2011年，我和门生合作出版《唐诗排行榜》，网络上有不少非议，有人认为审美的文学不宜用数据来统计分析，有的只是看了新闻标题而没细看原书，不了解我们为什么做和怎样做的唐诗排行榜，嘲讽挖苦之声不断。傅先生又在《光明日报》发表书评，对我们的研究方法给予充分肯定，从而坚定了我用计量分析方法研究古典文学的决心。我和我的团队还在继续用计量分析方法研究古代文学,力图将古代文学的计量分析方法不断完善和深化。同年,傅先生主编的《宋才子传笺证》,在辽海出版社出版,并获得 2011 年度全国优秀古籍图书奖一等奖。我作为其中《词人卷》的主编,也分享了傅先生带给大家的荣光,更主要的是,跟随傅先生做项目,学到了组织运作大型学术项目的方法路数,更亲身感受到傅先生那种高瞻远瞩的学术视野、高度负责的学术精神、一丝不苟的治学态度以及诲人不倦的人格境界。

　　自上世纪 80 年代以来的古代文学界,如果要评选成果丰硕、成就卓著的学者,可以有很多候选人;但如果要评出一位既自身取得卓越成就,又对学科发展有着战略性规划和实质性推动,奖掖后进不遗余力、衣被数代的学术领袖,则非傅璇琮先生莫属。傅先生作为一位学术大家,受其职业身份的限制,入室问学者有限,然而直接或间接地受过他教益扶持的后进学者却是不计其数,如春雨润物,大爱无声。如今先生远去,学界痛失领袖,我也痛失良师。今后立雪无门,呜呼痛哉!

怀念傅璇琮先生

伏俊琏

　　2016 年 2 月 27 日,我应邀参加复旦大学中文系王水照教授为首席专家的国家社科基金重大招标项目《中国古代文章学著作汇编整理及综合研究》开题报告审议会,会上见到陈尚君老师。他说要编傅璇琮先生的纪念文集,让我写篇短文。我非常感激,傅璇琮先生学术成就可能说是泰山北斗,仰之弥高,诸多先进时贤已讲过了。我作为"地居下国,路绝上京"的偏远地区的一位学人,多年来受到傅璇琮先生的关怀。先生多次说过:正因为你们所处比较偏远,我才更为关注,想力所能及地多支持一点。

　　1980 年中秋,我在兰州古籍书店买到先生的《唐代诗人丛考》,这是我读先生著作的开始。先生也签名送过我好几本书:《唐翰林学士传论》、《唐代科举与文学》、《唐诗论学丛稿》、《李德裕年谱》、《濡沫集》、《当代学者自选文库·傅璇琮卷》,而先生主编的《唐人选唐诗新编》、《河岳英灵集研究》、《唐五代文学编年史》、《唐才子传校笺》更是我案头经常翻检的。

　　2012 年,由甘肃五凉古籍整理研究中心组织编纂的《中国华北文献丛书》由学苑出版社全部出齐。本丛书收录历代稀有文献 450 余种,傅璇琮先生担任主编,首发式在兰州举行。首发式结束后,本来要答应来西北师大讲学的傅先生因事当天得回北京,他约我就西北师大国学研究的相关事宜做了一个多小时的谈话。记得他说,清代中后期以来,"西北学"兴起,改变了乾嘉以来的学术格局,敦煌学、简牍学,就是西北学的发展。西北师大的国学研究,一定要抓住自己的优势。回到北京后,他给寄来了好几幅大小不同的题字"西北师范大学国学院"。后来知道学校不同意建立国学院，又题写了几幅大小不同的"西北师范大学国学中心"。希望我们把有特色有优势的西北师大的国学研究开展下去。谆谆教诲，令人难以忘怀！

2014年春，我把刚刚出版的拙编《敦煌文学总论》寄给傅先生，很快就得到先生的回信。先生信中特别提到：近若干年来，我是尽可能地推荐年轻学者的著作，你们西北的学者，我更要推荐。遵照先生的意见，我把《敦煌文学总论》的写作情况向先生做了书面汇报。不久，先生就寄来了他整理的书评稿。除了粘贴了几段我寄给他的打印稿文字外，其馀皆是他密密麻麻的亲手书写。我把先生的手稿整理打印寄给回不久，就得到先生重病住院的消息。一恍一年多时间过去了，先生身体状况一直不佳。2015年11月，我到北京电力总医院看望重病的傅先生，先生很虚弱，听力尤其差。但他仍记得这篇文章，还说：请柴剑虹先生看看，以他的名字发表吧，他是敦煌文学专家。我告诉先生，您去年已给柴先生讲了，柴先生说，傅先生用了那么大的功夫，还是以傅先生名字发表为好。

2016年1月23日下午16时左右，我看到唐代文学学会会长陈尚君教授的短信，说傅先生已经于中午去世了。我茫然坐着，好长时间没有动，眼前总是浮现傅先生的音容笑貌。我从书架上取下先生送我的七种有签名的书，还有我30年前购得的《唐代诗人丛考》，以及我近来常翻阅的《唐代文学编年史》，摩挲翻阅，从先生著作的字里行间和签名感受这位著名学者的生命脉搏。"所不朽者，垂万世名；孰谓公死，凛凛犹生。"我把南宋辛弃疾悼念朱熹的文字抄录在《唐代诗人丛考》的扉页，作为此时此刻对先生的悼念。17时，我给陈尚君教授发去了挽联：

> 文章览胜，诗学探微，天下学人能有几；
> 师哲云亡，唐音寂寞，京城流水不堪听！

当天晚上，征得王胜明执行院长的同意，我以西华师大文学院、国学院和四川省古代文学特色文献研究团队的名义，给傅璇琮先生治丧委员会发去了唁电：

得知傅璇琮先生不幸逝世,不胜悲悼。傅先生不仅是著作等身的著名学者,而且非常关心我们偏远地区的传统文化研究和学科建设事业。2015年,西华师范大学建立了"四川省古代文学特色文献研究团队"和国学院,傅先生不但答应作研究团队的学术顾问,还给我们的学术辑刊《古代文学特色文献研究》惠赐宏文。今辑刊尚未出版,先生却离我们去。我们深感悲痛,请向傅师母转达我们的问候,望节哀!

唁电末也引用了这幅挽联。

十分幸运的是,当晚在傅先生家设置灵堂,这幅挽联就被选用,作为全体弟子表达心声的文字,挂在先生遗像两侧。27 日在八宝山先生追悼会的灵堂正方,也选用了这幅挽联。傅先生的弟子、著名学者、南开大学卢盛江教授,在傅先生去世后,长时间沉浸在悲痛之中,他多次书写这幅挽联,表达对傅先生的悼念。2 月 25 日,卢先生来信:"明天为傅先生仙逝第五周,是为'五七'。冒昧再书兄撰挽联,欲明天'五七'之日作为缅怀之念。"

怀念傅璇琮先生

胡可先

今晚惊悉傅璇琮先生不幸病逝的消息,万分沉痛。今天又是多年来杭州最冷的一天,大概是上天也为傅先生之逝世而悲伤,故而南方的杭州也降下了漫天大雪。我在为浙江大学中文系撰写了悼念傅先生的唁函发送给中华书局之后,对于先生的感念不断萦绕心头,思绪一下回到了三十年前。

那还是在 1985 年的下半年,因为业师吴汝煜先生的介绍,又蒙傅先生不弃,得以参加其主编的《唐才子传校笺》。我当时只是一个 25 岁的青年学子,对于傅先生是高山仰止,而傅先生对于年青人的提携却是不遗余力,我的感激之情实在是文字难以形容的了。在傅先生的指导下,我与吴汝煜先生共同完成了该书第五卷共二十余万字笺证内容。这对我而言,是进行学术训练的最好机会,也使得我较早地进入了唐代文学研究领域。该书 1989 年由中华书局出版。2003 年,傅先生在《政治兴变与唐诗演化序》还提到这件事说:"我与胡可先同志的学术交往,自 20 世纪 80 年代中期即已开始。那时由我创议,编撰《唐才子传校笺》……这实际上是对唐代近四百位诗人的生平就史料方面作一次系统清理与考索,难度是相当大的。……那时胡可先同志还是二十余岁的年轻学人。"这件事我是永远铭刻于心的。

我第一次见到傅先生,是在 1988 年太原召开的唐代文学学会的第四届年会上,他平易近人对后辈关怀有加的情景我迄今还记忆犹新。从此以后就不断有书信来往,也常同时参加一些重要学术会议而得到当面请谒的机会。在我认识傅先生之后,先生举凡出版著作,大多会寄赠于我,我对傅先生的著作,也就会更认真地阅读与学习。有所心得，则会形诸文字，写成书评。而且我写书评的时候，有一个习惯，除了阐述该书的学术价值之外，常常会找出缺失，提出建议，这在当代的学术界往往是不合时宜的，而我这种做法，却得到了傅先生的赞赏和鼓励。比如我给傅先生《唐代翰林学士传论》的《盛中唐卷》写过书评，而傅先生在后来出版《唐代翰林学士传论》的《晚唐卷》时说："此书（按即《盛中唐卷》）一出版，就受到学术界的关注，并得到首肯。……但学界对书中所述也有提出探讨意见的。如胡可先教授认为翰林待诏、翰林供奉并非同一职务，而是存有演变与更迭的关系；又指出，关于翰林学士所撰制诏文体的文学与文化价值，关于《蒙求》的境外文献，日本学者已有可观成果，书中未及引用。……这些，我都深受启发、教益。学术研究是不断探索的进程，有所得，也会有所失，这就要在自我摸索并广泛吸收意见中踏实行进。宋人叶梦得有云：'古之君子不难于攻人之失，而难于正己之是非。'这应当是做学问的君子之风。"傅璇琮这种"正己之非"的君子之风，也是我们后辈学者需要学习的楷模。

从读傅先生书、评傅先生书、与傅先生共同著书的过程中，深感傅先生具有虚怀若谷、奖掖后学的大家风范，这种风范也在不断激励着后辈学者平静地读书，真诚地做人，扎实地做学问。

追求学术的理想

一

去年，南开博士论文答辩会上，卢燕新给我看了傅先生在病床上校对稿件的照片，我的心灵是被深深触动的。突然想起傅刚有一次跟我说起，曹道衡先生临去世前反复吟叹"出师未捷身先死，长死英雄泪满襟"的场景。学者，在世人的眼里，要么是过于迂腐清高，要么是不通世务，他们与人间的感情，好像是绝缘的。可是，世人又怎知道，"无情未必真豪杰"这样的话，原是为真正的学者们说的。学者是人类祥瑞，他们的人生原本就可歌可泣。傅先生逝世了，在北京三十年来最冷的夜晚逝世了，留在我眼前的他，就是照片里病床上校稿的样子。

先生的一生，是追求学术理想的一生。"书生报国成何事，只有诗骚李杜魂"，这是叶嘉莹先生的名句，同样也适合傅先生，虽然两人的学术方向是不同的。我记得最早拜识他的名字，是在业师吴熊和先生的课上，他说到两个人，一个是钱锺书，说他如何博学，学贯中西，《管锥篇》是如何的奇特；另一位就是傅璇琮先生，说他在"文革"中被打成右派后，外面热火朝天地搞革命，他一个人在中华书局的古籍书库里，考证唐代诗人们的生平，解决了许多前人没有解决的问题，最后撰成《唐代诗人丛考》，出版后惊动了学术界。就象当年叶嘉莹的《迦陵论词丛稿》惊动学术界一样。但是，前者是逆境人生的学术。做这样学术的人，还有不少，有裘锡圭先生，有项楚先生，有我们杭州大学中年早逝的郭在贻先生。当然，其他好多人也都在坚持，默默无闻地坚持，就像我的恩师陈贻焮教授。他最好的诗词，我认为就是"文革"时候写的那些诗，寄兴于草木，以宣释其内心的无法解释的情绪。我不想强作解人，我承认我对他们当日的处境与心态，并不能真正了解。但是，我坚信一点，他们都是在追求报效祖国、实现学术人生的途中，遭遇了折翅的命运。但这是他们后来杰出学术成就的起点，他们都是像司马迁一样，发愤著书，期待藏之名山，传之后人。

傅先生无疑是一代文史学人的杰出代表，追求学术理想是他们这样的人物的人生目标。而其一生的努力，就在于要实现他们的学术理想！学术理想的具体内涵，每一代人是不一样的。汉人有汉人的学术理想，宋人有宋人的学术理想，明人、清人，也都有他们的学术理想。这里面的是非曲直，高下利钝，尽可付后人来评说。但无疑的，每一代杰出学人都是执著于自身的学术理想、矢志以求的人物，他们是人类的祥瑞，是中华民族的脊梁骨。

二

我第一次见到傅璇琮先生，是在 1985 年进行硕士论文答辩的时候。我的硕士论文题目是《关于黄庭坚研究的几个问题》，其中主要的参考文献，就是傅先生早年编撰、中华书局出版的文学资料丛编之一种的《黄庭坚与江西诗派》。可以说，没有那本书，以我当时的能力，是没有办法写出硕士论文的。也因此，我对傅先生特别的亲切与崇拜。由于这种关系，加之我的导师蔡义江先生与傅先生是中学同学，也是学术上的好友，所以自然就邀请傅先生主持论文答辩，另一位主持人是华东师大的马兴荣先生。印象中好像是马先生主持师姐李越深的"江湖诗派"研究的论文答辩，而傅先生主持我的有关黄庭坚研究的论文答辩。我答辩时很是捏了一把汗，不知道是否能够通过。

当时我与蔡老师一起去笕桥机场接傅先生。这是我第一次去飞机场，第一次坐小轿车，所以来去的路上都晕得一塌糊涂，肯定让蔡老师很不满意。这是什么样的学生，连接个人都不会！也幸亏有蔡老师陪我去接傅先生，不然的话，我简直不敢如何面对。在蔡老师家陪傅先生吃了晚饭,心情开始放松下来了。我惴惴不安地说起论文,并且诚恳地说,如果没有您的《黄庭坚与江西诗派》,我这篇论文也无从入手,这本书对江西诗派研究的兴起实在是关系极大。傅先生也说,华师大有祝振玉,复旦有黄宝华,都是做黄庭坚研究的,"我的那个资料汇编,似乎真还起了一点作用"。这样一说,气氛就融洽多了。让我再次崇拜不已的是傅先生的那一笔钢笔书法,漂亮极了。后来到北大才听说,当年金开诚、傅璇琮、沈玉成三人,不仅气味相投,而且字都是一样出色!三位先生的字,的确都是很漂亮,就钢笔字来说,堪称精品!今天的人,看到明清文人的书法,为之倾倒,我相信今后的人,看到诸如傅璇琮等三位的钢笔字,也会叹为观止的。

我在硕士毕业后,被分配到温州师院教书,略有怀才不遇之感(其实是少不更事),为与友人买钱锺书《谈艺录》事,写信给傅先生。也许是信中不自觉地流露某种失意情绪,傅先生大概误认我要求助于他解决进学问题,故在回信中谆谆而言,要我不要有任何幻想,要努力于学业。此语让我铭记终生。

三

1987年,我考进陈师门下,报到后首先要去的两个地方,一是《文学遗产》编辑部,另一个就是去中华书局拜访傅先生。傅先生当然也很高兴,说了一些鼓励的话。三年后博士论文答辩,我提到与傅先生的渊源,陈先生就请傅先生与沈玉成先生做主持人。他们原本就是极熟悉的好朋友,傅先生自称与陈先生的关系,是亦师亦友,陈先生出版《杜甫评传》,请了两个人写序,一位是他的老师林庚先生,一位就是傅先生,其渊源之深,可以想见。也因此,傅先生第二次主持了我论文答辩,我也第二次欣赏了他那一笔漂亮的钢笔书法。他给我写的论文评议书与答辩委员会决议书,我至今仍然宝藏在箧。

这么多年来,无形与有形之中,我受傅先生的扶植,是难以一一详述的。傅先生每有著述,都是亲笔签名赐读,让我感荷不已。当然,与傅先生接触最多还是在学术会议上,尤其是唐代文学年会上。每次聆听他的学术演讲,我都深深感受到,他对于唐代文学研究,心中就有一盘棋,了了分明,所以才能引领近二十年间中国唐代文学研究,堪称这个时期该领域的第一人。但傅先生的学术目标，绝不仅仅局限于唐代文学，他对于汉魏六朝文学、宋代文学，都是极为熟悉的。尤其是他在宋代文学方面的造诣，实不亚于其在唐代文学方面。此外，学术界一般的看法，好像认为傅先生主要是做文献考证与史料整理的。这其实是有所误解，傅先生是一位文学史家，他的所有文献与实证性的工作，都是以文学史研究为宗旨的，最终是为了解决文学史的问题，让研究建立在实证的基础上。当然，他进而也会延展到其他种种历史的、审美的研究。

最后一次与傅先生参加学术活动，是在他的家乡宁波召开的王应麟学术会议。我对于王应麟本无深研，但傅先生却亲自来电嘱我参加，我自然勉力为之，撰写了关于王应麟学术思想与文学创作的论文。这无疑是有助于我的学术视野的开拓的，为此我深深地感谢傅先生的信任。茫茫夜色中，从天一阁驰归四明山庄的路上，我第一次与傅先生拉起了家常。他说在宁波还有一个妹妹，明天他们要见面。我从他身上感受到浓浓的家乡情结。傅先生晚年的一项重要学术事业，就是主编《宁波通史》，他向我讲述了这个呕心沥血的经过。宁波人民说，傅璇琮是他们的永远骄傲，就象王应麟是他们的永远骄傲一样，这就是以学术为人生理想，以追求理想的学术的为人生最高目标的人的归宿！

昨天，我写了一幅挽联：

> 两度持文衡，渝被自应尊座主；
> 频年疏问候，疏慵不敢称门生。

言不达意，聊寄哀思，并用以纪念傅璇琮先生可歌可泣的学术人生。

迟到的追思

李　浩

　　去年傅先生住院后，我曾利用在京出差机会到医院探视。当时与葛晓音老师约定一块去，不料葛老师不慎扭了腰，伤了脚，最后我一人去了北京电力医院。

　　那一天是 5 月 23 日，当时傅先生身体状况还不错，人在医院，床头还放了不少书稿和期刊，仍在工作。他还说及向某学术机构推荐我的成果。我陪傅先生聊了一个多小时，临行前我说为他带了一些水果，他问是什么水果，我打开食品袋逐一介绍。我还记得有一次给他带了一盒铁观音茶叶，他坚持说只喝龙井茶，硬是不收我的铁观音，说不想让我破费。一般人仅注意到傅先生随和的一面，其实傅先生还有不苟且的一面。

　　得知傅先生病危和去世消息时，我已订好赴香港的机票，应香港城市大学之邀，做一周唐代文化讲座。因我个人的原因，讲座已经连续推迟了两次，所以第三次推迟的话怎么也说不出口。香港人做事很认真，暑假和开学初就要将一学期的学术活动安排妥贴，在校内做成小册子，在校外媒体上还发海报公布。所以我人未到，在港的朋友多已知道我的行程，预约见面聊天。如我的行程再变，朋友们的一连串安排也要跟着变化。近年来，我在所工作的学校一直倡导"课比天大"，如自己仅嘴上说说，从不践行，师生们都会鄙视我的。但因赴港教学与参加傅先生追悼会时间冲突，也让我痛苦纠结了好长时间。我只好委托李芳民、郝润华两位同事，代表西北大学文学院也代表我，最后一次看望傅先生，送老先生一程。

前一段时间,郭丽告知今年即将出版的《唐代文学研究年鉴》,要做一个悼念傅先生的小辑,我想起了过去没有提及的一件小事,在这里简单说说。

约2006年前后,有一天接到傅先生的一个电话,说及一家地方出版社约北京的知名学人编一套《人文学者名家之旅》的丛书,陆续收到了几部稿件,但那家出版社却因故没有将选题做下去。傅先生嘱我可否与西北大学出版社联系一下,我说应拿着稿件与出版社谈。于是宁波大学的傅明善教授很快将他所著《傅璇琮学术评传》书稿寄我,我及时转给了学校出版社,出版社的马来、张萍两位领导很重视这部稿子,从封面装帧、文字设计到印刷用纸,都下了一番功夫。书印出来后,传主傅先生和作者傅明善都很满意,能为学界的一件功德事穿针引线,我也很欣慰。稍微遗憾的是,出版社感到丛书中的其他几种书稿涉及的领域过广,体例也不统一,故没有能推出来。

最近,陈尚君会长来西大演讲,以"傅先生的学术贡献及近三十年唐代文学研究的风气转变"为题。其中提及刘再复先生回忆傅先生的一篇文章,因尚君的介绍,我专门找到今年第六期《炎黄春秋》,拜读了刘再复的文章。刘的文中所述两件事,体现了傅先生不苟且、有底线的一面,也就是没有普通人身上的那种"平庸的恶"(阿伦特语)。这种精神性的东西不光是在被洗澡运动几十年的老辈学人中难能可贵,就是搁在我们这些自诩为沐浴了改革开放阳光的中生代中间,也是很稀罕的。我过去以为我们与傅先生的差别仅仅是学术造诣的高低、成果贡献的大小。现在看来,在士人君子的操守和气节上,表面柔弱的傅先生有他至大至刚的另一面,这才是充满精致利己主义的当下最缺乏的东西。

还记得八九十年代,我以学会秘书处工作人员的身份参加学会的一些活动,得以经常随侍傅先生。老先生腿脚不太好,不良于行,我们比别人走得慢,经常落在后面,故能从容地听到他对学术人生的一些精妙见解,也能零距离地一瞥他天真烂漫的一些侧面。有一次会后在西南少数民族地区考察民俗,参会的中青年学者们与当地土著居民联欢,载歌载舞,煞是热闹。鼎沸的人群中不时传出笑语,傅先生受此感染也想挤进人群,师母徐敏霞在旁严肃地说:"老傅,年轻人的活动,你凑什么热闹?"傅先生听了老伴的话,像乖巧的孩子一样止步了，但脸上的表情似乎对"热闹"还是有些不舍，也流露出好奇的神色。傅先生以他的名山事业为世所知，但是在他的精神世界中，还应有更宏阔的风景，更蔚蓝的天空，更精彩的故事。只是我不知道，就不再臆测了。

典型风范

——追忆傅璇琮先生

于景祥

1993年初春,我到南京看望恩师程千帆先生时,先生告诉我说:"傅璇琮先生跟我讲:'您的学生不一定都留在高校,也可以到出版社、杂志社工作。'我觉得有道理。听说辽宁古籍出版社刚成立,要你去做编辑,我看你应该去。"我当时对编辑工作知之甚少,很幼稚地说:"编辑是为他人作嫁衣裳,自己作学问的时间恐怕就很有限了。"先生比较委婉地批评我:"出版社有相当一部分编辑一边做编辑工作,一边搞学术研究,两方面都很出色,其中傅璇琮更为突出,从一般编辑做到总编辑,既为他人作了嫁衣,自己的学问也作得很好,用现在时髦的话说是学者型的编辑,你要向他学习。"这样,在程先生的教导之下,我走上了编辑岗位,虽然才疏学浅,却也把"学者型编辑"作为自己的发展方向。

从南京回来后不久,我就按照程先生的指点,专门到中华书局向傅先生讨教如何做编辑。先生早就认识我,见面就笑了:"程先生在电话里说你喜欢做老师,不太愿意改行当编辑? 我对程先生说你是当编辑的合适人选。当年我向程先生提建议的时候就提到了你。"我当时把在程先生面前说的那番话又向傅先生重复了一遍,傅先生这时坐下来,认真地说:"做编辑对作学问有不利的一面,也有有利的一面。不利的因素一是杂事太多,时间没有高校教师那么充裕,精力也不易集中;二是编辑的图书经常与自己的学术研究方向不一致,影响专门研究。有利的因素是在出版社信息要比在高校更加通畅,同学术界的交流也更为方便。特别是你在古籍出版社工作,一方面搜集文献资料比在高校方便,另一方面整理、解读古文献的能力提高得也快,这些对你的学术研究都是有利的,两者有互相促进的一面……"傅先生工作很忙，但是这次跟我谈话的时间却接近两个小时，其中给我印象最深的是这样几句话："编辑好的学术著作，有助于提高你自己的学术眼光，'操千曲而后晓声，观千剑而后识器'。同时，有了较好的学识才能与好的学者交流，才能组到好的书稿，才能出好书。"临别之前，先生还特别叮嘱我："关键是要统筹兼顾，两条腿走路。"其实，我明白，傅先生已经给我指明了做学者型编辑的方向和道路。

此后，我比较自觉地以傅先生为榜样，一方面努力做好自己的本职工作，精心策划选题，力争出好书；另一方面尽量结合编辑工作进行自己的学术研究，统筹兼顾，相互促进。而傅先生也正是在学术研究和编辑工作两个方面都给了我热心的关怀与帮助。

在治学方面，我虽然没有正式进入傅先生之门墙，但是我所得到的指导与帮助却不次于他的及门弟子。从南京大学毕业以后，我按照程千帆先生的指导计划，着力于骈文研究。当时，我主要从两个方面入手：一方面是骈文作家研究，重点撰写《陆贽研究》一书；另一方面是骈文史的研究，撰写《中国骈文通史》，傅先生对这两部书的写作都很关心。《陆贽研究》一书在初稿完成之后，傅先生及时给予指导，要我再增加《陆贽著作考录》和《陆贽评论辑要》两部分，这样便使本书内容更丰富了，研究也更加全面。《中国骈文通史》一书，按照原来的计划，只写到清代，但是傅先生特别强调："'五四运动'以后，其实骈文并没有彻底消失，还是有人写作，尽管作者很少，作品也少，可是作为通史，还是应该进行疏理，不能没有这一段。"所以，《中国骈文通史》最后一直写到现代，中间没有断层。

上面两部书完成之后，傅先生特意提醒我："现在国家对学术研究项目补贴力度加大，如国家古籍整理出版补贴项目、国家社会科学基金项目等等，你可以结合出版工作，策划自己专业领域或者相关领域的选题，进行申报，一旦获得批准，就把你自己的学术研究和工作结合起来了，可以做到一举两得。"果然，按照傅先生的指点，我结合平时的古籍整理出版工作申报国家立项，先后有多个项目获得出版资助，出版工作有了较好的成绩，学术研究也因之向前推进，真正获得了双丰收。

新世纪初，我在做编辑工作的同时，又在职攻读博士学位，傅先生对我的关心一如既往。当他得知我的博士论文题目《〈文心雕龙〉与骈文理论和骈文创作》之后，很高兴，特别指出："从骈文入手研究《文心雕龙》，这个角度选得好。詹锳先生和你们福瑞老师都是研究《文心雕龙》的专家，有好的传统，你原来又在程千帆先生指导下研究骈文，两者结合起来，会作出好文章的。"开题之后，先生对我的写作提纲仔细斟酌，告诉我先写几篇专题学术论文之后，再写博士论文，指出："博士论文其实是一部书，好多人的博士论文是其一生学术的代表作。当一部书来写，往往不精，而由若干个单篇论文做基础，则易于精。"这样，我按照傅先生的指导，在发表了多篇学术论文之后，才正式进行博士论文的写作。初稿完成之后，傅先生专门抽出时间，仔细审读一遍。博士答辩之前，先生非常热情地说："请你告诉你们老师，你的博士论文答辩我要参加。"所以，我很幸运，从博士论文写作到答辩，傅先生一路指导、一路关怀。博士论文顺利通过答辩之后，我陪傅先生在白洋淀游览，休息的时候，先生对我说："你的骈文研究已经好多年了，你自己统计一下，有多少单篇论文，应该出个论文集。一般说来，学术论文集的学术含量更高，更具有创新性。"于是，我抽出时间，整理了自己多年来在学术刊物上发表的专门研究骈文的学术论文，编成《骈文论稿》一书。傅先生看过目录之后很高兴，对我多有鼓励之词。同时提出："《序》由我来写，同时你要写一篇《后记》，最好用骈体，这样读者对你的了解会更深一些。"此书在中华书局出版之后，傅先生还特意把他写的《序》拿到《书品》上发表。

除了骈文研究之外，在其他学术领域，如唐代文学研究方面，傅先生也鼓励我进行探索。一次我利用到北京出差的机会，拜见傅先生，谈话时随便说了一句"唐代诗人的艺术思维方式与其他朝代诗人有所不同"，当时傅先生就提醒我："把这个想法及时写出来，不要等火花熄灭了再写。"于是我便有了《直觉体悟——唐代诗人的艺术思维方式研究》一文，2006 年在《文艺研究》上发表。1995 年深秋，中国唐代文学研究会准备在浙江召开唐代文学年会，会前，傅先生在北京见到我时建议我要参加会议，并且要我准备论文。于是我又有了《六朝至唐代诗人对浙江山水的不同反映》一文，1996 年在《唐代文学研究》第 6 期上发表。同时，也是在傅先生的鼓励之下，我和同门师兄张宏生合作申报了《中国历代唐诗书目提要》这一国家古籍整理出版资助项目，获得批准，在 2005 年出版。

在编辑工作上,傅先生支持、帮助我的力度也是很大的。

我刚走上编辑工作岗位之时,对出版业务还比较陌生,作者资源也比较有限,要组到好的书稿,出版精品图书本来是很困难的。1998年,傅先生主持编写的学术力作《唐五代文学编年史》完稿了,因为选题本身具有独创性,作者的学养又高,又是经过多年精心结撰而成,所以具备学术精品图书的基本要素,因而多家出版社的编辑都力图得到这部书稿,其中多是大社、名社的编辑,我们地方小社的编辑按照常理是没有这个机会的,该书中的个别作者也不愿意到地方出版社出版此书。可是,因为傅先生对我感情比较特殊,为了支持我的工作,耐心说服了个别作者,最后还是决定把此书稿交给我们辽海出版社出版,指定我做责任编辑,并且特别说了这样几句话:"要你到出版社当编辑,是我的建议,所以我不仅要扶上马,还要送一程。"此书出版之后,不但在学术界引起强烈反响,受到一致好评,而且在出版界也受到广泛赞誉,第二年便被评为中国图书奖,这对一个初出茅庐的新编辑来说,实在是极其幸运的事情。此后,傅先生又把他做总主编的《宋才子传笺证》《新编唐五代文学编年史》,以及他自己的学术专著《唐翰林学士传论》等多种学术力作交给我,在我们辽海出版社出版,壮大了辽海出版社精品图书的阵容,增添了我个人的出版工作业绩。

除了自己担任主编的书稿和个人专著之外,傅先生还向我引荐著名学者,帮我组来名家书稿:如陶敏先生的《全唐诗作者小传补证》《全唐诗人名汇考》《〈元和姓纂〉新校证》等等就是如此。同时,他还帮助我们策划了《辽海学术文库》这一精品图书工程,并且请王士襄、杨义、陈高华、罗宗强、徐苹芳、楼宇烈、傅熹年、戴文葆等学术名家组成学术委员会,先后推出几十部学术精品图书,获得多项国家大奖。陶敏先生生前曾经对我说:"景祥,你在出版界有今天,与傅先生的支持是分不开的。"

现在,我本人虽然在出版工作上没有多大建树,在学术研究上也不敢说有多大成绩,更不敢说自己已经成为学者型编辑,但是,傅先生作为学者型编辑的典型风范,一直是引领我奋力前行的明灯。司马迁《史记·孔子世家》中有云:"《诗》有之:'高山仰止,景行行止。'虽不能至,然心向往之。"我对此语深有会心。

送别傅先生

戴　燕

　　傅先生去世的那一天,凌晨睡得迷迷糊糊,忽然有什么人布置下任务,说是要总结一下傅先生的学术贡献,心里一急醒过来,便想了想我对傅先生的了解,他写的书或他主持的学术活动,才发现我的记忆都是在 2000 年以前。到了傍晚,接到中华书局老朋友传来的简信,说傅先生去世了,我一惊,把早上想到的那些都忘得干干净净,甚至想不起最后一次见傅先生是在什么时候、什么场景。

　　中华书局发布的讣告,我觉得最好的一点,就是它没有隐没掉 1958－1978 傅先生当右派的这二十年,虽然我们不知道这二十年是怎么过来的,但是他出版了一些资料集,还酝酿了他早期的著作。我最早见到傅先生,正是在这二十年刚刚结束的时候,他的同学金开诚老师邀他来给我们讲课。1982 年我分配到中华书局,在程毅中先生和傅先生领导下工作,前后大约十来年,当时有些同事白天坐班为公家编稿,晚上留在办公室做自己的事情,傅先生夫妇是连礼拜天也不怎么回家的,因此那一段时间,就可以经常见到傅先生和徐先生。

　　那时因为金老师的缘故,听了不少中文系 1951 级的故事,包括他们几个人如何为了编辑同仁刊物而被打成右派。除了金老师,我后来接触到几位“出头的椽子”,一个是傅先生,一个是已故沈玉成先生,当然还有程毅中先生,发现他们有一个共同的特点,就是不仅才华出众,而且理想大、心气高,在他们各自的领域,不管是自己做学问,还是教书、当编辑,只要经过他们的手,就可以把事情做成一流,出类拔萃。而根据我的观察,这当然是因为他们身上首先是有一股气、压力越大越不服输,其次是在研究或编辑、教学上,都舍得投入时间和精力,用心之深也超过一般人，更重要的，是他们都有过人的见识。

见识这个东西，说起来虚，可落实到具体的人和事上，还是会有一点点分别。傅先生最重要的著作《唐代诗人丛考》和《李德裕年谱》，都是以文献考据见长，在以古籍整理为主的中华书局的氛围里，似乎也合乎本分，是题中应有之义，但傅先生毕竟不是以文献考据为他最终目的。他对一个个诗人的考订，乃是以一个整体的唐代文学史的构想为依托，他为李德裕编年谱，也是要借这个宰相来揭示中晚唐政治与文学的关系。正是因为有这样的理念贯穿其中，才使得考证不至流于琐屑，年谱也不止是在讲述一个官员的日常。

傅先生担任全国古籍整理小组秘书长那几年，我曾受命参加编一份杂志。中华书局原来已有《文史》、《学林漫录》和《文史知识》三种杂志，面向对中国古典文化有兴趣的不同层次的读者，口碑一直很好，可是傅先生认为还应该编一本刊物，来沟通传统学问与现代文化，于是就有了《传统文化与现代化》。这份杂志坚持的时间不长，但在当时，却表现了傅先生的关怀和他对于整个中华书局布局的设想，立意高远。而由于编刊，我在那一段时间也得以时常见到傅先生。

1995年，我调离中华书局，傅先生找我谈话，劝我不要走，他还去找我新单位的领导，叫人家把我退回去。我说这两个兄弟单位，坐几站公交车就到了，我也会经常回去。但是从那以后，跟傅先生见面的机会实际上是越来越少。

我初见傅先生时，他们那一班前辈，还不到我现在的年纪，我则是个浑不懂事的小"老戴"，刚进大学时，金老师他们都这么叫我，还说我这个"老"是"老小"的老。可是这些年，当初领我们进门的"师傅"一个个遽归道山，我们也都见老，不光是年岁老，还有整个人都随着对于年轻时成长过程的记忆，仿佛留在了上世纪。我对傅先生的所有回忆，也都是停留在上世纪，是在王府井大街36号楼宽敞的走廊，白墙灰地，傅先生端着书或稿子匆匆走过来。那是多么意气风发的傅先生！

2016年1月26日夜于京都

我与傅璇琮先生的几次交往

姜小青

傅璇琮先生去世的消息是从微信朋友圈中得知的,那天是 2016 年 1 月 23 日(周六)下午,我即留下"痛悼傅先生"几个字表达自己当时的心情。随后即安排出版社微信公众号于 1 月 25 日推送一期纪念文章,我选取了刘石《傅璇琮先生的学术思想》,并拟了一段案语:"乙未之末,寒潮肆虐之际,惊闻傅璇琮先生仙逝,凤凰出版社同仁悲痛不已,傅先生是著名的中国古典文史研究专家、古籍整理专家和出版家,为改革开放以来的古典文学研究事业和古籍整理规划、出版事业,做出了重要贡献。在当今学术界,傅先生是为人所熟知和敬重的学者与长者。天下文宗,世人仰慕,道德文章,海内服膺。多年以来,傅先生对凤凰出版社和《古典文学知识》杂志,一直关爱有加。出版社和编辑部同仁也曾多次赴京,拜会先生,亲炙教诲。言犹在耳,先生却遽归道山! 呜呼! 2013 年,《古典文学知识》曾发表过一组文章,祝贺傅先生八十寿辰。今睹旧文,唏嘘不已! 现重温刘石先生文章,以示纪念。云山苍苍,江水泱泱,先生之风,山高水长。"因为我想,对傅先生这样一位视学术为生命的中国知识分子,最好的怀念是认识、学习、光大他的学术思想。

我与傅先生认识虽有二十年了,但真正近距离接触并不多,就在为数不多的交往中,得到了先生许多教导,更感受到先生让人尊敬的人格魅力。

知道傅先生的名字很早,读书时还买过他的《唐代科举与文学》一书。第一次见到傅先生,是 1997 年 8 月 12 日在黑龙江大学由《文学遗产》编辑部召开"二十世纪中国古典文学研究回顾与前瞻国际研讨会"上,当时我们出版社正承担《文学遗产》编印工作,我作为刊物责任编辑参会,因我还担任出版社《古典文学知识》编辑,曾经向傅先生约过稿,所以会上见到仰慕已久的学术大家与行业前辈,说实在的,当时自己是带着一点激动与紧张心情的,因为在我心目中,傅先生是需要仰视的。乘会议间隙,我上前问候了傅先生并作了自我介绍,不想傅先生和蔼、亲切且带有江浙的口音(家母是浙江人),很快打消了我的拘谨。傅先生问起了《文学遗产》出版情况,并提到他所认识我们出版社的几位领导与编辑,记得他还特别问到我们出版社正在组织编辑的《中华大典·文学典》进展情况,说参加过几次论证会。说话间还把身旁的夫人徐先生向我作了介绍,说也在中华书局工作。傅先生说话时总是面带微笑,这样的音容成了我对傅先生一直的印象。

　　会议期间,在赴镜泊湖参观考察途中,可能看我与许多参会学者不熟,徐先生还不时招呼,让我非常心暖。在古渤海国遗址参观时,我提出给傅先生夫妇拍张合照,他们没有拒绝,其实当时我有一点小小"私心",就是想将来寄照片时多冲洗一张,请他们各自签名寄回,以作自己留念。当回到南京洗完照片真正寄的时候,心里有了犹豫,对傅先生这样的学者与前辈,仅仅有一次见面就如此唐突,会不会引起他们的反感,最终还是放弃了。不想傅先生在收到我寄去的照片后,竟让徐先生打来电话表示感谢,这是我万万没有想到的。也正是因为如此,二十年过去了,与傅先生第一次见面的许多细节,甚至与徐先生至今也仅见过这一次,但想起来总是难忘。

　　第一次与傅先生见面之后,几乎每一两年都会在一些相关会议上见到,只是感到他总是那么忙,总是有那么多人找他,也就不太好意思打扰,每每只是问候一声,但不管在什么场合,总是如第一次见到傅先生,他会报以微笑,让你感到不陌生。

　　2005年4月11日,傅先生来信,除对每期获赠《古典文学知识》表示感谢外,信中写到"近年来又研究唐翰林学士,拟撰著《唐翰林学士传论》一书","从上海古籍出版社编印之《古籍新书目》上,见到贵社近期出版《元稹年谱新编》",希望我代购一册。可能由于"书目"误刊,该书并非由我社出版,即电话告诉傅先生,并表示可以帮忙找此书。傅先生说上海古籍出版社有熟悉的同志,就不麻烦我了。以傅先生在学术界、出版界的地位和影响,对我这样的无名晚辈,对这样一件微不足道的小事,他本可一纸便条、一个电话或完全可以让人代行其事,但他却工整地写满一页纸,除了要将书款寄上,还一再表示感谢。不仅在自称上用谦词,书写时还特别低半格。我总想,傅先生作为一个学者、一个出版人,并无权势,却赢得那么多人尊重和敬仰,除了学术事业上的成就,更有他待人谦和、平等与尊重。

2010年3月11日上午,我请刘石兄联系,与出版社两位年青编辑去清华大学拜访傅先生,并想就相关选题向他请教。考虑到京城上班高峰堵车,我们比较早地离开住地,记得到清华也就八点半左右,在校园还恰好遇到刚从家中开车过来的刘石兄,当我们到"新斋",傅先生已在办公室等我们了。三月初的北京,仍有寒意,但初春的阳光透过窗户,特别是傅先生的和蔼与亲切,让我们特别放松,尤其两位年轻编辑如我当年初见傅先生时的拘谨,在他的亲切与微笑中很快就没有了。傅先生不但逐一回答了我们相关选题的问题,还根据我们向他报告出版社更名后的情况以及选题方面设想,提示我们可以关注某些学术方向,并告诉我们学术界一些正在开展的项目情况。临别前,我们提出,请傅先生帮忙推荐书稿,他微笑地答应。这次见傅先生,对于我及我的同事,不仅在相关选题上得到指导,更让我们从这位中国当代最具代表性的学者型出版家身上,坚定了学术出版信心与信念。回程途中两位年青编辑跟我说,今天第一次见到傅先生,真的有如沐春风感觉。两年后的一天上午,接到傅先生电话,至今仍清楚记得开头一句:"姜小青同志,上次你们来让我推荐书稿",随后谈及自己在完成《唐才子传校笺》《宋才子传笺证》之后,他一直希望有学者来将唐前、明清才子传的整理工作承接下去。现在中国人民大学袁济喜教授、苏州大学罗时进教授已分别开始组织做这两项工作,也征询过他的意见,他认为非常有创新意义,我们出版社可以联系,他也作了推荐,并把他们两位的联系电话给了我。傅先生这个电话,是我又一次万万想不到的,当然更多的是感动。两年前的一句话,对我们而言,并没有抱太大希望,傅先生那么忙,找他的出版社又那么多,坦率地说,我们与傅先生接触并不多,也没有过出版事宜上的合作,更没有为他做过任何事情,甚至在我们当时说出这样话的时候,无意识中多少有一点是出于对前辈尊重,也是对傅先生接待我们来访的感激,不想傅先生竟如此认真,如此用心,难怪有学者将傅先生比作"当代韩荆州"。在学术界,傅先生对青年人提携是有口皆碑的。过去只是听说,这次却是切身体会。因与罗时进教授熟悉,我们很快与他就"明清才子传"整理出版工作进行了商议,同时也向袁济喜教授了解了"唐前才子传"整理情况。据罗时进教授讲,他一直都想请傅先生作为项目领头人,自己来做实际工作,傅先生表示自己年纪大了,精力也不如从前,还有《续修四库全书总目提要》工作,这个项目自己就不署名了,但一定会全力支持。目前,该项目已被列入"国家十三五重点图书出版规划",在罗时进教授主持下,进展也很顺利,只可惜傅先生看不到它出版了。饮水思源,每及于此,不免让人感慨与感念。

　　2013 年 10 月,因我之请,傅先生为凤凰出版社成立三十周年题辞:"为文化传播,为大众服务。"既是勉励,更是期待。于我而言,对傅璇琮先生最好的怀念,莫过于牢记这十个字的分量。

傅璇琮先生逝世前后及我对他的两点认识

——在中国唐代文学会第十八届年会傅璇琮先生追思会上的发言

徐 俊

感谢大会的安排,借唐代文学年会开幕举行傅先生追思会,并让我有机会谈谈对傅先生的认识。关于傅先生的学术贡献、为人为学,大家所知所论很多,我不过多涉及,主要从我的日常接触,谈一些感性的认识。

首先介绍一下傅先生生病及去世前后的情况。

傅先生的身体一直都不是很好,书局不少老先生都这样,我见过的杨伯峻、周振甫先生都不健硕,比较柔弱,但都享高寿——说明编辑工作的清苦,编辑而具学术追求,编辑加学者,更加劳力劳心。但是,他们的学术追求,他们的编辑实绩,成就了中华的事业,也成就了他们自身。成果丰硕,生命丰盈,也得享高寿,为世人所尊敬。

2015年春节前,我们走访老领导到傅先生家,当时傅先生精神如常,但坐在门厅,已不能起身和行走。傅先生的腿病已久,但我们觉得腿病还不至于瘫痪,极力动员他节后去医院治疗。书局的老人常年住院的不在少数,傅先生除了临终一年断续住院,基本没有住过院,不是那种爱惜身体、"惜命"的人。

2015年春节上班后,书局第一次局务会就傅先生的身体状况和治疗进行了专门讨论,一致认为必须送傅先生住院治疗,并指定人员负责联络医院。但是傅先生为了手上未完的工作,拒绝住院,几天后给我们写了便条,书面致谢并婉拒,说四月份之后再考虑。

　　四月份以后,傅先生的身体状况骤坏,4月17日被送到北医三院急诊留观。经过一周的治疗明显好转,转至书局附近的电力医院。时好时不好,几次进出医院,稍好即要求出院,要回家做事。我们每次去看他,关心的都是别的人和别人的事,关心熟人的动向,关心学界动态。屡屡说近期要把主编的一套大书送书局图书馆。每次我们站不到几分钟,傅先生就会重复一句老话:"好了,没事儿了,你们忙,你们走吧!"这几年,傅先生在报上看到与书局有关的消息,与我个人有关的消息,都会自己打电话或者让徐老师打电话,给予鼓励。

　　秋天之后,傅先生的身体越来越差。有一天我们几个老同事一起去看他,回来路上,我说:傅先生这身体就像东流水一样不可挽回了!大家都很伤感。12月14日,我陪尚君兄去看傅先生,思维言谈尚可,但仅能躺着说话,要把书凑到他面前才能看。当时傅先生早年著作《唐代科举与文学》刚刚通过评审,获得了"思勉原创奖"。在12月20日颁奖典礼上,傅先生提交了书面获奖感言,尚君等作了精彩点评。尚君兄给我看后,并征得主办方的同意,由我推荐给《中华读书报》王洪波先生,当即安排发表。傅先生的感言,回顾八十年代写作《唐代科举与文学》的学术思考,对未来的研究寄予厚望,读后让人动容。

　　1月23日傅先生去世,是个周末。上午书局负责联系的同事按例去医院看过,振华兄也去医院看过,都觉得情况不好。我和张宇兄下午一点赶到医院,已是弥留状态。徐老师在病房门外坐着,医生一次次询问是否采取什么措施施救,徐老师一次次表示不放弃。我们侍立在傅先生身边,一直到傅先生平静离世,这个时候是下午15:14,我第一时间向尚君兄作了报告。

　　傅先生去世后,近一周的治丧工作,规格、规模、反响,在书局前所未有。连续五天书局网站发布了国内外各地发来的唁电唁函、挽诗挽联,言真意切,让人感动。

　　我们通过三个渠道向上报告傅先生去世的消息,中宣部出版局、国家新闻出版广电总局、中央文史馆。李克强、俞正声、刘延东、马凯等国家领导人送了花圈,两位前任总理朱镕基、温家宝表示慰问,来自京内外约400人参加了告别仪式。

　　我1983年入职,一直参与书局老先生的治丧,写讣告、挽联。第一个是马非百先生,后来去世的杨伯峻、周振甫、赵守俨先生的治丧,都曾参与。我感觉傅先生去世后,治丧规格最高,社会反响最大,充分说明了傅先生的贡献与影响,大家对傅先生的敬重和感念。

以上是傅先生逝世前后的情况。下面谈谈我对傅先生的两点认识。

怎样理解傅先生的人生?怎样理解傅先生的学术?学术界有很多系统的阐述,很深入,有学理。我谈谈个人的理解。

傅先生去世当天,我在转发书局讣告的微博中说:

> 傅先生的学术研究得风气之先,是八十年代之后很少可以称得上开一代风气的学者;傅先生是继杨伯峻、周振甫、赵守俨先生之后,中华书局学者型编辑的典范;集出版家和学者于一身,傅先生是八十年代以来中国文史学术最有力的推动者。

在后来的媒体采访中,我也从这三个方面来概括傅先生的人生和学术。在这三个方面之外,我觉得,如何理解傅先生,还有一些方面不能忽视。我主要讲两点。

一是"丁酉之祸"对傅先生的影响。

傅先生1958年初被错划为"右派"后,从北大到商务到中华,历次运动,从大炼钢铁,到"云梦泽"向阳湖干校,无一幸免。到1978年底改正,二十年带罪之身,对一个人的影响是巨大的。对这二十年的经历,傅先生谈的很少,谈到这段时间,也都是关于编辑事务。同一时期,另一位中华前辈宋云彬先生的日记、档案,为我们展现了当时这些"右派"分子的生存环境和屈辱心境,那就是傅先生以及比他年长的马非百、傅正伦、杨伯峻、王文锦等一批"右派"分子的处境。这是傅先生的学术积累期和形成期。

二是编辑职业对傅先生学术形成的影响。

大家比较多关注傅先生通过编辑出版来推动学术和学科发展的作用,但比较少关注编辑职业对他自身的影响。大家应该有与我相同的感受:傅先生虽不善言辞,但笔下的文字,始终洋溢着一种诗情诗意,让我们想到他的师辈:浦江清、游国恩、林庚,都是以文学名世的大家,还有傅先生所崇敬的清华先辈:闻一多、陈寅恪等,对傅先生的学术视野、境界追求和人格塑造,都有极大的影响。

读傅先生的文字,甚至可以说,傅先生是一个具有浪漫情怀的人,我以为也不为过。

那么是什么造就了傅先生实证研究的风格? 造就了他文史兼长的风格? 造就了他义理、辞章、考据相统一的综合研究风格? 我认为与傅先生进入编辑出版领域之后的际遇有关。

"文革"前,傅先生在中华书局文学组,我们看他参与过的工作:如标点《全唐诗》,这是清编《全唐诗》的第一个整理本,主其事的有徐调孚先生,有王仲闻先生;如编辑《清人考订笔记》,主其事的是陈乃乾先生,所收都是陈乃乾先生藏本;如编辑古典文学资料汇编,主其事的是徐调孚先生,参与者除王仲闻先生外,还有很多同事,傅先生独自完成了他的最初两本书,《黄庭坚与江西诗派卷》《杨万里范成大卷》。再如 1962 年创刊的《文史》杂志,傅先生与沈玉成先生等也是最早的参与者,"崇尚实学、去绝浮言"的理念,是当时中华编辑部的基调。

"文革"后期,傅先生从向阳湖干校回京,到古代史编辑室工作,参加"二十四史"点校,担任《宋书》责任编辑。后来还直接参与了黄仁宇《万历十五年》的出版,由黄苗子先生介绍,傅先生责编、沈玉成先生润色,完成了这部新时期影响最大的历史著作的编辑出版。我甚至想,《唐代科举与文学》也许有《万历十五年》的影子。

八十年代以后的十数年,正是像傅先生这样的学者的示范和推动,一批唐代文学学者在基本文献的整理方面,在专题索引、文史工具书的编撰方面,从学科构建的高度,投入了大量的精力。他们包括周祖譔先生、周勋初先生、郁贤皓先生、陶敏先生,还有在座的陈尚君、戴伟华先生,他们为扭转学术空疏之风,起到了关键的作用。傅先生青年时期在清华、北大所受的教育,艰难境遇下所受的磨炼,编辑岗位上的长期积累,在他所仅有的艰难的学术条件下,做出了超出同辈的学术贡献。八十年代之后,傅先生在古籍出版领导岗位,职业与他的学术成就和影响的关系就更大了。

说到这里,我对八十年代的学术环境,对傅先生与同辈友人间的友谊,傅先生对后生晚辈的提携,也多有感受,想起来都很温暖。与傅先生相交甚笃的一批学者,老一辈如程千帆先生、周祖譔先生,同辈的如周勋初、罗宗强、郁贤皓、陈允吉先生等,他们不但有着深厚的学养,我觉得更重要的是他们的为人为学所表现出的君子风义和学人风范。傅先生说他是服膺君子之交的,"鱼相忘乎江湖,人相忘乎道术",讲境界,有情怀,也就是傅先生常用的一个词——"标格",这样的一代学者的共同努力,才成就了一个时代和一个学科的学术兴盛。

因此,我们今天缅怀追思傅先生,还要回到学术自身,回到学术的发展,回到学科的建设,回到学风的净化,回到我们每一个人所从事的学术研究,所从事的具体而微的学术工作。

昨天中午来参会之前,看书架上傅先生的著作,其中有一册序跋为主的自选集,书前有 2014 年傅先生手写的一段话:

> 最大的心愿是为学界办实事,最大的快慰是得到学界的"信知"。
> 谨以此自勉并望与学界友人共勉。

我想傅先生就是这样身体力行的,这也是我们今天借唐代文学年会开幕,大家一起缅怀追思傅先生的原因。

我与傅璇琮先生的交往

李　岩

　　岁月荏苒，傅璇琮先生离开我们已近一年。我与傅璇琮先生相识交往也有三十年，追念点滴往事，心中仍似波澜起伏。

　　1987年7月，我从学校毕业分配到久已向往的中华书局，怀揣着我的导师吴枫先生的亲笔信，带着不安而又崇仰的心境去拜见傅先生。待人和善、笑容可掬的他，很快就打消了我的窘态和生涩。那时，傅先生已任中华书局的副总编，我因与他夫人徐敏霞老师工作在一个编辑室里，他每天过来与徐老师吃自家带的午饭，使我得以经常见到他，并且日渐相熟。不久，傅先生即应美国密歇根州立大学李珍华先生之邀前去学术访问，半年时间回来后，有一天他突然对我说："吴枫先生向我推荐你，我去美国还带了你的硕士论文。"并对我褒奖有加，同时，对论文中几处引文与史实提出异议。傅先生如此关心一个晚辈后学，这让我十分惊诧，并对他油然而生钦敬之情。

　　1991年八九月间，时任总编室领导提任中华书局副总经理，总编室主任空缺，经傅先生推荐，征得邓经元总经理同意，由我出任总编室负责人，从此，便直接在傅先生手下承蒙教益，亲聆謦欬。总编室工作承上启下，千头万绪，刚开始，明显感到生涩局促，后来，调余喆同志来与我搭档，相得益彰，渐渐游刃有余。总编室在傅先生办公室隔壁，常见傅先生办公室人头攒动，长灯不息，学界同仁往来不绝，我们也有幸从中认识了许多学界大家。更多的时候看见傅先生笔耕不缀，在办公室略显昏黄的台灯下健笔如飞。眼见得傅先生的背身渐渐半躬起来，他的右手骨节处因写字太多而变形的愈发严重。

经年人事代谢，往来渐成古今。已然成为学术编辑大家的傅先生，仍然常年出入书局与书局后面的家中，同时，往返于兼职的人大国学院和清华大学古代文献研究中心，他那步履盘跚而又执着前行的身影常常映现在我们的眼前。逢年过节，我们几个中华书局的晚辈会提出前去看他，他总以家中局促无法落脚，和我们在书局的会议室一晤。有一些生活琐事，他也会托付给我、徐俊、顾青、余喆几位帮办。记得 2012 年春节前夕，党和国家领导人李长春、刘云山同志还亲自前来看望了这位文化老人，同行的还有柳斌杰、翟卫华、谭跃等领导，那时，傅先生仍是春风满面，他将自己的近著签名送给长春同志。此后数年，他连续收到长春、云山同志寄送的贺年卡，他会珍藏良久，见到我们，会欣喜地向我们展示，那时候，他内心的愉悦溢于言表。

在我们的交往中，我一直视傅先生为一位谦和诚恳而又循循善诱的学界长者和编辑老人，记忆中有三点印象极为深刻：

首先，是他孜孜向学的学人风范。傅先生学术生涯的代表作应首推 1980 年出版的《唐代诗人丛考》，这是被钱锺书、萧涤非、詹锳、王元化、程千帆等先生极力推崇的一代学术名著，连同稍后问世的《李德裕年谱》、《唐代科举与文学》、《唐才子传校笺》等构建了唐代文史学界的基础性文本文献，一直为后辈学人视为无可逾越的学术高峰。到后来年岁大了，他的更多精力用于《续修四库全书》、《中华大典》、《传世藏书》等大型丛书文献的组织编纂，个人觉得其成就与奉献尚不如前述几部学术著作的学术影响力。

其次，是他奖掖扶助中青年学者的廓大情怀。多年的学术行政职务束缚，多处兼职博导，广为参与学术评审，组织大型丛书出版，甚至为许多学人的著作写序写推荐语，牵累了他大量精力。有时，他会和我念及他的同辈先生对他善意的批评，劝他少写一些应景无实的文字，他嘱我帮他把把关，婉拒一些不必要的应酬文字，可见他已经深自警醒来自学界的这种批评声音。但他对晚辈后学的提携奖助，对晚辈的求助从不拒绝，这一点我觉得弥足珍贵，也时时从旁印证着。他热情地为他们题跋作序，写文章推荐，向学校和研究机构以及学术界著文推荐，吴汝煜、陶敏、陈尚君、吴承学、蒋寅、刘石等学界中坚，都曾深受傅先生沾溉，得以共同推助文史学界呈现勃勃生机而使得学术新意盎然。有一次我去他办公室，见他站在窗前，仰望长天，潸然泪下，原来是英年早逝的吴汝煜先生让他情怀尽显,这让我辈更是感动并敬重。

　　还有一点就是他一生持学严谨、宏大博雅的编辑与为学生涯。傅先生早年在中华书局从做编辑入手,到担任编辑室主任、副总编辑、总编辑,编发了《全宋词》、《诗经通论》、《启功丛稿》等重要书稿,组织策划了《中国古典文学研究资料汇编》、《历代文学编年史》、《中国文学思想通史》、《全宋诗》等多部丛书套书,构织了上个世纪八九十年代学术文化史的繁荣景象。而傅先生对《万历十五年》书稿在大陆几番周折的出版所起到的发现之功,推助之力,已成为编辑出版史上的一段嘉话。傅先生早年在宁波一心向学,即显露出文学上的天赋。工作后历经反右、"文革"的蹭蹬挫折,养成了谦恭谨慎、有时唯诺的处世风格。李珍华教授说他"生活上不细心,写文章倒是很细致"。傅先生治学中时时显露出坚韧的风格,特别是他中年鼎盛时期的文章著作,更是文采飞扬、情韵悠长,文字中时露诗情焕然的笔触,让后辈学人倾慕。蒋寅将傅先生归为新中国成立以来的第二代学者。这一点,傅先生得益于这一代学人的学养丰厚,并有幸成为他们中的一份子。他与同时代的程千帆、漆侠、蔡义江、褚斌杰、金开诚、沈玉成、罗宗强等涵泳蕴藉,相互推重,共同推动唐宋文史研究的发展向纵深挺进。另一个有幸的因子是,傅先生工作同时期的中华书局聚集了金灿然、傅振伦、马非百、杨伯峻、宋云彬、刘起釪、李侃、赵守俨等一大批至今令我们仰慕的学者型编辑大家,加上"文革"后期因毛泽东同志特别指示的"二十四史"及《清史稿》点校工作麇集一起的顾颉刚、唐长孺、王仲荦、王钟翰、王毓铨、启功等数十位文史学界翘楚声应气求,如切如磋的学术交往,这些都在某种程度上积淀了傅先生等辈学人的学术品格和学术素养,他们共同构筑了一个时代的学术群体雕像,成为一座座让后辈学人们肃立瞻仰的学林丰碑。

　　今天,我们静默观照刚走出我们并不遥远的傅先生,因他本人对唐代学人群体研究的卓越贡献,得以成为他们那个时代群体雕像中的一尊,安然矗立在那里。应该说,运命铸就,时代使然,傅先生也是幸运的。

我与傅璇琮先生的学术情缘

吴相洲

第一次听到傅先生名字是在 1985 年春天。那时我在读硕士,到北大修学分,跟随葛晓音老师。葛老师让我读韦应物,要我到琉璃厂买一本傅先生《唐代诗人丛考》。第一次见到傅先生是在 1995 年夏天孟二冬博士论文答辩会上。傅先生走进会议室,袁行霈先生向大家介绍:"这是傅璇琮先生。"第一次和傅先生交谈是在 1998 年夏天。当时王志远夫妇创办圣陶试验学校,邀请傅先生、北师大郭齐家先生、现代文学馆舒乙先生等到密云考察。那次我把在台湾出版社出版的博士毕业论文《中唐诗文新变》送给了傅先生,并询问如何参加唐代文学会。他说:"入会要有手续,要有人推荐。"我表示请廖仲安先生推荐。他说:"廖先生推荐,当然没有问题了。"到 2000 年秋天,我参加了在武汉大学举办的唐代文学年会。

2003 年秋天,我们学科举办汉唐文学国际学术研讨会,傅先生参加了会议。会间我和傅先生商量,能否在北京举办一次唐代文学会。傅先生记住了这件事。在 2004 年广州唐代文学会理事会上,傅先生提议下届年会能否考虑在北京举办,首都师范大学愿意承办。理事们没有异议,于是有了 2006 年 8 月北京唐代文学会。会议筹备期间,傅先生指导很细,记得有一次是在他中华书局办公室里。此后我每举办会议,傅先生都给予大力支持。2007 年、2009 年、2011年、2013 年乐府歌诗国际学术研讨会,2011 年 5 月中国王维研究会成立二十周年国际学术研讨会,2011 年 8 月首届海峡两岸唐代文学研讨会以及 2013 年 11月首都师范大学国学传播研究院成立大会,傅先生都到会支持,用台湾大选用语叫"站台助威"。他每次讲话都站在学术发展全局上给出清晰的指导意见。但傅先生每次参会总是对我说："我有科研经费，我要和其他同志一样付费。"我说："您是我们请来的，不用付钱。"可傅先生还是坚持。有时实在拗不过他，只好让他付费。我清楚地感觉到，傅先生从来没有把自己当作与会嘉宾，而是把自己当作会议主人。他把参加学术会议、推动学术交流当作自己工作的一部分。傅先生很忙，同时主持《续修四库全书总目提要》《宁波通史》等大型项目。但在与他通话时，他经常询问："你们学校今年有什么活动啊？有没有听说其他学校今年有些什么活动啊？"我尽我所知向傅先生汇报。有些活动不属于傅先生研究领域，他仍然问得很仔细，说明他很关心学界动向。傅先生是"学术活动家"。

在指导我发起成立乐府学会过程中，这种感觉更加深刻。2007年8月第一届乐府歌诗国际学术研讨会在北京召开，会上傅先生提议成立乐府学会。我从来没有想过这一问题，但知道是个好建议，于是会议决定向学界发出《关于筹建中国乐府学会的倡议》，得到了海内外学术界的积极响应，40多位著名学者签名表示支持。2009年8月第二届乐府歌诗研讨会召开，选出了学会筹备机构，由我负责申请事宜。我感觉责任重大，就去请教钟振振先生，想成为中国韵文学会下面的二级学会。钟先生听了我的想法后说："相洲兄啊，成立一个二级学会手续上一样麻烦。依我看，申请二级学会不如申请一级学会，申请一级学会不如不申请学会。"但是我已经向众人承诺申请了，不好自作主张把申请事情放下，只好硬着头皮一步一步去做。2010年成立申请得到市教委批复，2011年得到教育部批复，2012年获得民政部通过，2013年获得国务院办公会议通过。2013年3月28日民政部下发同意成立乐府学会的通知。经过几年折腾，总算申请下来了，事后我深感钟振振先生说的有道理。其实傅先生早就知道这件事情办起来不容易，在2009年乐府歌诗会议上就对我说："你不用申请，在学会上加一个'筹'字，就可以开会了。"我才知道傅先生提议成立乐府学会，只是为了便于开展学术交流，并不希望我在这件事情上浪费太多精力。但看到我真的去申请时，他又给了我大力支持和鼓励。例如2012年冬，民政部把相关手续上报国务院，等待国务院办公会议审批。期间又出现反复，国务院要求文化部出具一个同意公函。我心里着急，一边准备公函，一边找傅先生出主意。傅先生很上心,要我给(时任)国务委员、国务院秘书长马凯同志写信说明学会申请原委。2013年春节前,傅先生参加中央文史馆活动,亲自向马凯同志询问此事。2013年8月下旬召开乐府学会成立大会,傅先生照例发表了热情洋溢的讲话。但因是成立大会,来宾很多,议程也多。经过一个上午的劳累,傅先生中午吃饭时忽感身体不适,我赶忙和会务人员把傅先生扶到酒店大厅里,让他含了一片硝酸甘油。傅先生表示心血管没问题,只是天气热,时间长,累着了,我便派人把傅先生送回了家。这件事情让我一直心存感激和愧疚。

傅先生对乐府学研究指导不止于此。2009年第二届乐府歌诗国际学术会议在密云云湖度假村召开,傅先生拿出了一张A4纸,是国家2011—2020年重点出版规划申请表。傅先生让我组织人做《乐府诗集》整理。若不是傅先生提供这一信息,我根本不知道有这一回事。傅先生是希望我们通过研究大项目推动乐府学研究。当"《乐府诗集》校笺"被列入了重点出版规划以后,多家出版社表示愿意出版该书,对我抓紧时间实施该项目起到了很好的激励作用。傅先生不研究乐府学,但心中已有乐府学研究蓝图。他不仅建议整理《乐府诗集》,还建议写《乐府学史》《乐府文学史》,研究唐后乐府。罗时进教授曾在一篇文章中说傅先生"心中自有大棋局",对此我也有深切体会。2006年我提出建立乐府学构想,当时以为是自己首创。此后在阅读中我才发现有两位先生已经提出"乐府学"这一概念。一个是陈伯海先生《唐诗学引论》,一个就是傅先生所作序言。应该说没有傅先生,就没有乐府学会。傅先生是乐府学会顾问,他是实实在在地又顾又问。几十年来,傅先生不仅以其著述引领学术发展方向,而且以大量实际行动推动着学术发展。

傅先生对我很好,常使我有受宠若惊的感觉。一些凭我年龄和资历不应参与的事情,他都要我来做。2006年唐代文学会议召开前,谢汉强先生写成《刘蕡研究资料汇编》,请傅先生作序。傅先生和我说:"袁行霈先生和我说了,不要总写序,你就替我给谢先生写个序吧。"谢先生比傅先生年龄还大,我这个后生晚辈怎敢给谢先生写序?傅先生坚持要我写,我只好去写,但不知道如何下笔。傅先生给了我谢先生没有注意到的一些资料,这使我在序中就有话可说了,写起来还算顺利。再如人民大学评吴玉章奖,傅先生要我一起去做评委。同是评委的有人大张立文先生、胡明扬先生、北师大王宁先生。

傅先生主编的《宁波通史》出版,在人民大会堂举行新书发布仪式,傅先生也要我参加。清华举行古籍研究所成立大会,傅先生也指名我前去参会。傅先生 80 岁生日,中华书局举办小型座谈会,我也有幸与会。

　　傅先生离开我们已经两个多月了,但我几乎每天都会想起傅先生。孔子所谓"少者怀之",大概就是指傅先生的为人吧! 我在《乐府学概论》后记中写道:"傅先生是学界菩萨,有求必应。"相信学界很多同仁都会有这种感受。

怀念傅璇琮先生

刘　石

　　1988年九月,我自蜀中负笈京华。行前,家父同窗挚友、四川大学中文系张清源教授嘱咐我,她与傅璇琮先生的夫人徐敏霞先生是北大研究生时的同学,让到京后代致问候,我明白这实际是长辈有意为晚学创造求教学界前辈的机会。于是当年秋冬之际,我第一次去中华书局见到了傅先生,不大的办公室杂乱无章地堆满书籍,当时的傅先生不过五十来岁,瘦弱但精神,几乎没有多余的话,便问我打算做些什么研究,我也不知道当时胡乱说了些什么,只记得不管说什么,他的回答总是好的好的、是的是的。低调、随和、谦逊,一如我当时对中华书局这个大名鼎鼎的出版社的印象:地处喧腾的王府井大街,一进入它的大门,似乎便隔断了红尘,简朴的陈设与幽邃的气氛让人怦然心动。

　　转眼到了1991年夏天博士论文答辩的环节,启功先生几次与我斟酌答辩委员人选,最后圈定了校外的三位,傅先生、冯其庸先生和袁行霈先生,校内两位,邓魁英先生和张俊先生,并请傅先生担任答辩主席。后来知道答辩的这一天也是傅先生值得纪念的一天,因为在答辩会的间歇,他说他头一天接到了中华书局总编辑的任命。

　　博士毕业之际联系就业单位,我所以选择中华书局因素颇多,但必定与第一次去拜见傅先生时中华书局留在脑海里的印象有极大关系。文学室主任许逸民先生通知我,最好请导师写一封推荐信,更利于我的求职。启先生的信竖行,抬头是"璇琮、逸民同志赐鉴",二位先生的名字是并排书写的。后来启先生在给我的信中也提到,"在傅许二公身边,工作即是学习"。后来我一直没问过进中华书局的细节,但我想身为中华书局总编辑的傅先生,一定起了决定性的作用。

供职中华书局近九年的时光,最早一次与傅先生工作接触,是大约 1992 年春夏之际,随傅、许二先生和文学编辑室副主任徐俊兄一同去南开大学,与罗宗强先生谈他的文学思想史系列的编纂与出版。傅、罗二先生年龄相若,既为同行,更是挚友。当时教授的生活条件与今天别如天壤,罗先生说他正等着校内留学生离校,好买一辆二手自行车。因此,当他要请我们一行吃饭时,傅先生执意不肯,我们有意转请,他们更不好意思,结果只能是我们独赴狗不理。当从校门口喊了两辆三轮车离开,车已经骑出十几米,罗先生让他的学生张毅追上来,往两辆车的车夫手里各塞进一张票子。

第二年我从文学编辑室转到国务院(后改"国家")古籍整理出版规划小组办公室,傅先生本有中华书局总编辑的重任在身,但作为新一届古籍小组秘书长,受小组组长匡亚明匡老之托,直接领导小组办公室的各项工作,我受到傅先生的耳提面命就更仆难数了。要我现在来总结当年对傅先生的印象,那就是工作内容上一以学术为旨归,工作风格上可谓霭如春风,从来没有一丝领导的架子。

傅先生平时言语不多,交谈内容几乎不牵涉工作之外。但有一天他来到我的办公室,也不说话,只笑吟吟地递给我一个用报纸包裹的东西,打开一看,是一个大镂花玻璃盘,原来,这是傅先生知道我快要结婚了,送给我的贺礼!我竟一时语噎。外表上看起来粹然儒者的傅先生,内心也是充满人情味的!

1996 年末,匡老以 91 岁高龄去世。次年中,匡老一手创刊,张岱年先生主编,问世不过四年却已颇具影响的《传统文化与现代化》杂志,等不到年底即被新闻出版署叫停,连交了一整年刊费的订户的利益都无暇顾及,却没有一个人向我们解释过原因。我手头没有了具体工作,一时反倒觉得轻松。就这样过了一年多,1999 年初夏的一天,突然接到电话,电话那头是清华大学中文系的蓝棣之教授,说系里正在考虑我的调入问题,希望暑假后先去上课。我与蓝教授素昧平生,与清华中文系也从无交往,一时间以为他找错了人,询问之下,才知道是傅先生推荐的我,蓝教授也诧异于傅先生竟然没有把这件事告诉当事人!后来傅先生才告诉我,因为一年多来古籍办的工作没法正常开展,他早就在考虑办公室年轻人的出路问题了！傅先生对后学的提携是天下共知的，他被称为当今的韩荆州，岂虚言哉！

我于 1999 年底正式调入清华大学中文系，见到傅先生的机会自然骤减了，但傅先生和很多老辈学者一样，有一副特别强健的笔头，他将平时口头未曾表达的所思与所作诉诸笔墨，用不着雕琢，随手写来便是至文。有时，信夹在印有他新发表的文章的杂志或复印件里寄来，我于是能知道他新近又发表了什么文章，又给什么新著写了序言，知道他最近在思考什么学术问题，有时从字里行间也不免感知到他的一些思想情绪。他退休了，一度有些失落，这种失落与世俗的权利贪恋毫不相干，而是缘于对人情冷暖、世态炎凉的一种怅触。

2007 年间，我承乏作中文系主任，当时的清华中文系和学校其他一些文科专业相似，规模小，缺大师，系务会同仁普遍感到，除了积极引进优秀学者外，名家的引导对学科发展十分重要。几经商量，人选都议而难决。当我提出傅先生，大家才猛然间觉得找到了理想的人选。傅先生不仅名头大，与清华的关系和对清华中文系的支持也由来甚久。他和夫人徐敏霞女士 1951 年考入清华中文系，两年后因院系调整转到北大中文系，上个世纪八十年代中期清华复建中文系，有意聘请他担任系主任，但他甫任中华书局副总编辑，事遂不行，只应命兼职教授。现在傅先生业已退休，或许有机可乘。我们将此想法报告给分管文科工作的谢维和副校长，得到他的积极支持和大力推动，很快学校就决定全职引进傅先生，并成立古典文献研究中心，聘请他为主任。2008 年 5 月，研究中心举行成立仪式，冯其庸、徐苹芳、田余庆、李学勤等学界名宿与会，校长顾秉林、副校长谢维和与会，顾校长在会上对傅先生的加盟寄予厚望，并作了重视基础文科的讲话，对正在加速发展的清华文科必定是有积极意义的。

在清华的八年，也是傅先生生命的最后八年。傅先生家住六里桥中华书局宿舍，与学校之间很有一段距离。从开始我们就跟傅先生反复强调，他来校的次数和时间视其方便，学校全无要求，但傅先生在最初的三、四年间，每周三、五上午必到校，如遇天气不好，则顺延一天。后来有所减少，也不少于每周一次。他总是大清早即到校，偏偏我是夜猫子，常常在早晨 7 点来钟被他从办公室打来的电话叫醒。最后两年，傅先生逐渐不良于行，但也一直坚持到需要院收发室或系办工作人员搀扶着上楼为止。

　　傅先生在清华期间招收了两名博士生和一名博士后,为研究生开设过专题课,外系以及外校的同学都来旁听。研究方面则做了几件大事。一是古典文献研究中心与宁波市鄞州区委宣传部合作成立王应麟研究基地,傅先生主编《王应麟著作集成》的编纂工作,由中华书局陆续出版。鄞州王应麟是南宋大儒,治学面广,著述丰富,学术史地位相当重要,却直到七百多年后才有精审的全集整理本问世。二是仿元人辛文房《唐才子传》及他在上世纪 90 年代主编《唐才子传校笺》例,主编并出版《宋才子传校笺》厚厚四册。此书不仅是宋代作家生平研究的重要成果,在撰著体例上也既有继承又有创新,从一定角度上讲,是一部自我作古的学术著作。

　　尤其值得提及的,是重启并完成自上世纪九十年代他与顾廷龙顾老共同主编 1800 巨册《续修四库全书》时即动议而久未能付诸实施的《续修四库全书总目提要》。从 2009 年 10 月在清华大学召开"续修四库全书提要编纂学术研讨会"始,到辞世之日止,傅先生在最后的六、七年中,念兹在兹的就是这一桩事。举凡制订凡例、规划作者、审订稿件、督促出版,傅先生无不亲力亲为。在当今的学术环境下从事这种集体撰著而且是提要类撰著,真是吃力不讨好,何况《续修》收书 5600 余种,广涉四部,学科繁多,邀约作者的难度是不言而喻的。傅先生是国内外学术界享有盛名的学者,又居中华书局掌门职位多年,对学术界情况了如指掌,不少学者尤其是知名学者都与他熟稔,得他帮助与提携的不在少数,是傅先生的亲点乃至亲邀使他们无法推脱。完全可以说,没有傅先生,这项工作至少不能在这个时间段开展,也不能在不算太长的六七年中完成。这六七年间,我目睹了傅先生用什么样的态度和怎样的方式工作。就我个人而言,不仅以有机会在他身边协助完成这一有意义的学术工作感到荣幸,过程中获得的治学态度和人生观的感悟,亦将坚定我在自己认定的人生道路上前行。

　　傅先生生前只看见了他晚年精力所系的《续修提要》史部和集部的出版,这令人既感欣慰,又深为怅惋。他刚开始仍然像史、集二部一样,亲审经、子二部的样稿和初稿,后来因身体原因无法逐条审读,直到缠绵于病榻,还反复向我表达他的不安。

　　傅先生之与清华,还有有趣味的一件事。现而今"清华简"举世著名,其丰富的史料价值通过李学勤先生及其团队的研究正在不断呈现出来。而其得以入藏清华大学的机缘,正源于与傅先生有关的一场餐聚。那是在 2008 年 6 月初,时任校党委书记陈希宴请刚到校不久的傅先生夫妇,并请另两对夫妇,杨振宁先生夫妇和李学勤先生夫妇作陪。李先生与傅先生是清华时期的同学,席间,李先生向陈书记首次提及这批后来称作清华简的简册,陈书记问价值如何,李先生的回答极简而极有效,说这是一批连司马迁都没有见过的东西,就是这句话打动了陈书记,由此拉开了引进这批竹简的序幕,后来又因这批清华简,顺理成章地有了后来千家高校趋之若鹜的"2011 协同创新中心"的花落清华。

人们都爱说世间上的事是偶然中有必然,但我总以为必然是在某个时空的必然,假设没有某种偶然因缘的凑泊,错过了属于某种必然的特定时空,可能的必然未必就能落实为已然。所以,我个人宁愿将这一次餐叙引致的清华简的必然,当成是傅先生给予清华大学的一个大 bonus。

傅先生是一个极为纯粹的学者,有着传统文人的修养和品格。除了学术,他似乎没有别的爱好。记得中华组织去房山春游,人人都在跋山涉水,只有他在一块唐碑前驻足,后来对身边的人说,这块碑应该告诉陈尚君,他不是正在编《全唐文补编》吗? 这是我第一次知道陈尚君兄在干这件事。

2012 年 11 月,正逢傅先生欣开九秩,多年来晨夕奔波,热忱参与和支持各种学术活动的他,坚辞四方学人和包括清华大学在内的各类机构举行庆寿活动的要求,只由中华书局组织了一场不过十来人参加的座谈会。在他执教的清华大学,则是由中文系古代文学专业的几位学生代表来到古典文献研究中心,送上一束鲜花和一册影集,影集里撷拾的是他四年多来续缘清华的部分场景,从学术会议的讲话,到研究基地的揭牌;从与同系师生的聚会,到逸夫馆边林荫道上的漫步。影集前缀有两行题词:"学而不厌,诲人不倦。仰之弥高,钻之弥坚。清华大学中文系古代文学专业师生敬贺。"

傅先生善著书而不善言辞,一如古代的司马长卿和现代的王静安。有一次在杭州开会,浙江图书馆古籍部的谷辉之女史正随吴熊和先生读博士,会议闲暇,她对傅先生说,您跟我们说说怎么做学问吧。不承想这成了让满肚子学问的傅先生颇费踌躇的一个问题。他认真地想了好一会,才说是这样的,我用中华书局五百字的大稿纸一撕两半,遇到有用的材料就抄下来。看着周围伸长脖子等着取经的人疑惑的眼神,傅先生补充道,就这些了。这让我刹那间想起了王国维,每当有人请教他问题,得到最多的回答就是"弗晓得"、"弗的确"。什么叫"君子盛德,容貌若不足",这就是啊! 我开玩笑说,傅先生,照您这么一说,我们都没办法做学问了,为什么? 弄不到中华书局的大稿纸啊! 一句话把大家说得笑起来了。

傅先生平生俭朴,熟悉他的人不会忘记,他外出时拎的都是哪次会议发的文件包,轻便而不经使,好在他参加的会议多,磨到破烂发毛的程度总有的可换,颜色不同,样式各异,简易则一也。在清华八年的头五、六年间,他都是乘公共汽车来上班,中间需要在人民大学中转一次。我提出各种方案,如找一辆专车接送他,找学生陪护他,他都坚决谢绝。谢副校长很严肃地对我说,一定不能让老先生赶车来上班,没有经费我来解决,出了问题你要负责,我也只能心里叫屈。后来自觉腿脚不便了,遂改打的,却只打到人大东门,理由是从家里去公交车站需要行走,但从人大东门乘公共汽车到清华西门,再搭校园小公共到新斋门口,就无有不便了。

有人会说,傅先生这辈吃惯苦的人,节俭成习的大有人在。但能作出下面的事的,就不一定大有人在了。那就是每次挤公共汽车上下班的傅先生,却时常让他的博士生和博士后们,用他的科研经费去购买学业所需的书籍! 亲历此事的学生非止一人,非止一次,故我所言班班可考,确凿无可怀疑。傅先生小女儿文清后来告诉我,在病床上,父亲还叮嘱家人,拟送哪些位学生多少钱,因为他们还是学生,或者刚刚入职,正是需要花费的时候!

傅先生去世了,那是一个四十年不遇的滴水成冰的祁寒之日,2016 年 1 月23 日下午三时许。其时学校已入寒假,我头一天刚抵兰州岳丈家探亲。傅先生爱吃甜食,本来我已经买好了一包甜点,准备离京前一天去医院看望,恰巧照料傅先生病中事务的中华出版部主任张宇兄当天清晨来电,说他马上就要去医院处理事情,得知我也准备去探视,便说人多了不方便,改天吧。我告他明天有出京之行,他说那就春节以后吧,没事,傅先生现在挺好的。次日上午我在机场给徐先生电话报告行踪,徐先生说傅先生现在是挺好的,你放心去过寒假吧。又说也正准备给你打电话呢,清华校办刚来电话,说校领导这两天想来看望傅先生,这让我们怎么过意得去啊。

当时谁能想到,从此就再无见傅先生之日了!

23 日上午十点左右,傅先生的学生卢燕新从遥远的美国告知傅先生病危。我与中华书局总经理徐俊、傅先生大女儿旭清通电话,他们都在赶往医院的路上。要命的是,几乎就在电话刚挂的同时,铃声又响,家姐报告 87 岁的老母亲平地跌跤,正 120 急救车送往医院。那一刻,我真觉得天似乎都要塌了。

我不得不赶回家中看护老母,不得不错过向傅先生作最后告别的机会。一月后,母亲的伤情幸有好转,我回到北京,打开傅先生薄尘轻蒙的办公室,久久仁立,心绪黯然。我又再次来到傅先生家中,所见只有逼仄的客厅墙上傅先生的遗像,微笑着看向世间。白布铺就的案子上摆放着鲜花和奠馔,我也看见了那包由我妻子呈献的甜点。我向傅先生鞠了三个躬,为了怕傅师母难过,强忍住泪水,没让它流下来。直到此时,我仿佛才真确地知道,寒斋清晨的床头再也不能响起傅先生电话的铃声了,从 1988 年初次拜见算起,结缘二十八载的傅先生,真的离我远去了。

傅先生辞世当晚,我草草拟就一副挽联发在微信上,平仄之不讲、措词之不工是明显的,但好在因情造文,确属心声,也就由它这样吧:

> 是老师是领导是同事,廿八年提命情谊难忘;
> 为出版为学术为人文,数十种著述声誉永播。

2016 年 10 月 27 日改定

傅璇琮先生印象记

杜泽逊

    2016 年 1 月 23 日傅璇琮先生去世，这位一生勤于著述、积极贡献于古代文学和古代文献学事业的文化巨匠为自己的人生画上了圆满的句号。

    我认识傅璇琮先生，是因为参与王绍曾先生主持的《清史稿艺文志拾遗》。王先生为出版事到北京中华书局，我陪着前往。在历史编辑室见到张忱石先生，过了一会儿，傅先生来了，站着给王先生说话，非常肯定地表示，《清史稿艺文志拾遗》是中华书局约稿，当然要予以出版。傅先生个子不高，非常精神。这是第一次见面，没有单独说话。这一次到北京，王先生还见过赵守俨先生，谈张元济先生《百衲本二十四史校勘记》稿本。这部一百七十余册的巨大稿本，中华书局点校《二十四史》时从商务印书馆借去，借条是历史编辑室主任赵守俨先生签的。八十年代，王先生发表论文，呼吁整理《百衲本二十四史校勘记》。赵先生坐不住了，发动中华书局同事找这部稿本。因为各史的点校者不同，《衲史校勘记》就分给不同的先生了。是不是都归还了，在那个年代，也不敢保证。最后大部分找到，归还了商务。有七种丢失，至今下落不明。赵先生吐字清晰，举止文雅。他说："王先生，你的心情就是我的心情，《衲史校勘记》一定要找全。"后来赵先生患病过世，没有看到《百衲本二十四史校勘记》最后整理出版。

    真正与傅先生交往是从参与《四库全书存目丛书》编纂开始的。1992 年 5 月，国务院第三次全国古籍整理出版规划会议在香山饭店召开，匡亚明先生接任组长，傅璇琮先生当选秘书长，小组办公室设在王府井大街中华书局，傅先生是中华书局总编辑。可以说，那时傅先生成为我国古籍整理出版事业的领导者。这次会议上,周绍良先生提出《四库全书》存目之书应当搜集整理,出版一套《四库全书存目丛书》,与《四库全书》配套。胡道静先生表示赞成,并列举《存目》中的李卓吾等人著作,认为其中不乏重要著述。二位先生的发言刊登于会议简报,又刊于《国务院古籍整理出版情况简报》。据张忱石先生说,北大刘俊文教授来中华书局,和他谈及什么项目可做。张先生拿着简报说《四库全书存目丛书》可做。刘先生非常感兴趣,于是以北京大学东方文化研究会历史分会名义打报告给国务院古籍规划小组,这个报告经古籍小组改订,送匡亚明组长,获得批准立项,《四库全书存目丛书》成为国务院古籍整理出版重大项目。我在看到《古籍简报》周、胡二先生发言后,也有很特别的感受,因为当时我已经开始从事《四库存目标注》,也就是《四库存目》著录的 6793 种古籍的存藏情况调查和版本著录。我看了《简报》就去找董治安先生。董先生参加了香山会议,他建议我写一篇东西,寄给傅璇琮、赵守俨、安平秋、章培恒、周勋初、黄永年六位先生。我就用文言文摹仿孙诒让《温州经籍志叙例》写了《四库存目标注叙例》,寄给六位先生。傅先生、赵先生都有回信。章先生则向岳麓书社推荐过这个项目,岳麓书社的领导来信约稿说是章先生推荐。傅先生回信中表示要向匡亚明先生推荐《四库存目标注》,并把《叙例》发表于 1992 年 11 月 20 日第 264 期《古籍简报》上。本年 12 月刘俊文、张忱石等先生提出影印《四库存目丛书》项目,报告中采用了我的《叙例》的有关内容和潘耒《类音》等实例,说明我的《叙例》受到了专家的关注。1993 年 1 月《四库全书存目丛书》编纂出版工作委员会成立,不久我被傅璇琮先生约到北京古籍小组,傅先生和张忱石、许逸民、张力伟诸先生接待我,在会议室讨论《存目丛书》方案,傅先生当时命我负责《四库存目》各书的调查工作,担任工委会委员。后来又一次来京,在中华书局张忱石先生办公室见到刘俊文、张忱石先生,进一步明确我的任务是调查《四库存目》各书的存藏和版本。刘先生当面说:"你的《标注》是你的,你有知识产权,我们只印《四库全书存目丛书》,使用你的调查成果。"《存目丛书》到 1997 年 10 月底完工,我在北大工作前后四年,加上 1993 年筹备工作,前后五年,在《存目丛书》工作中担任工委会委员、编委会常务编委、总编室主任。在这个过程中与顾廷龙、季羡林、周一良、周绍良、冀淑英、刘乃和、昌彼得、黄永年、白化文、安平秋、杨忠、曹亦冰、张玉范等前辈建立了很好的学术关系,与罗琳、张建辉、刘蔷、李际宁、刘

大军、刘玉才、顾歆艺、吴格、宋平生、辛德勇、陈秉仁、倪晓健、李国庆、白莉蓉、
王清原、童正伦、石洪运、徐忆农、沈志宏、刘乃英等一大批师友建立了良好关
系,为我承担的教育部项目《四库存目标注》最终完成创造了得天独厚的条件。
业师王绍曾先生也多次到北京参加《存目丛书》的会议,发表意见,与学术界的
老友见面,还在中央电视台晚间新闻的报导中数次露面,这为老师的晚年带来
了荣耀和快乐。

在参加《四库全书存目丛书》初期,由于年轻无知,不了解北京学术界的人
事关系,我曾无意间把傅先生的一封信给他人看过,给傅先生带来被动,这使我
一直很内疚,并在给傅先生的信中表示歉意。傅先生在回信中表示我辈以学术
为己任,其他不必介意。以后每次开会见面,先生都对我很关怀,很和气,多次
通信,赐寄新著多种。中央领导李长春、刘云山同志看望先生,先生还特别给我
寄了会见的照片并附信一封,使我体会到老一辈知识分子在受到中央隆遇之后
的真实情感。这种情感在历史上历久弥笃,即使在今天,也丝毫不减。

我从事《四库全书》及《四库全书总目》研究始于 1986 年,那时在山大古籍
所研究生班。在实习途中,从郑州买到一部《四库全书总目》,该书前面有 1964
年以"中华书局编辑部"名义写的《出版说明》,是我对《四库全书》及《四库总目》
的入门,后来又读了郭伯恭的《四库全书纂修考》。多年以后才知道中华书局
《四库全书总目》的《出版说明》出于傅先生之手。今天看,这是一篇很有分量的
出版说明,当然个别问题还可以再考虑,如其中认为浙江刻本来自武英殿本,崔
富章先生指出浙本来自文澜阁藏钞本。但总的看,这篇出版说明是阅读利用
《四库全书总目》的指导性文章,也是撰写"出版说明"的范本之一。我在从事
《四库存目标注》之初撰写的《叙例》,计划使用的底本是胡虔辑《四库全书附存
目录》。寄给傅先生后,傅先生回信建议仍用中华书局影印浙本《四库全书总
目》的"存目"部分作底本。我完全照办。只是根据胡虔的本子增加了若干浙本
未有的条目。傅先生对后学毫无架子,回信非常及时,而且内容充实,多有启
发,没有应付的成分,这是十分难能可贵的。

2013 年我创办了《国学茶座》(季刊),这份刊物的开本和内容都与中华书局
《文史知识》相近,而又深受《学林漫录》的影响。《漫录》是傅先生创办的,也发
表过王绍曾先生关于张元济先生校史处的回忆文章,是我喜欢的刊物。《国学

茶座》每期封二介绍一位国学名家,内文配合发表学术传略。在第四期特别邀请刘石先生撰写了《汲古得修绠,绩学若灵光——傅璇琮先生印象》一文,封二刊登傅先生的照片和《唐代诗人丛考》书影、简介。在古代文学研究领域,傅先生以开拓创新精神引领学术界,而《唐代诗人丛考》又是傅先生较早显示其开拓创新能力的著作,所以与刘石先生商议用这本书作为傅先生的代表作。从这些点点滴滴可以看出,我们受傅璇琮先生的影响处处可见,这样有建树的学者,在傅先生同辈中还有若干位,他们代表一个时代,具有某些共同的学风,功力深厚,积极开拓,在经历了政治与经济的困难之后,重新站起来,无怨无悔,奋斗到最后一刻。"壮怀激烈",也许可以形容他们吧。

2016 年 11 月 12 日草于校经处

瞻望那远去的大纛

程章灿

2016 年 1 月 23 日,临近岁末,昏暗的暮色和呼啸的寒风,带来一条噩耗,痛彻我心:傅璇琮先生去世了。近两年来,也陆续听到傅先生身体不太好的消息,但在我印象中,傅先生虽然身材瘦小,却一直活跃在学术第一线,精力旺盛,思路开阔,不断有新成果推出,日新其德,不仅他那个岁数的老先生罕有其比,比他年轻得多的中青年学者,很多也难以望其项背。哪里想得到,他突然就离开我们,永远地离开了。随后的几天,我一直沉浸在哀痛之中。学校里有事,没能赴京参加送别傅先生的仪式,只草拟了这样一副挽联,略表我心:

> 筹划指麾,瞻大纛高牙,省识雄师所在;
> 栽培提命,诵遗编音旨,长悲仪范遽遥。

的确,在我心目中,傅先生就是古代文史学界的一面大纛。对我们这一辈人而言,这面大旗已经飘扬了三十多年,我和很多同辈学人一样,曾经聚集在这面大旗之下,大旗迎风招展,我们也乘风成长。

第一次知道傅先生的名字,是从他出版于 1980 年的那本《唐代诗人丛考》。1982 年 10 月,国庆刚过,我决定跨专业报考南京大学程千帆先生招收的唐宋文学专业硕士研究生。我当时是北大历史系世界史专业四年级本科生,虽然对中国古代文学有兴趣,但是,对怎么研究古代文学尤其是唐宋文学毫无所知。于是,从北大图书馆借出傅先生这本书,书中对众多诗人生平事迹的考证,旁征博引,精深无比,当下极感震撼,但具体内容现在已经记不得了。倒是傅先生在前言中讲到的治学方法,我仍记忆犹新。傅先生谈他若干年前读丹纳的《艺术哲学》,印象深刻,接着引述丹纳一大段精辟的话,论述中小作家研究的意义及其与大作家研究的关系,论述微观考证与宏观把握的关系等等,娓娓道来,真使我有耳目一新、生面别开之感,原来古典文学研究应该这样做,原来考据还有这样的意义!那时刚刚改革开放不久,古代文史学界百废待兴,总体空气偏于沉闷。一提到考证,似乎就是繁琐考证;一涉及作家研究,翻来覆去就是那几个大家名家,视野也相当狭隘,套话空论充斥版面。傅先生的新书名为"丛考",实际上通过众多具体细致的考订,重新论定诗人在文学史上的地位及影响,划定其所属的诗人群体与诗歌流派,并对其作宏观考察。重视诗歌流派与诗人群体的研究,以微观考证与宏观考察相结合,自此成为古代文学研究界的新风气。初读此书的我,还只能站在高墙之外,感叹宫室的雄伟,堂奥的幽深。

1983年9月,我如愿以偿,负笈南下,师从程千帆先生攻读唐宋文学硕士学位,才了解到,傅先生与千帆师和勋初师交往很多,关系十分密切。侍座之时,经常听两位老师提到傅先生的道德、学问与文章。千帆师每次收到傅先生的最新论著,总要拿给我们看,对傅先生身为编辑,在本职工作之余钻研学问、成就卓然,常常赞叹不已,称傅先生是一位学者型的出版家。有位硕士同学毕业后去出版社工作,千帆师就勉励他以傅先生为榜样,努力做一位学者型的编辑。

1984年1月,师兄莫砺锋博士论文完成,傅先生受邀南下,参加新中国第一场文学博士论文答辩。千帆师安排我在门口迎候来宾,负责来宾的签到。这是第一次见到傅先生。答辩委员中,除了傅先生,还有钱仲联先生、徐中玉先生、舒芜先生等,在所有委员中,傅先生是最年轻的,那时刚刚五十出头。江南人的身材与长相,操一口犹带宁波乡音的普通话,平易近人,和蔼可亲,这是傅先生给我留下的最初印象,这印象从此定格在我的记忆中,直到今天。

1989年6月,轮到我进行博士论文答辩,得知傅先生既是论文评阅委员,又是答辩委员,我有一点紧张。我的博士论文题目是《魏晋南北朝赋史》,对这段赋体文学史料,前人没有作过系统整理,我在完成这段赋史的宏观描述之余,也对有关文献史料作了考订,呈现为附录中的两篇文章《先唐赋辑补》和《先唐赋存目考》。我有心效仿《唐代诗人丛考》,试图将历史的宏观把握与史料的甄辨考订相结合，但初学稚拙，画虎类犬，很担心不入傅先生的行家之眼，心中不免惴惴。在答辩中，傅先生对我的论文称许有加，肯定论文对这段赋史的宏观把握，也肯定论文将考据与批评相结合的做法，包括论文中使用的统计分析的方法，言语温婉，尽显前辈对后学的提携与关爱，这使初入学界的我信心大增。两年后，《魏晋南北朝赋史》作为"中国分体断代文学史"的一种，被江苏古籍出版社列入出版计划。我冒昧写信，恳求傅先生赐序。我记得去信时，已是 1991 年农历新年前夕，岁聿云暮。傅先生那时身任要职，可以想象有多忙碌，但他还是在很短的时间内写好了序。没隔多久，这篇序文就在 1991 年第 4 期的《文史哲》杂志刊出了，而拙著到次年 2 月才正式见书。很多同行告诉我，他们最早都是读了傅先生这篇序，才对拙著有所了解。《魏晋南北朝赋史》的出版，标志着我的正式出道，也给我带来一些薄名，对傅先生的揄扬奖借，我永志不忘。

　　傅先生为很多同行写过序，他的序文常融入对学界动态的观察与把握，高屋建瓴。例如，他把《魏晋南北朝赋史》的出版作为一个标志，"表明我们的古典文学研究正步入一个新的阶段，一批在八十年代中后期毕业的硕士研究生、博士研究生参加到这个研究行列中来"。对这批加入古典文学研究行列的新人，傅先生是高度重视的，也是极其爱护的。大旗飘扬，三十年一路追随，这批人情感上最亲近傅先生，学术上受傅先生影响也最大。我与傅先生一起开会的机会不算多，但是，1990 年在江苏南京和 1994 年在浙江新昌召开的两次唐代文学国际学术研讨会，我也有幸躬逢其盛，亲眼见到傅先生身边总是围绕着这一批年轻学者，言笑晏晏。实际上，无论是在国内，还是在国外，都有一大批年轻人真诚地以他为师，聚集在这面大纛周围，听从他的调遣。所以，每当傅先生主持重大项目，总能一呼百应，迅速集合一批精兵强将。

　　号召力这么大，当然是因为傅先生热心提携年轻人，极为了解年轻人，年轻人的研究方向和学术专长，他都牢记在心，另一方面，也是因为傅先生学术境界高卓，学术眼光超群。他规划的项目往往高瞻远瞩，基础性、前瞻性和工具性兼具。早在 1987 年，他在复旦大学中文系举行的一次座谈会上，就提出古典文学研究应多做基础工作，包括编写文学编年史、古代文学家辞典、研究资料汇编以及古典文学书目，开展作家的传记研究等。后来，他身体力行，规划、组织和主编《唐才子传校笺》《唐五代文学编年史》《宋才子传笺证》《中国文学家大辞典》

《中国古典文学史料学丛书》《中国古代诗文名著提要》等一系列大型项目。这些书出版以后，嘉惠学林，反响良好。傅先生运筹帷幄，带出了一批年轻人，日后成为学界的中坚力量。

傅先生参加我的博士论文答辩时，了解到我的硕士论文是《刘克庄年谱》，一直很关心。1993 年，《刘克庄年谱》经过修订，由贵州人民出版社出版，我曾寄呈一册，请傅先生教正，同时也表示，未来还有计划在《刘克庄年谱》的基础上，继续研究晚宋文学。没有想到，多年过去了，我却一直没有机会重返晚宋文学研究现场。更没有想到的是，傅先生心里却惦记着这个事。2008 年，他来电邀请我参加《宋才子传笺证》的编撰工作。此书由傅先生规划并任总主编，辛更儒、张剑、祝尚书、王兆鹏和我担任分卷主编。此后三年，我与傅先生的联系比较多，我经常收到傅先生的来信，接到电话。每一封来信都是他亲笔手写，内容极为丰富，一开始是草拟撰作体例，确定"才子"人选，商议样稿，接下来是通报各卷进展，交流各卷已完成的文稿，文稿上面常有傅先生亲笔修改的意见。他是总主编，实际上，事无巨细，他都管，分卷的事他也操心，比如，帮我物色我所负责分卷的撰稿人选，提供研究信息，传递应该使用的文献史料，等等。信中不容易写清楚的，就在电话里交流。傅先生不太习惯打手机，通常打我家里的电话，多在早晚两段时间。写信或打电话时，傅先生还是老派的规矩，以"同志"相称。慢慢的，家里人只要接到"找章灿同志"或者"找程章灿同志"的电话，就知道是傅先生的电话来了。

跟随傅先生编《宋才子传笺证》那三年，我切实体会到，七十多岁的傅先生是多么不知疲倦，手挥大纛，身先士卒。无论谈什么事，涉及什么内容，他都是商量的语气，经常伴随着温和宽厚的笑声。作为总主编的傅先生，不仅是这个项目的总设计师、总指挥，也是这一项目的总监理，自始至终。王兆鹏兄在《宋才子传笺证·词人卷》前言中说，应该给傅先生颁发"最佳组织贡献奖"，他说得太对了，一点也不夸张。从傅先生身上，我学到了课题的设计和规划，也学到了团队的组织和协作，更感到了大旗的力量。

傅先生一直重视古代文学史料的研究。1997 年，他在《文学遗产》第 2 期发表《应当重视古典文学的史料研究——中国古典文学史料研究丛书总序》，比较系统地阐发了古典文学史料研究的意义。他所理解的"古典文学史料"，是广义的，石刻文献也包含在内。大约 1998 年左右，我到北京出差，专程到中华书局晋见傅先生。那时，书局还在王府井大街，傅先生的办公室不很大，只记得到处堆满了书。我向傅先生汇报近况，说起近年来研读石刻文献，发现《隋唐五代墓志汇编·洛阳卷》著录有不少问题，傅先生就让我整理出来，这就是后来在《古籍整理出版简报》229 期到 231 期连载的三篇《〈隋唐五代墓志汇编·洛阳卷〉著录订误》。他又进一步了解我下一步的研究计划，我汇报说，打算在历年讲授"石刻文献研究"课程的基础上，编撰一部《石刻文献学》，由于自身研究古典文学的背景与经历，会适当突出石刻文献作为古典文学史料的意义。傅先生听后，颇为嘉许，并嘱咐我完成此书后，交给中华书局，作为"中国古典文学史料研究丛书"的一种出版。他还对此书写作提了几点希望。非常愧疚的是，近十来年，我兴趣游移，精力分散，没有及时完成此书的撰作，有负傅先生的信任。每次书局来人问起此稿，我就嗫嚅不知如何应对，惭愧得无地自容。

　　傅先生离开我们将近一年了。又是一年岁暮，冬日的下午，天暗得越来越早，寒风在窗外呼啸，带来阵阵寒意。我从杂乱的书架上翻出傅先生给我的书札，灯下展读，那有些颤抖的笔画间，透着独特的力量，那朴素的字里行间，分明可以感受到他的温暖，让我忘记了窗外的寒风。

2016 年 12 月 6 日

编辑要有学者化的抱负和气质

魏晓虹

在学术界和出版界,傅璇琮先生是一位令人景仰的前辈。傅先生早年就读于清华大学、北京大学,受优秀的学风所熏染,后相继在北京大学、商务印书馆、中华书局工作。商务印书馆和中华书局是文化积累最为丰厚的出版社。傅先生在这样浓郁的学术文化氛围中学习工作,融通文史,学贯中西,视野开阔,成为了编辑大家、学术巨匠。他撰写的学术著作成为创新研究的范式,开创了学术研究的新格局;他主编的大型图书,对中国古代文史研究起到了奠基作用,是文史研究者的必读书目。傅先生多次提到"编辑要有学者化的抱负和气质",而他自己就是这一主张的践行者。

一、业务精湛的资深编辑

傅先生 1958 年到中华书局任编辑,在四五十年的编辑生涯中,编辑出版了一系列的具有重大学术价值和现实意义选题的书籍,是一名学理精深、业务精湛的编辑。

早在 20 世纪 50 年代,他策划和编辑了一套《中国古典文学研究资料汇编》,在中国古代文学研究界产生了很大的影响,促进了 20 世纪 60 年代以后中国古典文学研究的发展。20 世纪 90 年代,傅先生又为中华书局文学编辑室组织了两项较大的选题,一是邀请南开大学中文系罗宗强教授主编《中国文学思想通史》,二是傅先生亲自主编的《中国古典文学史料研究丛书》,为中国文学史的深入研究奠定了基础。

傅先生在担任中华书局古代史编辑室副主任时，在 20 世纪 80 年代的学术背景下，以学者的睿智和胆识编辑出版了美国耶鲁大学中国历史教授黄仁宇的《万历十五年》。当时国内出版海外学者的著作很少，而且黄教授由英文译成中文文字略有隔膜，傅先生请中国社科院文学所的沈玉成先生加工润色，颇有文采。此书初版首印 27500 册，此后由中华书局版本翻译成日文、韩文、法文、德文等译本，影响很大。可见傅先生的编辑眼光和学术勇气。

傅先生主持了多个大型选题，从中可见其严谨的工作态度和高雅的学术品位。如主编《唐才子传校笺》《中国文学大辞典》《全宋诗》《续修四库全书》等等，这些工作的参与者少则数十人，多则上百人，总体部署，统筹协调，颇为不易。傅先生以广阔的学术视野策划主编的《全宋诗》是 20 世纪 90 年代最具影响力的断代诗歌总集，也是迄今为止最大的一部诗歌总集，其规模超过了清人所编的《全唐诗》数倍，在年代断限、版本选择、体例制订、小传撰写、卷次安排、校录规则等方面，都有明确的规定，完成了嘉惠士林、沾溉后学的文化史建设工程。

中国唐代文学研究会成立于 1982 年。傅先生于 1984 年被选为副会长，1992 年担任会长。在文献资料整理、文学理论研究等方面为唐代文学研究确定了长远的研究方向。主编了《唐代文学研究》和《唐代文学研究年鉴》。在《唐代文学研究年鉴》创办之初，就制定了编辑思路，成为唐代文学研究的风向标。《唐代文学研究》后来成为历届唐代文学会议论文集，由于傅先生提出以质量为本、鼓励潜心研究的编辑宗旨，每一辑都有不少原创性的学术精品。

编辑一部书稿的时，务求完美，这也给编辑创造了钻研的条件。编辑中国古代文化书籍，要搜罗异本、相互比勘、制订体例、校正讹误、厘定次第，序其源流，都需要很高的学术素养。傅先生还经常亲自撰写序跋，陈述编辑理念、编纂特点，论述选题依据，评价学术价值。

傅先生主编的书，要通读书稿，出版前要进行审校。他说："我作为总主编，有一个通读全稿的习惯。即各卷书稿都加细阅，并提出一些意见与各卷主编商议修订。"通过学术上的切磋交流校正讹误，确保书稿质量。傅先生对作者语气谦和，委婉地提出意见。对于一部大型书籍，主编要通读书稿，工作量非常大，由此可见傅先生严谨的编辑态度。

二、组织策划的学界泰斗

在编辑实践中,傅先生组织策划了一些学术价值很高的研究出版选题。傅先生在中华书局长期从事编辑领导工作,工作在出版第一线;同时还负责国务院古籍整理出版规划小组的古籍整理出版工作。他了解并引领学术发展,在选题和规划出版古籍学术著作方面引领方向,把握大局。

傅先生组织策划了多种性质不同的书籍,有一定的体系。显示出极高的学术水平和运作能力。"有全集系列、基础文库系列、研究集成系列、史料研究系列、文学史系列、大辞典系列……以唐代文学研究来说,既有《新编全唐诗》《唐人选唐诗新编》这样的总集,《唐才子传校笺》《五代史书汇编》这样的基础文献,《唐五代文学编年史》《唐五代人物传记资料综合索引》这样的史学性和工具性著作,也有诸如《唐代科举与文学》《唐翰林学士传论》《河岳英灵集研究》等贯穿问题意识的研究著作,另外还有《唐代文学研究年鉴》《唐诗研究集成丛书》《唐代文学研究论著集成》等总结性著作。这盘棋是一个大体系大格局。"傅先生主编《唐五代文学编年史》(辽海出版社1999年版)利用传统编年史体例对唐代文学按年月进行了流动的考察,表现文学发展的多元图景,标志着文学史范型的新变。

傅先生规划组织并实施完成了唐代文学研究的一些"大型合作工程",耗费了大量时间和精力做多种学术规划和组织工作。他热心学术事务,善于整合资源。提出了策划方案:"一是建立文学编年史的研究;二是加强作家传记研究;三是大力开展对专书、专题的研究。"傅先生策划主编的书籍,体现出这一思路。

傅先生善于策划大型的、文学史料书籍。傅先生主编的《唐才子传校笺》(中华书局)以传记文学为写法、以元代辛文房《唐才子传》原书为基础,概括了唐代近400位文学家的生平事迹,组织了20多位专家学者撰写,共5册,180余万字。21世纪又策划了《宋才子传校笺》的撰写,而这部书是自创新体、无所依傍。编辑工作常常是一种学术交往行为,这种卷帙宏大的图书编辑学者化是必然要求。

将学术研究规划与编辑书目的选择紧密结合,组织学者群体重视学术合作,这样众多学者通力合作的大书,只有傅先生这样一位具有学术影响力的强有力的组织者和策划者,才能顺利完成出版。善于策划选题是傅先生的治学成功之路,也是编辑成功之路。傅先生策划出版了大批学术品位高、社会影响大的书籍,为文化发展做出了贡献。

三、成果卓著的知名学者

从 20 世纪 50 年代开始,傅先生就与学术与出版结缘。傅先生说过:"编辑无论组稿、审稿,接触面较广,有时文史哲不分,有时古今连通。"编辑工作对傅先生日后养成贯通文史的博大学术气象,起到了至关重要的作用。他说过:"我真正进入研究工作领域做出一定的成绩,是在出版社,我的学术研究,与商务印书馆、中华书局这样有历史文化传统的出版社是分不开的。"他的学术论著源源不断地问世,个人著述和主编的书籍多达 50 余部。傅先生的研究方法具有以史治文、考论并擅的特点,多为历史文化综合研究。傅先生曾参与过中华书局"二十四史"的编辑点校工作,这种编校工作对其深厚史学功力的养成起到了重要的积累作用。他长期沉浸在文学史料的海洋之中,出版了一些资料汇编和文献索引类的著作。早在 1962 年就编辑出版了《杨万里范成大资料汇编》,在 1978 年又出版了《黄庭坚和江西诗派资料汇编》,与友人合作了《唐五代人物传记资料综合索引》《唐五代人交往诗索引》(上海古籍出版社,1992 年)。深厚的史学功力使他在文史研究方面取得了巨大的成就。

傅先生致力于唐代文学研究,有一个唐代文学研究系列。傅先生在半个世纪的学术研究当中,一直是以唐代文学研究为核心的。在唐代文学研究方面的标志性成果:《唐代诗人丛考》(中华书局 1980 年版)、《唐代科举与文学》(陕西人民出版社 1986 年版)、《李德裕年谱》(齐鲁书社 1984 年版)、《李德裕文集校笺》(河北教育出版社,2000 年版)、《唐诗论学丛稿》(黑龙江人民出版社,1992 年版),与美籍华人李珍华教授合作撰写的《河岳英灵集研究》(中华书局 1992 年版)、《唐五代人物传记资料综合索引》(中华书局,1982 年版;日本东方书店 1987 年重印)、《唐人选唐诗新编》(陕西人民教育出版社 1996 年版)。这些研究选题新颖,有些是前人未涉足的学术领域,为学术界提供了方法论的借鉴,具有引领和垂范的意义。《唐代科举与文学》，是以文化为主体的科举文学史，成为从文化史角度研究文学的范例。《唐翰林学士传论》是研究作家群体的，研究社会上层知识分子精英群体。《唐代诗人丛考》关注初唐、盛唐、中唐前期 32 位中小诗人，注重诗人群体和地域研究。《李德裕年谱》以年谱的形式记录李德裕的立身行事，并涉及中晚唐党争的社会政治情况。《李德裕文集校笺》在对诗文的求真辨伪方面是唐代文学研究的典范之作。

　　傅先生具有精深的文史功力、开阔的学术视野和文化意识。他编辑和研究相结合，在学者中是最成功的编辑，在编辑中是最著名的学者。别人的著作编得好，自己的文章写得好。撰写和编辑了大量的中国古代文史研究论著，不但成果丰硕，而且影响着后继者的研究。在长达 50 余年的学术生涯中，具有多重身份：他是为人作嫁的资深编辑，又是开创研究范式的著名学者，又是组织学术活动的学界泰斗。他传播出版学术文化、从事文史研究、组织群体学术研究，促进学术交流、推动学术发展，为中国古代文化和唐宋文学研究做出了巨大贡献，堪称是文史编辑的领军人物，是编辑学习的楷模。

再忆傅璇琮先生与宁波二三事

——谨以此文悼念傅璇琮先生

朱 达

满面南风指四明,山长水曲不胜情。

今天上午 10 时,傅璇琮先生的遗体告别仪式将在北京八宝山举行,因公务在身,未能送先生最后一程。先生此行山高水长、雁程无归,愿一路走好!

23 日晚上,接宁波市委宣传部原同事的电话,说是傅老先生下午 3 点多去世了。我一下子缓不过神来,心口像是受了彻骨寒流的侵蚀,感到沉沉的。

傅老先生出生于 1933 年 11 月,虽也有 83 岁高龄,但我总觉得他走得太早,走得太匆忙。

我与傅老先生相识,是在 2003 年下半年。当时我任职于市委宣传部,共同参与市里重大文化项目《宁波通史》的编撰筹备工作。编撰一部高质量的通史,由谁领衔主编至关重要。我们与宁波出版社的同志商量后一致认为,唯有傅老先生挂帅,方能保证此书质量。

于是受部领导委托,我们多次与傅老先生接触,恳请他"出山"把舵。其实,鉴于当时宁波本地的研究力量和地方史研究基础,傅老先生开始是不愿意接此"烫手山芋"的。但傅老出于对家乡的感情,最终还是同意担纲主编一职。

傅老先生曾任中华书局的总编辑,主持风雅,学识渊博。他与钱锺书、启功、林庚、饶宗颐等大家均交往甚密,学术交流颇多。钱锺书曾称赞傅老先生"精思劬学,能发千古之覆,吾之畏友",又称先生编辑之事"博宗精审,即叹可悬诸国门,为兹事楷模。"启功称誉傅老先生"学林望重,著述宏多,夙夕宣劳,朋修甚仰。"又力邀老先生入"九三"学社,"是以伫盼高踪,久弥殷望!倘荷惠然贲临,使白莲之社,不独以渊明增重,宁非今之佳话乎?"陶渊明与庐山莲社相交,是文学史上的一段佳话,启先生借用此典故,希望傅老先生与之"携手并进,期效革命之梯航",可见傅老先生在启功心中的分量。饶宗颐、林庚等巨擘大家对傅老先生也褒扬有加。

傅老对编撰《宁波通史》兢兢业业,无一丝懈怠。从 2004 年 8 月召开第一次编委会开始,至 2009 年 4 月《通史》出版,傅老不顾年事已高,每年必亲临宁波四五次。每次召开编撰会议,都是亲力亲为。对各卷编撰写作人员可谓是耳提面命,循循善诱。

记得在一次编委会上,清代卷的一位专家提出张苍水的牺牲地在宁波象山花岙岛一事。傅老先生认为,此事会有争议,于是提出,写地方通史,不能因为从自身立场出发而引起争议,应加上"注释",把史学界有分歧的观点一并写上,这样就客观些。可见傅老治学之严谨。

傅老的认真还体现在一些"小事"上。比如,他要求工作人员对每次编委会上讨论的意见都要作记录,并编发成简报。而对这些简报,傅老先生居然也逐字逐句地予以修改润色,担当起语文老师的角色。

在傅老身上,实实在在地体现了"贵致用、务博综、尚实证"的浙东学派严谨之风,这对时下急功近利、飞扬浮躁的不良之风何尝不是一副匡谬正俗的良药。傅老先生在《李德裕年谱新版题证》中道出了他的治学心得,即"一心为学,静观自得"。我想这就是他的精神支柱,这就是他的价值取向。

傅老先生是一个文质彬彬的书生,有时看上去还有点"迂腐"。像他这样的大家,国内一些有影响的媒体要请他赐稿,并不是一件容易的事,得费些周折,但他对家乡媒体却格外关照。

记得 2005 年 7 月 1 日,傅老先生写了一篇纪念启功先生的文章,回忆与启功先生交往的一些情景,主动要求我们联系宁波日报社发表此文,还特地交代,如宁波日报不合适发,那宁波晚报也可以。我拿到他的文稿,如获至宝,研读再三才致电报社,那神态自然像是给他们发了一次很大的福利!

傅老先生有时候也显得很可爱。他每次来,我们一般都给他安排在原市政府大院旁边的联谊宾馆。这宾馆星级不高,条件也很一般。考虑到来探望傅老先生的人比较多,为方便起见,我们一开始给他安排套房,所谓套房也就多出一个房间而已。对这样的安排,傅老先生很不高兴,嘀嘀咕咕的,非要换成普通单人房不可。他说:"我每次来都要住上好几天,住套房太浪费了,如果你们有钱,还不如花到该花的地方去。"当我们满足了他的要求时,他高兴地像个小孩一样,连声说道:"嘿,这样好,这样晚上睡得安心。"以后傅老再来宁波,谁也不敢再开套房给他住了。

往事历历在目,恍如昨日。限于篇幅,这里不再赘述。

傅老先生在一篇读书随笔中特地引用过宋代著名文人范仲淹的两句诗:"满面南风指四明,山长水曲不胜情。"充分体现了他对家乡的挚爱和向往。

傅老先生虽然已经永久的离开了他的故乡,但他的道德文章,他的音容笑貌必将在四明大地时时回响。但愿读过他编撰的《宁波通史》等书籍的人们,能更加激发起对家乡的亲近感,进而生发出更多的对哺育自己成长的这片土地和人民的报效之情。

2016 年 1 月 27 日

傅璇琮:一位慈父般的良师

卢燕新

一

一月份,北京入冬以来最寒冷的一天,恩师傅璇琮先生远离我而去。傅先生辞世,学界震惊,新闻媒体以及诸位学人纷纷通过各种方式寄托哀思。《光明日报》刊文《缺少他的当代学术史是不完整的》,标题摘自清华大学刘石教授对傅先生的评价。陈尚君先生撰文慨叹学界少了一位开启风气的学者,认为傅先生是最近三十年唐代文史研究领域最有成就的学者,也是中国古籍研究领域的领军人物,同时又对学术风气的转变起了导夫先路的作用。李白研究会前会长薛天伟先生发给我一首诗,说:"融通文史一炉中,当代宗师岂自封。不信舟沉人已去,千帆竞过破寒冬。"诗中盛赞傅先生"融通文史",为"当代宗师"……

对我而言,傅先生不仅是精心指导我学业的恩师,又是无微不至关心我生活的慈父。2015年8月,我受国家留学基金委资助,公派到美国哥伦比亚大学访学。出国进修虽是很多人羡慕的好事,然而,我实在放心不下恩师的健康。为防万一,我请几个好友定期探望傅先生,以便及时了解恩师近况。一月二十二日,我得到先生病重的消息,几乎彻夜未眠。一月二十三日上午,几近纽约子夜时分,我在灯下等候恩师消息。突然,朋友打来电话说傅先生病危,我顿觉眼前一片昏黑,眼泪夺眶而出。我知道,情况已经到了超乎想象的危机地步了。

然而,我远在海外,一筹莫展。情急之余,我将傅先生近况告知刘石先生以及同门师弟师妹。虽然如此,我的心里,仍抱有一丝期望:像傅先生这样慈父般的大师,他不会离我而去的!

然而,天妒英才!本应长寿百岁的慈师离我而去!自一月二十二日始,一连十余日,我在纽约租住的寓所里,没有出过门,也不想见任何人。彼时,纽约积雪近一米厚,房东知我痛失恩师悲伤,不仅上下楼的脚步声比往常轻了许多,而且,扫雪等公共事务均没有让我参加。虽然,我不得不面对残酷的现实,但是,我依然觉得傅先生就在我身边。追随恩师十年,往事历历在目。泪眼模糊中,我清晰地看到他的音容笑貌……

二

十年前的秋日,我考入中国人民大学国学院,师从傅先生读博士,幸运地成为傅先生指导的第一位博士生。然而,我敬仰傅先生、听闻他的威名,则始于十几年前。1987年夏,我在西安买到《唐代科举与文学》,虽然不完全理解书中内容,但我的感受是,傅先生学识竟是如此渊博!那时,我做梦也想不到,有一天我能成为傅先生的弟子。到西北大学读研时,硕士导师李浩先生指导我们阅读傅先生和李珍华先生合撰《〈河岳英灵集〉研究》,看到傅先生深厚的文献功底、渊博的学术史知识、宽广的文学史眼光、宏富的材料搜集、睿智的材料辨析、严谨的行文逻辑以及准确的语言表达等,倾佩之情益深——阅读中,我真切的感受到了名师大家的学术风范。

师从傅先生的日子,我渐渐走近傅先生,日益体会到一位学术大师的学术品格是何等崇高。有一次,我对傅先生说,唐初慧净编的那部集子叫《续诗苑英华》,不叫《续古今诗苑英华》,慧净不是卒于贞观十九年,享年不止六十七岁。他耐心听完后,颇为认真地说:"是吗?那我要思考思考。"慧净及其所编的诗歌总集,傅先生在《〈河岳英灵集〉研究》中做过深入研究。两天后,他打来电话说:"卢燕新同志,你的发现很有价值。据萧统《昭明太子集》卷四收《答湘东王求文集及〈诗苑英华〉书》、唐释道世《法苑珠林》等典籍,称慧净所编的叫《续诗苑英华》,应当更确切。另外,我那个时候对慧净卒年的研究,是有问题的。你能不能写一篇文章，对这部诗总集做一整体研究？"于是，在傅先生指导下，我查阅资料，撰写了《〈续诗苑英华〉考论》。后经恩师同意，我们师徒二人将该文合作发表在《文学遗产》上。

恩师极为严谨。他曾对我说，他是一个认真的人。事实上确实如此。有一次，一单位想托我请他作科举制度方面的学术报告。接到邀请后，我怯怯地给傅先生打了电话。他说，一个月以后可以。可是，邀请方希望报告的时间最好定在一周之内。他听了时间安排说，一周之内，他没时间备课。我一听，心里乐了，暗思，您是学术大家，又是科举制度研究的知名专家，还需要备课？于是，不假思索地说了一句："傅先生，您不用备课的。"谁想，他生气地回了一句："这怎么行？"就把电话挂了。若是平时，他每隔两三天就给我打一次电话，因这件事，一连好几天，我都没有接到他的电话。终于，我忍不住硬着头皮给他打电话："傅先生，我错了。"只听他呵呵笑了："以后不敢这样了啊。"我又听到了他开心的笑声！

傅先生勤奋著述、思常人所未思。钱锺书先生曾将力作《管锥篇》赠给他，在扉页上题"璇琮先生精思劬学，能发千古之覆"，简短的两句话，概括了傅先生的超凡学术造诣与贡献。回忆他的一生，傅先生成功之路并不平坦。他少时家境并不阔绰。1951年，他进入清华大学，次年转入北京大学。他受知于浦江清、王瑶、游国恩、林庚等古代文学名家。大学毕业后，他留校任教，为浦江清先生助手。然而，他遇到了一个特殊时代。即便如此，傅先生以其良好的学术基础、坚忍不拔的毅力，加上严谨、博学、精思的学术风格，研究取得了辉煌的成就。我编《傅璇琮先生学术研究文集》时，收到大量稿件。黄霖先生称他"明道之要，学术之宗"，陶文鹏与张剑先生称他是"在中国当代的文学史学领域，如果我们要找一位既有精深的文史功力，又有开阔的学术视野和文化意识，并且怀着深挚的人文情怀，时时组织、领导和影响着文学史学研究，自觉地推进学科建设的人，恐怕傅璇琮先生是众望所归的人选之一"，葛兆光先生称傅先生的研究"勾勒出一个时代的风貌"……这样的赞誉，长期以来，见之于媒体报刊杂志者甚多。不难看出，傅先生卓著的学术成就留给人们的印象。

傅先生的研究成果到底有多少？去年春夏之交，我和同门师弟张骁飞、鞠岩、杨朗在医院陪护他时，他好几次说到，海内外有37家出版社出版过他170

多种书。这个数字,仅仅是专著,尚不包括论文在内。然而,即便是专著数目,也是极难统计的。因为,傅先生的主编新书不断出版,他的专著等又不断再版。有的丛书,一套好上百乃至几百本,要全部记住书名以及出版社名称,实属不易。为学术事业,他是"春蚕到死丝方尽"。袁行霈先生在《光明日报》上发文说:"傅先生是一位以学术为生命、以治学为乐趣的人,他的勤奋,他的认真,他的洞察力,他的细心,都堪称我们这一代学者的模范。"罗时进先生在《中华读书报》撰文,赞誉傅先生为"一座永远的学术丰碑"。傅先生独撰专著,严谨认真自不必说。他主编或参编的书,只要他参与,他都要仔细审定稿件。傅先生曾说:"我是一个认真的人。"去年 12 月前,中国商业出版社陆续出版了《中国民俗传统文化丛书》,共八个系列,一百种。虽然此前负责该书的王俊做了详细周密的工作,但傅先生对我说:"我担任主编,我就要负责任。"审阅这套书时候,他的身体状况已经很不乐观。我多次提醒他注意休息,他说:"没关系,我的时间不多了。能做一点,我高兴。"

傅先生把生命交给了他喜欢的事业。因身体不适,2015 年,他两度住院。每次住院,病情稍好一点,他就不断地告诉我:"去找医生,我要出院。"我问他为什么,他说:"我的时日不多了,不想浪费在医院里。"去看望他的每位同志,都会劝他安心住院。可是,他总是放心不下学术。住院期间,他让我打电话给复旦大学黄霖先生、西北大学李浩先生、东北大学出版社刘继才先生等,了解他们近况,关心书稿编纂工作。他甚至背着大夫让我到家里给他取来需要查阅的书籍资料。有一次,一位护士看见他在病床上工作,忍不住惊喊:"爷爷,您都这样了,还工作?"他笑了笑,无奈地收回正在审阅的稿件。可是,护士走了,他又开始他的工作。

傅先生是蜡烛,燃烧了自己,换得一部部中国古代文学研究的辉煌成果。他把自己交给了学术,换得著述等身的惊人成就。从早年的《杨万里范成大研究资料汇编》到《唐代诗人丛考》、《李德裕年谱》、《唐代科举与文学》、《唐翰林学士传论》,从《俄罗斯文学史教学大纲·苏维埃文学》到《唐才子传校笺》、《唐人选唐诗新编》、《唐诗研究集成丛书》、《中国文学大辞典》、《中国古代小说珍秘本文库》、《全宋诗》、《唐五代文学编年史》、《中国藏书通史》、《续修四库全书》、《唐代文学研究论著集成》、《五代史书汇编》、《二十世纪中国人文学科学术研究史丛书·文学专辑》《宋登科记考》《中国古代诗文名著提要》《宁波通史》《中国古籍总目》《宋才子传笺证》《中国民俗传统文化丛书》，等等，著述之丰，世人震撼！这样的成就，纵观古今，可比肩者，有几？

傅先生仙逝这几天，各界发来的唁电，字数超过一万字。《光明日报》《中华读书报》等媒体做了大量的报道。细心的读者不难发现，唁电以及悼唁回忆文章中，常见的字眼是"悲"、"痛"、"哭"、"泣"。我的师弟告诉我，他们守灵期间，来祭奠的专家学者常常长跪不起，放声大哭。澎湃新闻网刊登了海外华人学者王瑞来文章《哭傅师：谦谦君子，巍巍学人》，形容自己听到傅先生辞世的噩耗时"泪如泉涌、欲抑不能"，并说："对古人说的'如丧考妣'，我已超出了对字面文义的理解，成为真真切切的个人体验。"我没有见过瑞来先生，但我很感谢他。因为，他说出了我的感受。有人惊诧，你导师去世了，你为何数日啼哭不止？我想说："你不理解，那是因为你没有遇到傅璇琮先生！"

三

傅先生关心后学，奖掖学术新人，这是有口皆碑的。先生辞世的第二天，蒋寅先生撰文《傅璇琮印象：其学百代者，品量亦百代》说："傅先生的学术造诣和学术境界，除了取决于他的学术才华与勤奋之外，与他过人的品量也是分不开的。我追随傅先生多年，对他的长者之风感受至深，也从他身上学到了许多东西，包括如何对待学术，如何对待批评，如何对待前辈、同侪与后学，如何应对学术环境的变化。"蒋先生回忆说，毕业后，他从前辈学者那里受到教益最多的就是傅先生。

赵昌平先生在《寒夜忆璇琮师》中也表达了近乎同样的感受。他说："从1986年初始先生起，直至现今，对先生我一直执弟子礼，去信时，总以'学生'、'生'自署——我虽然从未师从过先生，然而早从踏上唐诗学研究之途的第一天起，我已自承为先生的私淑弟子。"

龚延明先生也曾回忆他的治学经历说，直到七十年代末，他也没有明确的学术方向，仍彷徨在科学殿堂之门外。正是得到傅先生指引，他确立了学术方向，撰写《宋史职官志补正》一书。后又得到傅先生的帮助，撰写《宋代官制辞典》，将他推向宋代官制研究的最前沿。1991年后，再次得到傅先生指导，撰写《宋登科记考》，开拓学术新境界、填补了该领域的学术空白。

我编撰《傅璇琮先生学术研究文集》时，赵逵夫、卢盛江、吴在庆、木斋、毕宝魁、程国赋等先生，在回忆学术之路时，无不谈到傅先生的帮助与影响。以学术地位而论，诸多学者，今已成为名家、大家，有的甚至是一派宗师。以年龄而言，有青年才俊，有中年学者，有的甚至到了耄耋之年。然而，他们皆尊称傅先生为师、执弟子礼。傅先生有这样的学术地位，绝不是"自封"能获取的。

帮助朋友或者是赏识同仁，对很多人来说，这并不稀罕。然而，帮助和自己观点相悖甚至是批评指责自己的人，恐怕一般人难以为之。2004年秋，陶敏先生到西北大学做学术报告，期间讲到傅先生——这是我第一次听知名学者在公众场合中评价同行。他说：傅先生的胸襟，常人难以想象。你认识他，他帮你修改文章、推荐发表；你不认识他，只要你的文章有价值，他肯定帮你；甚至是，你和他商榷的文章，他也帮你推荐。我清晰地记得，陶先生所讲傅先生的诸多事迹，听讲座的同学们无不感到意外。

恩师在病中时，我撰写了一篇补考唐代翰林学士的文章。这一领域，傅先生曾有著名的专著《唐翰林学士传论》、《唐翰林学士传论·晚唐卷》，对唐代翰林学士做了全面的辑补考证。我每次到医院看望他时，他总是要问起我的工作近况。当他听说我撰写了有关翰林学士的文章时，顿时非常高兴，执意要我拿来给他看看。读了我的文章，他说："你能从新材料中发现两位翰林学士，实在不容易。我因为材料缺失，没能发现。你应当在文章前面说清楚，傅璇琮先生的研究，并未发现这两位翰林学士，现予以辑补。"虽然这是傅先生一贯的作风，可这一次，看着他憔悴的面孔，看着说话困难的神情，看着他连稿件都几乎拿不稳的手，我眼泪夺眶而出，说："傅先生，这……这……"恩师看懂我的心思，说："没什么，这没什么啦，学术研究就是这样，一代人接着一代人，不断地前进。你指出我的缺失，实际上是帮了我啦。"至今，想起这件事，我不禁热泪盈眶。我钦佩我的恩师：他的学术胸襟竟是如此的宽阔！

傅先生关心后学，其宗师"品量"，还体现在他对古代文学研究的设计层面。他说："我最大的心愿是为学术界办一些实事，我最大的快慰是得到学界友人的信知。"他像一位设计师，不仅根据不同学者的文化背景、学术兴趣，设计他们的近期与长远研究目标，更重要的是，他心中有着古代文学的大棋局。杨庆存先生曾评价傅先生的学术思想有"使命意识、国家意识、创新意识"。我读硕士时，西北大学阎琦老师对我们讲，他没有见过，还有谁像傅先生一样，除了个人的研究，心中总是勾画着整个古代文史研究的蓝图。恩师主编了《中国古典文学史料研究丛书》、《唐才子传校笺》、《全宋诗》、《唐五代文学编年史》、《中国藏书通史》、《续修四库全书》、《中国古籍总目》、《宋登科记考》、《中国古代诗文名著提要》等大型书籍，通过这些，我们不难看出，也只有傅先生这样的人，才能策划这些足以能影响中国古代文学现在与未来的研究成果。

四

因为工作等各方面原因，直到 2005 年，中国人民大学国学院聘傅先生为博士生导师，他才正式开始指导博士生。此后，他又被清华大学聘为全职教授、博士生导师。在这两所高校，他先后指导了我与张骁飞、鞠岩、刘珺珺、徐珊珊、杨朗六位博士生。对待学生，他如慈父。

记得我刚到中国人民大学，傅先生担心我节日思乡，便带着师母到人民大学陪我过中秋节。事后，我才知道，师母晕车，已近很多年没有乘车远行过。开学后不久，恩师担心我刚到学校，手边研究唐人的诗文总集资料不够，便多方面帮我搜寻。一个和风煦煦的早上，我到公交车站接他，只见他两手提着两个大包，步履艰难地、笑呵呵的向我走来。除了带给我的专著《〈河岳英灵集〉研究》以及他主编的《唐人选唐诗新编》等资料，他还带给我一只大烤鸭！

师从傅先生期间，每年开学，他要在人民大学西门外陕西餐馆给我接风。放假，要在这家陕西餐馆为我送行。三年，从未间断过！我到外地出差，他忘不了给我准备路上吃喝用品。他到外地出差，不仅给我带回必须的资料，还要带给我他认为好吃的东西。有一次，他到宁波开会，回来给我带了一盒甜糕。我是北方人，对甜食不是很喜欢。但，先生给我了，我立即高兴的收下。然而，晚上，他打电话问我："小卢同志，那盒甜糕你吃了没？"我说："傅先生，谢谢您，我马上吃。"放下电话，我立即拿出来，和室友一起吃了几块。过了一会儿，他又打来电话："小卢同志，好吃不？"我说："好吃！好吃！"我听到，电话那头，他笑了，笑得是那样开心。

师从傅先生，凡我所需，他都是尽力帮助。有一次，我无意中说，谢思炜教授曾指导一个博士生，研究过《才调集》，我想看看。一个礼拜后，他到人民大学找我，只见他笑呵呵的用颤抖的手从包里拿出一本厚厚的博士论文说："我和谢教授联系，请他帮我找的。"师从傅先生的三年里，如果没有到外地出差，他每礼拜至少会约谈我一次。每次，他都是提着好多东西，要么是书，要么是美食，要么兼而有之！一次次，看着他艰难的步履，看着他提着大大的包，我感觉到慈师关爱的无比温暖。我写好的文章，只要他满意，他就会帮我推荐，我连信封邮票也不用我买。有一次，我觉得很愧疚，便偷偷的在给他的信中夹了100元钱，我说，这是他帮我寄文章的邮资。谁知道，他看完信很生气，居然两个多礼拜没有给我打电话！

傅先生关爱学生，感人事例枚不胜举。2007年秋，我和张骁飞师弟到江苏听南怀瑾先生讲课，傅先生知道后，打电话让我俩到他家一趟。我俩去后，才惊异地发现，傅先生给我俩准备了路上吃的、喝的，满满两袋子，他就站在袋子旁边，乐呵呵的笑：他笑得似一朵花！有一次，他从外地带回来两个大金柚，用纸包好，并在纸盒上写了"哥俩分"三个字，让张骁飞带回学校，并叮咛师弟，要将其中一个分给我。

恩师爱护每一个学生，胜过关心他的亲生女儿。师妹刘珺珺回忆说，虽然老师很忙，但每周总有一两天到清华古文献中心听她汇报学业，有时她睡忘了，总会被老师的电话叫醒。2013年3月，北京下起大雪，她以为大雪会阻止傅先生前往学校，可是推开办公室的门，她惊诧的看到，傅先生就坐在桌子边，笑吟吟等着她。师弟杨朗回忆，傅先生曾希望他读《柳文指要》，说："这部书，我认为问题很大，我哪天带些材料过来，你可以参考参考。"没过多久，老师就真的拿来一袋文稿。当他拿到资料时，他大吃一惊，没想到，傅先生对学生的情感，竟这么真挚。

傅先生对我们，犹如慈父，也是严师，他从不忽视学生们的学术缺失。指导我们，他经常采取方式是蜡烛自燃式，以此来指导我们进步。至今，我清楚的记得，我交给他我第一篇习作《翰林学士集题名职官考论》前后的情景。2006年10月28日，我将我的习作论文交给他。过了三天，他就电话约我谈谈。见面后，他先给我一包他从南京带回来的小吃，然后，谈到他在南京开会情况，然后，又谈到他最近正在进行的工作。我很吃惊，他没有谈我的论文。临别前，他交给我一个纸包，说："这是你的文章，我提了一些意见，你参考一下。"我很高兴，以为自己写的文章不错。回到宿舍一看，我惊诧了，我的稿件上密密麻麻写满了傅先生的批校意见。习作中的观点等，凡有待思考者，傅先生逐一注明指导意见。令我感动且颇受教益的是，傅先生将我论文所涉及的文献，包括是否原典文献以及作者、版本、引述内容、文献表述等，一一核对，帮我校订错讹。就连我论述的文字、标点，傅先生也是精校细审，详细注明文中所出现的舛误。批阅一篇学生的习作，傅先生下了多大功夫，他人是难以想象的。他就是这样，耐心帮我们查阅资料、仔细批点校改，让我们从中悟出道理，悟出他的学术思想、学术方法。

张骁飞回忆说，2007 年底，傅先生知道他硕士学的是中国古典文献学，便推荐他协助中华书局孙通海先生做《困学纪闻》的汇校集释工作，他也因此而撰写了《〈困学纪闻〉元刻本考索》，该文发表在《文史》2008 年第 3 期。此后，又在傅先生指导下进行王应麟文集的校点，每成一卷，把它交给先生，先生第二天就反馈意见，他再行修改。那时，先生已经 76 周岁高龄！在傅先生的帮助下，该书于 2010 年 5 月由中华书局以《四明文献集（外二种）》之名出版。师妹徐珊珊回忆说："傅先生为我是真的操碎了心。除了帮我一起想选题和角度，还反复帮我修改。第一篇小论文，写了整整两年，不晓得经历了多少次大大小小的修改才完成。不仅傅先生帮我修改，师母徐敏霞先生也帮我修改。"这样的事，在我们的记忆中，太多，太多。傅先生对待学生论文问题，他不是采用批评的方式，而是通过他自己辛勤的付出，牵着我们的手走进学术殿堂。

傅先生的指导，给了我们方向和方法。恩师的帮助，给了我们学术激情和动力。我们六位学生，读博期间，在《文学评论》、《文艺研究》、《文学遗产》、《文史》、《中华文史论丛》、《北京大学学报》、《文史哲》等期刊上发表了约三十篇论文。其中，我的博士论文《唐人编选诗文总集研究》获全国百篇优秀博士论文，张骁飞整理的《四明文献集（外二种）》获全国古籍整理二等奖，鞠岩的博士论文《唐代中书舍人与文学研究》获北京市优秀博士论文。不到十年时间，傅先生在教学上取得这样的成就，誉为慈父良师，应当是恰如其分的。

回忆傅璇琮先生

刘彦捷

　　傅璇琮先生离开我们快一年时间了。傅先生一生致力于唐宋文学研究和古籍整理研究出版,成就卓著,在学术界和古籍出版界有着崇高的威望。傅先生去世时,到八宝山为他送行的各界人士挤满告别室内外,其情其景至今犹在目前。某也不才,得承乏先生领导的古籍小组及中华书局编辑事务,现略叙与傅先生日常接触中的细微小事,聊以寄托怀念之情。

　　初识傅先生,是在上世纪 90 年代初我在北京大学读研究生期间。那时古文献研究所承担《全宋诗》的编撰整理工作,傅先生是该项目的主编之一。有一天我去研究所查资料,看到一位衣着朴素、面容清瘦的先生,私下里问在场的老师,才知道他就是傅璇琮先生,中华书局总编辑。傅先生是驰声学界的前辈,又是古籍出版重镇中华书局的领导,我心里颇为敬畏,开始时不敢轻易接近。但是没过很久,所里的一位老师告诉我,中华书局的两位主编,傅先生和许逸民先生,都曾夸过我的整理稿做得比较规范,这让我很受鼓舞。听说北大古典文献专业的毕业生以前大多是分配到中华书局工作的,我对中华书局也很有向往之意。到研究生毕业前夕,特地向傅先生和许先生提起,愿意去中华书局,没想到很快得到了回应,我得以被书局录用,到国务院古籍整理出版规划小组(国务院裁撤非常设机构时改称国家古籍整理出版规划小组,后改称全国古籍整理出版规划领导小组)办公室工作。

　　傅先生当时兼任古籍小组秘书长,他的办公室和我们并不在同一层,日常接触较少,但因古籍办每年都召集不少会议,所以经常在会上见到他。这才发现他为人特别谦虚和气，即使是面对我们这些初来的年轻员工，也总是和颜悦色、笑容满面，有事让我们做，从来都用商量的口吻；我们做好交给他，他总是不住地说谢谢、谢谢。他生活俭素，衣食住行从不讲究，一切均以少花钱多办事为准则。记得好像是1995年前后，我们在北京燕山大酒店开《中国古籍总目提要》的会，有一天晚上，傅先生有事回了家，办公室副主任张力伟老师有事和他商量，从酒店给他打电话，他却让张老师挂断电话，他再从家里打过来，因为酒店的电话费太贵了。张老师和我们说起这件事，我们都很有感慨，至今印象深刻。傅先生直到退休后在清华大学任教，都七十多岁了，腿脚又不好，我还好几次见他从位于丰台区六里桥的中华书局家属楼去赶公交车。我终于意识到，节俭已经成了傅先生的习惯，舒适安逸本就不是他在意和追求的。

相对于日常生活的简朴，傅先生对学术研究和古籍整理出版事业可谓尽心竭力，孜孜以求。他任中华书局总编辑的情况我不是很了解，但曾听我的同学、当时在文学编辑室做编辑的宁德伟说，傅先生在他所发的稿子上批过的意见，都能切中肯綮，很有启发，由此可约略见出傅先生对编辑业务的精熟。古籍小组办公室人员不多，在傅先生担任小组秘书长期间，只有六七人，却开展了不少业务，仅编发的刊物就有三个：一是内部发行的月刊《古籍整理出版情况简报》，一是双月刊《传统文化与现代化》，一是年刊《中国古籍研究》。国家古籍整理出版"八五""九五"两个五年规划，也是在这期间编制完成的。为了加强与古籍小组成员的联系，充分发挥专家学者的学术专长，小组成立了学术委员会，每年古籍办都要召开评审会，进行古籍出版资助项目的评审，为优秀古籍整理著作提供出版经费；又鉴于学术专著出版困难，1994年起决定编选《中国传统文化研究丛书》，每年从全国各出版社申报的项目中评出10部研究专著，入选该丛书，并给予出版资助。这些资助，在当时出版经费比较紧缺的情况下，对优秀古籍图书及相关论著的出版起到了非常重要的推动作用。最耗心力的当属《中国古籍总目提要》这一基础工程。该项目从最初启动到最后《中国古籍总目》面世，整整经历了20年时间。前期各种筹备启动、研讨体例、写定样稿、审定稿件等等过程，傅先生均参与其中，亲领其事。直至2009年《中国古籍总目》编竣，傅先生作为该项目的主编，虽早已退休，却仍非常关心和关注其编辑出版进度。2010年下半年我被指定为该书《集部》的责任编辑。从开始接触书稿的征求意见稿,就看到了傅先生的审读意见,指出了书稿中存在的一些诸如类目设置、条目著录等方面的问题,提出了一些修改建议。编辑工作正在进行时,傅先生还特地来文学编辑室,给了我一份嘉德拍卖公司的拍品介绍,拍品是清康熙六十年董正国所著《南墩先生诗稿》手稿本,为孤本,原藏上海图书馆,让我留心《总目》的著录情况,说它已经不在原来的收藏单位了。2011 年 6 月,傅先生来找我,恰逢我有事外出,于是给我留了言:"请将《中国古籍总目》集部中宋代王安石诗文集目录,复印一份(约 1—2 页),装在信封,放在传达室我的信箱中。因中华书局与清华大学中文系刘石相约,拟请他承担王安石诗文集校注,则须要了解王安石文集现存的版本目录。我将于下周转交刘石同志。谨谢。"这些材料,都留存在《集部》的书稿档案之中。重新翻阅,傅先生对工作、对学术认真负责的态度历历如在目前。2012 年 7 月,《中国古籍总目》经、史、子、集、丛书五部全部出齐,当年获新闻出版总署表彰,后来又荣获全国古籍优秀图书奖、中国出版政府奖图书奖等多种奖项,终于完成了傅先生多年的心愿,傅先生内心的欣慰,可想而知。

　　1997 年傅先生卸任总编辑职务,当年年底中华书局迁至丰台六里桥,他的办公室正好在我们隔壁,他家也就在单位后面的宿舍楼。这样我们与傅先生见面的机会陡然增多,他手头的一些杂事,比如复印和打印材料、收发电子邮件等,也多让我们帮忙。他还是那么谦和客气,有时还向我们介绍他和一些学界前辈的交往,给我们看他保存的学界名流的信件。我清晰地记得曾见钱锺书先生回复他的一封信,毛笔直行手书,内容大致是和傅先生探讨一个学术问题。后来古籍小组重组,傅先生不再担任秘书长,也常到我们办公室来询问我们的业务情况,仍然关心着古籍小组的工作。他的办公室经常有学者来访,相谈甚欢,私下一问,多是在学界崭露头角的后起之秀。他还大力推介年轻学者的著述,对他们奖拔提携,不遗余力。文章不少都见诸报刊。

　　退休以后,傅先生一如既往地从事相关学术工作,仍紧密联系学者,这从他不时让我帮忙收发电子邮件一事上即可见其一斑。我还记得他曾给台湾的一家出版社审读书稿,让我帮他录入审稿意见并通过电邮发给对方。他还主编了诸如《续修四库全书总目提要》这样的大部头著作。我知道他身体不是很好,腿脚不大便利,听说胃还切除了大半,后来手还总是颤抖,但他的工作热情,着实令我们这些后生晚辈敬佩不已。

　　傅先生讷于言而敏于学,他的文章典雅从容,平易流畅,读之如行云流水,引人入胜。他从不使用电脑,平时著书撰文,审稿写信,均以钢笔手书,字迹隽逸秀雅,特别漂亮。一次我在本局图书馆,看到有一幅傅先生的题字,似乎是搬馆前摘下来保存的,写的是唐人王湾的诗句"潮平两岸阔,风正一帆悬",飘逸遒劲,很有气势,才知道原来他的毛笔字也写得这么好,只是因为他晚年罹患疾病,无法再写大字,非常遗憾不能求取墨宝了。他的著作,诸如《唐代诗人丛考》、《唐诗论学丛稿》、《唐代科举与文学》、《唐人选唐诗新编》、《河岳英灵集研究》、《濡沫集》、《自选文库》等等,每每见赠,均于书前扉页手书"彦捷同志惠正"字样,签名盖章。我调到文学编辑室后,有一次趁单位卖打折残书,入手一套《唐才子传校笺》,正好被傅先生看到,他说:"原来你需要这套书啊。为什么不跟我要?"类似这样的小事傅先生都记挂在心,这让我十分感动。

　　见微知著。虽然留在我记忆中的都是细枝末节的琐事,但从中可以体会到傅先生处事为人之大端。傅先生治学甚勤,成就卓然,在学界是一座丰碑;而在我们,却是平易的领导、谦虚的前辈和蔼蔼长者。历史不会忘记他,我们也不会忘记他。

八百孤寒齐下泪

——怀念傅璇琮先生

张　剑

　　傅璇琮先生乐于提携后进，学界有口皆碑。值先生逝世周年之际，我也不禁回忆起傅先生对我学术上的帮助，心香和泪，献于先生灵前。

　　2003年2月，我在《光明日报》发表的一篇《警惕古籍伪校点》被先生看到，他托几位文学所的老师向我传话，让我与他联系，我自然欣喜如命。电话中先生说了不少勖勉之语，我由于惶恐和激动，反而大多记不得了，只记得他强调做学问要注重材料和文史兼综的重要性。这正是先生的经验之谈，他的《唐代科举与文学》就开拓出制度史、文学史和文化史相结合的研究局面，成为有着广泛影响的传世名著；他主编的《唐才子传校笺》、《全宋诗》、《宋登科记考》、《续修四库全书》、《续修四库提要》、《中国藏书通史》等大型书籍，对于古代文史和文化的研究也起到了重要的奠基作用。这是我与先生的第一次接触，他就把自己的治学经验和盘托出。而我那时不过是首都经济贸易大学的一名普通讲师，学界的无名小卒。但先生对后进的关爱，无疑并不看重其当时的地位和身份。对先生来说，他帮扶过无数年轻人，这只不过是其中微不足道的一件小事罢了，但对于受帮扶的年轻人，却无疑是一件大事。学界泰斗有心无心的一句赞语，有时能让人树立起一生献给学术的信心和决心。

　　2004年6月，陶文鹏师请来傅先生担任我的博士学位答辩委员会主席，从此我与先生又多了一层学术因缘。他夸奖我关于宋代家族的论文做得不错，又关心地问我之后的研究方向。我回答尚未考虑得很清楚，想继续做家族研究，又想做《宋大诏令集》，还对周必大感兴趣，希望能得到先生指点。傅先生沉思片刻,说他正在研究唐代翰林学士,感到这个题目学术空间很大,建议我不妨考虑做做宋代翰林学士研究。我得先生此语,顿觉眼前一亮。不久,先生即寄来《翰学三书》和他关于唐代翰林学士研究的部分打印稿。但此后由于种种原因,我最终还是沿着家族研究的路子走了下去,有负先生的期望。不过先生不以为忤,反而又赠我《浙江家谱总目提要》等书,说是供我研究家族时参考。这让我既感且愧,对先生的胸怀气度也有了更深的体认。

2008年春,傅先生回到他的母校清华大学任中国古典文献研究中心主任,遂与清华大学人文学院、中文系商议编纂"宋才子传笺证"。全书分为北宋前期卷、北宋后期卷、南宋前期卷、南宋后期卷、词人卷五个分卷,总字数近三百万字,共为三百八十余位宋代才士立传并笺证,参与此事的学者多达百人,其中不乏知名学者。这样一项规模巨大的工程,傅先生凭借自己的威望和经验居中调度,认真督促,居然不到四年时间,在2011年即完成并正式出版了。更让人意外的是,傅先生邀请我担任北宋后期卷的主编,可我当时不过是《文学遗产》编辑部一名尚未有头衔的普通编辑,职称也只是副高,而其他分卷主编祝尚书、辛更儒、王兆鹏、程章灿四位先生,则都是成名已久的前辈师长。这怎不让我受宠若惊,又岂敢不黾勉从事。在组稿、撰稿的过程中,我不仅获得了向其他分卷主编请益的机会,而且对傅先生如何以其特殊的地位和强烈的学科意识,团结组织优秀学者,为学术界奉献优秀成果有了深切体会。仅就我负责的这一卷而言,傅先生先后来过三十余封信,电话更是不计其数。而且他还亲自帮我盯人催稿,有一次我给王水照先生打电话,王先生笑语:"是催稿吧,傅先生已来过电话了,被傅先生盯上那可是逃不掉的。"这次宝贵的学术经历教给我很多东西,对于我的学术成长更有着莫大帮助。后来我与友人合编的《中国近现代稀见史料丛刊》,之所以能够每年一辑滚动出版,就直接受益于傅先生的言传身教。

有意思的是,这些年我与傅先生交往虽多,但谋面极少,主要是通过书信与电话联系,而且出于敬畏,我主动联系先生时并不多,反而多是先生写信或打电话给我。"张剑同志"、"张剑同志在吗",分别是他给我的书信和电话开始时的固定用语。有次我在中华书局四楼走廊上邂逅他,我忙趋前迎候,他却一脸茫然,直到我自报家门,他才恍然大悟。对于先生来说,也许年轻人的形貌如何并不重要,重要的是这个人是否立志向学、是否属可造之材,是否有让他能够记得住的学术成果。

刘石先生曾对我说:"傅先生很喜欢你。"我对这句话是这样理解的:傅先生喜欢的是一心向学的年轻人,而我恰巧成为彼时年轻人的一个符号、一个代表。傅先生学术境界高远,他对中华历史和文化有着强烈深沉的爱,也因之对中华历史、文化的传承有着神圣的使命感和责任感,薪尽火传,也许这正是傅先生器重和乐于提拔年轻人的主要原因。

傅先生一生阅人无数,眼光精准。他所识拔过不同时代的年轻人多已成才,且逐渐成为各领域的领军人物,而他们当年受先生奖掖时,很多如我一样,尚处寒微未显之际。现在年轻学子处境不佳,出头尤难,在上位者垄断资源,彼食肉只许他人啜汤者屡见,甚至骨肉汤水尽占,只让年轻人喝西北风的也并非没有,傅先生与彼等相较,境界真有云泥之别。《唐摭言》卷七载:"李太尉德裕颇为寒进开路,及谪官南去,或有诗曰'八百孤寒齐下泪,一时南望李崖州。'"古今情同,傅先生之逝,亦令天下孤寒之士,为之挥泪同悲。

予生也愚,至今仍大道未明,艰难跋涉于问学之途;予生也幸,得遇傅先生以及像他一样推赏我的多位师长,才逐渐走出一条属于自己的学术道路。回望过去,先生仿佛从未离开;瞻望未来,先生仿佛亦在那里对我微笑。他对待学术和年轻人的态度,将一直成为我编辑和治学生涯中的指路标。

寒冬夜想起了傅先生

——琐忆和傅璇琮先生的数面之缘

吴　空

据说，这是宁波数十年来最冷的一个冬夜。就在寒风呼啸中，我在朋友圈看到了一则让人直打寒战的消息：当代著名学者、出版家、中华书局原总编辑傅璇琮先生仙逝了。顿时感到一阵惊愕。

悲痛叹惜之余，我从书架中取出了这本《傅璇琮学术评论》。打开扉页，傅先生的亲笔题签墨香犹在：

此书编纂、出版，多承吴学军同志精心校订，谨此志谢。/傅璇琮/二○○七、七、卅日/宁波

我用僵了的手指翻开书的一页一页，思绪也随之回到了二○○七年。因为这本书，我曾和傅先生有过数面之缘，有幸见识过先生的大家品格、长者风范，想来至今如沐春风。

那时，我还在宁波出版社当图书编辑。可能因为我经手编辑的《智者之香》、《中国的吉普赛人》、《宁波的中国之最》等书还略微像样，因此那年春节刚过，便接到马玉娟社长交付的一个重要任务：给徐季子先生主编的这本《傅璇琮学术评论》当责任编辑。

接过厚厚一叠书稿后，我心中不免很是忐忑。毕竟我还只做了一年的图书编辑，而这本书却是罗宗强、陈允吉、程千帆等三十余位学界名家对傅先生学术研究的综述评论，其内容主要涉及唐宋文学研究，引文众多，文字深奥，用典偏

僻,不易编校。尤其是傅先生本人即是当代著名出版家和编辑大家,以我这样的出版新兵为傅先生这样的前辈名贤当责任编辑,实在惴惴不安。不过,不安归不安,活终究是要一点一点干出来的。因此,我花了不少工夫编稿子,对于许多一时无法解决的疑难杂症,都一条一条作了笔记。

转眼到了三四月间,有天马社长告诉我傅先生来宁波了,有问题可以当面请教。这可是我期待已久的。那时,出版社还在苍水街,傅先生就近住在对面的联谊宾馆。第二天,我就自告奋勇开车接他去新芝宾馆开会。

这是我第一次见到傅先生。他个子不高,精神很好,敦厚温雅,平易近人,对待我这样的后生晚辈也非常客气。坐的是我的第一辆车,档次不高,还比较小,但老先生一点也不在意,连说好几次"麻烦了"、"辛苦了"。那天正好是雾霾天,漫天灰蒙蒙的,看不了多远,连车子上都铺了淡淡黄沙般的一层颗粒物。傅先生感叹道:"这天气,北京这样,没想到来宁波了还是这样。"

初次见面还有点生疏,可能傅先生也确实"内向不喜言谈",因此我除了请教编辑过程中碰到的具体问题,基本没有谈及其他。我把前阵子列的编辑疑难杂症单子拿了出来。傅先生没有直接回答,而是说:"我先带回去,好好想一想,再答复你。"

过了两天,我们又见面了。傅先生拿出那张单子,耐心地一条一条解释说明,还谢谢我细心找出了几处前后不一致的文字。有些问题,他还以商量的口气让我看着办,说并不一定以他说的为准。现在想来,有几个问题简直是低劣之极,但他也同样一一认真作答。我很不好意思,可能脸都快红了吧。傅先生安慰我说:"我们(中华书局)那边也一样,老编辑总是从年轻编辑开始干起来的。"让我略解尴尬。

这本学术评论集,不仅收录了学术界专家教授对傅先生的学术成就和德行情操的评述和专论,书前还要放上傅先生学术活动以及他和名家往来书信的照片。他拿出一个用旧了的大信封,从里头拿出钱锺书、启功、饶宗颐、黄苗子等十多位名家寄他的书信,一些照片,以及他捐赠给天一阁的十多种著作书影。他将每张原件都编了号,对应着写了文字说明,对钱锺书先生的手札还专门以简体字释写了一遍,点点滴滴中显示出一个大学者、大编辑家、大出版家的严谨笃实。傅先生嘱我要仔细处理这些原件,扫描电分后要保管好,下次要归还他。

我知道,这些可都是价值连城的学术史料,我这个后辈小子能经手,也是一种福分了。

书中要放一张傅先生工作照,但他手头有的大多是极普通的日常照片,我觉得不太满意。便请来宁波晚报的赵磊(网名石头)掌镜,约好当天下午专门为傅先生拍一张照。我们三个人一起来到宁波军分区边上的枫林晚书店,也没和老板郑永宏打招呼,只管自己慢慢找书、翻书。借着午后温暖的阳光,赵磊拍摄了十多分钟,经傅先生认可,最终选用了现在这张作者像。

这是我们第二次见面,似乎有些熟了。我因为当过宁波日报的文化记者,本性难移,所以开始问一些本书之外的问题。记得我有些"放肆"地问傅先生,他名字中的"琮"字,字典上念 cong,但实际上许多人都念 zong,那到底应该怎么念?先生答道:"没关系,名字就是让人念的,从俗好了。人家习惯念 zong 就这么念,我也答应的。"另外,他也谈及自己个人的研究专著,如《李德裕年谱》、《唐代科举与文学》、《唐诗论学丛稿》、《唐五代文学编年史》等,基本上都不在中华书局出版,以免人家误会。傅先生以中华书局总编辑之尊,而甘愿放弃在自己主管的国家顶级出版社出书,这在物欲横流、普遍寻租的时代是多么难能可贵。

傅先生此番回京之后,我们又通过几次电话。主要是请他审定书的版式和封面设计稿,他对于封底的钱锺书先生题签、封面的梅花饰条、书眉的飞天底纹等设计都表示满意。在编校过程中,傅先生又寄来南京大学中文系周勋初教授于当年四月七日补写的《新记》。当时全书已经大体排完,但我用其他字体将此补写的部分放在这一篇的开头,以体现学界对于傅先生为新时期浙东学派代表人物的高度认同。

到了六月,这本 400 多页的《傅璇琮学术评论》终于通过编校、审读,可以清样了。傅先生对于样书基本上还是满意的,他说,能够这么顺利出版已经很好了。我也有如释重负的喜悦,心情一激动,便说有个想法,想写一篇关于傅先生出版编辑思想的论文。傅先生听了,很认真地让我可以先参考一下相关资料。

七月底,傅先生再次回甬,拿到了刚刚出炉的新书。他拿着书,说应该送我一本,但要回房间写好字再给我。吃过饭后,傅先生让我过去,把题签并签名过的这本书给我。同时还有一本签名本,让我转交给为他摄影的赵磊。另外,他还送我一本专业杂志，里边有一篇关于他的专访。原来，上回傅先生提到过的论文参考资料，竟然专门带过来给我了。这让我真是万分感动。

八月廿八日，宁波市委宣传部专门在新芝宾馆为本书举办了隆重的首发式。还是我开车接送的。路上，傅先生说起《宁波通史》马上要定稿付梓了，我编过这几部书，对宁波的历史文化大致有些了解，应该也要参与编辑。但是，我女儿刚刚在七月份出生，几乎和这本书同步面世。由于薪水不足以养家糊口，且无法解决编制等原因，我基本上决定要离开出版社了。傅先生的这本书，竟然是我短暂的出版编辑生涯中的最后一本。这点想来至今唏嘘不已。

我记得当时傅先生没讲太多，但明显不表赞同，并且颇不理解。他说："我始终觉得当编辑是一件乐事，尤其是当一个有研究水平的专业编辑。现在出版界越来越注重市场和利润，但如果只追求经济效益，那些很有价值但不一定有市场的书就没人出了。一个人，不应该太受外部的诱惑或冲击，即使长期在出版社工作，不在大学或研究所，也能学有所成的。"

惭愧得很，不久后我还是离开了出版社。此后，我便落入杂碎公务的窠臼，不学无术，和出版界基本没有工作联系。傅先生的名片还在，但此后和他再也无缘交集。尤其羞愧的是，关于傅先生出版编辑思想的论文，我也曾收集了些资料，作了点笔记，但因为人已不在出版界，故而一直没有动笔。而现在，这样一个普天同冷的寒冬之夜，"一心为学，静观自得"、"潜心于书斋，超然于兢途"的傅璇琮先生溘然离去了，也许这正是他"避易就难，避热就冷"的治学道路的终点。

一想至此，夜已深了，人愈发冷了。此时，四明山正大雪盖地，白茫茫一片最是纯粹。书和学术的天堂，想必也是如此。

傅先生，此去山高水长，一路走好！

一位青年学子眼中的傅璇琮先生

智宇晖

1月23日,傅璇琮先生去世,正是寒流肆虐的日子。在"文革"的寒流中,先生固守着学术的园地默默耕耘,生命之火在地下炽热地燃烧;然而这一次,先生没有挺过去,学术研究耗尽了他的全部能量。

得到傅先生去世的消息时,我正乘坐长途汽车,穿行在海南岛腹地绵延的群山中,望着窗外笼罩着云雾的原始森林,我的心绪再也不能平静,与傅先生接触的点点滴滴浮荡在我的脑海。

余生也晚,无缘受教于傅璇琮先生,唯景仰而已。后来因修习学业之故,得以大量阅读先生的著作,读过以后,对于先生的景仰之中又增添了几分亲切。

孟子说:"诵其诗,读其书,不识其人可乎?"终于,在南开大学攻读博士学位期间,我有幸先后三次近距离接触傅璇琮先生,并亲聆先生教诲。

2010年冬天,唐代文学的一个国际学术会议在南开大学举行。我的导师卢盛江先生作为东道主负责会议的组织接待,自然,我们一班研究生便分派参与会议的服务工作。于是,在明珠园我第一次看见了傅璇琮先生。

那是在明珠园的接待大厅,会议的第一天上午与会人员报到,我正忙碌着什么,忽然听见有人高声说:"傅先生到了!"我抬头向门口望去,宾馆的自动玻璃门打开了,一位低矮的白发老者步履蹒跚地走进大厅。他的一半的身体行动僵硬,应该是脑血栓的后遗症吧。在他走向大厅中央的时候,大厅里立刻安静了下来,人们都站起来向老人的方向注视。等到卢老师搀扶傅先生坐定,各个年龄的学者都纷纷上前向老人致以问候,一时间,厅里的气氛显得既热烈又肃穆。

后来知道傅先生曾担任唐代文学学会会长多年，我想，大厅里的人们的表现，就是对这位学术领袖的敬意吧，这与官老爷迎接仪式上的掌声雷动是多么的不同！

当我近距离目睹先生，不知为什么，竟联想到爱因斯坦晚年那张有着爆炸式发型的肖像。傅先生的头发也全白了，稀疏的随便修饰一下，并没有炸起；他的硕大的脑门与爱因斯坦像极了，显示着超人的智慧；厚厚的嘴唇是自然的闭合，与爱因斯坦外翻的富于挑衅的嘴唇截然不同，充满了含蓄，甚至略带一点拘谨。我极力搜寻脑海中形容传统文人学者的词汇来总结这整体的第一印象：儒雅翩翩，风流倜傥，洒脱孤傲……形容这位学者，我的既定的词汇是无力的。假若把先生置诸津门闹市，恐怕没有人会知道这样一位蹒跚移步的老人是大学者吧。然而，怎样的形象才是学者的风度呢？鲁迅说王国维的相貌好似商人，也有人形容汤用彤像店老板，傅先生大约就是汤、王一类的人吧。我从他堆垒的皱纹，大而有神的眼睛里，捕捉到农民似的憨厚质朴。

当先生要起身离坐的时候，我赶忙过去扶他，他抬头对我微笑一下，轻轻地"哦"了一声，散发着一位学养丰厚的老人的慈祥。

傅先生其时近八十高龄，因身体原因，学术会议结束前就回北京了。我却留下了一个遗憾，没有准备一本著作请先生签名留念，怅然好久。

没想到来年的夏天，我的愿望就实现了。

我的两位同门师兄即将毕业，卢老师请傅先生主持答辩。答辩前后的两件小事，使我对先生的平易质朴有了更为真切的感受。一般第二天上午举行答辩会，专家们头一天就到校。虽然天津北京近在咫尺，傅先生的接送事宜卢老师还是头等挂念，反复叮嘱我们提前安排好。然而傅先生却电告，只在天津站接一下，不用去北京。卢老师考虑先生身体安全，决定还是派一个同学去北京接。此事派定L兄去完成。预定的日子到了，L兄电话联系傅先生，傅先生谢绝到北京接，L兄再坚持，傅先生生气了。"卢老师，傅先生发火了，坚决不让去。"当我和L兄一起到卢老师在范孙楼的办公室汇报此事，厚厚的镜片挡不住他那委屈的表情。"那怎么办呢？"老师也为难了。"问问卢燕新老师吧！"卢燕新是傅先生的亲传弟子，也在南开大学教书，同学们背后都称他小卢老师。卢老师电话打过去,小卢老师回复:傅先生一直是这样的,尊重他自己的意愿吧。卢老师再三叮嘱L兄:"接不上就接不上吧,送的时候一定要送到北京家里。"这个任务L兄还是没能完成。等两位师兄的答辩会结束,傅先生返京,L兄买好了两张车票准备与老人同行,先生还是严词拒绝了,L兄终于没能登上那趟动车。他是如何难为情的向卢老师解释,我就不知道了。

那次,傅先生的住宿安排也出了小小纰漏。由于我们没有遵照卢老师的要求及时预定房间,住宿就餐都方便的明珠园客满,最后只能订到校内另一家宾馆,条件稍差。那宾馆的门前正在施工,似乎在修补马路,对于老人,行走并不方便。卢老师得知以后,把我们几个狠批一顿,生气道:"幸亏是傅先生!"当我们将傅先生接到那家宾馆,在客房里,我们向先生表达歉意,先生连声说:"挺好!挺好!"当看见盘子里摆放的水果,他像小孩子一样的高兴道:"啊,还有水果呀!"质朴与天真似乎是他的天性。

在答辩的间隙,我奉上特地准备好的先生的学术自选集《治学清历》请先生签名,先生愉快地答应着,提起笔在扉页上写下工整的文字。看到赠言中"谨奉"二字,我心中惴惴,并于此感受到了先生性格中受传统文化熏陶的一面。

2013年夏天,我再见傅先生,先生的风度依旧。这次见先生还是在南开园,先生来是主持我和另一位同学的毕业论文答辩。我的老师卢先生是傅先生的学生,我之于傅先生,是学生的学生,差两代了。我心中暗想,请傅先生来,寄托了卢老师对我们的学术期望,在我自己则深感是一种荣誉。

在答辩前后,几次听到傅先生对我们论文的善意的褒扬和温和的批评,先生是宽容的,我们的答辩成绩都是优秀。因为我的论文涉及三晋文化,傅先生特意从北京带来一期光明日报,上面有关于三晋文化的论述,先生希望对我的研究有所助益。这份报纸,我至今珍藏着,同时也珍藏着一位学术大师对晚辈的关爱。

那年夏天我从南开毕业,回海南工作,几年之中未回北方,也没有机缘再感受先生的风度。如今身处天涯,骤闻噩耗,只能向北遥祭先生。感伤之余,写下上面的文字,算是对先生的悼念。

2016年1月29日于三亚

士唯不可俗

——对傅先生的点滴之忆

俞国林

2016年元月23日,极冷的一天。下午二时许,接西安李浩来电,谓自陈尚君处得知,说傅先生已上呼吸机,情况甚是不佳云,要我打听。时我正在城北走访老师;且傅先生近两年来随病随差,入院出院,已为常事,故也未放在心上。

三时许,忽得徐俊总经理来电:"在北京么?"

"在。"

"速来书局。傅先生走了!"……

转眼经年,学界同仁多有纪念文章,事详情恳,读之感慨。作为在中华书局工作的我,其与傅先生不多的交往,似宜有稍作勾勒之必要,于此可见先生对于后学晚进之提携、日常生活之点滴,以及偶尔流露出的内心世界、士人情怀。

一、第一封信

2001年3月,我求职中华书局,次月实习。来局之前,傅先生大名,已如雷贯耳。当时傅先生已经退休,但在一层还保留一间办公室,所以常能在楼门口碰到。

实习期间,负责编校《初中古文背诵推荐篇目精解》稿,其中收入韩愈《送董邵南游河北序》,对于"董生举进士"之"举"字意思,以及董生后来有无中进士,一时未能查到。恰巧遇见傅先生,便冒昧上前询问;当时感觉傅先生不善言辞,交流也不多,但先生是要了我的姓名而去的。

不承想，没过多久，就收到傅先生塞在我部门信箱中的一封信：

俞国林同志：

　　前曾问及韩愈《送董邵南序》中"举进士"是否已进士登第。经查，此董生未登第，清代徐松《登科记考》亦未有其名。唐代说"举进士"，是说由州、府推举向中央考试进士。韩愈文中也述及董邵南郁郁不得志。

傅璇琮 6.13

傅先生短短一信，使我疑问，涣然冰释。

　　此后不久，与傅先生的交往多了起来。到过他的办公室，给我看钱锺书先生写给他的信札，以及签名赠送给他的著作，使我欣赏良久。那时好友郁震宏兄供职浙江电视台经济生活频道之"读书"栏目，负责采编工作，我遂建议采访傅先生与曹道衡先生。后来震宏兄专程来京，在先生的办公室进行了采访，制作了节目，还正式播出了。只可惜，震宏兄寄给我的光盘，弄来弄去弄丢了。

　　未几，先生的办公室清理出来，回了家。傅先生的家就在书局北侧，仅一墙之隔。先生找出一篇《盛唐诗风与殷璠诗论》论文手稿——繁体直行，圆珠笔书写——专门赠送给我，还写了一则题记：

　　此为一九八七年冬在美国密斯根大学时所撰，亲笔抄写，且繁体字，现已不能写。今赠俞国林同志。

傅璇琮。二〇〇四年三月。

并钤"傅璇琮印"一枚。此文原稿五十页，计一万五千字，曾刊 1988 年《清华大学学报》第三卷第三期。

　　傅先生早年在文学组工作，"文革"后任古代史编辑室副主任，自此升任书局领导；但在学术界，傅先生交往最多的还是古代文学领域。我自 2004 年主持文学室工作后，与先生的交往渐渐多了起来。

二、夹克衫与帆布袋

从朋友们晒出的与傅先生的合影，可以看到，傅先生的衣着，基本都是夹克衫。款式也基本相同，其颜色则有灰色的、蓝色的、土黄色的，尤以土黄色夹克衫的照片最多。我在书局与先生交往的十五年间，所见也无非是如此。

2004年以后，我搬到四层西头的办公室。上班都是搭乘东头的电梯，到了四层，再往西走。

先生由于腿脚不好，走路一高一低，踩着地面发出的声音也是一轻一重，在狭长的楼道里，这声音格外突出。我办公室的门，一般都是敞开着的，只要听到从东头传来一轻一重的脚步声，就知道是傅先生来了。先生每次路过，都到门内。有时仅是打一招呼；有时告诉我谁给他发了一篇文章到我邮箱，让我打印后给他；有时则是从随身携带的帆布袋里取出一本签好名的新书送我；有时则是写了一封信，并附上他人的书稿，让我审阅……我关注到这个帆布袋，本应是白色的，但使用得已然很久，非常破旧，感觉脏脏的。

2010年前后，不知多少次，在寒冷冬天的六点之前，太平桥小区昏黄的路灯之下，见到傅先生，穿夹克衫，提帆布袋，从家中出来，走向六里桥南公交车站。打过几次招呼，先生说："去清华。"我便目送这一高一低之步伐，消失在匆匆忙忙的人群中。

傅先生是浙江宁波人，浙江人都有着很浓厚的乡梓之情。先生曾出任《宁波通史》的编委会主任，并担任主编一职。后来，宁波鄞州区政府拟出版《王应麟著作集成》，先生又出任编纂委员会主任。记得某次在小区门口遇见，先生手提一件西服，见我道："宁波送我的。说要五千多元呢！"可我从没见他穿过。

我曾见傅先生自太平桥菜市场推个小车，买菜回家，手里还提着那个帆布袋。所以我想，夹克衫、帆布袋，此必是先生之标配也。当年国家领导人看望先生时，先生也是如此"布衣韦带"，未易分毫。

三、为孔尚任《续古宫词》题跋

当年我为写毕业论文,曾跑过很多图书馆。在南开大学图书馆里,发现了被学术界遗忘已久的孔尚任《续古宫词》百首,为康熙年间介安堂刻本,遂过录而归。后又毛笔恭钞一份,线装一册,且细为考证此书之创作时间、背景以及孔氏当时之心态,附于书末。

2002 年 4 月,我将毛笔恭钞本《续古宫词》请傅先生题跋。先生跋曰:

> 俞君自至中华后,与余略有文字交往。余读其文,睹其书,颇感其义理融畅,笔法朴厚。孔东塘之《续古宫词》,当今研究者极少有记,而俞君得能于一藏书馆中获其全貌,且详为考述,可见其治学之精细。又不惮琐屑,全为过录,亦可见其为人之质厚。宋黄山谷有言:"学书要须胸中有道义。"又云:"士大夫处世可以百为,唯不可俗。"余于五一假日,细读俞君所录东塘为人忽视之作,因忆及山谷之言,颇有所得,故略书于后,与俞君切磋互勉。
>
> 壬午年立夏日,傅璇琮谨记于北京六里桥寓舍。

傅先生跋文内所期许于我者,十数年后读来,甚感愧疚。且每况愈下,已无敢奢望矣。

记得傅先生在《唐代诗人丛考》的"前言"里写道:"若干年前,我读丹纳的《艺术哲学》,印象很深刻。"傅雷先生在给儿子傅聪的家书里,也说道:"比如丹纳的《艺术哲学》之类,若能彻底消化,做人方面,气度方面,理解与领会方面,都有进步。"将两位傅先生读《艺术哲学》后的感受,结合起来比照,其实我们可以发现,傅先生心中那种诗人敏锐之艺术气质,以及传统知识分子"士唯不可俗"之道德追求,是横亘于心中,一以贯之的——但我们却极少从平时的交流中感受到傅先生这一点。或许与先生六十年前之遭遇有关吧。

读其书,知其人。在学术著作、专题论文之外,通过一些简短的回忆篇章、序跋文字,似得略窥先生之内心世界与士人情怀。

四、八十岁之祝寿文集与生日座谈及蛋糕

2011年下半年,书局领导考虑到第二年傅先生将迎来八十大寿。如何给傅先生过寿呢?像先生这样在学术界有影响的学者,就中华书局而言,既不能如高校般为先生操办祝寿大会,也不能只无声无息地送个蛋糕了事。只得与傅先生商议。先生低调,不愿宣扬。最后商议的结果:一、循学界通例,为编辑出版一册《傅璇琮先生八十寿庆论文集》;二、生日那天,邀请若干位学界同道,开个小型座谈会。

《寿庆论文集》之约稿名单,经傅先生、编辑部与徐俊总编辑各自理出一份,汇至我处。经删重整理,并拟《征稿启事》一篇,交傅先生阅处。第二天,即接到先生的意见:

> 国林同志:
>
> 　"约稿名单"阅后,提出一些意见,仅供参考,并请转呈徐俊同志。
>
> 　按一般寿庆论文集体例,凡年龄高于本人者,大致不约稿。今名单中,如程毅中、罗宗强、周勋初三位,拟不约。与我同龄者,好几位健康不佳,恐不宜写作,如邓绍基、刘世德、刘学锴、郁贤皓四位。另,明显是我领导的,如袁行霈,为中央文史研究馆馆长,我则为一般馆员,最好也不约。以上八位,请酌处。
>
> 　另,拟补八人,较我年轻,有学术成就,并与我有学术交往:……以上八位,如有选定者,我可再补通讯处。又,已约的名单,我亦可以补写通讯地址。
>
> 　谨谢!
>
> 傅璇琮　2011.11.5

根据傅先生意见,我们重新整理了约稿名单,并于当年年底陆续发出《征稿启事》。

《寿庆论文集》的来稿、编辑都很顺利,2012年12月3日样书送来。并于

12月5日，在中华书局会议室，召开了傅璇琮先生八十寿庆座谈会。座谈会规模极小，学术界只请了刘跃进、蒋寅、刘宁、刘石、吴相洲、卢盛江六位。另外，中国唐代文学学会会长陈尚君、北京大学中文系教授傅刚发来贺信。刘跃进说：

> 傅先生不只是一个学者，更是学术界的组织者和引导者，以敏锐的眼光，提携后进，组织年轻学者参与活动、出版书籍，让许多年轻学者脱颖而出，尝到学术研究的"甜头"，从此进入这个行当。对于年轻学者，这不是一件事，而是一生的事。

可见先生心胸之阔，气象之大。刘石说，曾经有人问傅先生如何做学问，大家都以为先生肯定会滔滔不绝讲很多方法、方式什么的，谁知傅先生只慢慢地说了一句："做学问就是把中华书局五百字的大稿纸一撕两半，遇到有用的材料就抄下来。"当大家还在等着下文的时候，傅先生补充道："就这些了。"

座谈会开得非常轻松，没有什么冠冕堂皇的套语，也没有不知所云的虚词。座谈会后，大家到青年餐厅用餐。饭后，送上特大蛋糕，我们给傅先生戴上生日帽，又请先生举起大刀，切开蛋糕。大家都说："今天可能是傅先生第一次切蛋糕。"那天傅先生是非常愉快的。

傅先生有一段答谢词，说道："非常感谢各位同仁、挚友为我举办这次座谈会！是中华书局培养了我，没有中华书局，就没有我今天的成绩。我之所以现在还可自我安慰，就是因为两件事情：一是我编辑、写作的书和文章；二是有学术界朋友们对我的信任，我的很多工作都是学术界帮我做的，在此表示诚挚的谢意。"

我想，傅先生所言的"两件事情"，第一件指先生给别人的著作当编辑，及自己写的文章与著作；第二件"我的很多工作都是学术界帮我做的"，大概就是先生规划的很多项目，交给学术界的朋友来完成，诚如傅刚在贺信中说"傅先生的工作在中华，但他的学术舞台却是全国的"，卢盛江说"我们每做一个东西，傅先生都比我们还高兴"。

五、病中的三次探望

后来傅先生因跌跌而不良于行，身体渐衰，时有住院治疗之举。常有学者向我打听傅先生病情，我建议他们说，若得便，还是来看看吧。

2015 年 5 月 20 日，武汉大学王兆鹏来京。上午十时许，我陪之到电力医院看望傅先生。时先生卧床，颇显消瘦，交谈之际，听力不佳，话语也有重复现象。临行，兆鹏兄将傅先生扶起，我为二人合影。出来时，兆鹏兄告诉我说，扶起傅先生后，傅先生明显坐不稳，且浑身发抖，可见肌肉之无力也甚矣。

7 月 26 日中午十一时许，刘跃进来，我陪之到家中看望傅先生。之前听说傅先生从不在家接待访客，因为家中杂乱异常，无法留出客位。此是跃进兄第一次进傅先生家门，也是我第一次进傅先生家门。屋内陈设，果如传闻。此次傅先生精神状态不错，谈吐也较上次清晰，与跃进兄交流学术与出版之动向。跃进兄归后，还来电长谈，感慨先生之病状，顺及沈玉成、曹道衡两位先生之往事。

8 月 14 日，广州戴伟华来京。下午四时许，我陪之到家中看望傅先生。伟华兄与傅先生聊近半小时，皆生泣意。此时，傅先生一个劲的挥手，要我二人离去，且不停地说："好了！好了！……"约四五十次。徐老师（傅先生夫人）与我说："知道今天戴先生要来，从早上一直惦记到你们进屋。见了面却又要你们走，是不想让你们看到他现在这个样子。——男儿有泪不轻弹！你们待久了，他会伤心起来的。"伟华兄再三要多待一会，我劝之出。晚餐后，我建议伟华兄再去看望一次。坐还不到十分钟，傅先生就说："国林同志，你们回去休息吧！"挥手数次，促我们归。可惜，忘了给伟华兄与傅先生合影了。

自此之后，我便再没有去看望过傅先生！

六、最后一封信

傅先生保持了老辈学人勤于写信的传统，虽同在书局，也时常亲自送信与我。很多时候，大都是各地学者托傅先生将书稿推荐给书局，谋求出版。傅先生对这些请托的处理,与他给别人的著作写序是一样的,都是看过书稿内容的。所以傅先生的信,一般也会介绍书稿内容、学术价值,以及作者的学术背景、成就等。

2014年12月30日,徐老师送来傅先生转给我的一包书稿材料,另附一通信件。信曰:

俞国林同志:

今转上山西太原一位学者□□□先生一信及有关材料。我因身体不好,不能看稿,且对现在出版工作也不太了解,故特转上他的材料,请您处处理。或请他将稿件寄来,您处审读。请直接与他联系。

谨谢!

傅璇琮 2014.12.30

傅先生虽已不能再像之前那样审阅书稿,评定价值,但还是用颤抖的手,给我写来一封颤抖的信件,希望我能认真对待。

傅先生作为一名学者,身处中华书局这一重要出版阵地之中,是名副其实的学术界领导者之一。傅先生对于学术之推动与规划,对于后辈晚生之提携与扶持,终身与之。近三四十年来,似未有过之者,诚如刘宁所说,"傅先生是近三十年来人文学科的总设计师"。

昔年读顾颉刚先生致谭其骧信,谈到办《禹贡》半月刊之目的,顾先生说:

我们若为自己成名计,自可专做文章,不办刊物;若知天地生才之不易,与国家社会之不爱重人才,而欲弥补这个缺憾,我们便不得不办刊物。我们不能单为自己打算,而要为某一项学术的全部打算。

所谓"刊物",就是出版,其理一也。这句"我们不能单为自己打算,而要为某一项学术的全部打算",恰可作为傅先生一生事业的传神写照。傅先生对学生晚辈之关心,甚至远远超出了对自己女儿的照顾。

噫！四层的楼道里，再也听不到先生一轻一重的脚步；太平桥西里小区的周边，再也见不到那个身穿夹克衫、手提帆布袋踽踽独行的身影。一切，都好像昨日；一切，都倏忽曾经。

生犹可恋，死既过往。如先生者，其惟绝响？

2017 年 1 月 22 日

怀念恩师傅璇琮先生

张骁飞

2016年1月23日，北京城三十年来最寒冷的一天，下午3点14分，恩师傅璇琮先生平静地走了。

2016年1月23日，也是傅先生的家乡浙江宁波入冬以来最冷的一天，天气预报说这天将有初雪降临。一早我拉开窗帘，未见天地皆白，却有阳光照在对面楼顶。约九时许，天空飘起了小雪，既而寒风呼啸，雪花飞舞，一场大雪似乎要来到了。然而没过多久，天又渐渐放晴，而大风依旧。到了傍晚，风稍稍定了下来，却有一阵急雨洒落甬城。

约在这天上午九十点钟，我接到远在美国哥伦比亚大学访学的师兄卢燕新的电话，告诉我老师病危，命我赶快赴京。接到师兄这通电话，我心中所受之震撼，不亚于2015年4月17日晚被他告知傅先生在北医三院ICU之时。但我不愿相信这是真的：傅先生近段一直在医院由专人护理，此前收悉的消息均说安好，怎会如此突然？我急忙联系文青师姐，师姐告诉我：情况危急，但也许有转机，正在抢救。我开始慌乱，打电话催正带小孩上辅导班的妻子快快回家，在网上查票务信息开始订票，信念全在"转机"二字上，心中默默祈祷，希望老师能像上次那样转危为安。我通过好友联系上了中华书局朱振华老师，得知情况不容乐观。后来，旭清师姐打来电话："爸爸刚才走了！"我顿时泪如雨下，却只能说：师姐节哀……而不知该如何表达。朱老师再打来电话时，我是如何作答的，居然已是一片茫然……2015年10月20日北京电力医院急诊室与傅先生一别，竟成永诀！

　　我是 2007 年通过中国人民大学国学院的博士生入学考试,入了傅先生高门的。傅先生年长我 45 岁,我却能成为他老人家指导的第二位博士生和唯一的博士后,这是我莫大的荣幸。傅先生仙逝后,每当我想到身属傅门,总是惭愧不已,自己尚未做出应有的成绩来报答傅先生之大恩。

　　我还清晰记得 2007 年 4 月的那个晚上,我刚刚得知自己初试成绩过线,站在河南大学研究生宿舍楼外的一个僻静处,鼓起勇气给傅先生打电话。那是我第一次听到傅先生的声音。电话那头的声音年轻清亮,我竟误以为是傅先生孩子接的电话,而傅先生对我的失礼并未有丝毫的介意。对于我结结巴巴陈述的自报家门的话语,傅先生的回答是:"好的,好的,复试时我们会见面的……"温暖随和,给我力量。

　　第一次见到傅先生,是在复试的考场上。现在回忆起来,当时人民大学国学院文学学科的诸位先生应该都在座,而我非常紧张,老师们提问的什么问题和自己做的什么回答,全不记得了,初见傅先生的感觉,也已模糊不清。好像,离开北京的晚上又给傅先生去了电话。

　　录取名单公布后,我再次给傅先生打电话。先生吩咐我认真准备硕士论文,并命我通过硕士论文答辩后将论文寄他一份。入学后,我从卢师兄那里才得知:傅先生看完论文后,想和我谈下暑假期间的读书问题,可是由于我在信封上留的电话号码不清楚,傅先生和师母反复察看,甚至到邻居家借来放大镜,也无法判断最后两位数字究竟是什么,只好作罢。这件事情,傅先生从未对我提起,师母徐敏霞先生后来则对我说过几次,从中,我感受到了傅先生在做人治学方面规划在前的积极态度、一丝不苟的严谨作风。

　　开学后不久的新生见面会上,傅先生问起我读博的科研计划。兴奋了整个假期的我,茫然无所应。傅先生因为我硕士期间虽然师从河南大学唐诗研究室诸位先生,但论文做的却是欧阳修的疑古思想,建议我选择宋代为研究方向。坦白地讲,我当时是有点失落的:先生既是唐代文学泰斗,为何命我研究宋代?肤浅的我,根本不了解傅先生治学规模之宏大,也不了解傅先生对宋代文学之喜爱,对傅先生在宋代文学研究上的杰出成就更是一无所知了。在随后的一学期中,傅先生多次与我谈及论文选题,由《唐翰林学士传论》而下延到宋代翰林学士研究、拓展到唐代的中书舍人,主题多次变化,并赠送我许多参考书;而我由于第一学期较重的公共课任务,虽然对先生的话认真记下,但落实得很不够。现在想来,傅先生的变换主题,也许是以自我调整来探寻我的学术兴趣?我的蒙昧无知使得老师颇费思量,真是惭愧不已。

读博的第一学期,印象深刻的还有傅先生对我们生活上的关心。中秋节,傅先生考虑到我们会想家,提前给我们带来陶然居的月饼;国庆节,傅先生怕我们寂寞,特意在假期中到宿舍来看望;元旦,傅先生和师母请我们在中华书局附近的青年餐厅吃饭;放假前,傅先生在人大西门的陕西面馆为我们送行。最难忘的是那年初冬。国学院组织我们到苏州游学,行前,傅先生打电话让卢师兄和我到中华书局见他。见面后,傅先生询问了去苏州的准备情况,随即带我们到三环边上的味多美蛋糕店,让我们任意挑选,师兄和我放不开,傅先生还为我们介绍哪种好吃,主动往我们的盒子里夹。从蛋糕店出来后走到路口,傅先生又坚决不让我们送,自己看着我们离开。我们依依不舍地回头瞧望,傅先生正在那里笑着向我们挥手,又走一会儿偷转身来,先生已经拎着他的小布包往家走了。下午的阳光从我们背后照在中华书局门前的东西路上,街景清晰,不宽的道路上人来车往,市声喧嚣,傅先生略弯的背影渐渐消失在人群之中,是那样的平常,那样的生活化……我深深感慨,如果不认得傅先生,谁会知道这样一位路人竟是蜚声海内外的大学者呢?而回到宿舍,还有更惊奇的发现:傅先生给我们的袋子中有一盒水果,盒子上写着三个字:"哥俩分。"那一刻,我们明白了:傅先生和师母希望我们永远团结互爱。也正是二老这样的教育,傅先生所指导的六位学生虽分属两校却始终团结亲密如兄弟姐妹。

2007年底,博士英语课程结束,我有了较多的钻研专业的时间。傅先生知道我硕士时期系统上过文献学的课程,给我备好资料,命我协助中华书局孙通海先生做《困学纪闻》元刻本的校勘。寒假归来,我交上校勘记,以为完成了任务。傅先生看后,认为可以在此基础上写篇文章,但我并不知如何写作,所交稿件不能令先生满意。就在我也非常担心着急的某天早晨,傅先生打来电话,一点一点地告诉我开头介绍什么,然后说哪些情况,重点说明什么问题,先生的话令我豁然开朗。这是我严格意义上公开发表的第一篇文章,《文史》2008年第3期的《〈困学纪闻〉元刻本考索》,是傅先生手把手教我写成的。随后,我在校勘《困学纪闻》明刻本和清初抄本的基础上,又撰成《〈困学纪闻〉版本源流考述》,

发表在了《中国典籍与文化》上。

2008年夏,傅先生让我参与了清华大学古典文献研究中心、中华书局、宁波市鄞州区委宣传部三家合作的《王应麟著作集成》项目,最初是《困学纪闻》的汇校集释工作。一次去中华书局开论证会,由于到得早,傅先生还带我到书局的图书馆走走。现在想起来,中华书局的图书馆,那可是鸿儒云集的地方,如果我懂得问,傅先生可能会有好多回忆讲给我听,遗憾我当时只是默默观看。后来,傅先生给我机会,让我独立负责王应麟文集的整理工作。底本,傅先生为我准备好了;体例,傅先生为我设计好了;注意事项,傅先生也细致叮嘱我了;就连合同,也于某一天由傅先生给我带来了;我所要做的,就是专注于文稿。记得那时,每完成一卷,我头天把它送到中华书局傅先生信箱,第二天先生经过人民大学即将其带来,上面满是红笔作的修改。我遵照改动后,傅先生还要再度把关,先生一手轻抬眼镜、一手把持稿件、目光快速移动审阅稿件的情景,我至今不能忘记。现在看来,傅先生当时还有很多工作同时在做,真是不知已经76岁高龄的老师是怎么安排的时间!2010年5月,我博士毕业前夕,书稿在中华书局以《四明文献集(外二种)》之名出版,2011年我随傅先生在清华大学作博士后时,此书经清华大学刘石先生和中国人民大学袁济喜先生推荐,获得了第26届全国优秀古籍图书整理奖(二等)。这本书的前前后后,实际都是傅先生的功劳。

参与《王应麟著作集成》项目期间,我还于2009年春到宁波参加了"王应麟学术研讨会"。那是我第一次参加学术会议,结识了好多尊敬的老师领导,也和几位年轻学者保持了亲密的友谊。行前,傅先生由于其他地方还有会,将提前到达宁波。当他得知我是第一次坐飞机时,有几分奇怪,又为不能和我一起出发而抱歉,于是非常细致地告诉我如何到机场、如何登机等事项。在出发那天,傅先生还从宁波给我打来电话,关心我的每一步行程。在会上,傅先生叮嘱我不必紧张,我发言时还有意笑看我几眼,给我信心。用餐时,他又特意把我叫到他那一桌,记得同席的除了鄞州区领导外,还有钟振振先生、刘跃进先生、张三夕先生、武秀成先生等著名学者,傅先生还多次用他微微颤抖的手为我布菜,这都令我惶恐不已。

2010年5月,我要参加博士论文答辩了。论文送审时,傅先生和我商定评审专家,论文呈送了北京大学中文系傅刚先生、人民大学国学院叶君远先生、宁波大学张伟先生;答辩环节,那年我和袁济喜先生的博士孙良申同学一起答辩,清华大学中文系刘石先生、北京语言大学韩经太先生是傅先生确定的答辩委员人选,刘石先生是我的答辩主席,韩经太先生两年后主持了我的博士后出站报告会。国学院给我们毕业生都有专门的答辩经费,而傅先生还特意给我电话要提供答辩经费,我认真解释他才相信。

在人民大学国学院的三年,我由一个仅有基本功底的硕士成长为了学术成果颇丰的博士,阅历的丰富,眼界的开拓,自己都能明显感觉到。傅先生的诲人不倦且善于教导学生,我就是明显一例!

2010年7月,我到清华大学中文系做博士后,导师仍是傅先生。报到那天,傅先生与往常一样先坐公交车到人民大学西门,再和我及我妻子共乘出租车进入清华大学。这是我和傅先生第二次共乘出租车,在校园里,傅先生还为我们介绍清华风光,明斋是先生本科时的宿舍楼,我就是那时知道的。

关于傅先生和公交车,我有许多回忆,在此作一插叙。傅先生可以享受公车而不用,多位老师在文章中都提到过。傅先生乘公交车而不用老年卡,我是亲历才相信、听师母讲解才明白,您坚强自立、甘于奉献的伟大品格,也体现在这样的小事之中。从中华书局附近的六里桥南公交站,到人大西门站,有944和944支两趟公交车,十几站,理想状态也得近一个小时。傅先生通常早上七点左右已经到达人大西门,那么,您几点上的公交车、几点出的家门、几点用的早餐、几点起的床,一切可以推算。更何况,如果得知我们提前十几分钟在公交站台等候,傅先生下次还会再早一些乘车。犹记2009年的一个冬天,早晨七点刚过,我和师弟鞠岩在人民大学西门的公交站台接到傅先生,边往人大西门走,边汇报学习情况。那天天特别冷,我谈完后傅先生催我先回宿舍,由鞠岩谈完后送他上去清华大学的出租车。坐在温暖的宿舍,我寒意未消,师弟打来电话,告诉我那天有零下十几度,是入冬以来最冷的日子! 真不敢想象傅先生是怎么度过了这一天,他那天穿的仍是平时的冬装,而出门又比我们早很久!

在清华的两年里,我和傅先生接触得更多了。傅先生若无其他事务,基本每周到清华大学一或两次,节假日亦如此。先生每次到办公室,仍是提前一天打电话告诉我们,仍是一早在人民大学西门由公交车而转出租车,在那里和鞠岩师弟、徐珊珊师妹依次谈话,到办公室后跟我和刘珺珺师妹、杨朗师弟依次谈话。八点多和我们谈完后,他就开始忙碌起来了。傅先生的工作态度和工作方式,刘石先生全部目睹,在他《怀念傅璇琮先生》一文中有重点呈献,同辈学人中当是担任傅先生学术助手的姚苏杰兄最为熟悉,他写在了《复建清华中文系的一代学者傅璇琮》一文中。我在一些需要先生签字的事情上,也在先生工作中到过他的办公室,从未见您有闲暇之时。工作结束后,傅先生通常在邻近中文系的观畴园用午餐,并从餐厅带些食物回家,作为他和师母的晚、早餐。在傅先生可以自由行走的日子里,他和师母的饮食生活是有保证有条理的,而当傅先生病于足而不能外出,生活节奏渐渐开始乱了。

梁克隆先生在《怀念恩师褚斌杰教授》说:"褚先生还常以'一对一'的形式,同我们谈话、检查我们的学习情况,然后,再有针对性为我们讲一些内容。我以为这是非常重要的一种学习形式,特别带有'因材施教'与传统'言传身教'的色彩。……(这种)工匠带徒弟的方式方法,似乎更容易给弟子启发和创造联想的空间。只可惜这样的方式方法,非常难于做到,因为所需要的时间投入太多。"傅先生和褚先生是同窗好友,他们指导学生的方法也是如此高度一致。读到梁先生文章,我更感念傅先生为培养我们所付出的巨大精力,因为,他实在太忙了,忙得来不及爱惜自己的身体!

我随傅先生做博士后时,先生主持的《宋才子传笺证》项目已基本完成,仍在开展的是《王应麟著作集成》和《续修四库全书总目提要》。在傅先生、谢思炜先生指导下,我也参加了《提要·集部》的审稿工作,有几篇提要因不太理想,傅先生还命我查阅后另行撰写。而就是这一点点的撰写工作,他也不肯埋没小辈之功,我的名字居然还出现在了撰写人员名单之中,那可是满目学术大家的名单啊!而我在收到上海古籍出版社的相关条目的清样时也未曾想到会有此事,直至2015年春我去看望傅先生才知道。在病床上,傅先生把新出的《续修四库全书总目提要·集部》送给我,说:"名单上有你,对你有好处的!"这就是我们的傅先生,不顾惜自己,却总是想着对别人好!

在清华,我开始从事北宋翰林学士研究。傅先生对我细细讲述自己开展唐翰林学士的情况,教我从最基本的材料,北宋《学士年表》的正补做起,还把《宋人传记资料索引补编》等工具书送给我。我以这个题目申请到了博士后面上资助,完成了博士后出站报告。两年中,傅先生在最忙不开的时候才会委托我一些事情,而每当这时他总要深怀歉意的说:"张骁飞同志,真不好意思,又浪费你的时间了!"惭愧的是,我没有把自己的全部精力投入到翰林学士研究,所得成果连自己都不能满意,如果博士后也能延期一年,该多好呵!但傅先生并未放弃我,也从未责备我。五年来,傅先生只是给我提供一篇又一篇的材料,或者把自己新出的一本又一本书、一篇又一篇文章带给我或寄给我,我渐渐明白,傅先生是以这种方式鞭策我要更加勤奋,更加努力,只是这种领悟来得太迟了!

2012年7月,我到宁波大学工作。前两年,傅先生多次利用开会机会到宁波,他带我到老家附近的赵大有吃过馄饨,排队为我小孩买过油攒子,当我们在他小时候常经过的石桥边闲坐时,讨论的还是翰林学士研究。2013年12月,傅先生在杭州开会,那是我在浙江最后一次见到傅先生,我有幸旁听了会议,随傅先生乘船同游西湖,是我那次难忘的回忆。我去年发表在《文学评论》的《也论宋初三朝的学士词》,其起因是傅先生于2014年秋看到一篇文章后,特意寄给我并打电话让我展开些讨论,文章完成后,经几度修改,傅先生大力予以推荐。当时,我正处在某种莫名的困扰中,这篇文章的发表给我的状况带来了改观,而它与我前面的所有成果一样,都彻底是傅先生的功劳。后来,我听师母说,傅先生读过最终定稿,说:"这篇文章可以了。"其中大有为我终于走上学术轨道而欣慰之意。

去年一年,傅先生在病中。中央文史馆、中华书局、清华大学等傅先生工作过的单位的领导老师都非常关心,师母与两位师姐付出最多,我等弟子也曾去陪护。傅先生每见到我们,第一反应是高兴,谈工作谈学习谈近况,然后就是不好意思,连说影响你们了,催着走。旁边的护理人员说:"学生们大老远来看你,这就赶着走啊?"他却不听,继续温和而坚持地催着。记得一次,在电力医院病房,卢师兄和我在,傅先生鼓励我们把翰林学士做下去,说:"你做五代,你做宋代,很好的。"又有一次,傅先生说到了《续修四库全书总目提要》:"做完这个我想休息下了,我累了。"回想当时情景,泪水夺眶而出。

众所周知,傅先生一生学术成果丰硕,但他承受了太多的艰难,却未必人人皆知。不能忘记,某位和傅先生有着密切交往的著名学者来家中灵堂吊唁,目睹室内情况,他情绪更加激动,临别时对我说:"我万万没想到傅先生家中是这个样子!"但是,也正如文青师姐所说:"爸爸是一个坚强而乐观的人。"师姐告诉我,傅先生对她回忆起干校岁月,总是只讲有趣的那部分。我也记得,傅先生一次对我们讲起在咸宁干校,说到某著名作家下田劳动的情形,他笑得像个孩子。实则,傅先生走路不便即因为当年在稻田劳动时被尖锐物刺穿了脚掌,而他硬是撑到了收工回到宿舍,这件事,傅明善先生《傅璇琮学术评传》中有记,而我听到的师母徐敏霞先生的讲述则更令人动容。傅先生是非常坚强的,这是我们众弟子过去一年的最大感受。

南开大学卢盛江先生回忆傅先生的《大家气度宗师风范——我所知道的傅璇琮先生》一文,回忆到傅先生多次要求他们好好照顾自己的导师罗宗强先生,引傅先生来信中话说:"罗宗强先生的身体健康,你们一定要注意、关心。罗先生在南开,本身就是不可代替的学术丰碑,是一笔大财富,是学界公认的。因此你们作为罗先生高足,窃以为第一位就是努力使罗先生身心健康。"这段话,既反映了傅先生与罗先生的深厚友谊,也可以见出傅先生对师弟子关系的认识。傅先生讲这段话是在 1999 年,是年 66 岁;先生开始招收学生时,已经 74 岁。他怎不晓得该注意身体健康,他怎不明白学生该怎样关心老师,可他从不希望我们对他有关心体贴的行为,只愿我们能专注于自己的读书学习,把我们像孩子一样宠着。

傅先生一生,做事之前反复思考认真规划,一但思虑成熟马上行动,只争朝夕从不拖沓,学界常对他有"手快"、"勤奋"的美誉。文青师姐却告诉我:"爸爸常坚持认为他是一个'管理者'。"细想来确实如此,傅先生自己著述等身,又组织《全唐诗》《全宋诗》《续修四库》《续修四库总目提要》等工程,又负责全国古籍规划整理工作,又主持中华书局编务,此绝非寻常学者所能为易为。傅先生在个人治学、规划设计、管理协调、教育学生等方面均有着杰出才能,从务虚到务实,从修身到济世,他都是一流的。然而,傅先生引领风气的学术成果、谦抑和婉的待人方式似乎遮掩了他出色的组织协调能力。孔子说:"知者动,仁者静;知者乐,仁者寿。"傅先生说:"最大的心愿是为学界办实事,最大的快慰是得到学界的信知。"他因"思一毫有利于学术则为之"而每天忙碌着,因得到学界的一致信知而时刻快慰着,他精思勤学,他推己爱人,傅先生无疑是智者,傅先生更加是仁者。奈何,于现代科技,于古人之言,傅先生刚过 82 周岁生日的年纪实在不算高寿!

　　年来常念师恩。先生于我如高山大海,愚虽得厕身其中却从未睹其全貌,先生于我如春风暖阳,愚始终得恩师滋润、化育、鼓舞、促进、成就。今天,我又更深入地理解了些我的老师,我也更加明白的人生指向和前行路径。怀念我的老师傅璇琮先生!

精思劬学　止于至善

——傅璇琮先生的学术人生

鞠　岩　张骁飞　卢燕新

2016 年 1 月 23 日,一代文史大家傅璇琮先生去世,学界同仁纷纷发表悼念文章。本文谨述傅先生一生为学为师之事,供读者参寻,并致哀思。

转益多师:从文学青年到北大助教

1933 年,傅璇琮先生生于浙江宁波。就读于宁波中学时,由于爱好写作,经常参加夏丐尊、叶圣陶等主编的《开明少年》杂志的征文活动,并多次被采用、发表。据先生回忆,"当时的开明书店有个规定,就是学生的稿件采用后,不用现金付稿酬,而是寄赠开明书店的购书券。"有一次,在书店看到朱东润先生的《张居正大传》,"一下子被吸引住了,我立即买下这本 400 多页的书,一口气读了一遍。尽管我当时未必能够完全理解这部书的内容,但书中优美的叙述、精彩的对话,特别是张居正那'一个受时代陶镕而同时又想陶镕时代底人物'的形象,使我深深感动,从此我又对史传文学产生了兴趣,……这对日后从事学术研究也许是起了潜移默化的作用,尤其是对我上大学时选择报考中文专业有着直接的影响。"

1951 年 9 月,先生考入清华大学中文系。早在民国时期,清华国学研究院四大导师——王国维、梁启超、陈寅恪、赵元任,继承传统国学,开创现代学术,影响至为深远。50 年代初的清华,仍是全国学子梦寐以求的最高学府。1952年,全国高校院系调整,先生因之转入北京大学。当时的北大中文系,由于从清华大学、燕京大学、中山大学等调来了众多一流学者，堪称当时国内最强的中文系。先生回忆，"中国文学史"课程，由游国恩、林庚、浦江清、王瑶等先生来讲授，且"分量很重，每周六节课，整整上四年"。而且"那时的高年级学生，常常在老师的带领下从事一些学术课题的研究，尤其是参加一些有关文献资料的整理工作，耳濡目染地受到大师们学术的沾溉，开始进行科研的训练，打下了坚实的学术研究的基础"。

1955 年夏，傅璇琮先生毕业留校，任浦江清先生的助教，并在北大中文系诸位先生的指导下，走上学术研究的道路。

自强不息：逆境中的君子

1957 年，反右运动开始。由于傅先生此前曾与乐黛云、褚斌杰、金开诚、沈玉成等人筹划创办一个"同人刊物"，结果几人同时被划为"右派"。1958 年 2 月，傅先生被迫离开北大，到商务印书馆古籍编辑室进行劳动改造。当时傅先生年仅 25 岁，遭受如此巨大的打击，难免心情低落。编辑室主任吴泽炎先生分派的工作任务是，整理清代学者李慈铭的《越缦堂日记》。而傅先生竟渐渐地沉迷其中，"我记得当时住在集体宿舍，一下班有家的人都走了，我就搬出一张藤椅，坐在廊下，面对满院的牡丹花、月季花，手执一卷白天尚未看完的线装本《越缦堂日记》，一面浏览李慈铭在京中的行踪，一面细览其所读的包括经史子集各类杂书，并在关键处夹入字条，预备第二天上班时抄录。真有陶渊明'时还读我书'的韵味。"

半年后，傅先生调入中华书局古代史编辑部工作，一边从事历史文献的校勘整理，一边进行古典文学的研究。当时中华书局准备出版《刑襄题稿·枢垣初刻》，总经理兼总编辑金灿然让当时年仅 25 岁的傅先生写出版说明。古籍的出版说明，看似简短，实际上非常难写，需要以极其凝练的语言，介绍一部古籍的方方面面。傅先生接到任务后，仔细阅读原书，查阅大量资料，最终写成一篇两三千字的出版说明，写得很成功。后来，傅先生调至文学编辑室，又接受了为清代姚际恒的《诗经通论》撰写出版说明的任务。他花了两三个月的时间，认真研读了《诗经》和姚著，写出两三千字的出版说明。先生回忆，"像这样的小文章今天看起来自然不算什么，可是在那时，政治上受压抑的我真有一种受信重的感激之情啊！"

当时的政治运动可谓一浪高过一浪，而身为右派的傅先生，却一心沉潜于古籍整理和学术研究。1959 年，中华书局古典文学编辑室相继接到两部书稿，一是陈友琴先生的《白居易诗评述汇编》，一是孔凡礼、齐治平先生的《陆游评述资料汇编》，当时的编辑室主任徐调孚先生让傅先生负责这两部书的编辑。傅先生在读这两部书稿的时候，突然萌生了一个想法，觉得应该编一套《中国古典文学研究资料汇编》丛书，每一种书，凡作家生平事迹的记述，作品的评论，作品本事的考证，版本流传的著录，文字、典故的诠释，包括各种不同甚至互有争议的意见，都尽可能加以辑集。傅先生认为，这是一种高水平的古籍整理，也是文学研究的基础性工程。他的想法很快得到了编辑部的肯定。于是，按照傅先生的设想，将陈友琴先生的著作编为《中国古典文学研究资料汇编·白居易卷》，孔凡礼、齐治平先生的著作为《陆游卷》，又约编《李白卷》、《杜甫卷》、《陶渊明卷》、《柳宗元卷》，傅先生自己则编写了《杨万里范成大卷》和《黄庭坚与江西诗派卷》。

今天看来，这套丛书真是功在千秋，至今仍是古典文学研究者们的案头必备书。当时的右派是不能写文章，也不能发表文章的，傅先生就集中精力编写这两部资料汇编。先生回忆，"那时的干劲真足，平时从单位图书馆里借书，夜间翻阅。每到周末，就到文津街的北京图书馆泡一天，中午就着白开水吃自己带的馒头聊算一顿午餐。时间一长，我得了严重的胃病，还一度住院治疗。不过近百万字的《黄庭坚和江西诗派研究资料汇编》、《杨万里范成大研究资料汇编》也终于完成"。傅先生编写的这两部书，学术价值很高，后来钱锺书先生曾说，他的《谈艺录》修订本就引用了傅先生的《黄庭坚与江西诗派资料汇编》。

此一时期，中华书局进行清编《全唐诗》的校订工作，主要由王国维的次子王仲闻先生承担，傅先生也参与其事。此书的《点校说明》为傅先生所撰，当时的文学编辑室主任徐调孚先生将二人的姓名合在一起，署为"王全"（徐先生是浙江人，"璇"谐音为"全"）。中华书局点校本的《全唐诗》，至今仍是唐诗研究者的重要文献依据。

1966 年，"文化大革命"开始，傅先生被安置到湖北咸宁"五七"干校劳动改造,不但遭受各种折磨,还被剥夺了读书的权利。直到1974年,才回到北京参加二十四史的出版工作,担任《宋史》点校本的编辑。傅先生关于唐代诗人生平考证的系列文章,也在这一时期开始撰写。

这二十年间,傅先生历经患难,饱受政治压力,却始终心系学术,不为外界所动,正如他为《李德裕年谱》新版题记所立的标题:"一心为学,静观自得。"他在为陈良运《周易与中国文学》一书所作序中也说:"我对《周易》是爱好的,说也奇怪,我对其中的忧患意识特别感到亲切。可能这与我曾长期处于逆境有关,我常把《周易》所说'终日乾乾,夕惕若'作为座右铭。我总觉得作《周易》者,无论经文与系传,确都有一种深切的忧患意识。"而有忧患意识的君子往往同时具有进取精神。正是早年忧患的经历,造就了傅先生自强不息、刚健有为的一生。

名作迭出:春回大地后的学术典范

"文革"结束后,傅先生迎来了他学术人生的黄金时期。

1980年1月,中华书局出版了傅先生的第一部专著《唐代诗人丛考》。这部书稿的写作,开始于1974年,至1978年底完成,部分篇目作于"文革"期间。本书实际上由二十多篇论文构成,对一些相关唐代诗人的生平进行详尽考证,纠正史料记载的讹误,也涉及相关作品的考辨。在当时,这部学术著作有着非常鲜明的特点。

首先,在学术方法上,本书承继传统考据之学,较之长期以来笼罩学界的贴标签式的套话、空话,给人耳目一新之感,对于很多有志于学术的青年学子而言,也更有吸引力。

其次,在学理渊源上,深受法国丹纳《艺术哲学》的影响。丹纳认为,伟大艺术家不是孤立的,在他们周围,有一群中小艺术家,共同构成这个时代的艺术风尚。傅先生在本书《前言》中坦言,他的唐诗研究受到丹纳理论的影响,不再仅仅关注李白、杜甫这样的顶级诗人,而是开始研究一些二三流诗人的生平与创作。这大大拓展了学者们的学术视野。

此外,《丛考》有一半以上的篇目考证大历诗人,打破了以往集中研究初盛唐诗的格局。后来的著名学者蒋寅先生,就沿此思路写出了他的成名之作《大历诗风》和《大历诗人研究》。

不难想象,此书的出版,给当时百废待兴的古典文学研究界带来多大的震撼。著名学者罗宗强先生后来评价说:"这部著作一下子便把唐代文学的研究推进到一个新的层次。……越出了个案考辨的范围,从个案考辨通向了整体研究。"(《唐诗论学丛稿·罗宗强序》)此书考据之绵密、多数结论之坚确不移,固不待论;其学术思路、视野、格局与方法,更是影响了一个时代的学者,以及此后古典文学研究的走向。从这个意义上说,《唐代诗人丛考》堪称"转移一时之风气,而示来者以轨则"的学术典范。

紧接着,傅先生又与张忱石、许逸民两位先生合作编写了一百三十余万字的《唐五代人物传记资料综合索引》,于 1982 年由中华书局出版。这是一部工具书,对唐五代主要史料所涉及人物进行了一番理清的工作,编订索引。在电子检索尚未普及的时代,这部书的价值不言而喻。陈尚君先生说,此书至今仍是他案头常备的工具书。

1984 年,《李德裕年谱》由齐鲁书社出版,钱锺书先生为书名题签。由于《唐代诗人丛考》所论诗人到大历时期为止,傅先生决定将研究重点移到中晚唐。他发现,中晚唐文学的复杂情况,需要从"牛李党争"的角度加以说明,而要研究"牛李党争",最直接的方法就是研究党争的核心人物李德裕。于是决定进行李德裕研究,最终写成四十万字的《李德裕年谱》。本书通过对中晚唐各种复杂史料进行详细考证、辨伪,不但仔细理清谱主一生的事迹和诗文创作情况,而且向读者提供了一部中晚唐政治、文化、文学编年史。

此书一出,得到学术界的普遍赞誉。董乃斌先生称其具有"宏通而严谨的历史眼光"。罗宗强先生认为:"在对纷繁复杂的史料的深见功力的清理中,始终贯穿着对历史的整体审视,而且是一种论辨是非的充满感情的审视。这其实已经超出一般谱录的编写范围,而是一种历史的整体研究了。"(《唐诗论学丛稿·罗宗强序》)陈允吉先生则称赞此书"是由精深的个案辨析进入博通研究的范例,全书围绕着'牛李党争'这条主线展开,著者把谱主一生活动和历史功过的评说,与其所处时代的社会矛盾、政局变动,以及知识分子的精神生活和文学创作紧密地交织在一起,完全可以当作一部中晚唐的政治史和文化史阅读。"(《唐诗论学丛稿·陈允吉序》)

可以说，傅璇琮先生的考据，从来都不是为考据而考据，也绝不仅仅将目光局限于所考据的个案，《唐代诗人丛考》与《李德裕年谱》都具有由个案研究呈现整体意识的特点。

1986 年，《唐代科举与文学》出版，三十七万字。此书以科举为切入口，不仅首次全面研究了唐代科举制度的方方面面，而且向读者展示了有唐一代与科举有关的社会情状、士人心态和文学创作。

此书一出，好评如潮。更为重要的是，它开启了由文化史的视角研究文学的格局。在本书的影响下，出现了一系列研究成果，如王勋成《唐代铨选与文学》、李浩《唐代关中士族与文学》、戴伟华《唐代使府与文学研究》、李德辉《唐代交通与文学》、陈飞《唐代试策考述》、傅绍良《唐代谏议制度与文人》、祝尚书《宋代科举与文学》、吴夏平《唐代中央文馆制度与文学研究》，等等。

这就是典范的力量。2015 年，《唐代科举与文学》获第三届思勉原创奖。

1987 年，傅先生主编的《唐才子传校笺》出版，近四十万字。元代辛文房《唐才子传》为唐代近四百位文士立传，成就很大，但错误和疏漏也很多。傅先生约请全国三十多位学者对此书进行全面整理，探索史料来源，纠正史实错误，补考原书未备的重要事迹，以全书所收近四百位唐代重要诗人的生平和创作为基本架构，通过对他们生平事迹、诗文创作、作品流传等基本史料来龙去脉、是非真假的逐条考证，起到了有唐一代诗人事迹资料库的作用。《唐才子传校笺》成为唐代文学研究者必备的工具书。

1999 年，《唐五代文学编年史》出版。此书由傅先生主编，并由傅先生与陶敏、李一飞、吴在庆、贾晋华四位先生合作撰写，洋洋四大巨册，二百余万字。全书将唐五代三百多年的文学发展史以编年的形式全面展现出来，对唐五代的文学发展脉络予以系统的揭示，是一种全新的文学史编写方式。该书出版后，立即受到了学术界的高度赞誉，并于 1999 年荣获第四届国家图书奖。

傅先生曾详细谈到此书从构思到编撰的经过：

我一直呼吁中国古代文学的研究要从文学艺术的整体出发，强调从社会史、文化史的角度来建构文学史。这就要求从中国古代文学的传统出发重新树立大文学史观，充分尊重各个时代人们所持的文学观，全面、辩证地对待一切文学史现象,对待一切可以搜寻的文学史料,包括注意研究一切在历史上存在过并有所建树的文学文体及其作家,真实、准确、细致地描述出文学发生、发展以及演变的全部过程。如何才能达到这一目标呢?我在开始研究唐代文学之初,就设想通过编年体的形式来研究和叙述文学史,并一直通过文学史料的建设做着基础工作。我的基本思路是:首先把唐五代数百位作家的行踪搞清楚,然后将一个个作家的个人年谱、交游情况、作品系年加以综合排列,这是完成《唐五代文学编年史》的先决条件。在此基础上,借用传统的编年体史书的范式,把唐朝的文化政策,作家的活动(如生卒、历官、漫游等),重要作品的产生,作家间的交往,文学上重要问题的争论,以及与文学邻近的艺术样式如音乐、舞蹈、绘画以及印刷的门类的发展;扩而大之,如宗教活动、社会风尚等等,择取有代表性的资料,一年一年地编排,就会看到文学史上"立体交叉"的生动图景,而且也可能会引发出现在还想不到的新的研究课题。

我的想法,得到几位朋友的支持。我们经过几年的不懈努力,终于完成了这部 250 万字的巨著。书中采用传统的编年体史书的体例,稍加变通,采取一种纲和目互见互联的办法,先用概括的语句叙述一件事,作为纲;然后引用有关材料,注明出处;有时另引资料进行辩证。纲与叙述、辩证采用不同的字体以示区别。与现在通行的文学史著作比较,这部书类似文学史料的"长编",基本上是述而不作,没有大段的叙述评析文字,只是如实地排列那些具有文学史意义的人物活动与创作的原始史料,严谨地辨析这些史料的可信度与价值所在。同一年发生的事件,有时表面上似乎没有关联,但如果你把它放在动态的文学流变的过程中,就会凸显出它的意义。

可以说,这部巨著是傅先生的文学史研究理念在唐代文学领域的又一次成功运用。

2005 年,《唐翰林学士传论·初盛唐卷》出版;2007 年,《晚唐卷》出版。早在 1986 年出版的《唐代科举与文学》的序言中,傅先生曾提出他的研究计划:"如果可能,还可以从事这样两个专题的研究:一是唐代士人是怎样在地方节镇内做幕僚的;二是唐代的翰林院和翰林学士。这两项专题的内容,其重点也是知识分子的生活。"关于幕府,戴伟华撰有《唐代使府与文学研究》,傅先生便决定晚年进行翰林学士的研究。关于此书的学术思路与研究价值,傅先生在接受访谈时有一段自己的总结:

> 从我个人的治学思路着眼,我现在研究唐代翰林学士,注意这样两点:一是把重点放在当时文人参预政治的方式及其心态,从而以较广的社会角度来探讨唐代的文人生活及文学创作;二是着重于个案研究,避免笼统而又不适当的所谓宏观概括。就第二点而言,我想按不同的时段,来探索翰林学士群体在不同时期所处的政治环境与文化世态,并对有代表性的人物作某种典型性的剖析,然后可以作出总体性的、有学术价值的结论。从以上的考虑出发,我就计划作"唐翰林学士传论"的专题项目,为有唐一代二百几十个翰林学士一一立传。这可能更有助于提供全面情况,也可为整个中国古代翰林学士研究提供一个文史结合的实例。我在具体操作中,尽可能扩大史料的辑集面,除两《唐书》及《全唐诗》、《全唐文》等基本材料外,还较广泛地涉及诗文别集、杂史笔记、石刻文献等。这样做,既可纠正史书中的某些误载,又可从这二百余位翰林学士的经历中获取值得思考的历史文化现象。众所周知,两《唐书》除"儒学"专传外,又各列有"文苑""文艺"传,我希望也为当前唐史研究补一"翰学"传,以使唐翰林学士自玄宗开元二十六年(738)建置起,至唐末哀帝天祐四年(907)止,有一个完整的列传全书。这也算是新世纪所补作的一种唐代史书,堪为自慰。

此书出版后,古典文学研究名家陶文鹏、韩经太、陈尚君、胡可先等人纷纷撰文,予以极高评价。

傅先生在唐代文学领域撰写或主编的每一部著作,都具有引领学术风潮的典范意义。这些典范之作的影响,不仅及于唐代文学研究界,而且遍及于整个古典文学研究界。傅先生也因此被誉为"新时期中国古典文学研究的总设计师"。

盛世修书：一生不解古籍缘

  傅先生一生也致力于中华传世古籍的整理工作。

  "文革"结束后，傅先生先后任中华书局编辑室主任、副主编、总编。1982 年国务院古籍整理出版规划领导小组恢复工作，由老干部李一氓先生任组长，傅先生被聘为小组成员之一，参与古籍出版规划的制定工作。1990 年，李一氓逝世，南京大学名誉校长匡亚明先生继任。1992 年，傅先生被任命为古籍整理出版规划领导小组秘书长。在此期间，他做了大量的古籍整理规划方面的工作，也主持了几项大型文化工程。

  首先是《全宋诗》。

  《全宋诗》是国家"八五"重点文化项目，也是全国高校古籍整理委员会规划与资助的重点项目，由北京大学古典文献研究所承担。1986 年，该所邀请傅先生参与并担任主编。但傅先生当时认为主编非钱锺书先生莫属，就和该所所长孙钦善教授一起去拜访钱先生，力请钱先生出来主持这一重大工程。不料钱先生婉拒，说他只能自己写书，绝不出门当主编，更不能挂虚名。于是，傅先生便承担起第一主编的责任。

  清代所编《全唐诗》，缺收和重出误收，约有数千例，小传也是错误百出，至今为人诟病。《全宋诗》是筚路蓝缕的工作，几乎没有任何依凭，必须依赖现存的 600 多种别集，并广泛采集各种选集、类书、方志、笔记、诗话，以及家乘、族谱、书录等各类图书，去搜集大量单篇零句。于是，书籍的搜罗，底本的选择，佚诗的辑录，异文的校勘，真伪的甄别，以及作家生平事迹的考订，千头万绪，一一须从头做起，其难度可以想见。傅先生感受到沉重的压力。

  但知难而进才是学者本色。为了避免重犯《全唐诗》的错误，傅先生与《全宋诗》主编委员会制定了一个科学而又切实可行的编纂体例，并严格执行。经过十二年的艰苦努力，《全宋诗》正编共 72 册，于 1999 年全部出齐。这是迄今中国最大的一部断代诗歌总集，收诗人 8900 余家，总字数 4000 万。"它的编成问世，使宋诗这一巨大的冰山浮出海面，世人得窥有宋一代诗歌全貌，也给当代及后世治古代文化、历史、思想、政治、民俗种种学科的研究者们提供了丰富的资料。"

然后是《续修四库全书》。

清代编修《四库全书》，有功于学界，但也存在着巨大的缺憾。所以，20 世纪以来，学术界重修《四库全书》的呼声始终不绝于耳。1993 年，一些研究《四库全书》的学者，与上海古籍出版社等出版单位开始策划出版《续修四库全书》。1994 年，这项工程正式启动，顾廷龙先生和傅先生担任主编。由于顾廷龙先生年事已高，实际的主编工作由傅先生承担。

《续修四库全书》沿袭《四库全书》体例，按经、史、子、集四部分类，总共收书 5213 种，比《四库全书》增加 51%，用绿、红、蓝、赭四色装饰封面，精装 1800 册，每册平均 700 页。为保持古籍原貌，全部采用影印的方式。这是继 18 世纪清朝编修《四库全书》后，又一次在全国范围内对中国古典文献进行大规模的梳理与汇集。

据傅先生回忆，在《续修四库全书》编纂的那八年间，他一直都是"如临深渊，如履薄冰"，因为《续修四库全书》完全是民间行为，规模浩大，需巨额投资，虽有主管部门支持并被批准为国家重点出版工程，但国家并不投资，政府主管部门也不直接出面组织，整个工程基本属于"民间运作"，靠的是专家们的无私付出，和全国 100 多家藏书单位的倾力协助。

最后，不得不提的是《续修四库全书总目提要》。

《续修四库全书》修成后，一直没有《提要》与之配套。2008 年 4 月，傅先生被聘为清华大学中文系教授、中国古典文献研究中心主任。中国古典文献研究中心经与上海古籍出版社磋商，正式启动提要编纂工作，傅先生任第一主编，一百多人参加编写。《续修四库全书提要》包括了所收全部 5213 种古籍的提要，每种提要的内容，均包含著者仕履、内容要旨、学术评价、版本情况等几个方面。

傅先生说，他做这项工作的目的，是"为后世的古典学术研究搭建一个坚实的学术平台。"(《续修四库全书总目提要·总序》)

此外，傅先生还与学界友人合作编撰《唐人选唐诗新编》(陕西人民出版社，1996 年版)、《李德裕文集校笺》(河北教育出版社，2000 年版)，精选底本，精校精注，堪称古籍整理的典范。

薪火相接：晚年弟子入室传

　　傅先生去世后，陈尚君先生在一篇纪念文章中说："傅先生供职于出版社，且因长期主政中华书局，因此可以利用书局选题的取向引领学术风气，以推介海外优秀著作的方式改变国内学术取径（如《万历十五年》的出版），也因此得有机缘广泛地结识海内外的优秀学者。与我同辈的许多八十年代出道的学者，都曾得到他的关照，尊他为师长。然而出版社毕竟不同于高校，无法直接培养能够接续自己学术的门弟子，这是很遗憾的。"这里讲到傅先生长期主政中华书局，引领学术风气是其优长，不足之处是不能培养亲炙弟子。

　　其实，培养亲炙弟子是傅先生的一个心愿。2005 年，中国人民大学国学院聘请傅先生为特聘教授、博士生导师，他才正式开始指导博士生。2008 年，又被清华大学聘为教授、博士生导师。在这两所高校，傅先生先后指导了卢燕新、张骁飞、鞠岩、徐珊珊、刘珺珺、杨朗六位博士生。

　　傅先生在学业上的严格要求，在生活中的温暖慈爱，每一名学生都感受深刻。

　　他几乎每周都会去学校见学生。早上天不亮就从中华书局出发，乘坐 944路公交车（傅先生有免费的老年卡，但从来不用，只用付费的公交卡），来到人民大学西门，与人民大学的学生交流，还会带来给不同学生准备的书和相关资料。结束后，再乘出租车到清华大学（这时已经挤不上公交了），与清华的学生交流。节假日，傅先生还会亲自到学校，给学生送来蛋糕、月饼、水果等。

　　傅先生的指导，重方法，而又兼容并包。读博期间，六位学生在《文学评论》、《文艺研究》、《文学遗产》、《文史》、《中华文史论丛》、《北京大学学报》、《文史哲》等期刊上发表论文约三十篇。其中，一位学生的博士论文《唐人编选诗文总集研究》获全国优秀博士学位论文奖，一位学生整理的《四明文献集（外二种）》获全国古籍整理二等奖，一位学生的博士论文《唐代中书舍人与文学研究》获北京市优秀博士学位论文奖、全国优秀博士学位论文提名奖。这些成果，足见傅先生善于育人。

　　无论私淑弟子，还是亲炙门人，都会将先生的学术延续下去。

傅璇琮与天一阁

应芳舟

在天一阁博物馆内僻静的一方，有一座名为"甬籍名人库"的藏书室，傅璇琮先生所捐赠的数百册著作即贮于此。傅先生是我国著名的古典文献研究专家、清华大学教授、中华书局原总编辑。他与天一阁有着深厚的文化联系，长期来一直关心支持天一阁博物馆的事业发展，在繁忙的行政、学术工作之余，还受聘担任天一阁博物馆馆刊《天一阁文丛》的顾问。

2006年，天一阁博物馆启动向海内外宁波籍名人名家征集著作、手稿、作品的工作，立即获得了对家乡怀有深厚情感的傅先生的支持。截至2010年底，先生捐赠的图书累计已达347册，另有手稿3种。这些赠书的版本比较丰富，大多为初版本，个别为再版本，除手稿本外，还有名家签赠本、毛边本和抽印本。图书扉页处大多留有先生的题签，诸如"天一阁博物馆珍藏。傅璇琮谨赠"之类的文字。

我与傅先生亦赠书结缘。自2009年初接手管理甬籍名人库工作以来，通过一一翻检先生的赠书进而编写目录，对先生数十年如一日埋首于学术汪洋取得的智慧结晶深感敬佩。先生著述等身，在捐赠天一阁的著作中，有反映先生早期学术水准的专著《唐代诗人丛考》、《唐诗论学丛稿》和《唐才子传校笺》。新千年后，又相继有《唐代科举与文学》、《唐宋文史论丛及其他》、《唐翰林学士传论》等重要著作出版。以上这些学术论著的问世，奠定了先生在唐代文学研究上的元老地位。

难能可贵的是，先生捐赠给天一阁的著述中还有三种珍贵手稿，为《唐代诗人丛考材料辑集》、《唐代科举与文学资料长编》和《两〈唐书〉记事辨误》。前两种是先生利用点滴时间从各种原始文献中耙梳辑录出的相关资料,这对唐代文学研究价值很大。从书稿的字里行间我们可以领略到先生一贯严谨的学术风范,无论是码放齐整的古黄色稿纸,还是细致到用黑、蓝、红三色抄录文字,都不能不使我们对先生的治学品格肃然起敬。

学界人士赠送给先生的著作也有不少,不仅有王世襄、冯其庸、韦力这样的名家,还有年轻一代的文史研究者,这从侧面显示了先生宽阔的学术交际道路。不过在这类赠书中,当以钱锺书先生签赠的三册书籍最为珍贵。钱先生在这些赠书上均题有墨宝,分别为"璇琮先生,精思劬学,能发千古之覆,吾之畏友。拙著聊资弹射而已。钱锺书"(《管锥编》)、"璇琮先生粲正"(《旧文四篇》)、"璇琮先生晒存。钱锺书奉"(《围城》)。时光虽已逝去三十载,但是手捧锺书先生的手迹,立马会在纸上清晰地浮现出一位谦恭涵养的君子形象。有一次傅先生曾对我们讲,有友人向他指出钱锺书的签名本单册可拍卖到数十万元高价,然先生丝毫不为利益所驱,毅然悉数捐赠天一阁,化私为公的慷慨精神可见一斑。

先生的赠书、手稿是甬籍名人库启动以来的第一个项目,为天一阁在新时期开展当代文献征集工作开了一个好头。为表彰先生无私捐赠手稿、著作的大义善举,天一阁博物馆曾在昼锦堂内隆重举行"傅璇琮先生捐赠手稿及著作仪式"。自获赠先生著作以来,天一阁博物馆着专人保管图书,并开辟了专门场地设立"傅璇琮先生捐赠专柜",以专柜集中保管的形式来妥善收藏先生的心血之作。

依托书籍这一载体,我仿佛步入了先生浩瀚的书林世界,徜徉其间顿觉神清气爽,心中不免洋溢起以先生为重要代表的浙东学人蔚为大观的充分自信,更为先生的无私善举所深深感佩,他的这一可贵精神也必将起到巨大的引领示范作用。

追忆傅璇琮先生二三事

姚苏杰

如果把毕业后在文献中心兼职的时间也算上的话,我与傅先生总共相处了七年。2008 年 4 月,傅先生调来清华,成立古典文献研究中心并担任主任。年底,系主任刘石老师与我导师商议后,指派尚读研三但已确定提前攻博的我担任傅先生的助手,或叫学术助理。此后七年中,除去最后一年因严重腿疾而无法来校工作外,其余岁月里傅先生都保持了一周至少来校两次的频率。我于是也得以经常与先生共处,除协助工作外,也常向他询问或探讨一些学术、社会或生活方面的问题。先生有时还会让我替他看一些稿子,并让大胆发表意见。这其中既有学生或晚辈的,也有业内知名专家学者的,这着实让我惶恐。但先生屡次鼓励,有时甚至让我直接按己意回信,这给了当时的我很大的信心与自豪感。现在回想彼种情境,竟颇有些《论语》中子路冉有等"侍坐"之意(这于我显是自夸)。

2009 年初,傅先生向清华学生开设专业课,这也是他第一次在大学课堂上正式授课(其余皆为讲座)。授课内容是他关于唐代科举、翰林与文学的研究。此研究在学界有重大开创意义,为先生最重要的成果之一。此课程极受欢迎,虽然先生有南方口音且讲课并不生动,但教室依然人满为患。这也让他十分紧张,好几次跟我说:怎么来这么多学生啊!这种紧张使他更加认真备课。因从未使用电脑,故每次他都是提前将授课内容手写一份让我做成课件,并在课堂协助演示。这门课程应是傅先生唯一一次正式开课,惜当时并未录像,至今便成绝唱。

记得课程开始时,刘石老师曾做开场介绍,他如是说(大意):"大家都知道唐代有一位韩荆州,以提携后进知名。李白《与韩荆州书》里曾引用时人语,谓:'生不用封万户侯,但愿一识韩荆州。'而傅先生就是当今学界公认的、现代的韩荆州。"那时的我对此尚无深切的体会,但在往后的日子里却越来越感悟到这一点。我自身受先生提携极多,在中心工作时也协助接待过无数慕名而来的拜访者,他们大多有求于先生,先生从不回绝。先生长年从事案头笔墨工作,年老后握笔的右手有蜷缩、颤抖的问题,且越来越严重,晚岁写字已比较艰难。但尽管如此,他仍不断为人写推荐信、写序甚至题字。这其中自然也有一些人或单位(在我看来)实不配先生推荐,但只要对方开口,哪怕是初次见面,他总很少拒绝。这也让我们十分担心,深怕先生的名望被用心不善者利用。那时我们认为先生年纪大了,也许分不清来者的善意与恶意,或者他自己并不知道他亲笔写下的信有多高价值。但现在想想,先生真的会不知道吗? 也许他非常明白,只是从未以此自贵,他只是"思一毫有利于学术则为之"罢了。2013 年京华出版社出版了先生的学术散文集《濡沫集》增删版,其中所收书序或书评达 65 篇之多。这些文章单篇或不足奇,但形成如此规模,或正可见先生提携他人、推介其学术成果之苦心。

与对他人的慷慨相比,傅先生对自己却真可以说简朴以至于清苦了。他家住太平桥西里中华书局宿舍,距清华极远。但若来校,必七点一刻便到,而且非极特殊情况,都是自己坐公交到西门,再坐校车到新斋办公室,回去亦如是。以先生的身份,中华书局和清华两方都可为他配专车接送,我们也一再劝先生至少要打车回去,中心并不缺交通费。但他一直拒绝,并笑说:"没关系,我现在年纪大了,上公交车大家都给我让座。"每天中午工作结束后,先生会去观畴园食堂用餐,然后在二楼买一袋肉松面包带回家。肉松面包大概是先生喜食之物,有时来不及用餐,也定会让我替他去买一些。后来我才听徐师母(傅先生妻子)说,这袋面包就是他们的晚餐和次日早餐——如此简单。

这些年,我在先生身上深深体会了老一辈学者大朴守拙的风采。比如先生不熟悉电脑,第一次跟他说"电子邮件"时他无法理解,还问"这邮件发一封得多少钱哪?"但当他理解之后却并不排斥,而是借我手充分利用起电脑和网络的便利,这也可见一个大学者开阔的视野和心胸。但更多的时候他还是习惯亲自手写书稿或信件,部分交我录入并发送(其实完全可以口述)。也因此,中心留存了大量先生的手稿,成为一笔珍贵的财富。先生又习惯称呼别人为同志,对我亦如此。比如平日交代工作,他会称"苏杰同志"云云;有时给我留信,抬头也是"苏杰同志";每次通电话,傅先生总是不等我说,就先道"是姚苏杰同志吗,我是傅璇琮啊",亲切感人。以至于我渐渐觉得,"同志"这个称谓非但不过时,反而有一种朴拙和庄重,在傅先生口中更有一种别样的得体。于是我也学着开始称呼他人为同志,还因此引来不少诧异。又如先生古文修养极高,但从未见他故意卖弄文笔,做了一辈子编辑的他更不可能不会流行的文体,但先生的文章或信件都是以一种具有五四风味的质朴白话写成,读来生涩有味,迥异他人。如此种种,我想大概就是所谓"风骨"。

　　傅先生来清华时身体仍十分健康,虽然走路略不稳,但依然可说健步如飞。最初他上下楼梯从不让人搀扶,以至于有些场合,别人欲搀扶他时我还需上前阻拦,以免先生觉不快。但渐渐的,他就不再拒绝我搀扶着上下楼,又后来他上下楼时会主动抓住我的手臂,我也便感觉到先生的身体一年年在衰退。2013年7月,我博士毕业离开清华去首师工作,但先生仍维持着之前的习惯,每周两次来清华办公。他会在前一天给我打电话说明天会去,然后叮嘱我不必太早到。我当时已经住得较远,但也比先生近得多,可总是比他晚到很久,想来真觉惭愧。再后来,因为我授课任务增多,傅先生知道这个情况,也便减少了来校的次数。2014年,傅先生在路上不慎摔倒,当时膝盖摔伤,但因忙于《续修四库全书总目提要》审稿之事而不愿就医。两天后伤口感染,后来虽医好却也再不能如以前般行动自如。2015年春日,我去取送一些材料,在中华书局前与先生见了一面。当时觉先生并无大病,只一生简朴不知顾惜身体,故衰老之状特重。不想再次见先生时已在灵堂……思念至此,悲痛难已。

　　2016年1月25日参加完先生追悼会,陪徐师母回家,聊及先生生前种种。师母不知何故说起年轻时事,回忆当时他们夫妻与王力先生的交往,种种细节弥足珍贵。我便想起当时在清华时曾有师弟提议,不如趁傅先生每次来办公室时对他进行采访,请他回忆一些往事,我们做记录,以为口述史,应具有相当价值。如此好的提议,可惜未能实行。一来,当时傅先生工作尚多,二来我们都觉得,先生活到九十岁应是没有问题,故不急于一时。不想天不假年,先生竟遽然离世。

　　有人说,傅先生的辞世代表了一个学术时代的结束。此话虽略嫌夸张,亦不无道理。先生一生不仅自身致力于学术研究,更重要的是以他为纽带,把相关的整个学界联系、组织在一起,完成了许多个人之力不能完成的工作。如果说上世纪五六十年代,联系学界是靠行政力量的话,那么在改革开放之后,靠的就是傅先生这样身兼出版界和学术界的重量级学者。而这样的学者,或者说达到这种量级的老一辈学者,傅先生应是最后一位。比起那些集体完成的学术成果,也许在这过程中如何组织、如何运作、学者们如何交流的细节信息更显得珍贵,但这些都已随先生消逝,留给后世文学史家无穷的考索与猜测。这应该不是先生的本意,如果他能选择,也一定希望留下点什么。这也是我想写一点什么的原因。

　　我脑海中永远留有这样一副画面。那是在 2011 年的初夏,上午工作结束后,先生照例自己去了食堂吃饭。但天忽然下起雨来,我知他未带伞且一定不会回来借伞,便去食堂寻他。未见,又循着新斋门前的路找去。一直找到理科楼附近,才远远看到先生走在路上的背影:他左手拎着那个不知用了多少年的布袋,右手提着一袋新买的肉松面包,身形瘦小但有精神,步履蹒跚却还迅捷,就这样兀自走在回去的路上。

　　　　　　　　　　　　　　　　2016 年 2 月写于傅先生老家宁波

怀念傅璇琮先生

1月23日晚上，从朋友的短信中得知傅璇琮先生已于当日离世的消息，听到这个消息我的心里不禁一震。作为一个曾经亲自接触过傅先生，并且受益于他的推荐的后辈，对于他的离去我感到十分难过。

第一次见到傅先生是我上大二那年，那时候我已经读完了傅先生写的《唐代诗人丛考》，这本书给了我非常深的印象。恰在此时，傅先生来到我们学校做报告，我因为受到他的著作的影响就去听了他的讲座。那时候自己也是乳臭未干的后生，对许多事都不懂，当时就冒昧的向他问了几个问题并向他讨论，其中提到他写的《戴叔伦作品真伪考证》的问题，因为后来读了蒋寅《大历诗人研究》，在傅先生的基础上作了大量考订，考订出更多的戴叔伦集作品全部是明人伪造。我进一步补充说在戴集还有不少作品可能是伪作，只是缺乏足够证据论证。没想到傅先生说很同意我的想法，这让我感到很高兴（当然今天觉得自己这么做确实有些不太合适）。从这次对话中我深深地感受到了傅先生平易近人的态度。

傅先生不仅为人态度和蔼，而且善于提拔后学。我的一篇文章也曾经受过他的推荐。

2008年我在读傅先生写的《李嘉祐考》以及储仲君《李嘉祐诗疑年》、蒋寅《大历诗人研究》中，发现李嘉祐及其他大历诗人生平当中仍然存在疑点。比如李嘉祐究竟何时出任袁州刺史，他由袁州被召赴京又是在何时，他出任台州刺史到底在何时，今存的《全唐诗》李嘉祐集二卷中所收录的作品是否还有其他伪作,相应的问题包括刘长卿送李嘉祐出守台州诗写作时间,皇甫冉生卒年等问题,这些地方都需要重新补证。于是,我就这一问题经过查阅文献资料,写下了《唐大历诗人李嘉祐生平若干问题补证一文》,就以上问题作了重新考证。之后我冒昧的将此文用信的形式发给了傅先生。没想到后来傅先生竟然作了回复,告诉我说这些想法很有道理,观点是可以成立的。我当时从心底感到了一种温暖,感到了傅先生对后辈循循善诱的教导。当时傅先生将我这篇文章推荐到《文学遗产》去发表,虽然最后此事未遂,但仍然可以感到傅先生对后辈的提拔(后来我的这篇文章是在《首都师范大学学报》上发的)。

此后我再也没有直接接触过傅先生。2013年在傅先生八十华诞的时候,许多他的弟子同事朋友都写文章。当时我也曾经萌发了写一篇他对我关怀的文章,可惜自己才学疏陋,没能写成。然而,我今天已经再无法得到他的关怀和帮助了。

傅先生去世后,看了他的弟子和朋友以及后辈学者为他写的纪念文章,我不禁深深地为傅先生做学问的态度深深折服。再读他写的《唐代诗人丛考》,感觉他确实是一字一句的对每一个诗人进行考证。尽管某些地方仍然存在疏漏,但在当时,能够这样已经实属不易。而我更佩服的是他一心一意做学问,不求名利的态度。也许这才是最值得我们学习的。

傅先生,您安息吧。

回忆恩师傅璇琮先生

杨　朗

　　距离傅先生逝世已近一年，作为他的学生，在这一年中我好几次尝试提笔写回忆文字，却一次次又搁下了笔，老师的和蔼面容与谆谆教诲如此清晰，如此亲切，当一幕幕回忆场景聚成的洪流不断冲击过来，我的思路无法在沙岸上勾画出有序的轮廓，只能一再让自己沉浸在过往时空的光晕之中，文字的纪念于是一次次变成了内心的追怀。现在，当我试图收摄自己的回忆，暂时避开奔涌的潮水，为那一幕幕的场景寻找到一个时空上的固定点之时，老师与我第一次在中文系办公室见面的场景马上清晰地浮现了出来。

　　那是 2010 年 9 月的一个晴天，我当时刚刚考上清华大学中文系中国古代文学专业的博士，傅先生是我的导师。这对于我当然是极大的幸事，但我当时与傅先生不熟悉，虽然考试之前已与他通过几次电话，复试的时候也会过面，傅先生的和蔼态度令我安心不少，但毕竟还未有过深入的交流，所以我第一次单独见老师还是心怀忐忑的。在办公室门口敲了两下门后，我听到了清晰而有力的"请进"，于是推开了门，发现老师正放下手中的书，面带笑容地注视着我。等到我走近之后，他又笑着抬了抬手："请坐！"我记得自己当时又像复试那样介绍了一下过往的学习经历与关于韩愈的硕士论文，告诉他自己比较关注唐宋的文章学与思想史。在听完了我冗长而笨拙的介绍后，傅先生说道："韩愈很重要的，比如他与柳宗元的关系就很值得研究。"我当时以为这不过是老师顺着我的话头随口一说，并没有考虑太多，也就礼貌地表示了接受。接着我们简短讨论了相关专业问题，随后老师说："好的，你回去吧，我有什么事情或资料就打电话给你。"我马上起身告退,一边走一边想老师会有什么资料呢,还会专门为我而留意吗? 这第一次会面虽然拉近了我与老师的距离,同时也给我留下了一些疑惑。

不过这疑惑很快就消散了,过了不久我接到老师的电话:"杨朗同志,我是傅璇琮,明天上午请来我的办公室一趟,我有资料给你。"第二天上午,老师递给我一份文本,是台湾学者吕正惠教授一篇关于韩愈《师说》的文章,原来老师一直把我的事情放在心上,并不只是随口一说啊! 倘若不是亲身经历,我很难相信像傅先生这样的大学者会如此关怀年轻后生。此后,这样的关怀成为常态,论文、书籍甚至文稿一次次通过老师的手传递到我的手里,而我的感觉也由震惊转化为感激,由感激再转化为了激励。虽然学生不肖,事到如今,我自己的研究水准距离老师的期望相差甚远,但每次回忆起老师的殷切关怀,我就会重新收拾身心,激励自己不辜负老师的期望,然而现在却再也不能从老师的手中接过那饱含心血的资料了!

因为研究方向的缘故,老师给我的文献资料中有不少是关于韩愈与柳宗元的。我此前认为他所说的韩柳关系很重要不过是顺着我的专业方向随口道出,后来我在交流中逐渐体会到老师对于这一问题真正的关注所在,而这种关注实际上体现出了老师为人与为学的一个重要特点。傅先生认为韩愈与柳宗元所处的时代政治环境非常险恶,这从韩愈《柳子厚墓志铭》所描述之"一旦临小利害,仅如毛发比,反眼若不相识,落陷穽,不一引手救,反挤之,又下石焉"的小人可以见得很清楚,韩愈与柳宗元都在这种环境中深受其害。后世有人认为韩柳是两类人,甚至扬此抑彼,说二人关系水火不容,傅先生更是完全不认同。关于这一点,傅先生还有一段特殊的因缘,他曾经详细地告诉过我。原来在"文革"中,章士钊的《柳文指要》在中华书局出版(1971年),此书的审稿者正是傅先生。傅先生认为此书紧趋当时"儒法斗争"的政治潮流,很多地方刻意歪曲史实,扬柳抑韩,不是一部真正意义上的学术著作,所以不建议出版,一起审稿的程毅中先生也持有相同的意见。但后来通过某个人的关系,借助其他力量使此书出版,这件事情令傅先生感触颇深,使得他后来对于韩柳关系这一学术问题非常敏感,并时时保持关注。而随着我对老师思想与著述的逐渐熟悉,我发现这种关切还有另一层更深的内涵。老师在反右至"文革"中受到了很多磨难,这种险恶环境下的人际关系与个体选择也许为他提供了一个观察理解社会与人性的契机。毋庸置疑的是，老师对于特定历史环境下的个人行为始终怀有一种持续的关切与深刻的体察，他自己曾说丹纳的《艺术哲学》与巴尔扎克的《人间喜剧》等书启发他从社会风俗的角度来考察文学，在特定环境之下来理解具体的作品。我认为与其说丹纳的《艺术哲学》启发了他，不如说他的心灵与之相契合，形成了一种呼应的关系。为什么在同一时代有人这样选择，有人那样选择，他们都有什么样的动机或苦衷，他们的选择与其他人是什么关系？这一系列问题的解决需要文献的考辨、史料的综合与理论的探讨，也需要同情的理解力。通过文献考辨来获得确实可靠的证据，在此之上同情理解古人的行为与观念，我认为这是老师学术的重要特点。曾获第三届"思勉原创奖"的《唐代科举与文学》自不用说，即便"文革"后出版的第一本著作《唐代诗人丛考》，虽然被学界普遍视为文献考证专著，但其中伴随着一项重要考证结论的，往往是有关具体作品的品评与个体动机的分析。为求理解而从事考证，基于考证而更好理解，应当说，两者在傅先生的学术研究中得到了完美的统一。

老师对于他人心灵的理解不仅体现于学术研究，更体现在实际生活中。他并不是一个特别乐于言谈的人，往往言简意赅，点到即止。然而他特别能为别人着想，理解他们的需要与困难，处处为他们提供方便，自己的损失或困难完全不放在心上。我曾经听师兄们说老师此前在雪天清早约他们见面，他们七点多到校门口，却发现老师总是早已在那儿等候了，没有任何怨言，他宁可自己忍受寒风呼啸，也不愿意让别人等待自己。我自己有几次在校园里碰到正在回家的老师，想把他送到车站，但每一次他都拒绝了，并且直接用细瘦的手推着我："不用，不用，你快回去。"而每次在办公室讨论完问题后，他总是马上说"好的，你回去吧"，这些都是因为他不愿意"浪费"我的时间，希望我能够去做更"重要"的事情。现在回想起来，离开办公室之后"浪费"的时间还少吗，"重要"的事情又做了几件呢，真是无颜面对老师。与此同时，老师知道我喜欢买书，看我还是个没什么收入的博士，于是让我用他个人的经费来报销书款，几年下来有数千之多，现在想起来实在感慨万千，老师对我的理解与帮助真是难以言表。虽然老师如此地帮助我，可他很少要求我为他做什么，实在不得已的时候，总是说："哎哟，实在是不好意思，麻烦你了。"即便只是一件小事，在他看来似乎都给对方带来了很大的麻烦,很不好意思。曾子说:"夫子之道,忠恕而已矣。"夫子邈矣,不可得见,在我看来,老师的人格正是夫子忠恕之道在当今的体现,可以说,老师是一位真正的当世儒者。

在清华的日子一天天过去,我对于老师越来越亲切,虽然见面仍然非常尊敬,但心里早已没有了忐忑不安,而是如沐春风的感觉,不知不觉,我也于2014年完成博士答辩,顺利毕业。虽然论文不足之处甚多,但我认为以后可以继续修订,还有很大的改进空间,加上自己在清华国学院做博士后,还可以继续向老师请教,并且还有机会再为老师做些事情。没想到半年多后,老师因为一次意外摔倒而难以行走,从此躺在了病床上,此后身体状况一直没有明显的好转,加上听力退化,老师为此承受着巨大的身体与心理痛苦。虽然每次在病床边见老师,他还是像过去一样关心地询问我的生活与学习情况,还是保持着那样和蔼的笑脸,还是不好意思让我去做事情,但我的内心完全没有了此前在办公室里的从容自然,而是陷入了深深的忧虑。住院时不少重要的事务都是师兄负责处理的,我只是做了些简单细微的事情,此外就是定期看望老师。随着老师每一次出现新的病情,我注视着老师默默承受着巨大的痛苦,心中的忧虑就加深一层。而令我感动的是,老师虽然一直卧床,但仍然坚持着学者的追求与尊严。每次我带去纸质材料,无论其价值的高低,老师都用颤颤巍巍的双手拿来,一字一句很认真地从头看到尾,随后还做出评论,好似一位沙漠的旅者骤然遇见了水源。我知道在那种环境之下文字带给老师心灵上的安慰,但又担心长时间阅读对于老师身体不利,只好跟其他人一样也在老师耳边劝他看的时间不要太长,他微笑地点点头,继续一行行看下去,保持着一位学者的风度,努力不让病魔击垮这种尊严。连我这个旁观者的感受都这么心酸,老师躺在病床上的痛苦就可想而知了。

现在回想,老师自从住院以后,我向他请教学术的机会就很少了,在病床边说的多是一些生活近况与学校琐事,而他听完之后也只是若有所思地点点头,之前那种在办公室的言谈再也找不到了。只有在2015年底,当他的名著《唐代科举与文学》获得第三届思勉原创奖之后,我被委任在颁奖仪式上代老师发表获奖感言与演讲,于是之前我特地向他询问演讲的主旨核心,他一下子变得严肃起来,眼神变得专注,沉思了片刻,清晰地告诉我有两点主旨:"第一点,基本材料的考证,第二点,社会文化的意义。"当我把记录下来的言语呈给老师过目的时候,他突然直起身子有力地说:"很好,就是这样!"好久好久,我都没有看到老师这么有神采了,只有学术才能让老师兴奋起来,才能让他克服身体的孱弱而迸发出精神的火花,学术始终是老师生命中最重要的关切,是他生命力最旺盛的部分!

2016年1月21日,北京的冬天寒冷异常,我即将踏上回家的旅途,临行前我去看望老师,他关心地询问我何时回北京,很高兴我回家跟父母团聚,并说回来之后再联系,当时老师精神不错,思路也很清晰,话音也非常清脆,我与师兄们也都乐观地认为老师有康复的希望,于是比较放心地回家了。可是没想到后天下午,身在美国的卢燕新师兄突然发来信息:"老师病危。"我当时正在理发,见此十分意外,虽然脑中闪过一个可怕的念头,但心里还是告诉自己这次肯定跟前几次一样,老师一定会挺过来。哪知道没多久,居然收到了"老师仙逝"的噩耗!此时剪刀正在我的头上飞舞,咔嚓的声音仿佛撕扯着我的心,我就这么呆坐在椅子上,一片茫然,生命之中从未有过的逝灭感瞬间占据了头脑。也许我在有意识地感受着一个噩梦,而这个噩梦最终会结束,我也会最终醒过来。然而一切竟然是可怕的真实,我匆匆忙忙订了火车票,赶到北京,见到了满眼泪水的师母,见到了沉痛的师兄,这个时候我终于真切地意识到我再也见不到老师了,再也看不到他的笑脸,再也听不到他的嘱咐,过往的故事好像一辆长长的列车,它已经疾驰而过了,身后只是无穷的空白,汽笛声也越来越微弱,只剩下了彻底的虚无。

在为老师守灵的时候,在苍白的灯光与摇曳的烛光下,我端详着老师破旧的木书架上的一本本久经岁月的书籍,突然间觉得老师既熟悉又陌生,也许我所熟悉的老师只是他生命中很小的一部分,他经历过这么多事情,阅读过这么多书籍,这些一起构成了老师生命的丰富整体,这个整体太过巨大,我所能接触的只能是其中的一小部分而已。也许,我没有能够接触到老师的精神本始,我不知道他很多观念与行为在最深处的根源,如果他还再世,我对他还可能有更充分更亲切的了解。但即使如此,老师已经完全改变了我,他成为了我记忆中永恒的一部分,构筑了我的研究与生活,永远伴随着我生命的行进。我的桌上现在摆放着老师送我的《唐翰林学士传论》,扉页上写着:"请杨朗同志指正。"这几个字并不工整，甚至有些扭曲，因为当时老师的手已经抖动得非常厉害，拿起书本摇摇晃晃，提笔写字更非易事。但这一笔一划现在看上去突然那么有力，我感到它正在指引我、指正我，它正发出宏亮的声音，那潮声，那熟悉的潮声此时又奔涌而来，而我不再只是沉浸，我开始向远方抬起头，我似乎看到了白色的帆……

附录一 讣闻

讣　告

　　中国共产党的优秀党员，卓越的出版家，著名学者，第八、九届全国政协委员，九三学社第八、九、十届中央委员会委员，中央文史研究馆馆员，中华书局原总编辑傅璇琮同志，因病医治无效，于 2016 年 1 月 23 日 15 时 14 分在北京逝世，享年 83 岁。

　　傅璇琮同志 1933 年 11 月出生于浙江宁波，1951 年考入清华大学中文系，1952 年 10 月转入北京大学中文系，1955 年毕业，留校任助教。1958 年 2 月被错划为"右派"（1978 年 12 月改正），同年 3 月至商务印书馆任编辑，7 月调入中华书局工作，先后任编辑、编辑室主任、副总编辑、总编辑。1983 年被评为编审。1991 年起享受国务院政府特殊津贴。2008 年受聘为中央文史研究馆馆员。

　　傅璇琮同志曾担任国务院古籍整理出版规划小组成员兼秘书长，全国古籍整理出版规划领导小组成员，中国唐代文学学会会长，中国韵文学会副会长，清华大学中文系古典文献研究中心主任、教授、博士生导师，中国人民大学国学院特聘教授、博士生导师，安徽师范大学中国诗学研究中心学术委员会主任，西南大学重庆国学院名誉院长，苏州大学古典文献研究所名誉所长，中国乐府学会顾问，中国宋代文学学会顾问，中国出版集团出版工作顾问，《文史》、《文学遗产》、《文献》、《古籍整理研究学刊》等顾问。

傅璇琮同志一生致力于古籍整理出版事业,参与制订《中国古籍整理出版十年规划和"八五"计划》、《中国古籍整理出版"九五"重点规划》,在古代文史研究领域著述精深宏富,扶持和培养了一大批古代文史研究的中青年学者,在海内外学术界、出版界享有崇高的声誉。

傅璇琮同志主要著作有《唐代诗人丛考》、《唐代科举与文学》、《李德裕年谱》、《唐翰林学士传论》、《唐诗论学丛稿》、《书林清话》、《濡沫集》、《河岳英灵集研究》(合著)等,主要古籍整理作品有《杨万里范成大资料汇编》、《黄庭坚和江西诗派资料汇编》、《唐五代人物传记资料综合索引》(合著)、《李德裕文集校笺》(合著)、《唐人选唐诗新编》(合著)等。曾参加点校本"二十四史"的编辑工作,曾参与主编《中国古籍总目》、《续修四库全书》、《全宋诗》、《全宋笔记》、《全唐五代诗》、《续修四库全书总目提要》及《唐五代文学编年史》、《唐才子传校笺》、《宋才子传校笺》、《宋登科记考》、《宁波通史》等古籍整理图书和学术著作。

傅璇琮同志遗体告别仪式定于 2016 年 1 月 27 日(星期三)10 时在北京八宝山殡仪馆梅厅举行。

傅璇琮同志千古!

中华书局傅璇琮同志治丧办公室

2016 年 1 月 23 日

傅璇琮同志遗体告别仪式举行　党和国家领导人表示沉痛哀悼

中华书局

2016 年 1 月 27 日上午,傅璇琮同志遗体告别仪式在八宝山殡仪馆梅厅举行。中共中央政治局常委、国务院总理李克强,中共中央政治局常委、全国政协主席俞正声,中共中央政治局常委、国务院副总理张高丽,中共中央政治局委员、国务院副总理马凯,中共中央政治局委员、国务院副总理刘延东,中共中央政治局委员、书记处书记、中宣部部长刘奇葆,中共中央书记处书记、国务委员、国务院秘书长杨晶等对傅璇琮同志逝世表示沉痛哀悼,并敬献花圈。朱镕基、温家宝、华建敏等原党和国家领导同志也分别以不同方式对傅璇琮同志的逝世表示哀悼，并向家属表示慰问。

八宝山殡仪馆梅厅庄严肃穆，哀乐低回。正厅上方悬挂着黑底白字的横幅"沉痛悼念傅璇琮同志"，横幅下方是傅璇琮同志的遗像。傅璇琮同志的遗体安卧在鲜花丛中。上午 10 时许，中央文史研究馆馆长袁行霈，中国出版协会常务副理事长、中国图书评论学会会长邬书林，中国出版协会常务副理事长兼秘书长刘建国，中宣部出版局副局长张拥军，中宣部干部局干部处处长张宝库，国家新闻出版广电总局出版管理司副司长王然，中国出版集团公司总裁、中国出版传媒股份有限公司董事长谭跃，中国出版集团公司党组书记、中国出版传媒股份有限公司总经理王涛，中国出版集团公司党组成员、中国出版传媒股份有限公司副总经理李岩，韬奋基金会理事长聂震宁，国家图书馆原馆长、党委书记詹福瑞，清华大学原副校长、现校务委员会副主任谢维和，全国高校古籍整理研究工作委员会主任安平秋，中国唐代文学学会会长陈尚君等有关单位负责人参加告别仪式，在傅璇琮同志遗体前，肃立默哀、鞠躬致敬，作最后送别，并向亲属表示慰问。北京地区社会各界人士、外地学者、中华书局离退休干部和在职员工近 400 人参加了告别仪式。

告别大厅两侧垂悬中华书局全体同仁敬献的挽联："为浙东学术嫡脉贯通唐宋迈越乾嘉吏部文章高北斗；是中华古籍功臣领袖群英提撕后进神州风雪暗奎光。"正厅内，四周摆放着社会各界人士敬献的挽联、花圈。

傅璇琮同志因病医治无效，于 2016 年 1 月 23 日 15 时 14 分在北京逝世，享年 83 岁。傅璇琮同志逝世后，全国政协办公厅、中央统战部、九三学社中央委员会、国务院参事室、中国社会科学院、中央文史研究馆、国家新闻出版广电总局、光明日报、全国古籍整理出版规划领导小组办公室、全国高等院校古籍整理研究工作委员会、中国出版协会、韬奋基金会、中国出版集团公司、中国出版传媒股份有限公司、中国出版协会古籍整理出版工作委员会、中国唐代文学学会、中国敦煌吐鲁番学会、宁波市人民政府、中共宁波市委宣传部、重庆市文化委员会、上海市出版协会、北京大学、清华大学、中国人民大学、浙江大学、复旦大学、南京大学、武汉大学、山东大学、苏州大学、安徽大学、厦门大学、郑州大学、首都师范大学、上海师范大学、华东师范大学、安徽师范大学、陕西师范大学、河北师范大学、香港浸会大学、香港中华书局、人民文学出版社、外语教学与研究出版社、北京大学出版社、清华大学出版社、中国对外翻译有限公司、中国书店、上海古籍出版社、上海人民出版社、凤凰出版社、齐鲁书社、中国书店出版社、国家图书馆出版社等政府部门、科研出版机构、高等院校、新闻媒体、社会组织，分别发来唁电、敬献挽联和花圈表示哀悼，并向傅璇琮同志亲属表示慰问。

全国人大教科文卫委员会主任委员、中国出版协会理事长柳斌杰，中宣部常务副部长黄坤明，国家新闻出版广电总局局长、党组书记蔡赴朝，国务院参事室党组书记王仲伟，中宣部副部长庹震，国家新闻出版广电总局副局长吴尚之，中央纪律检查委员会驻部纪检组副组长武在平，国务院参事室副主任、党组成员方宁，中央文史研究馆副馆长冯远，国务院参事室副主任王卫民，九三学社中央委员会副主席兼秘书长印红，清华大学校长邱勇，清华大学党委书记陈旭，九三学社中央办公厅常务副主席邵鸿，以及中国出版集团公司党组成员、副总裁、中国出版传媒股份有限公司监事会主席刘伯根，中国出版集团公司党组成员、副总裁潘凯雄，中国出版集团公司党组成员、中国出版传媒股份有限公司副总经理樊希安，中国出版集团公司党组成员、中国出版传媒股份有限公司副总经理孙月沐等领导同志均发来唁电、敬献挽联或花圈表示哀悼，并向傅璇琮同志亲属表示慰问。

中央政策研究室原主任、中央文献研究室原主任滕文生，中央政策研究室原副主任王天增，新闻出版总署原副署长刘杲、杨牧之等老领导，王蒙、白化文、李学勤、周勋初、郁贤皓、罗宗强、程毅中、阎崇年、刘学锴、龚延明、王水照、陈允吉、孙昌武、赵逵夫、赵昌平等专家学者，以及傅璇琮同志同事、生前好友、学生均发来唁电、敬献挽联或花圈表示哀悼，并向傅璇琮同志亲属表示慰问。台湾、香港等地区的文史学者也发来唁电或敬献挽联，寄托哀思。

傅璇琮同志一生致力于古籍整理出版事业，在古代文史研究领域著述精深宏富，扶持和培养了一大批从事古代文史研究的中青年学者，在海内外学术界、出版界享有崇高的声誉，为中华书局和中国出版事业作出了杰出的贡献。他的辞世，是中华书局的重大损失，是我国出版界、学术界的重大损失。

傅璇琮同志永垂不朽！

附录二　思勉原创奖获奖感言及点评

《唐代科举与文学》获思勉原创奖感言

傅璇琮

《唐代科举与文学》是我在八十年代完成的一部著作,之所以选择科举为切入点,是考虑到在唐代,科举及第已经成为士人获得政治地位或保持世袭门第的重要途径,牵连着社会上各个阶层知识分子的命运,研究科举在唐代的发展,事实上就研究了当时大部分知识分子的生活道路。由此,可以将科举作为中介环节,把它与文学沟通起来,研究唐代文学是在怎样的具体环境中进行的,从而更深入地认识、理解唐代文学。除此之外,我还有一个更为长远的考量,那就是想尝试通过史学与文学的相互渗透或沟通,来综合考察唐代士子的生活道路、思维方式与心理状态,并且努力重现当时部分的时代风貌与社会习俗,以为整体的唐代文化史研究提供参考与取材。

应该说,在本书写作之时,国内还没有一部堪称学术著作的中国科举史,更没有关于唐代科举的专书研究,其他的相关研究成果也很少,因此在不少地方需要我白手起家。因此搜集、整理并考证相关的基本资料,就成为此项研究的出发点。我首先需要梳理唐代科举制度的全貌:例如通过全面考察有关唐代"登科记"的文献资料,在徐松的基础之上,进一步充实对于"唐代科举与文学"

之史料学的认识;又如过去学者对"制举"的认识较为分歧与含混,本书广泛收集相关文献,就唐代制举之源流、科目、考选、授官、策文诸多问题进行了全面考察与论述,从而较为清晰地展现出这一唐代重要制度的情状与影响。这方面的研究应该说主要属于制度史的领域,其研究方法也以历史考证为主。

不过,本书的计划毕竟不是专门研究唐代科举史,而是探讨唐代科举制度背景下的文学。并且我也不希望像过去不少研究那样,简单机械地将科举史与文学史勾连,而是试图考察科举使唐代社会形成了何种风貌,这种风貌又在人们四周构筑了何种氛围,而这种文化氛围又如何影响了人们的心理,使其审美趣味、情感特征、价值标准随之发生变化,并最终导致了文学的变化,用现在时兴的话说,也可谓一种语境研究了。在其中,我尤其注意通过具体丰富的资料细致地论述唐代科举的各个细节,以及这些细节与文学之间的关系。例如举子拜谒公卿与投献行卷、三试过后紧张看榜、中榜后欣喜若狂、参谒宰相、曲江赴宴、题名慈恩、杏园探花以及落第者垂头丧气、借酒消愁、"打既耗"等情状,还有科举中请托贿赂、结党舞弊、恃势怙霸、滥打秋风等种种场面。理解了这些历史细节,才可以更好地理解"春风得意马蹄疾,一日看尽长安花"的狂喜,"妆罢低声问夫婿,画眉深浅入时无"的急切,从而更为细致而恰切地感受唐代文学中微妙鲜活的情感表现,更加立体地了解时代环境与文人心态之关系。

巴尔扎克对于其《人间喜剧》的期望是"写出一部史学家们忘记写的历史,即风俗史"。我对于这句话印象很深。文化乃是一个整体,为了把握一个时代、一个民族的历史活动,需要从文学、历史、哲学等著作中,以及遗存的文物中,作广泛而细心的考察,把那些最足以说明生活特色的材料集中起来,并尽可能作立体交叉的研究,让研究的对象活起来。从这个意义上说,《艺术哲学》的作者、法国著名学者丹纳所强调的"环境"乃可资借鉴,"环境"就是勾勒社会的文化风貌,通过"环境"之描述来呈现文人的心态,通过文人之普遍心态来理解文学。

此后,法国文学研究泰斗朗松进一步开创了"文学生活史",将文学研究置于更为广阔的文化与生活空间中,取得了很大成就。我的这本书应该说受到了这类研究的启发,尝试以全景式的勾勒与描述方式,细致而具体地展现出在科举制的影响下唐代文人所生存的时代氛围、他们的生活道路与心理状态,从而进一步体察到他们在从事文学创作时所特有的情感与心理。这一点我自己认为是此书在学术方面较显著的创新之处,并且也得到了学术界同仁的认可。

此次,主办方希望我以"跨学科创新的路径与方法"为主题发表演讲,我想正是对于上述之研究方法的肯定与重视。《唐代科举与文学》一书主要涉及的是文学与史学的跨学科研究,其实就中国古典文学研究而言,跨学科是完全必要的。大家知道,现代的"文学"概念来自于西方,虽然我们将其与传统的"集部"之学对应起来具有一定的合理性,但两者的性质与功能还是有其差异的。按照目前普遍的观念,文学研究可分为外部与内部研究,《唐代科举与文学》看上去应属于外部研究。不过对于中国古典文学研究来说,内部与外部的截然划分有其弊端。

其实,诗歌与文章的体制、修辞、模式这些归入内部研究的问题无不有着外部——社会、政治、经济、习俗等方面——的成因,而且作品中体现的美感与情态也是缘于历史长期的塑造。中国古人创作的诗文,往往承载着特定的社会与道德功能,这既构成了作品的外部背景,实际上也规定了作品的内涵,其中的情态与美感都要在特定语境下才能得到最适当的理解与体会,中国古典文学由此才向我们散发出其独有的韵味来。在《唐代科举与文学》中,我引用了大量诗文,一些是作为与唐代科举制度有关的史料论列,还有一些则是展现在科举制度背景下出现的带有特定内容、情态与美感的文学创作,这正足以说明古典文学研究内外之不能截然分割。

从八十年代到今天,古典文学研究已经取得了长足的进展,本书作为初创之作,在其中也发挥了一定的作用。后来有不少学者仿照本书的写作格局,撰写相类似的选题,这些著作或是对于《唐代科举与文学》中相关问题进行更深入探讨,或是将研究范围扩大至其他的历史阶段,各自取得了可喜的成就。我希望今后的研究者能够进一步开阔视野,结合其他学科,更加广泛地从中国社会文化的各方面来探讨古典文学,并且始终将内部与外部研究有机结合起来,如此则古典文学研究之境界必将更为开阔而深入,我虽已为耄耋之年,仍引领以望!

（《中华读书报》2016 年 1 月 9 日）

一本书与一种学术范型之成立

陈尚君

祝贺傅璇琮先生获得本届思勉原创奖！傅先生是最近三十年唐代文史研究领域最有成就的学者，也是中国古籍研究领域的领军人物，他的一系列著作对学术风气的转变起了导夫先路的作用，他的获奖是实至名归，众望所归。

刚才他的获奖书面演讲已经充分讲清了《唐代科举与文学》一书成书过程、学术追求和方法渊源，对此我十分赞同，也深感自己的学力难以对此作出点评。作为唐代文史研究的后学，我从出道至今三十六年，一直从傅先生著作中得到启发和鼓舞，也得到他许多指点和提携，我想将我所知傅先生的学术道路和学术业绩在此略作介绍，使各位有更多了解。

我读到傅先生最早的文字是 1978 年复刊的《中华文史论丛》所刊《刘长卿事迹考辨》，与我当时正在阅读的前辈所著词人年谱，在方法体例上都有很大不同，即不循年谱的旧例，不信传说的浮泛，从诗人的作品和姓氏书、地志、职官谱等一类书中寻觅可靠记录，还原诗人的人生轨迹。后来类似的系列论文连续发表，结集成《唐代诗人丛考》，对当时学术风气转变起了重要作用，日本学界推崇备至。他自述治学路数，受法国社会学派影响很大，特别是丹纳《艺术哲学》对伟大艺术家及其时代关系的论述，让他拓宽视野，转而研究初盛唐二三流作家的文学道路。他尊敬近代治唐史最有成就的陈寅恪、岑仲勉两位大师，将文学传记资料拓展到全部的存世唐代文史文献。在史料的处理上，他特别注意史料的主次源流，认为作者本人的诗文具有最直接的价值，唐人的姓氏谱、缙绅录的记载尤其珍贵，石刻所载士人的家世仕履和宋元方志所载地方官任职年月更为可靠。他与人合编的《唐五代人物传记综合索引》，更为学者全面占有文献提供了方便。我与他 1981 年初次见面，1986 年开始个人交往，理解他从早年燕京、北大的文学才俊，经历人生挫折，到庇荫于中华书局的书海中，遍阅唐宋典籍，加上早年对西方艺术理论和近现代文学思潮的爱好，开始个人的学术道路。其后他担任了书局和学界的一系列重要职务，曾主编《续修四库全书》《全宋诗》《唐才子传笺证》等重要著作，而他个人的研究也始终没有停止。他的第二本著作是《李德裕年谱》,对唐代最纠缠难解的牛李党争作了详尽周密的梳理。本次获奖的《唐代科举与文学》是其第三部专著。唐代实行科举制,就如同今日之高考或公务员考试搅动全社会神经一样,牵动唐文学的发展和变化。此前只有两本书可以参考,一本是记载科举传闻为主的南汉王定保《唐摭言》,另一本是清代徐松拼凑零星材料恢复科举编年史的《登科记考》。傅先生这部著作,从梳理科举制度史着手,在理清所有相关细节的基础上,采用全景描述式的叙述方式,还原唐代文人在科举生活中的种种生存状态,如同打开了唐代社会生活的万花筒,展示科举与文学纷繁复杂的交替作用,原生态地展开唐代文学产生发展繁荣的壮丽长卷。傅先生的书面演讲说他受巴尔扎克文化风俗史、丹纳以环境描述呈现文人心态、朗松文学生活史等论述的影响,用集腋成裘、抟沙成器的巨大力量,还原历史真相,并力避烦琐考证,以生动流利的叙述写出唐文人的众生相,揭示一个时代的文人生活氛围,以及他们的生活道路和心理变化,并涉及数量可观的唐诗的重新解读。本书也是学术原创著作追求雅俗共赏的典范,即在完成极其繁重的文献考订后,用生动活泼的叙述面对读者。陈允吉老师在读到本书时感慨:"老傅的文章写得就像陶渊明的诗一样,清浅明白而回味无穷。"

《唐代科举与文学》所提倡的文学与史学相结合的跨学科研究,与以往简单地把社会历史作为文学背景之研究有着根本转变,即认为文学的发展繁荣与一时代社会、政治、文化、习俗等因素密不可分,互为影响,外部因素改变了诗歌的审美趣味和体式变化,不理解社会的变动也就无法理解文学的演进。傅先生倡导的研究范式,在唐代文学研究领域首先得到响应,陆续完成一批研究文学与幕府、文馆、交通、铨选关系的专著,其后并波及唐前唐后各时代文学的研究。本书的学术示范意义于此可见。傅先生本人的研究也没有就此停止,其后主编了《唐代文学编年史》,七十岁后更完成了《唐翰林学士传论》两部专著。

更难能可贵的是,傅先生始终倡导学术平等,鼓励学术竞争,对与他争论商榷的文章,不以为忤,常主动推荐发表。他积极提携后进,见善乐举,先后为学界同仁撰序近百篇,一时有广大教化主之誉。可以说,中国古代文学最近三四十年的发展繁荣,是傅先生这样许多老辈努力的结果。

本周一我在京赴电力医院看望病中的傅先生,他很关注本次颁奖典礼举行,我也在此祝福傅先生早日康复,健康长寿!

由《唐代科举与文学》获思勉原创奖说起

吴在庆

著名古典文学研究专家傅璇琮先生《唐代科举与文学》荣获第三届思勉原创奖，深孚众望，实至名归，堪可庆贺。

《唐代科举与文学》颇具原创性，运用文史结合的方法，即傅先生所说"将科举作为中介环节，把它与文学沟通起来"，"尝试通过史学与文学的相互渗透或沟通，来综合考察唐代士子的生活道路、思维方式与心理状态，并且努力重现当时部分的时代风貌与社会习俗"。值得称道的是这一研究做得极为成功，它以丰富具体的资料，细致地展现了唐代科举的各个细节及其与文学的关系，从而描绘出"唐代文学中微妙鲜活的情感表现，更加立体地"展现唐代文士科举与文学创作活动真实生动的社会风俗史。这一研究推动了古典文学的跨学科研究，在古典文学研究领域具有广泛深远的影响。我完全赞同陈尚君教授对该书精辟到位的评论，尚君兄对傅先生的学术研究道路以及三十多年来他在古典文学研究中的成就与引领作用的介绍和肯定，也是深获我心的。

三十多年来，傅先生在古典文学、古典文献学研究上取得了丰硕成果，是这一时代众多研究项目的优秀组织者，也是引领众多后学的杰出导师。我和尚君兄就是他悉心指导下成长起来的众多后学中的两个。在此我想以几个具体事例，说明傅先生在古典文学研究界的引领指导作用，并以此展现他的学术胸襟、眼光与治学路数。

在傅先生的众多著作中，除了《唐代科举与文学》外，其影响尤著者尚有《唐代诗人丛考》《唐翰林学士传论》，主编并参加撰写的《唐才子传校笺》《唐五代文学编年史》等。这些著作以其学术研究范式与方法，深深地影响着古典文学研究界，沾溉着士林。我在上世纪八十年代初阅读傅先生《唐代诗人丛考》后，被其繁征博引文史资料、细密而审慎的考证立论深深折服。在这本著作的影响下，我遂有《唐五代文史丛考》《增补唐五代文史丛考》二书。同样受《唐代科举与文学》的影响，我遂有《唐代文士的生活心态与文学》一书，从唐代文士的读书习业、科举求仕、集会宴游等五方面来考察唐代文士的不同生活、心态与文学的关系。应该说我的这几部书是效仿傅著的。

我曾参加傅先生主编的一些著作的编撰，收到不少傅先生说明撰著意义、目的、达到的学术水平，以及具体指导如何撰著的信件，获益匪浅。上世纪八十年代应傅先生之邀从事《唐才子传校笺》之初，傅先生给我的信中谈及校笺此书的原因，谓"我早有志于整理《唐才子传》一书，此书对后世治唐代文学史者影响很大，不少人奉为圭臬。……前些年日本人做了一部《唐才子传之研究》一书，厚厚一册，对某些材料出处作了考订，但较简略，但就是这些，我国也没有。为了在学术上争口气，我们也要搞出来，显示中国学术界所能达到的水平。因此我想以集体的力量来做"，认为"如果搞得好，则这部书将非常有用，也是我们贡献于唐代文学研究界的不算小的成果"。这种为国家名誉的胸襟气派，是何等的崇高与大气！上世纪八九十年代，傅先生组织编撰《唐五代文学编年史》。在编撰体例上，傅先生设计了"把唐朝的文化政策、作家的活动（如生卒、历官、漫游等）、重要作品的产生、作家间的交往、文学上重要问题的论争，以及与文学临近的艺术样式如音乐、舞蹈、绘画以及印刷等门类的发展，扩而大之如宗教活动、社会风尚等等，择取有代表性的资料，一年一年编排，就会看到文学上的'立体交叉'的生动情景"的编写体例。当我按照该体例撰写了百余万字的《晚唐卷》时，傅先生为了更能精确体现文学上的"'立体交叉'的生动情景"，决定改用按月编排的体例。体例的改变将花耗大量时间重新研究编写，这是需要勇气和毅力的。他来信征求我的意见，说"从学术成果说，花这样的功夫，倒也是值得的。因为这终究是开创性的劳动……我是很希望我们能合作搞像样的东西的"。经过考虑，我们采纳了按月编写的做法。傅先生后来回信说："三月一日来信谨悉……见到后很高兴……不过这要使你花费不少工夫，甚为不安。于此亦更感到你真是学问中人，极为欣慰。我觉得当今之世，权势、金钱，看似热闹，亦颇诱人，但这些都是过眼烟云，还是我们做学问的人，给当时、给后人，总留下一些有用的东西。做学问，也有浮与实之别，有些人，洋洋大篇，炫耀一时，恰似流行歌曲，不能长久。去年几次听抗日歌曲，颇有所得，艺术如同学术，唯实可以传世。"先生的这些话是针对当时社会上的经商热和学术文化界甚为浮躁风气的感慨之言。

从上述几个例子，可以清楚地看到傅先生几十年来的治学胸襟、眼光、理念与方法。这些在他为我的《听涛斋中古文史论稿》一书以"在庆先生治学清历"为题的"文史合研,务实求真;淡泊名利,更创新境"的题辞中,同样可以集中精炼地传达出。正是因为傅先生秉有这样的学术胸襟与理念,所以他的《唐代科举与文学》一书获得思勉原创奖也就是情理之中的事了。